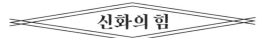

신화의 힘

KB192196

신화의 힘

THE POWER OF MYTH

조셉 캠벨 · 빌 모이어스 지음
이윤기 옮김

arte

신화는 힘이 세다, 그로부터 어언 10년

제가 조셉 캠벨의 신화학 개론서《천의 얼굴을 가진 영웅》을 번역한 것은 1985년의 일입니다. 저는, 미국의 비교신화학자 캠벨이 우리 나라에 처음으로 소개되었다는 의미에서 이 1985년을 뜻 있는 해로 기억합니다. 캠벨 저서의 국내 출간은 이 책의 가치를 꿰뚫어보고 국내에 소개할 것을 권유한 연세대 허경진 교수와, 지금은 캐나다에 거주하고 있는 당시 평단문화사의 이성기 대표가 있어서 가능했습니다.(지금이 책은 출판회사 민음사에서 나오고 있습니다.)

이 책이 출간된 직후, 저는 독실한 기독교인 친구들로부터 호된 비판을 받았습니다. 그들은 저에게 이렇게 따지고 들었습니다.

"예수님이 어떻게, 인마, 영웅이냐? 예수님이 어떻게 영웅들 중의 하나로 비교 분석의 대상이 될 수 있느냐? 예수님은 하느님의 아들이 아니냐?"

그래서 저는 이렇게 응수했지요.

"조셉 캠벨을 찾아가서 따져라. 나는 번역한 죄밖에 없다."

비교신화학 및 비교종교학에 관한 한, 1985년의 우리 나라 환경은 이렇듯이 열악했습니다.

이 책《신화의 힘》이 나온 것은 그로부터 7년 뒤인 1992년입니다. 어언 10년이나 되었습니다. 조셉 캠벨의 저서들이 연이어 출간되면서, 신화에 대한 일반의 관심이 조금씩 깊어지고 있는 지금, 예수님을 어떻게 영웅 중의 하나로 비교 분석할 수 있느냐고 따지는 사람들이 줄어들고 있습니다. 한 문화 권역과 다른 문화 권역의 영웅, 혹은 구세주는, 두 문화권이 교섭한 경험이 없는 경우에도 서로 비슷비슷할 수 있습니다. 인간의 바닥, 분석심리학자 카를 융이 '집단 무의식'이라고 부른 것, '원형'이라고 부른 것이 서로 비슷비슷할 수밖에 없기 때문입니다. 이것이 바로 캠벨이 우리에게 전하려고 했던 메시지입니다. 바로 그 덕분이겠습니다만, 예수 그리스도를 믿되 다른 종교도 인정하는 종교 다원주의를 주창한 오강남 박사의 《예수는 없다》, 미국 학자들이 그리스도를 서양 미스테리아〔秘儀〕구세주인 오시리스-디오뉘소스에 견준 《예수는 신화다》 같은 책들도 출간되고 있습니다.

10년 만에 다시 출간하면서 잘못 번역된 부분을 상당수 바로잡았습니다. 이 책을 교열한 문은실 씨에게 고마움을 전합니다. 명백한 오역인데도, 그 동안 제가 방치하고 있던 부분들을 지적해주었습니다. 바로잡았습니다. 틀린 부분이 보이는 데로 지적해주시면 앞으로 몇 차례든 바로잡겠습니다. "잡초 없는 정원은 없다"라는 잠언이 있기는 합니다만 오역에 면죄부를 주는 말로 이용하지는 않겠습니다.

2002년 여름, 과천 과인재(過人齋)에서

이윤기

희망의 신화학

비교신화학자 조셉 캠벨의 신화에 관한 저서 두 권이 나란히 스테디셀러에 올라 있을 즈음인 1989년, 미국의 시사주간지 〈타임〉지 서평란은 신화가 읽히는, 약간은 의외로 보이는 이 현상의 분석을 시도한 적이 있습니다. 당시 나란히 스테디셀러로 올라 있던 캠벨의 저서가 바로 《현대인을 위한 신화》와 이 책 《신화의 힘》이었던 것으로 기억합니다. 캠벨의 사상과 이 책의 내용에 대해서는 대담자인 저널리스트 빌 모이어스가 책 앞에서 상세하게 설명하고 있어서, 옮긴이의 말에다 몇 마디를 보태어야 하는 저로서는 대단히 난감하게 된 셈입니다. 저널리스트 특유의 감각으로 자그마치 8년 동안이나 캠벨과 교우하면서 작업을 함께 해온 모이어스의 글은 신화에 대한 캠벨의 생각을 이해하는 데 요긴할 것으로 보입니다.

저는 1985년에 《천의 얼굴을 가진 영웅》을 번역 · 출판했습니다만, 캠벨의 저서가 소개되기는 이것이 처음이 아닌가 싶습니다. 게다가 주저인 4부작 비교신화 《신의 가면》의 번역 작업이 아직은 제 손에서 장기 계획 아래 진행중인 상황이기 때문에 캠벨이라는 이름이 한국 독자에게는 비교적 생소했던 것으로 보입니다. 그러나 본고장 사정은 사뭇 다릅니다. 이곳에서 이 책의 모태라고 할 수 있는, 대담 현장 녹화 필름 〈신화의 힘(Power of Myth)〉과, 캠벨의 강의 현장을 찍은 〈신화의 변모 (Transformation of Myth through Time)〉 비디오 테이프는 구해 보기가 어렵지 않습니다. 물론 우리의 교육방송 비슷한 PBS(사회교육방송) 채널이 늘 열려 있기 때문이기는 하겠지만 텔레비전 화면을 통해 캠벨로부터 신화 이야기를 들은 사람이 대단히 많아서 그의 책 몇 권을 번역했다고 까불 형편이 도무지 못 됩니다. 미국의 문화 현상이 다 좋은 것으로 보이지는 않습니다만, 이런 것은 참 부러워 보입니다. 우리에게도, 문화 현상에 대한 다양한 시각(視角)을 서로 나눌 수 있는 이런 기회가 확대되었으면 좋겠습니다. 십수 년 전부터 읽어오던 책의 저자를, 텔레비전 화면을 통해서나마 마주하게 되는 경험이 저에게는 대단히 좋았는데, 이런 경험이 독자 여러분에게도 나누어졌기를 바랍니다.

《천의 얼굴을 가진 영웅》에서는 세계의 신화가 지닌 주제에서 공통되는 요소를 찾아내고 이것을 분석하면서 신화와 종교에 관해 무수한 질문을 제기하던 그가, 그로부터 반세기가 흐른 뒤에 펴내는 이 《신화의 힘》에서는 바로 그 신화와 종교에서, 궁극적인 중심에 이르려는 인간 정신의 모습을 읽어내고는 그 흐름에 자연스럽게 휩쓸리면서 스스로를 구원하고 있다는 느낌을 줍니다. 캠벨의 자기 구원이 곧 우리의 자기 구원일 수 없다고 생각하니 가슴이 답답해져 옵니다만, 캠벨이 그렇게 이르렀으니 우리도 그의 눈길과 용기와 깨달음을 길잡이 삼아 거기에 이르러야 하지 않을는지요? 이 대담을 녹화하면서 자신의 죽음에 대해 그가 한 말은, 그로부터 불과 2년 뒤인 1987년 10월에 그가 맞았던 죽음을 생각하게 합니다. 그의 확신과 확신을 통해 이른 평화는 곧 신화가 우리에게 안기는 희망일 것입니다.

1992년 이스트 랜싱, 미시건 주립대학교에서

이윤기

우주의 노래, 천구(天球)의 가락

조셉 캠벨이 세상을 떠나고 나서 몇 주일 동안 나는, 어디에 가든지 줄곧 그분을 생각했다. 타임즈 광장에서 지하철역을 나올 때도, 나에게 부딪쳐오는 군중의 열기를 느낄 때도, 나는 같은 장소에서 캠벨이 떠올리던 이미지가 생각나서 혼자 쓴웃음을 짓고는 했다. 그는 자신이 만난 신화의 이미지에 대해 이렇게 쓴 바 있다.

"이 시각에도 현대판 오이디푸스의 화신(化身)과 〈미녀와 야수〉의 속편(續編)은 41번가와 5번가가 만나는 네거리에서 교통 신호가 바뀌기를 기다린다."

제임스 조이스의 소설을 바탕으로 만들어진 존 휴스턴의 마지막 영화 〈사자(死者)들〉의 시사회에서도 나는 조셉 캠벨을 생각했다. 그가 이룬 가장 중요한 업적의 하나는 제임스 조이스의 《피네간의 경야(經夜)》를 이해하는 데 필요한 지침을 마련한 일이었다. 조이스가 말한, '참으로 엄연하고 항시적인' 인간의 고뇌에서 캠벨은 바로 고대 신화의 가장 중요한 주제를 읽었다. 그는 이런 말을 하고 있다.

"모든 고통의 씨앗은 가장 중요한 인간 조건이라고 할 수 있는 인간의 유한성이랍니다. 인생이라는 것을 알면 이것을 부인할 도리는 없는 것이지요."

언젠가 고통이라는 주제를 놓고 대담할 때 그는 조이스의 이름과 함께 '이

그쥬가르쥬크(Igjugarjuk)'라는 말을 꺼냈다.

"이그쥬가르쥬크가 뭡니까?"

나는 발음을 겨우 시늉하면서 물었다. 캠벨이 대답했다.

"아, 이그쥬가르쥬크 말이오? 북부 캐나다 카리부 에스키모의 샤먼이었소. 이 사람은 유럽 손님들에게, '참 지혜라고 하는 것은 사람들에게서 아득히 떨어진 채 절대고독 속에 은거(隱居)하는데, 이 참 지혜에는 오로지 고통을 통해서만 이를 수 있다. 버리는 것과 고통스러워하는 것만이 세상으로 통하는 마음의 문을 열게 할 수 있는데, 사람들은 이것을 모르고 있다'는 말을 했지요."

"흠, 이그쥬가르쥬크라……."

캠벨은 문화에 대한 나의 무식에 괘념하지 않았다. 우리는 어느새 걸음을 멈춘 채로 이런 이야기를 나누고 있었다. 캠벨은 여상하지 않은 눈빛을 하고는 말했다.

"여보시오, 조이스와 이그쥬가르쥬크가 모닥불 앞에 앉아 긴긴 밤을 함께 보내는 거, 상상해보시오. 나도 한자리에 끼고 싶구면."

캠벨은 존 F. 케네디 암살 25주년이 되는 날 직전에 세상을 떠났다. 케네디 암살 사건은, 몇 해 전 우리가 처음 만났을 때 캠벨이 신화학적 용어를 써가면서 나에게 들려주던 비극적인 사건이다. 그런데, 장성한 우리집 아이들을 앞에 앉히고 캠벨과 관련된 추억을 들려주고 있자니 문득 저 우중충한 암살 사건이 다시 느낌에 와닿는다. 캠벨이 '인간의 모듬살이를 향하여 베푸는 대규모 의례 행위의 전형'이라고 표현한 장엄한 국장(國葬)은 인간의 소구(訴求)에 그 뿌리를 둔 신화적 주제를 상기시킨다. 그는 이렇게 쓰고 있다.

"이 국장은 대규모의 사회적인 소구가 의례화(儀禮化)한 모습이랍니다. 우리의 사회라고 하는 것은 우리로 구성되어 있는 살아 있는 사회 구조가 아닌가요. 이런 사회의 대표자인 대통령을 백주에 암살했다는 것은 바로 우리 사회에게서 살아 있는 삶의 순간을 앗아간 것이나 다름없지요. 결국 사회는 대동단결의 감각을 되찾기 위한 보상적인 의례를 요구하게 된 겁니다. 그래서 온 나라가 나흘 동안만은 만장일치의 분위기 속에서 하나의 상징적인 이벤트에 동시에 참가하게 되는 겁니다 …(중략)… 평화시에 있게 되는 최초의 의례이자 유일한 의례인 이 국장을 가만히 보고 있으려니까, 이 거국적인 사회의 일원이라는 느낌이 생생해집디다. 그러니까 나는 대단히 의미심장한 이 의례를 바라봄으로써 이 사회의 구성원임을 실감하게 되었던 것이지요."

나와 캠벨이 이 작업을 하고 있을 동안 우리 일을 돕던 방송사 여직원 한 분이 친구에게, "왜 하필이면 신화 같은 게 필요하냐"는 질문을 받았다고 했다. 나는 그 여직원의 말을 듣는 순간에도 캠벨의 그 말을 떠올렸다. 여직원의 친구는 '그리스의 신들 따위'가 오늘날의 우리 인간 조건과는 아무 관계도 없는 것이라고 믿는다. 그리스 신들 따위가 우리와 무슨 상관이 있느냐는 것은 우리에게는 익숙한, 대단히 현대적인 견해이다. 그러나 그가 알지 못하고 있는 것(그리고 대개의 사람들이 알지 못하고 있는 것)은, 부서진 질그릇 부스러기가 문화인류학의 박물관에 진열되어 있듯이 '신화 따위'의 잔재가 우리의 믿음이라는 내면적 체계의 벽에 줄지어 있다는 점이다. 우리는 구조적인 존재이기 때문에 우리와 인연이 있는 이러한 '따위'는 아직도 어떤 에너지로 작용한다. 그리고 의례가 바로 이 에너지를 촉발한다.

우리 사회에서 재판관이 지니는 위치를 한번 생각해보자. 캠벨은 이 재판관의 위치를 사회학적 용어가 아닌 신화학적 용어로 설명해낸다. 재판관이라는 위치가 단순한 직업적 역할만을 상징한다면 그 사람들은 굳이 검은 법복을 입을 필요 없이 회색 양복을 입고도 재판정에 들어갈 수 있어야 한다. 그러나 법의 권위라고 하는 것은 단순한 강제력 이상의 어떤 힘을 지니는 것이기 때문에 재판장의 권능이 의례화(儀禮化)하고 신화화(神話化)하는 것이다. 캠벨은, 종교와 전쟁에서 사랑과 죽음에 이르기까지 오늘날 우리 삶의 양태는 이러한 구조로 이루어져 있다고 말한다.

캠벨 사후의 어느 날, 일터로 나가던 나는 이웃의 비디오 가게 앞에서 걸음을 멈추었다. 진열장의 모니터에 마침 조지 루카스의 〈스타워즈〉가 비치고 있었기 때문이다. 나는 거기에 서서, 캠벨과 캘리포니아에 있는 루카스의 스카이워커 랜치에서 그 영화를 함께 보던 시절을 생각했다. 루카스와 캠벨은, 루카스라는 이 영화장이가 영화를 만들면서 캠벨의 저서에 빚을 졌다는 것을 인정하고 캠벨이라는 학자를 초대해서 〈스타워즈〉3부작을 틀어준 이래로 가깝게 지내게 되었다. 그러니까 캠벨은 넓은 스크린에다 고대 신화의 주제와 모티프를 막강한 현대적 이미지로 펼쳐 보였던 셈이다. 이 특별한 만남에서, 〈스타워즈〉의 주인공 루크 스카이워커의 모험과 영웅적인 업적을 통해 영웅의 모습을 다시 한번 생생하게 접할 수 있었던 캠벨은 루카스가 영웅에 대한 옛이야기를 '최신의 막강한 이미지'로 형상화하는 데 성공했다면서 우쭐거렸다.

듣고 있다가 내가 물었다.

"그게 뭔데요?"

"괴테가 〈파우스트〉에다 쓴 게 바로 이것인데, 루카스는 시쳇말에다 옷을 입혔지요. 결국 '테크놀로지는 우리를 구원할 수 없다'는 메시지 아니겠어요? 우리의 컴퓨터, 우리의 연장, 우리의 기계만으로는 넉넉하지 못하다는 겁니다. 우리는 우리의 직관, 우리의 참 존재에 기대어서 살아야 한다는 겁니다."

"그 직관이라는 것은 이성과 반대되는 개념입니까? 그렇다면 우리는 이미 이성으로부터 후퇴하고 있다고 보아야 하지 않을는지요?"

"영웅의 역정에서 얻는 직관은 이성과 반대되는 개념이 아니랍니다. 영웅의 역정은 이성을 부인하지 않아요. 오히려 그 반대라고 할 수 있지요. 부정적인 열정을 극복함으로써, 영웅은 우리에게도 우리 내부의 비합리적인 야만을 극복할 능력이 있다는 것을 상징적으로 보여주고 있답니다."

캠벨은 언젠가, 인류는 '자기의 내부에 식인종적이고, 색정적인 열정'을 지니고 있는데도 이러한 존재가 있음을 인정하지 않는다고 한탄한 바 있다. 그는 이러한 열정을 인류의 전염병이라고 불렀다. 그런데 루카스의 영화를 보고는, 영웅의 역정을 용기 있는 행동이 아닌 자기 발견의 삶으로 설명하고 있는 것이다. 그는 이렇게 덧붙였다.

"자기 내부에 자기 운명의 실을 풀어낼 힘이 있음을 발견하는 순간, 주인공 루크 스카이워커는 그렇게 합리적일 수 없는 것이지요."

아이러니컬하게도 캠벨에게 영웅 역정의 끝은 영웅의 자기 확장이 아니다. 어느 강연에서 그는 이렇게 말했다.

"영웅은 자신을, 자신이 경험한 어떤 인격이나 권능과 동일시하지 않습니다. 해탈을 겨냥하는 요가의 행자는 자신을 '빛'과 동일시합니다. 그는 일단 여기에 이르면 돌아오지 않습니다. 그러나 남을 섬길 뜻이 있는 사람은 이런 식의 탈출은 하지 않습니다. 구도(求道)의 궁극적인 과녁은 자기만을 위한 해탈이나 몰아(沒我)가 아닌, 동아리를 섬기기 위한 지혜와 권능을 얻는 것이어야 합니다."

그의 말에 따르면, 고명한 구도자와 영웅은 다른 점이 많은데, 그 다른 점 중에서도 가장 다른 점은 구도자는 자기만의 삶을 누리기 위해 도를 닦지만 영웅은 사회의 구원을 위하여 행동한다는 점이다.

조셉 캠벨은 인생을 모험이라고 확신한다.

"그게 뭐 그렇게 중요하오?"

봉직하던 대학의 이사진이 좁으장한 학교의 커리큘럼으로 자기를 잡아두려 했을 때 캠벨이 내뱉은 말이다. 그는 박사 과정을 밟아 박사가 되는 것도 마다하고 책의 숲으로 들어간 사람이다. 그는 책을 통해 우리가 사는 세계의 모양을 읽으면서 평생을 산 사람이다. 그는 문화인류학, 생물학, 철학, 예술, 역사, 종교 책 속에 파묻혀 살았다. 그러면서 다른 사람들에게, 세계로 난 가장 확실한 길은 인쇄된 책의 갈피에 나 있음을 깨우쳤다. 그가 세상을 떠나고 나서 며칠 뒤 나는, 아주 중요한 잡지를 편집하고 있다는 그의 옛 제자에게 한 장의 편지를 받았다. 그 옛 제자는 나와 캠벨이 만든 텔레비전 시리즈물을 보고는, 문득 나에게 사라 로렌스 대학의 교실에서 '숨을 죽이고 강의를 듣던 학생'에게 쏟아지던, '지적 가능성을 강타하는 에너지의 폭풍'을 상기시키고 싶어서 편지를 썼노라고 했다. 여 제자의 글은 이렇게 계속된다.

"우리는, 그분이 내주시는 일주일분의 독서량에 기가 막혔답니다. 결국 우리 중 누군가가 벌떡 일어서서 그분과 (사라 로렌스 대학식으로) 맞섰습니다. 그 학생이 그랬지요. '선생님께서 아시다시피 저는 이 과목만 듣는 게 아니고 다른 세 과목을 함께 듣고 있습니다. 선생님도 아시다시피 다른 과목 선생님들도 독서량을 할당하십니다. 도대체 이걸 일주일에 어떻게 다 읽으라는 것입니까?' 그러자 캠벨 선생님이 웃으시면서 이러시더군요.

'해보기는 했다니 놀랍군. 하지만 내가 말하는 것은 일주일에 읽으라는 것이 아니고 평생 읽으라는 것이네.'

캠벨의 여 제자는 다음 같은 말로 편지를 맺고 있었다.

"그런데 저는 아직도 그 숙제를 끝내지 못했답니다. 어쩐지 끝이 보이지 않을 듯한 그분의 인생, 그분의 작업 같지 않습니까."

뉴욕의 자연사 박물관에서 있었던 그의 영결식장을 본 사람이면 누구나 충격을 받았을 것이다. 그는 뉴욕에서 소년 시절을 보내면서 인디언의 토템 기둥과 가면에 매료당한다. 소년은 그런 것들을 보면서 상념에 잠긴다. 누가 만들었을까? 대체 무슨 뜻일까? 그는 겨우 열 살 때 이 방면의 공부를 시작한다. 바로 이 공부가 그를 신화에 관한 한 세계 최고의 석학이자 우리 시대의 가장 화끈한 스승으로 만든 것이다. 누군가의 말마따나, "그는 민담과 인류학에 나오는 해골에게 생명을 불어넣은 것이다." 75년 전에 캠벨 소년의 상상력을 자극했던 자리, 바로 그 자연사 박물관에서 거행된 영결식장에는 많은 사람이 모여 캠벨에 대한 추억에 경의를 표했다.

영결식에서는 생전에 캠벨과 함께 고법(鼓法)을 통해서 황홀한 세계를 체험했던 록 그룹 그레이트풀 데드의 명고수(名鼓手) 미키 하트의 연주도 있었고, 캠벨에게 바치는 로버트 블라이의 덜시머 연주와 자작시 낭송도 있었다. 제자들의 송별사도 있었고, 캠벨이 은퇴하고 나서 무희(舞姬)였던 아내 진 어드먼과 함께 하와이로 이주한 뒤에 사귄 친구들의 송별사도 있었다. 뉴욕의 중요한 출판사 대표도 모두 모였고, 캠벨을 이 방면의 개척자로 섬기는 노소 작가와 학자도 모두 모였다.

물론 저널리스트도 그 자리에 모였다. 나는 자임(自任)하건대, 우리 시대의 정신을 텔레비전 화면에다 생생하게 재생시킨다는 희망을 실현하기 시작하고 나서 8년 동안이나 그의 곁에 있었던 사람이다. 우리는 그 박물관에서 두 개의 프로그램을 녹화했는데, 캠벨이라는 존재가 어떻게 텔레비전 화면에 사무쳤던 지 우리 두 사람의 대담 원고를 요구하는 편지만 해도 1만 4천 통에 이르렀다. 그때 나는 다시 한번 그에게 매달려, 이번에는 그의 사상 전반을 조직적으로, 통시적으로 조감하는 프로그램을 만들기로 마음먹었다. 그는 생전에 20여 종류의 책을 쓰거나 편집했다. 그렇게 책을 쓴 사람은, 내가 경험해서 알지만, 세계의 민담이나 언어의 이미저리에 박식한 선생님으로서의 캠벨이었다. 나는 다른 사람들도 그를 체험할 수 있게 선생님으로서의 캠벨을 소개하려는 희망 에 사로잡혀 있었다. 캠벨이라는 인간이 지닌 보물을 만인에게 나누자는 나의 희망이 PBS 시리즈와 이 책을 만들게 한 것이다.

세간에는, 저널리스트들은 날마다 새로운 것을 배워나갈 수 있는 희한한 면 허증을 가진 자들이라고 하는 말이 있다. 그렇다. 우리 저널리스트들은 평생 교육의 전당에서 세월을 보내어도 좋은, 참으로 재수가 좋은 사람들이다. 최 근에 이르러 캠벨만큼 나에게 많은 것을 가르쳐준 사람은 없다. 언젠가 나는 그에게, 나를 이렇게 제자로 만들어놓았으니 지금부터 생기는 일에 대해서는 깡그리 책임을 져줘야겠다고 한 일이 있다. 그때 그는 웃으면서 로마의 속담 을 인용했다.

"운명은 앞서서 뜻 있는 자를 인도하지, 뜻 있는 자의 멱살을 잡아끄는 것은 아니라오."

그는, 큰 스승들이 그러하듯 예증을 통하여 가르친다. 말을 통하여 믿음으 로 이끄는 일은 그가 좋아하는 방법이 아니다.(아내 진에게 구혼할 때 이 방법을 쓴 것을 보면 딱 한 번은 예외를 허용한 모양이다.) 그는 나에게 가르침의 방법에 대해 이런 말을 한 적이 있다.

"목사들이 범하고 있는 오류는, 말로써 사람을 믿음에 이르게 하려고 애를 쓴다는 것이오. 자기가 보았던 빛을 신도들에게 넌지시 보여주기만 하면 될 텐데 말이오."

그는 독서와 삶에서 엄청난 기쁨을 누리고 살았는데, 이것을 슬쩍 내비치는 솜씨 또한 절묘했다. 매튜 아놀드는 최상의 비평은, '이 세상에 기왕에 알려진 것, 기왕에 사유된 것을 알고, 다음에는 이 지식을 참되고 신선한 사상의 흐름으로 창조하는 행위'라고 갈파한 바 있다.

바로 캠벨이 그렇게 했다. 그의 말에 귀를 기울이고 있노라면(정말 귀를 기울인다면) 의식이 새로운 생명으로 되살아나고 상상력이 심층에서 솟아나는 놀라운 경험을 피할 수가 없게 된다.

그는 자기의 작업을 관류하는 '중심 사상'이 '세계의 신화가 지닌 주제에서 공통되는 요소를 찾아내는 일'임을 인정한 바 있다. 그가 보기에, '세계 신화가 지니는 공통되는 주제는 심오한 원리를 통하여 중심에 이르려는 인간 정신의 욕구를 지향'한다.

그래서 나는 이렇게 묻는다.

"그러면 삶의 의미를 찾는 것이군요."

그는 대답한다.

"아니지, 그게 아니오. 살아 있음의 '경험'을 찾는 것이지요."

그렇다면 신화라고 하는 것은 선험자(先驗者)가 그린, 내면적인 경험 지도 같은 것이겠군요, 하고 나는 말했다. 그는 저널리스트가 내린 살풍경한 정의에 만족하지 않는 눈치를 보였다.

그에게 신화는, 그 가락의 내력과 이름을 알지 못하면서도 맞추어 춤을 추는 '우주의 노래', '천구(天球)의 가락'이다. 우리는 그 노래와 가락의 후렴을 듣는다. 우리는 은근히 즐기면서 콩고의 주의(呪醫)가 부르는 "뭄보줌보(아프리카 서부 수단 부락의, 가면을 쓰고 나타나는 수호신─옮긴이)의 노래를 듣거나, 신명나게 번역한 노자 《도덕경》의 난해한 대목 대목을 읽거나, 아퀴나스의 논의라고 하는 단단하기 짝이 없는 호두의 껍질을 더러 깨뜨려보거나, 문득 기괴한 에스키모 민담이 지니는, 귀가 번쩍 뜨이는 의미를 감청(感聽)하거나 한다."

그의 상상력에 따르면 이 엄장하면서도 음산한 화성(和聲)은 우리 조상들이 끼리끼리 모여앉아 먹거리 삼아 죽인 동물에 관한 이야기를 할 때, 죽은 동물의 영혼이 가는 곳으로 여겨지는 초자연적인 세계에 관한 이야기를 할 때에 태동한다. 우리 존재의 가시적인 지평 너머, '어딘가 멀고 아득한 곳에 동물의 주님이 있는데', 바로 이 동물의 주님이 인간에게 동물의 삶과 죽음을 다스릴 권능을 넘겨준다. 만일에 이 동물의 주님이 동물을 인간의 손에 붙이지 않으면 사냥꾼의 일족은 굶는 수밖에 없다. 이렇게 해서 옛 모듬살이는 일찍이, '삶의 본질은 죽이는 것과 먹는 데 있다는 사실 그리고 신화가 다루어야 하는 위대한 신비가 바로 이것임'을 깨닫게 된다. 이렇게 해서 사냥이라는 행위는 희생물을 바치는 제사(공희제, 供犧祭)가 되고, 사냥꾼은 그 동물이 회생하여 다시 한번 제물이 되어달라고 비는 마음으로, 죽은 동물의 영혼과 화합을 기도하는 일련의 몸짓을 보인다. 이 경우 공희제에 등장하는 동물은 저승에서 온 사절(使節)과 같은 역할을 한다.

캠벨이 요약하는 바에 따르면, 이로써 "사냥꾼과 사냥감이 된 동물 사이에는 참으로 불가사의하고도 놀라운 일종의 협약이 이루어진다. 바로 이 협약을 통하여 이 양자는 죽음과 매장과 재생의 신비스럽고 영원한 주기(週期) 속에서 하나의 동아리가 된다." 이들의 예술(이들이 그린 암벽화)과 구비문학(口碑文學)은 오늘날 우리가 종교라고 부르는 충동에 모습을 부여하게 된다.

이 원초적인 사회의 생업이 사냥에서 곡물의 경작으로 바뀜에 따라 삶의 신비를 설명하고자 하는 그들의 이야기 꼴도 바뀌게 된다. 즉 곡물의 씨앗이 영원한 주기를 표상하는 고귀한 상징이 된다. 곡물은 죽고 땅에 묻힌다. 그러면 그 씨앗이 그 곡물을 재생시킨다. 캠벨은 세계의 위대한 종교들이 모두 이 곡물의 씨앗이라는 상징적인 존재로써 영원한 진리(죽음에서 새 삶이 생긴다는 진리, 캠벨 자신의 말에 따르면 '희생에서 지복의 삶이 빚어진다는 진리')를 드러내는 데 매료

당하고 만다.

그는 이렇게 설명한다.

"예수님은 참으로 눈이 있는 분입니다. 예수님은 한 알의 겨자씨에서 얼마나 놀라운 현실을 보아냈던가요?"

그러면서 그는 《요한복음》에 나오는 예수의 말, "내가 진실로 너희에게 이르노니, 한 알의 밀이 땅에 떨어져 죽지 아니하면 한 알 그대로 있고 죽으면 많은 열매를 맺느니라"를 인용하거나, 《코란》에 나오는 말, "너희는, 선인(先人)이 겪은 것과 같은 시련을 겪지도 아니하고 지복(至福)의 낙원에 들어갈 수 있을 것이라고 생각하느냐"를 인용하고는 한다. 그는 이 방대한 영적(靈的)인 문학의 세계를 헤매면서 산스크리트어로 되어 있는 힌두의 경전을 번역하기도 하는가 하면, 끊임없이 새 이야기를 발굴·채집하여 고대 지혜의 보고(寶庫)에다 쟁여 쌓기도 한다. 그는 인도의 성자 라마크리슈나를 찾아갔던 고달픈 한 여자의 이야기를 좋아한다. 그의 이야기에 따르면 이 여자는 성자를 찾아가 이렇게 말한다.

"어르신, 저는 아직도 제가 신을 사랑하는지 사랑하지 않는지 도무지 알지 못합니다."

이 말을 듣고 성자가 묻는다.

"하면, 그대가 사랑하는 게 무엇인가요? 사랑하는 게 하나도 없지는 않겠지요?"

"제 조카를 사랑하기는 합니다만……."

성자가 여자에게 말한다.

"그 아이를 사랑하고 다독거리는 그 몸짓에, 신을 사랑하고 섬기는 몸짓이 깃들여 있답니다."

캠벨은 이 이야기 끝에, "여기에 종교의 귀한 메시지가 있지요. 즉 '너희가 참으로 하찮은 사람들을 대접하는 일이 곧 신에 대한 대접이 되느니라'라는 메시지가 그것이랍니다" 하고 덧붙였다.

영적인 사람이었던 그는 인간의 믿음에 관련된 문학에서 인류 공통의 영적인 원리를 찾아낸다. 그러나 그가 찾아낸 인류 공통의 영적인 원리는 인종의 굴레에서 해방되어야 한다. 이것이 해방되지 못하면 세계의 종교는 (오늘날 중동과 북아일랜드에서 그렇듯) 타인에 대한 능멸과 공격의 수단밖에는 되지 못한다. 그의 말에 따르면 신의 이미지는 무수하다. 그는 이것을 '영원의 가면'이라고 이름한다. 이 '영원의 가면'은 그 '영광의 얼굴'을 드러내기도 하고 감추기도 한다. 그는 세계의 각각 다른 문화권에서 신들이 각기 다른 가면을 쓰고 나타나는 까닭을, 이 수많은 문화의 가지에서 서로 비슷한 이야기—창세, 처녀 수태, 신자 성육(神子成肉), 죽음과 부활, 재림 그리고 최후의 심판 이야기—가 생겨나는 까닭을 알고자 한다. 그는, "진리는 하나이되, 현자(賢者)는 여러 이름으로 이를 언표(言表)한다"는, 힌두 경전에 나오는 통찰을 좋아한다. 그의 말에 따르면 우리가 알고 있는 신의 이름과 신의 이미지는 가면일 뿐이다. 이 가면은 곧, 우리의 언어와 기술로는 정의가 불가능한 궁극적 실체를 뜻한다. 신화 역시 '신의 가면'(이 '신의 가면'은 네 권으로 되어 있는 그의 주저主著의 제목이기도 하다-옮긴이)이다.

신화는 가시적인 세계의 배후를 설명하는 메타포이다. 그러나 이 신화의 전통이라고 하는 것은 각 문화권에 따라 다르다. 다른 까닭은 각 문화권에 따라 마땅히 자각하여야 할 삶 자체의 양상이 서로 다르기 때문이다. 캠벨의 책에서, 용서할 수 없는 죄악은 방심하는 죄악, 깨어 있지 않는 죄악인 태만을 방기하는 죄악이다.

나는 캠벨만큼 이야기를 잘하는 사람을 본 적이 없다. 원시 사회에 관한 그의 이야기를 듣고 있노라면, 나는 나도 모르는 사이에 열린 하늘이라고 하는 거대한 지붕 밑으로 펼쳐진 광막한 들판으로 나가거나, 수목에 묻혀 있는 숲 속의 동굴로 들어가는 느낌을 맛보고는 했다. 그의 이야기를 듣고 나서야 나는 비로소, 신들의 이야기가 왜 바람 속에서, 천둥 속에서 울려나올 수 있는지, 어째서 산자락의 시내라는 시내는 다 하느님의 육성을 내는지, 어째서 온 세상이 다 성소(聖所, 신화적인 상상의 영역)일 수 있는지를 이해하기 시작했다. 나는 그에게 이런 질문을 한 적이 있다.

"우리 현대인들은 이 땅으로부터 신비라는 신비는 모조리 벗겨버렸습니다. 그래서 사울 벨로의 말마따나 '믿음을 대청소해버린' 상태입니다. 자, 이제 어떤 것이 우리의 상상력을 살찌우지요? 할리우드의 영화, 텔레비전 영화에게 이 일을 맡겨야 할까요?"

캠벨은 비관주의자가 아니다. 그는 환상과 진리의 갈등 너머 존재하는 지혜의 해각(海角)을 믿는다. 그의 믿음에 따르면 이 지혜가 우리의 삶을 원초의 상태로 되돌린다. 이 지혜의 해각을 찾는 일은 '어느 시대에서든 그 시대의 중심 과제'이다. 만년(晩年)에, 그는 과학과 정신을 새롭게 통합시키는 일에 힘을 쏟았다. 인류의 우주선이 달에 착륙했을 때 그는 이렇게 쓰고 있다.

"천동설적(天動說的) 세계관에서 지동설적 세계관으로의 전환은 인류를 중심에서부터 벗어나게 한 듯하다. 중심이라고 하는 것은 중요하다. 영적으로 볼 때 중심은 시점(視點)이 있는 곳이다. 높은 곳에 오르면 지평선이 보인다. 달에 서면 지구가 떠오르는 광경이 온전하게 보인다. 비록 텔레비전을 통해서이기는 하지만 우리는 안방에서 그것을 보았다."

그 결과 지평선이 역사상 그 유래를 찾아볼 수 없이 확장되었다. 고대 신화가 그 시대에 그렇게 했듯 이제 우리는 우리 시대를 섬겨, '우리 자신과 우주의 기적(무서운 것인 동시에 황홀하기도 한)을 향한, 우리 지각(知覺)의 창을 깨끗이 닦을 수 있게 된 것이다. 그는 인간을 타락하게 한 것, 인간으로 하여금 신성한 것들과 헤어지게 한 것은 과학이 아니라고 주장한다. 그의 주장에 따르면, 과학의 발달은 인간을 타락하게 하기는커녕 이 온 우주가 '우리의 내적 자연이 확대·투사된 것'임을 인식하게 함으로써, 우리를 '고대와 만나게 했다'. 말하자면 과학이 우리를 깨우쳐, 우리 자신이 실은 우리의 내적인 자연의 귀이자 눈이자 사고이자 그 말이라는 사실(신학적으로 말하자면, 하느님의 귀이자 하느님의 눈이자 하느님의 생각이자 하느님의 말씀이라는 사실)을 인식하게 했다는 것이다.

그는 언젠가, "우리는 이 순간에도, 우리의 외적인 자연에 관한 지식은 물론 내적인 신비에 관한 지식을 겨냥한, 인류 정신의 가장 위대한 도약에 참여하고 있다"고 쓴 일이 있다. 마지막으로 그를 만났을 때, 나는 그에게 아직도 그렇게 믿고 있느냐고 물어보았다.

그는 한동안 생각에 잠겼다가 대답했다.

"그 어느 시대 이상으로 그렇지요."

그의 부음(訃音)을 듣고 나는 한동안, 그가 나에게 주었던 《천의 얼굴을 가진 영웅》을 뒤적거렸다. 그러면서 나는 내가 처음으로 신화적 영웅의 세계를 만났던 시절의 일을 생각해보았다. 나는 어린 시절, 고향의 조그만 공립 도서관에 들어가 책 더미를 뒤지다가 그 중의 한 권을 뽑아들고는, 괴룡을 죽이고 금양모피(金羊毛皮)를 찾은 영웅 이아손 이야기, 성배(聖杯)를 찾아다니는 원탁의 기사들 이야기에 그만 매료되고 말았던 적이 있다. 그러나 나는 조셉 캠벨을 만나고 나서야, 우리가 토요일에 마티니를 마시면서 시청하는 서부극이 사실은 그 이야기를 고대의 이야기에서 차용한 것이라는 점, 우리가 주일 학교에서 들은 이야기가 사실은 고도로 영적인 모험의 본질을 이해하고 있던 다른 문화권의 이야기, 필멸의 운명을 타고난 인간이 하느님이라는 궁극적인 실체를 깨치기 위해 악전고투하는 이야기와 동일한 것임을 깨닫게 되었다. 나는 캠벨에게 많은 빚을 지게 되었는데, 그는 이들 이야기의 상호 관련성을 이해할 수 있게 해주었고, 이야기의 단편이 어떻게 서로 일치되는가를 이해할 수 있게 해주었으며, 이른바 '강력한 복합 문화적 미래'는 두려워할 것이 아니라 우리 가슴으로 수용해야 한다는 것까지 깨닫게 해주었다.

그가, 신화를 지나치게 심리학적인 입장에서 해석한다, 신화의 당대적(當代的) 역할을 지나치게 이념적·치료적 기능에 국한시키는 듯하다는 비판을 받은 것도 사실이다. 나는 그의 주장과, 그를 비판하는 사람들의 논쟁에 끼여들 정도로 호전적인 사람은 못 되니 이 짐은 다른 사람들에게 지우고자 한다. 그러나 그는 반대 이론을 주장하는 사람들에게 별로 마음을 쓰지 않았다. 그는 오로지 가르치는 일, 다른 사람들에게 새로운 시각(視覺)을 열어주는 일에만 관심을 두었다.

그가 우리에게 열어준 많은 가르침의 길 중 가장 중요한 것은 그 자신이 살았던 삶 자체의 진정성이다. 그는, 신화란 우리 심층의 영적 잠재력에 이르는 실마리이며, 신화야말로 우리를 기쁨과 환상, 심지어는 황홀의 세계에까지 이르게 할 수 있다고 믿는 한편, 우리를 그 세계로 불러들이기를 좋아했다. 이렇게 우리를 불러들이는 그는 마치 그 세계를 다녀온 사람 같았다.

캠벨의 무엇이 나를 그토록 끌었을까?

그렇다. 지혜이다. 그는 대단히 지혜로운 사람이었다.

그리고 박식한 사람이기도 했다. 그는 '전인미답의 광대한 우리 과거의 파노라마를 아는' 사람이었다.

그러나 그것만이 아니다. 이야기에는 그에 걸맞은 표현의 방법이 있다. 그런데 그는 수천 가지 이야기를 아는 사람이었다. 그가 특별히 좋아하던 이야기가 생각난다.

캠벨은 일본에서 열린 세계 종교학회에서 뉴욕의 사회철학자와 일본 신도(神道)의 신주(神主)가 나누는 이야기를 들었다.

사회철학자가 신주에게 이런 말을 했다.

"우리는 신도의 종교 의례를 숱하게 보아왔고, 귀국의 성지(聖地)도 여러 곳 보았습니다. 그런데도 나는 아직 신도의 종교적 이념을 모르겠어요. 신도의 신학(神學)을 이해할 수 없어요."

일본인 신주는 깊은 생각에 잠긴 듯한 모습으로 한동안 가만히 있다가 천천히 고개를 가로저으면서 응수했다.

"글쎄요, 우리에게 종교적 이념 같은 게 있는 것 같지 않군요. 신학도 없고요. 우리는 춤을 출 뿐이지요."

그렇다. 캠벨도 춤을 추었다. 우주의 가락에 맞추어 춤을 추었을 뿐이다.

차   례

〈비로자나 불(佛)〉, 티베트 포달라 궁(12세기)
외적 가치를 지닌 목적에만 너무 집착해서 움직이는 바람에, 우리는 가장 중요한 것이 내적 가치임을,
즉 살아 있음과 밀접한 관계가 있는 삶의 황홀이라는 것을 그만 잊어버리게 되었지요.

1. 신화와 현대 세계

사람들은 우리 인간이 궁극적으로 찾고자 하는 것은 삶의 의미라고 말하지요.

그러나 나는 우리가 진실로 찾고 있는 것은 그것이 아니라고 생각해요.

나는 우리가 찾고 있는 것은 살아 있음에 대한 경험이라고 생각해요.

따라서 순수하게 육체적인 차원에서의 우리 삶의 경험은

우리의 내적인 존재와 현실 안에서 공명(共鳴)합니다.

이럴 때 우리는 실제로 살아 있음의 황홀을 느끼게 되는 것이지요.

모이어스 왜 하필이면 신화입니까? 우리는 왜 신화에 관심을 두어야 합니까? 도대체 신화가 우리 삶과 어떤 관계가 있습니까?

캠벨 "그래요, 우리는 우리 몫의 삶을 살면 됩니다. 삶이란 살 만한 가치가 있는 것이니까요. 그저 우리 몫의 삶을 살면 신화 같은 것은 필요하지 않지요." 이것이 나의 첫 대답입니다. 나는 남들이 중요하다고 주장하는 주제라고 해서 관심을 두는 것은 신용하지 않아요. 내가 신용하는 것은 어찌어찌 하다보니 사로잡히게 되는 주제입니다. 하지만 고만고만한 지침의 도움을 받기만 해도 신화가 우리를 사로잡는다는 걸 모이어스 씨도 알 겁니다. 자, 신화가 우리를 사로잡는다고 칩시다. 그럼 신화라는 게 우리에게 어떤 가치가 있는지 살펴봅시다.

오늘날 우리가 안고 있는 문제 중 하나는 우리가 정신의 문학과 친해지지 못한다는 것입니다. 우리는 그날 일어난 일이나 그 시각에 우리를 괴롭히는 문제에만 겨우 관심을 갖고 살아갑니다. 옛날에는 대학의 캠퍼스 하면 일종의 철저하게 열린 사회였지요. 그래서 나날의 내면적 삶이, 우리가 전통으로 물려받은 분들, 말하자면 인류의 위대한 유산으로 불릴 수 있는 분들인 플라톤, 공자, 석가, 괴테 등 우리 삶의 중심과 관련된 영원한 가치를 좇으라고 한 분들에 대한 관심과 상충되지 않았어요. 나이를 먹어 나날의 삶에 대한 관심에 심드렁해지면, 사람은 내면적인 삶에 눈을 돌리게 됩니다. 그 내면적인 삶이라는 게 어디에 있는지, 무엇인지 모르고 있다면 그것 참 곤란한 일이지요.

예전에는 그리스 문학, 라틴 문학 그리고 성서와 관련된 문학이 교육 과정의 일부를 이루었어요. 하지만 교육 과정에서 이런 게 다 떨어져나간 지금은 신화에 관한 정보를 얻을 길이 깜깜해지고 말았어요. 앞에서 말한 고전 이야기를 마음에다 담아 놓으면 그 이야기가 나날이 일어나는 사건과 무관하지 않다는 걸 알게 될 터인데 말입니다. 이런 게 없어진 것을 보니 우리가 대단히 중요한 걸 잃었다 싶은 생각이 듭니다. 왜냐? 우리에게는 앞에서 말한 것 같은 문학을 대신할 만한 게 없기 때문이지요. 인류의 삶을 떠받쳐오고, 문명을 지어오고, 수천 년 동안 종교의 틀을 지어온 고대의 정보는 심원한 내면적 문제, 내면에 관한 신비, 내면적인 통과의례의 문턱을 넘는 것과 밀접한 관계가 있어요. 길을 가는데 도로 표지가 없다고 칩시다. 그러면 우리는 도로 표지에 상응하는 걸 만들어서 길잡이로 삼아야 합니다. 하지만 이 신화라는 주제를 마음에 두게 되면 우리는 대신할 것을 찾을 수 없게 될 것입니다. 우리는 바로 이 신화라는 것에서 우리로서는 도저히 손에서 놓아버리고 싶지 않은 전통의 느낌, 깊고 풍부하고 삶을 싱싱하게 하는 정보가 솟아난다는 느낌을 받게 됩니다.

모이어스 그러니까 우리는 세계와 관계를 이루기 위해, 우리 삶을 현실과 조화시키기 위해 옛 이야기를 하고, 읽는다는 말씀이군요?

캠벨 내 생각이 바로 그것입니다. 그렇고 말고요. 소설(위대한 소설)이라는 것은 놀랍도록 교훈적입니다. 20대와 30대에, 심지어는 40대에도 제임스 조이스와 토마스

만은 나의 스승이었어요. 이분들이 쓴 것은 죄다 읽었으니까요. 이 두 분이 쓴 작품들은 신화적 전통이라고 불릴 수 있는 것에 대단히 밀접하게 맞닿아 있습니다. 가령 토마스 만의 《토니오 크뢰거》에 나오는 토니오를 봅시다. 토니오의 아버지는 제 고향의 유지이며 무척 현실적인 사업가입니다. 그러나 어린 토니오에게는 예술가적 기질이 있었어요. 토니오는 대도시 뮌헨으로 나가서, 자신이 돈벌이나 하는 사람이나 가정적인 사람과는 다르다고 여기는 유식한 사람들의 무리에 들게 됩니다.

여기에서 토니오는 양극(兩極) 사이에 놓이게 됩니다. 한쪽은 바로 토니오 자신의 아버지입니다. 그는 책임감이 강한 좋은 아버지이긴 합니다만, 자기가 진정으로 좋아하는 일은 평생 한 번도 해본 적이 없는 사람입니다. 또 한쪽은 자기 고향을 떠났고, 고향 사람들의 삶에 대단히 비판적인 사람들입니다. 그러나 토니오는 자기가 고향 사람들을 진정으로 사랑한다는 걸 깨닫게 됩니다. 그럼에도, 고향 사람들에게 견주어 자기가 지적으로 좀더 우월하다고 생각하는데도, 언어로 그들을 묘사할 수 있는데도, 토니오의 가슴은 그들과 하나가 되지 못합니다.

토니오는 다시 고향을 떠나 이번에는 보헤미안들과 살게 됩니다. 그러나 얼마 안 되어 토니오는 보헤미안의 삶이야말로 참으로 저열한 것임을 깨닫고는 결국 이들과도 살 수 없게 됩니다. 이들을 떠난 뒤 토니오는 보헤미안 무리 중 하나에게 이런 편지를 씁니다.

"……위대한 악마적 미학의 길을 모험하고, '인류'를 경멸하며 냉엄하고도 긍지에 차 있는 그들을 존경합니다. 그러나 나는 그들을 선망하지는 않습니다. 만일 이 세상에 유식한 인간을 시인으로 만들 만한 것이 있다면, 그것은 사람과 살아 있는 것과 일상적인 삶을 사랑하는 나의 고향일 것입니다. 따사로움의 모든 것, 정겨움의 모든 것, 유머의 모든 것은 내 고향이 알고 있는 이 같은 사랑에서 유래합니다. '천사의 혀와 인간의 혀로 모두 말하는', 그러나 사랑이 부족하여 '꽹과리나 시끄러운 바라 소리'나 내는 사람 이야기가 있는데, 나는 이들의 사랑이 심지어 바로 이런 것이 아닐까 하는 생각도 사양하지 않습니다."

　이어서 토니오는 "작가는 진실에 진실해야 한다"고 씁니다. 그런데 토니오가 진실에 진실하면서 애정을 기울이는 사람은 살인자입니다. 왜냐, 인간을 진실하게 그려내는 유일한 방법은 인간이 지닌 불완전함을 그리는 것이기 때문입니다. 완전한 인간은 사람들의 흥미를 끌지 못합니다. 세상을 떠날 즈음의 석가가 어떠했습니까? 석가의 모습은 우리가 사랑하지 않을 수 없는 불완전한 모습이었습니다. 불완전한 인간은 작가가 진실한 언어의 창을 던지면 상처를 입고 맙니다. 그러나 그 창은 사랑의 창입니다. 이것이 토마스 만의 이른바 '에로틱 아이러니'라는 것입니다. 잔혹하고 분석적인 언어를 통해 자기 손으로 죽이고 있는 대상에 대한 사랑이라는 것이지요.

모이어스　저도 그 이미지를 소중히 여깁니다. 아무리 멀리 떠나 있어도, 심지어는 떠나서 돌아오지 못하게 될 경우에도 끈질기게 지니게 되는 어떤 곳에 대한 사랑, 고향에 대한 사랑의 이미지요. 사람이 사람들을 처음 발견하는 곳이지요. 하지만 왜 당신은, 불완전하기 때문에 사람들을 사랑한다고 말하는 것입니까?

캠벨　아이들이라고 하는 것은, 밤낮 엎어지고 자빠지고 하는데다, 몸은 조그만데 머리는 터무니없이 크니, 사랑스럽지 않은가요? 일곱 난쟁이를 그려낸 월트 디즈니는 이것을 잘 알고 있었던 것 같지 않습니까? 사람들이 집에서 기르는 우스꽝스런 강아지를 보세요. 불완전해서 사랑스러운 겁니다.

모이어스　'완전'한 것은, 보고 있으면 조금 싫증이 난다, 이 말입니까?

캠벨　그럴 수밖에 없지요. 완전한 것은 비인간적입니다. 보고 듣는 사람에게 초자연적인 인간이나 불사신이라는 느낌을 주는 대신, 아슬아슬한 것, 인간이라고 느끼게 하는 인간미……. 이게 사랑스러운 겁니다. 하느님을 사랑하는 데 몹시 힘이 드는 사람이 생기는 게 다 이것 때문입니다. 하느님에게는 불완전한 데가 없거든요. 하느님에게 두려움을 느낀다면, 그 느낌은 진정한 사랑으로 연결될 수 없어요. 그러나 십자가에 매달린 그리스도는 사랑스럽지요.

모이어스 그건 무슨 뜻입니까?

캠벨 고통이라는 거지요. 고통은 불완전한 존재만 체험하는 것이 아니던가요?

모이어스 인간적인 고통, 인간적인 분투, 인간적인 삶…….

캠벨 ……거기에 그런 삶에 관한 지혜를 터득하는 젊은이가 등장해야 합니다. 그래야 사랑스러운 이야기가 됩니다.

모이어스 선생님의 책《천의 얼굴을 가진 영웅》을 읽고는 인간 사이에 있는 공통점이 신화에 어떻게 드러나 있는지를 이해했습니다. 신화라는 것은 우리가 오랜 세월에 걸쳐 해온 진리에 대한 모색, 의미에 대한 모색, 의미 있음에 대한 모색을 뼈대로 하는 이야기입니다. 이제 우리는 우리의 이야기를 해야 하고 우리의 이야기를 이해해야 합니다. 우리는 죽음을 이해하고, 죽음과 맞설 줄 알아야 합니다. 우리에게는 태어나서 살다가 죽는 이 기나긴 삶의 길에서 도움이 필요합니다. 우리는 평생 영원의 의미를 이해하고, 영원을 접하고, 신비를 이해하고, 누군가를 바로 알아야 합니다. 그러자면 도움이 필요합니다.

캠벨 사람들은 우리 인간이 궁극적으로 찾고자 하는 것은 삶의 의미라고 말하지요. 그러나 나는 우리가 진실로 찾고 있는 것은 그것이 아니라고 생각해요. 나는 우리가 찾고 있는 것은 살아 있음에 대한 경험이라고 생각해요. 따라서 순수하게 육체적인 차원에서의 우리 삶의 경험은 우리의 내적인 존재와 현실 안에서 공명(共鳴)합니다. 이럴 때 우리는 실제로 살아 있음의 황홀을 느끼게 되는 것이지요. 우리가 궁극적으로 지향하는 것, 어떤 실마리의 도움을 받아 우리가 우리 안에서 찾아야 할 것이 바로 이것이랍니다.

모이어스 그러니까 신화가 그 실마리라는 것이지요?

캠벨 신화는 인간 삶의 영적 잠재력을 찾는 데 필요한 실마리인 것이지요.

모이어스 그 영적 잠재력이라는 것은 우리가 알아낼 수 있는 것, 우리가 내적으로 체험할 수 있는 것입니까?

캠벨 그렇지요.

모이어스 선생님께서는 신화의 정의를 '의미의 모색'에서 '의미의 경험'으로 바꾸셨는데요?

캠벨 '삶의 경험'이라고 하기로 합시다. 마음은 의미와 밀접한 관계가 있답니다. 꽃의 의미는 무엇이지요? 선(禪) 이야기에는 꽃과 관련된 석가의 이야기가 나옵니다. 석가는 그저 꽃 한 송이를 쳐듭니다. 그런데 좌중에 딱 한 사람이 그 의미를 알아들었다는 뜻으로 석가를 향해 웃어 보입니다. 석가라는 분 자신은 '이렇게 해서 오신 분〔如來〕'이라고 불립니다. 여기에는 의미가 없어요. 우주의 의미는 무엇이던가요? 벼룩의 의미는 무엇이던가요? 모두 그저 거기에 있을 뿐이지요. 그겁니다. 모이어스 씨, 당신이라는 분의 의미는 그저 거기에 있다는 것뿐입니다. 외적 가치를 지닌 목적에만 너무 집착해서 움직이는 바람에, 우리는 가장 중요한 것이 내적 가치임을, 즉 살아 있음과 밀접한 관계가 있는 삶의 황홀이라는 것을 그만 잊어버리게 되었지요.

모이어스 선생님께서는 그런 것을 어떻게 경험하실 수 있었습니까?

캠벨 신화를 읽었지요. 신화는 사람들에게 내면으로 돌아가는 길을 가르쳐줍니다. 신화를 읽으면 사람들은 상징의 메시지를 해독하기 시작하지요. 자, 다른 민족의 신화를 읽어야 하지, 자기 종교와 관련된 신화를 읽는 것이 아니랍니다. 자기 종교와 관련된 신화보다 다른 문화권의 신화를 읽어야 하는 까닭은, 우리에게는 자기 종교와 관련된 신화를 믿음이라는 문맥에서 해석하는 경향이 있기 때문입니다. 하지만 다른 문화권의 신화를 읽으면 메시지를 느끼게 됩니다. 남의 신화를 읽으면 경험이 무엇인지 배우게 됩니다.

자, 결혼을 예로 들어볼까요? 결혼이 뭐지요? 신화는 결혼이 무엇인지 우리에게 가르쳐줍니다. 신화가 가르쳐주는 바에 따르면, 결혼은 분리되어 있던 한 쌍의 재회(再會)랍니다. 결혼으로 재회하는 둘은 원래 하나였어요. 그런데 이 세상에서는 둘로 존재하는 거지요. 그러니까 결혼이 무엇이냐 하면 결혼하는 두 사람 사이의 영적 동일성을 인식하는 일입니다. 결혼은 연애 같은 것과는 달라요. 연애와는 아무 상관도 없는 것이에요. 결혼은 경험이 지니는 또 하나의 신화적인 차원입니다. 오랫동안 연애하던 사람이 그만하면 충분하다고 생각하고 결혼하고 나서는 얼마 되지 않아 갈라서고 마는 경우를 우리는 자주 봅니다. 왜 갈라설까요? 이른바 연애라고 하는 것은 상대방에 대한 절망과 함께 끝나는 것이기 때문입니다. 그러나 결혼은 영적인 동일성을 인식하는 일입니다. 삶을 온당하게 산 사람이라면, 이성(異性)을 웬만큼만 제대로 파악하고 있는 마음의 소유자라면 온당한 남성 혹은 여성 상대자를 찾는 일은 어렵지 않아요. 그러나 만일 상대의 관능적 관심에 이끌려 결혼하는 사람이 있다면 그 사람은 번지수를 틀리게 찾은 거예요. 상대를 잘못 짚은 거지요. 제대로 된 상대와 결혼해야 우리는 육화(肉化)한 신의 이미지를 재건할 수 있게 되는데, 이게 바로 결혼이라는 것입니다.

모이어스 제대로 된 상대라고 하셨는데, 어떻게 해야 제대로 된 상대를 고를 수 있는 것입니까?

캠벨 가슴이 말해줍니다. 반드시.

모이어스 그러니까 내적인 존재를 말씀하시는 것인지요?

캠벨 수수께끼의 요체가 거기에 있지요.

모이어스 선생님께서는 선생님에게 있는 또 하나의 '자기'를 알아보실 수 있습니까?

캠벨 글쎄, 잘은 모르겠지만, 이거다, 하고 오는 게 있어요. 그러면 사람의 내면에 있는 어떤 존재가, 이게 바로 그것이구나 하고 알게 됩니다.

모이어스 결혼이 '자기'와 '자기'의 재회, 우리의 뿌리가 되는 남성 혹은 여성과의 만남이라면, 우리의 현대 사회에서 결혼이 이렇게 아슬아슬하게 이루어지고 깨어지는 이유가 무엇입니까?

캠벨 그건 결혼이 아니라니까요. 감히 말합니다만, 결혼으로 맺은 관계를 인생의 가장 중요한 관계로 치지 않는 사람이 있다면, 그 사람은 결혼을 아직 하지 못한 겁니다. 결혼은 원래 하나였던 것이 지어내는 둘의 관계, 둘이 하나의 육(肉)을 이루는 관계입니다. 어느 한쪽에서 시시각각으로 변덕을 부리는 대신, 결혼의 관계가 충분히 오래 계속되고, 그러한 관계에 묵시적으로 동의하게 되면 그걸(둘은 실제로 둘이 아니라 하나임을) 깨닫게 됩니다.

모이어스 생물학적으로는 물론, 영적으로도 하나가 된다는 것을 말씀하시는 것이겠지요?

캠벨 중요한 것은 영적으로 하나가 된다는 것입니다. 생물학적으로 하나가 된다는 인식은 잘못하면 사람을 헛갈리게 합니다. 그릇된 상대와 동일시하는 인식을 가능하게 할 터이니까요.

모이어스 그렇다면 결혼에서 필요한 기능은 중요한 것이 못 된다는 것이군요? 즉 아이들을 통해서 영속하게 되는 결혼 말씀입니다만.

캠벨 못 되지요. 사실을 말하자면, 그건 결혼의 기초적인 측면 같은 것입니다. 결혼에는 서로 전혀 다른 두 단계가 있어요. 첫번째 단계는 자연이 부여한 불가사의한 충동에 따라 두 젊은이가 결혼하는 단계이지요. 젊은이들은 이 자연의 충동을 좇아 생물학적인 성의 교합을 하고 자식을 낳습니다. 하지만 이윽고 아이들이 가정을 졸업하고 나면 부부만 남게 되는 단계가 옵니다. 나는 가까운 사람들이 40~50대에 무수히 갈라서는 것을 볼 때마다 놀라고는 한답니다. 아이들이 함께 있을 때는 정말 완벽에 가까울 정도로 훌륭한 삶을 함께 산 사람들이었지요. 하지만 이들은 자기네 관계를 아이들을 통한 관계로 해석하면서도 그것이 실수를 범하는 일이라는 것을 모릅니다. 제대로 된 관계를 지닌 사람들이라면 자기네의 관계를 상호간의 인간적인 관계라는 측면에서 해석해야 하는 것이지요.

그래요, 결혼은 관계이지요. 우리는 대개 결혼을 통해서 한두 가지씩은 희생을 시킵니다. 그러나 결혼이라는 관계를 위해서 희생시켜야지, 상대를 위해서 희생시켜서는 안 됩니다. 중국에서 '도(道)'를 나타내는 이미지를 보면, 어두운 것과 밝은 것이 서로 꼬리를 물고 상호 작용하는 것을 볼 수 있는데, 이것은 바로 음양(陰陽)의 관계, 남성의 원리와 여성의 원리가 지닌 관계를 의미합니다. 결혼이 바로 이런 것입니다. 사람은 결혼을 하면 바로 이러한 관계 속으로 들어갑니다. 결혼한 사람은 더 이상 혼자가 아닙니다. 결혼한 사람은 자기의 정체를 관계 속에서 찾아야 합니다. 결혼은 단순한 연애가 아니지요. 결혼은 시련입니다. 이 시련은 '관계'라는 신 앞에 바쳐지는 '자아'라는 제물이 겪는 것이지요. 바로 이 '관계' 안에서 둘은 하나가 됩니다.

모이어스 그렇다면 결혼과 자기가 자기 것을 주장하는 사고방식은 온전히 양립할 수 있는 것이겠군요?

캠벨 잘 아시겠지만 그건 '자기 것'이 아니지요. 어떤 의미에서 보면 '자기 것'일 수도 있겠지만, 이때의 '자기'라고 하는 것은 어느 한 사람을 의미하는 것이 아니라 하나로서의 둘을 의미하는 것입니다. 이 '자기'야말로 신화적 이미지입니다. 초월적인 선(善)의 영역에 들기 위해 희생시키는 가시적인 실재가 바로 그것이지요. 젊은이의 결혼은 어느 대목에 이르면 두 번째 단계에 접어드는데, 이것이 내가 바로 '연금술적 단계'라고 이름붙인 단계입니다. 이 단계에 이르면 둘은 둘이 아니라 하나라는 것을 경험하게 되는데, 바로 이 단계에서 부부는 내가 앞서 말한 희생의 의미를 서로 아름답게 깨닫게 됩니다. 만약에 부부가 첫번째 단계에 머물고 있다면, 아이들이 집을 떠나는 것과 때를 같이 해서 갈라서게 되지요. 갈라서지 않는다면 지아비는 묘령의 아가씨와 눈이 맞아 도망질을 치고, 지어미는 텅 빈 집에 텅 빈 가슴으로 앉아서 자기 나름의 방법으로 사태를 수습해야 하게 될지도 모르지요.

모이어스 결혼의 두 단계를 이해하지 못하기 때문에 생기는 사태인지요?

캠벨 전념하지 않는다는 뜻이지요.

모이어스 우리는 좋은 일에도 전념하고, 더러는 나쁜 일에도 전념하는 것 같은데요?

캠벨 그게 바로 의례(儀禮)의 잔재랍니다.

모이어스 그런데 의례는 그 힘을 잃었습니다. 옛날에 내적 실재의 그릇 노릇을 하던 의례가 이제는 그것을 조직하는 수준으로 타락했습니다. 사회의 의례가 그렇고, 결혼이라는 개인의 의례가 그렇고, 종교의 의례가 그런 것 같습니다.

캠벨 결혼하기 전에 결혼의 진정한 의미에 대한 영적 교시를 받는 사람이 몇이나 될까요? 판사 앞에 서면 결혼은 10분이면 끝납니다. 인도에서는 혼인 의례가 사흘이나 계속됩니다. 신랑신부는 그동안 아주 끈적끈적하게 밀착됩니다.

모이어스 선생님께서는 결혼은 사회적 계약이 아니라 영적인 수련이라고 말씀하시는 것이군요?

캠벨 중요한 것은 영적 수련입니다. 사회는 사람들로 하여금 깨달음에 이르게 해야 하는 것이고요. 사람은 사회를 섬겨야 하게 되어 있지가 않아요. 사회가 사람을 섬겨야 하지요. 사람이 사회를 섬기게 되면 우리는 괴물이나 다름없는 상태를 만나게 될 것입니다. 그것이 지금 이 시각에도 이 세계를 위협하는 것 아닙니까?

모이어스 사회가 강력한 신화를 포용하지 못하게 되면 어떻게 됩니까?

캠벨 지금 우리가 처한 것 같은 사태가 나지요. 의례가 없는 사회가 어떤지 알고 싶으면 〈뉴욕타임스〉를 읽어보세요.

모이어스 〈뉴욕타임스〉가 어떻길래요?

캠벨 뉴스를 한번 보시라는 겁니다. 문명화한 세상에서 어떻게 처신해야 하는지 알지 못하는 젊은이들이 자행하는 파괴적이고 범죄적인 행위도 뉴스로 등장해 있을 겁니다.

모이어스 젊은이들은 의례를 통하여 한 거레 혹은 한 사회의 일원이 되어야 하는데,

사회가 젊은이들에게 의례를 베풀어주지 못한다는 것이군요. 사실입니다. 모든 아이는 거듭날 필요가 있습니다. 모든 아이는 지금의 세상에서 이성적으로 기능하는 방법을 배워야 합니다. 그런 다음에야 어린 시절을 떠날 수 있어야 합니다. 〈고린도 전서〉에서 읽은 구절이 생각나는군요. "내가 어렸을 때에는 말하는 것이 어린아이와 같고, 깨닫는 것이 어린아이와 같고, 생각하는 것이 어린아이와 같다가, 장성한 사람이 되어서는 어린아이의 일을 버렸노라."

캠벨 바로 그겁니다. 사춘기 의례가 필요한 까닭이 거기에 있지요. 원시 사회에서는 이빨을 쪼아낸다거나 몸에 상처를 낸다거나 할례(割禮)를 베풀거나 하는 사춘기 의례가 있었어요. 이러한 의례를 거치면 어린이의 몸은 더 이상 어린이의 몸이 아닌 전혀 다른 존재가 되는 것이지요.

내가 어릴 때, 우리 어린이들은 반바지를 입었어요. 아시지요? 무릎까지 오는 바지 말입니다. 긴 바지를 입게 되는 순간은 굉장한 순간이었지요. 요즘 아이들은 그런 굉장한 순간을 경험할 수 없어요. 내가 보니까, 심지어는 다섯 살배기까지 긴 바지를 입고 뛰어다니더군요. 이런 아이들에게 나는 이제 아이가 아닌 어른이다, 그러니까 유치한 장난은 그만 해야 한다, 이런 걸 깨닫는 순간이 올까요?

모이어스 아이들이 도시에서 자라나는 경우(가령 125번 가나 브로드웨이 같은 곳 말씀입니다), 오늘날 이들은 어디에서 신화의 존재를 만날까요?

캠벨 스스로 만듭니다. 뉴욕이라는 도시가 온통 낙서(graffiti)투성이인 것도 그 때문이지요. 이렇게 낙서하는 아이들에게는 나름의 불량배가 있고 나름의 입문 의례가 있으며 나름의 도덕률이 있어요. 아이들 나름으로는 최선을 다해 신화를 체현하는 것이지요. 하지만 이들은 위험합니다. 그 까닭은 이들의 법이 도시의 법이 아니기 때문이지요. 이들은 나름의 입문 의례를 치르지만, 이들이 입문하는 곳은 우리 사회가 아니지요.

모이어스 롤로 메이는 오늘날 미국 사회에 범죄가 이토록 많이 일어나는 것은 젊은 남녀에게 위대한 신화가 없기 때문이라고 말한 바 있습니다. 즉 위대한 신화가 젊은 남녀로 하여금 세계와의 관계를 알게 하거나, 가시적인 사회 이면에 존재하는 또 하나의 세계를 이해하게 해주어야 했다는 것이지요.

캠벨 그래요. 범죄가 많은 또 하나의 까닭은 이 미국에는 에토스(윤리적 겨레 정신)가 없다는 것이지요.

모이어스 설명이 필요할 것 같습니다만.

캠벨 가령 미식 축구의 경우는 룰이 대단히 엄격하고 또 복잡합니다. 하지만 영국에 가서 보면, 럭비의 룰은 그렇게 엄격하지 않아요. 내가 20대 학생일 때 아주 멋진 포워드 패스를 구사하는 미식 축구 선수 둘이 있었어요. 이들이 장학금을 얻어 옥스퍼드로 가서 팀에 합류한 적이 있는데, 어느 날 그 멋진 포워드 패스를 선보였지요. 그러자 영국 선수들 왈, "아직 규칙이 마련되어 있지 않으니까 그런 패스는 하지 말게. 우리는 그런 식으로 하지 않으니까" 하더래요.

어떤 문화권이든지 우리가 문화권이라고 부르는 모듬살이에는 삶의 규범이 될 만한 룰, 그 문화권 사람들 사이에 묵시적으로 이해되는 불문율 같은 게 있는 법이지요. 그런 문화권에는 에토스라고 할 수 있는 것, 삶의 양식이라고 할 수 있는 것, '우리는 그런 식으로는 하지 않는다'라고 하는 어떤 묵시적 양해 사항이 있어요.

모이어스 신화라고 부를 수 있는 것이군요.

캠벨 정리되지 않은 신화라고 할 수 있겠지요. 우리가 포크와 나이프를 쓰는 것과 비슷해요. 우리는 포크와 나이프를 쓰는 것처럼 사람들을 대하지요. 포크와 나이프를 어떻게 써야 한다는 것은 책에 나와 있지 않잖아요. 그런데 이 미국에는 온갖 배경을 가진 사람이 다 모여 살고 있어요. 그러자니 이 나라에서는 법이 대단히 중요한 자리를 차지하잖아요. 그래서 법과 법률가들이 우리를 꽉 잡고 있어요. 여기에는 에토스가 없어요. 내 말 무슨 뜻인지 알겠지요?

모이어스 알겠습니다. 지금부터 160년 전에 드 토크빌이 처음으로 이곳에 와서 '무정부 상태의 소용돌이'를 보고 한 말이 조금 전에 선생님께서 하신 말씀과 아마 비슷했지요?

캠벨 오늘날 우리는 비신화화(非神話化)한 세계를 살고 있어요. 참 역설적이게도, 그 결과 내가 만난 많은 학생이 신화에 관심을 기울이고 있더군요. 왜 신화에 관심을 기울이느냐고 했더니, 거기에는 메시지가 있다는 겁니다. 오늘날 신화를 공부하는 사람에게 신화가 어떤 메시지를 주는지는 설명할 수가 없군요. 하지만 이러한 메시지가 공부하는 학생들에게 도움을 준다는 건 분명합니다. 내가 대학에 강연이라도 가면, 강의실은 내 말을 들으러 온 학생들로 미어져 터집니다. 그런데 대학에서는 작은 강의실밖에는 배정해주지 않아요. 왜 이렇게 작은 강의실을 배정해주는지 아세요? 학교 당국자들이 학생들의 내부에 충만해 있는 열기를 눈치채지 못하기 때문이랍니다.

모이어스 알 만합니다. 그런데 말씀이지요, 선생님께서는 선생님께서 들려주시는 신화나 옛 이야기가 학생들에게 어떤 도움을 주고 있다고 생각하십니까?

캠벨 내가 학생들에게 들려주는 이야기는 삶의 지혜에 관한 이야기입니다. 우리가 학교에서 배우는 것들은 삶의 지혜와는 상관없는 것이지요. 우리는 테크놀로지를 배웁니다. 우리는 정보를 얻습니다. 재미있는 것은, 많은 교수들 역시 자기가 가르치는 학문이 삶의 가치와 어떤 관계가 있느냐고 물으면 고개를 가우뚱한다는 겁니다. 오늘날 우리의 학문(문화인류학, 언어학, 종교학 등을 말합니다)에는 전문화 경향이 뚜렷해 보입니다. 한 방면에서 어엿한 전문가가 되려면 도대체 얼마나 공부해야 하는지 아십니까? 한 전문 학자가 얼마나 공부해야 하는지 알면 이런 경향이 있다는 내 말을 이해할 수 있을 겁니다.

가령 말이지요, 불교를 공부하자면 적어도 동양학을 논의하는 유럽의 몇 개 국어, 말하자면 영어는 물론이고 프랑스어, 독일어, 이탈리아어는 알아야 합니다.

뿐만 아닙니다. 산스크리트어, 중국어, 일본어, 티베트어, 여기에다 몇 개 국어를 더 보태야 합니다. 머리가 희어질 노릇이지요. 그런 전문가가 이로쿼이즈 인디언과 알곤퀸 인디언의 차이가 뭐냐고 하는 문제에 관심을 가질 수가 있겠어요? 전문화에는 전문가가 관심을 두는 문제의 범위를 한정시키는 속성이 있어요. 하지만 나같이 전문가가 아닌 잡학가(雜學家)는 여기에서는 이 전문가에게 한 수 배우고, 저기에서는 저 전문가에게 한 수 배우기 때문에 문제를 일단 위에서 내려다볼 줄 알지요. 그러나 내가 말한 그 전문가들은 어떤 현상이 왜 이 분야에서도 나타나고 저 분야에서도 나타나는지 알지 못합니다. 그래서 잡학가(학자들을 이렇게 부르면 큰일납니다만)는 전문화한 문화보다는 훨씬 인간적이라고 할 수 있는 다른 문제의 영역으로 뛰어들기도 하는 것이지요.

모이어스 그렇다면 저널리스트와 비슷한 셈이군요? 저널리스트에게는 자기가 이해하지도 못하는 문제를 설명할 수 있는 면허증이 있다니까요.

캠벨 그건 면허증이라기보다는 의무 같은 것이겠지요. 저널리스트는 공개적으로 자신을 계발시키는 의무를 지니까요. 그건 그렇고, 젊은 시절에 하인리히 침머의 강의를 들으러 다닐 때의 일이 생각나는군요. 신화에 우리 삶에 유효한 메시지가 있다는 말을 처음으로 한 분이 침머가 아닐까 싶습니다. 그전까지는 신화 하면 학자들이나 우려먹는 것인 줄 알았지요. 침머의 말은 내가 어린 시절부터 품어왔던 느낌을 확인시켜주는 것이었어요.

모이어스 신화와 처음 만났을 때의 일을 기억하십니까? 옛 이야기들이 선생님께 살아 있는 것으로 보이던 때의 일 말씀입니다.

캠벨 나는 로마 카톨릭 가정에서 자라났어요. 로마 카톨릭 가정에서 자란 이점 중 가장 큰 것은 신화라는 것을 진지하게 검토하고, 신화를 삶에 적용시키고, 신화 모티프와 유사한 삶을 사는 방향으로 교육받을 수 있었다는 것입니다. 카톨릭 가정의 아이는 그리스도가 이 세상에 탄생하고, 무리를 가르치고, 십자가에 매

버팔로 빌의 〈와일드 웨스트 쇼〉
그러다가 아메리카 인디언에 빠지게 되었습니다. 당시 버팔로 빌이 뉴욕의 메디슨 스퀘어 가든에 해마다 와서 〈와일드 웨스트 쇼〉로 공연을 벌였는데, 그걸 보고는 그만 인디언을 짝사랑하게 되고 만 겁니다. 그런데 이로부터 오래지 않아 나는 아메리카 인디언 신화에, 내가 어릴 때 학교에서 수녀 선생님에게 들은 것과 똑같은 모티프가 있는 것을 알고는 약간 충격을 받게 되었습니다.

달리고, 부활하고, 하늘 나라로 돌아가는 이 순환적인 주기를 계절적으로 체험하면서 자랍니다. 말하자면 1년 내내 계속되는 의례가 가변적인 존재의 불변하는 핵(核) 같은 것을 어린아이의 마음속에다 새겨놓는다는 겁니다. 이렇게 자라는 아이에게 죄악이라는 것은 그러한 조화의 관계에서 이탈하는 행위이지요.

그러다가 아메리카 인디언에 빠지게 되었습니다. 당시 버팔로 빌이 뉴욕의 메디슨 스퀘어 가든에 해마다 와서 〈와일드 웨스트 쇼〉로 공연을 벌였는데, 그걸 보고는 그만 인디언을 짝사랑하게 되고 만 겁니다. 인디언을 좀더 알고 싶었지요. 우리 부모님은 너그러운 분들이었어요. 그래서 나는 인디언에 관해 쓰여진 그 시절의 책을 사 볼 수 있었지요. 이렇게 해서 나는 아메리카 인디언의 신화를 읽기 시작했습니다. 그런데 이로부터 오래지 않아 나는 아메리카 인디언 신화에, 내가 어릴 때 학교에서 수녀 선생님에게 들은 것과 똑같은 모티프가 있는 것을 알고는 약간 충격을 받았습니다.

모이어스 창세(創世) 모티프 같은 건가요?

캠벨 창세, 사망과 부활, 승천, 처녀 수태, 뭐 이런 건데 처음에는 뭔지 모르다가 하나 하나씩 어휘를 익히게 되었지요.

모이어스 그래서 어떻게 되었습니까?

캠벨 푹 빠졌지요. 나에게는 이것이 바로 비교신화학(比較神話學)에 입문한 계기였던 셈입니다.

모이어스 혹시, 성경은 이렇게 말하고 있는데 신화는 왜 저렇게 말하고 있을까, 이런 의문을 품지는 않으셨습니까?

캠벨 아뇨. 진짜 비교신화학을 시작한 건 훨씬 뒤의 일입니다.

모이어스 인디언 이야기의 어떤 요소가 선생님의 흥미를 끌었습니까?

캠벨 당시 항간에는 인디언 이야기가 많이 나돌아다녔어요. 우리 주위에 실제로 인디언이 많기도 했고요. 지금도 세계 각지의 신화를 다루다 보면, 역시 아메리카 인디언의 이야기가 가장 풍부하고 가장 많이 발달해 있다는 걸 느끼고는 하지요.

　우리 부모님에게는 별장이 있었는데, 이 별장이 어디에 있었느냐 하면, 당시 델라웨어 인디언들의 거주 지역에 있던 숲 속에 있었어요. 이따금씩 이로쿼이즈 인디언이 내려와 이들과 싸움을 벌이고는 했지요. 우리 별장 근처에는 굉장히 큰 광산이 있었는데, 우리는 거기에서 인디언의 화살촉 같은 유물을 캐기도 했어요. 인디언의 이야기에서 아주 중요한 역할을 하는 동물들이 별장 근처의 숲 속을 어슬렁거렸고요. 나에게 이 시절의 삶은 이 방면에의 입문서 역할을 했습니다.

모이어스 인디언 이야기들이 카톨릭 신앙과 충돌하지는 않았습니까?

캠벨 그런 것은 없었어요. 내가 믿던 종교와의 충돌은 훗날 학문적인 연구 같은 걸 시작하면서 생기더군요. 그건 그렇고, 그 뒤 나는 힌두교에도 관심을 가지고 이것저것 읽게 되었는데, 아, 거기에도 같은 이야기가 있더군요. 나의 대학 졸업 논문은 중세의 아더왕 이야기를 다룬 것이었는데, 거기에도 같은 이야기가 있는 겁니다. 나는 이런 이야기들과 평생을 살아왔으니까 이것들이 같은 이야기가 아니라고 감히 우길 사람은 없을 겁니다.

모이어스 그러니까 그 이야기들은 시공을 초월한 테마로서 어느 문화에도 있는 것이군요?

캠벨 그렇지요, 테마가 시공을 초월해 있습니다. 문화는 이런 이야기의 영향을 받은 것이고요.

모이어스 그렇다면 이야기의 테마는 보편적이지만, 민족의 기질에 따라 적용하는 것이 조금씩 다르겠군요?

캠벨 그럼요. 테마의 대응 구조(對應構造)라는 것을 모르고 읽으면 전혀 다른 이야기라고 생각되겠지만, 다른 게 아니에요.

모이어스 선생님께서는 사라 로렌스 대학에서 38년간이나 신화를 가르쳐왔습니다. 고만고만한 중류 가정을 배경으로 하여 대학에 온 젊은 처녀들에게 정통 종교와 다른 이 신화를 어떻게 가르쳤습니까? 어떻게 신화에 관심을 갖게 했습니까?

캠벨 젊은 사람들은 덥석 집더군요. 신화는 문학과 예술에 무엇이 있는가를 가르쳐줍니다. 우리 삶이 어떤 얼개로 되어 있는가를 가르쳐줍니다. 이건 대단한 것이지요. 우리 삶을 기름지게 하는 것으로서, 한번 빠져볼 만한 것이 신화지요. 신화는 우리 삶의 단계, 말하자면 아이에서 책임 있는 어른이 되고, 미혼 상태에서 기혼 상태가 되는 단계의 입문 의례와 상당히 밀접한 관계를 맺고 있습니다. 이런 의례가 곧 신화적인 의례인 것이지요. 우리는 바로 이런 의례를 통해 우리가 맡게 되는 새로운 역할, 옛것을 벗어던지고 새것, 책임 있는 새 역할을 맡게 되는 과정을 인식할 수 있어야 합니다.

판사가 법정으로 들어오면 사람들은 모두 일어서지요. 사람들은 그 친구를 보고 일어서는 게 아니라, 그 친구가 입고 있는 법복, 그 친구가 맡고 있는 역할에 경의를 표하기 위해서 일어서는 것입니다. 판사로 하여금 자신의 역할에 가치를 부여하게 하는 것은 무엇일까요? 그것은 그 역할로써 판사가 지니게 되는 완전무결함, 즉 그 역할의 원리로 대표되는 완전무결함이지, 저마다 나름대로 생각과 편견을 지닌 판사들의 무리가 아니라고요. 그러니까 우리가 일어서서 경의를 표하는 대상은 판사 자체가 아니라 신화적인 인격인 것이지요.

나는 왕이나 여왕 하면 우리가 흔히 만나는, 여자나 경주마에나 관심이 있는 참으로 멍청하고 형편없고 진부한 사람들을 상상한답니다. 그러나 왕이나 여왕에 대하여 반응할 때 우리는 그들의 인격에 따라서 반응하는 것이 아니고 이들이 지닌 신화적인 역할에 따라서 반응합니다. 어떤 사람이 판사가 되거나, 미합중국의 대통령이 될 경우 그 사람은 더 이상 그 사람이 아니라, 그 신성한 직함을 대표하는 사람이 됩니다. 그래서 그 사람은, 직함이 의미하는 역할을 수행하기 위해서는 자기의 개인적인 욕망과 심지어는 자기 삶의 다른 가능성까지 희생시키게 되는 것입니다.

모이어스 그러니까 우리 사회에서는 아직도 신화의 의례가 계속되고 있다는 것이군요. 하기야 결혼식도 그런 의례의 하나이겠습니다. 대통령이나 대법원 판사의 취임식도 그렇겠고요. 이와 또 다른 것으로, 오늘날 우리 사회에서 대단히 중요한 의례로는 어떤 것이 있을까요?

캠벨 입대해서 군복을 입는 것을 들 수 있겠지요. 입대해서 군복을 입는다고 하는 것은 자기의 개인적인 삶을 방기하고, 자기가 속한 사회를 섬기기 위해 사회적으로 조직된 삶을 받아들인다는 뜻입니다. 어떤 개인이 전시(戰時)에 한 일을 상식의 잣대로 잴 수 없는 까닭이 여기에 있어요. 전시에 그 개인은 개인으로서 행동한 것이 아니라 개인보다 훨씬 상위 개념인 어떤 무리, 바로 그 자신이 섬기기로 한 무리의 대리자로서 행동한 것 아닙니까? 따라서 그런 사람의 행동을 개인으로서의 행동으로 평가한다는 것은 부적당한 것이지요.

모이어스 백인의 문명을 받아들이면서 원시 미개 사회가 어떻게 되는지 많이 보아오셨을 테지요. 백인의 문명이 유입되면서 그들의 사회는 분열하고, 타락하고, 병들고 맙니다. 신화가 사라지면서 우리에게도 그런 일이 일어나고 있는 것은 아닌지요?

캠벨 그렇고 말고요.

모이어스 보수 종교가 구식 종교라고 불리는 것도 같은 이유에서이겠지요?

캠벨 그래요. 보수 종교는 엄청난 실수를 하고 있어요. 보수 종교는 퇴화한 어떤 형태, 더 이상 삶을 섬기지 못할 어떤 모습을 지향합니다.

모이어스 옛날에는 삶을 섬기지 않았습니까?

캠벨 옛날에는 그랬지요.

모이어스 저는 동경이라고 하는 것을 이해합니다. 젊은 시절의 저에게는 제가 지향하는 방향을 가리키는 붙박이별 같은 것이 있었습니다. 붙박이별의 영원성은 저에게 엄청난 위로가 되었습니다. 붙박이별은 저에게 삶의 지평을 알게 해주었습니다. 저에게, 저 우주 어느 곳에는 늘 저의 일에 관심을 두시고 언제든지 맞아들일 차비를 마치신 채 저를 내려다보시는, 자애롭고 다정하고 공정한 아버지가 계시다는 것을 일러준 것도 이 붙박이별입니다. 그런데 사울 벨로는, 오늘날 과학이 믿음을 대청소해버렸다고 합니다. 하지만 믿음의 가치는, 적어도 저에게는 여전합니다. 저는 바로 이 믿음 덕분에 오늘날의 제가 되어 있습니다. 그런데 이러한 붙박이별, 삶의 지평(이게 바로 신화이겠습니다만), 이런 것을 잃은 아이들은 장차 어떻게 될까요?

캠벨 조금 전에도 말했습니다만, 신문을 한번 보세요. 엉망진창입니다. 신화는, 바로 지금 이 시각에 우리가 사는 삶과 구조에 어울리는 수준으로도 삶의 본을 제공해줍니다. 본이라고 하는 것은 우리가 사는 바로 그 시간에 적용되어야 합니다. 그런데 세월이 흐름에 따라 삶의 모습이 얼마나 빨리 바뀌는지, 50년 전에는 온당했던 것이 지금은 온당하지 못한 것이 되고 말았어요. 과거에는 미덕이던 것이 오늘날에는 악덕이 되었고요. 과거에는 우리가 악덕이라고 하던 것들이 오늘날에는 필요악이 되어 있는 경우도 수없이 볼 수 있어요. 도덕적인 질서는 지금 바로 이

곳에서 우리가 사는 실제적인 삶의 도덕적 필요성과 발이 맞아야 합니다. 그런데 우리의 형편은 그렇지 못해요. 구시대의 종교는 다른 연령층, 다른 족속, 다른 가치 체계, 다른 우주에 속한 것이라는 생각이 지배적입니다. 자꾸만 뒷걸음질을 치다 보니 이제는 역사와도 발이 맞지 않습니다. 우리의 어린 세대는 앞 세대에게서 배운 종교에 대한 믿음을 잃고, 정작 들여다보아야 할 내면은 무시한 채 엉뚱한 내면만 기웃거리고 있어요.

모이어스 때로는 마약의 도움까지 받아가면서 말이지요?

캠벨 그래요. 엉뚱하게도 기계적인 방법으로 신비 체험에 뛰어들려고 해요. 나는 진짜 신비 체험과 정신 질환의 일종인 심리적 해리(解離)의 차이에 관한 문제를 다루는 심리학회 같은 데 참석해본 경험이 여러 번 있어요. 심리적 해리를 통하여 신비를 체험하는 것은 진짜 체험이 아니에요. 해리의 증세를 보이는 사람이 기계적인 방법을 통하여 신비 체험에 빠져드는 것은 신비가 헤엄치고 있는 물에 빠져죽는 것이나 다름없어요. 신비 체험에는 준비가 필요한 법입니다.

모이어스 페요테(선인장의 일종. 혹은 그것에서 나오는 환각제 – 옮긴이) 문화를 말씀하시는 것 같군요. 버팔로(들소)와 고유한 모습의 삶을 잃은 인디언들에게 두드러지게 보이는 현상 말씀입니다.

캠벨 그래요. 우리 아메리카 인디언의 역사는 어느 문명 국가의 원주민의 역사 중에서도 최악의 역사라고 할 수 있어요. 우리 아메리카 인디언은 사람이 아니에요. 심지어 인디언은 미합중국의 선거권자 통계에도 잡히지 않습니다. 독립 전쟁 직후에는 걸출한 인디언들이 미국 정부와 미국인들의 삶에 실제로 동참하던 시절이 있었어요. 조지 워싱턴은, 인디언은 마땅히 우리 문화권의 일원으로 흡수되어야 한다고 말한 적도 있어요. 그런데 어떻게 되었지요? 그들은 과거의 유물이 되어 버렸어요. 19세기에 동남부 인디언은 깡그리 마차에 실린 채 군대의 경비 아래, 이른바 인디언 거주 지역으로 옮겨졌어요. 이 인디언 거주 지역이라는 것은 미국

정부가 인디언들에게 영구 거주 지역으로 준 땅입니다. 하지만 2년 뒤에는 인디언들에게서 이것마저 빼앗고 말았어요.

최근 들어 인류학자들이 멕시코 북서부에 사는 인디언 그룹을 조사한 일이 있습니다. 멕시코 북서부 인디언 그룹이라면, 페요테가 자생하는 지역 인근 몇 마일 안에 살았던 무리를 말합니다. 그런데 이 페요테가 이들의 동물 노릇을 하는 겁니다. 다시 말해서 인디언들은 이 페요테를 사슴과 동일시하더라는 겁니다. 즉 이들은 자기네야말로 페요테를 찾아 이것을 다시 인디언 종족에게로 몰고 오는 특별한 임무를 부여받은 사람들이라는 행세를 하더라는 것입니다.

이 임무야말로 신비 여행처럼 보입니다. 이 임무에는 신비 여행의 전형적인 요소가 모두 고루 들어 있어요. 첫째, 거기에는 세속적인 삶과 유리되는 단계가 있어요. 이 여행을 떠나는 사람은 여행을 떠나기 전에 자기가 실제 생활에서 저지른 과실을 하나도 빠짐없이 고백해야 한답니다. 고백하지 않으면? 신비 여행은 영험이 없어지지요. 과실을 빠짐없이 고백한 다음에야 여행을 떠나게 됩니다. 이렇게 여행을 떠나는 사람들은 아주 특별한 언어, 말하자면 토착어를 씁니다. 가령 그렇다고 해야 할 자리에 아니라고 말하는 식입니다. 이들은, '간다'고 해야 할 자리에 '온다'는 말을 씁니다. 왜? 이들은 이승에 있는 것이 아니라 저승에 있는 것이거든요.

이윽고 이들은 이 모험 여행의 문턱에 이릅니다. 이 여행의 도정(途程)에는, 일정한 구간마다 정신적 변용의 단계를 나타내는 특별한 신당(神堂)이 있어요. 이 신당을 모두 지나고 나면 이윽고 페요테를 모으는 일을 시작합니다. 이들은 페요테를 죽입니다. 사슴을 죽이는 것처럼 말이지요. 살금살금 다가가 정말 사슴에게 하듯이 조그만 화살을 날리고는, 쓰러진 페요테를 모으는 의례를 연기하는 것이지요.

이 모든 과정은 내면 여행(외계를 떠나 영적인 존재의 영역으로 들어가는 일 말입니다)과 관련된 체험의 복사판입니다. 이들은 이 의례의 각 단계를 영적인 변모와 정확하게 동일시합니다. 이들이 어디에 있든지, 이들이 있는 곳은 옛날과 다름없이 여전히 성지(聖地)인 것이지요.

모이어스 왜 그렇게 복잡한 과정을 거칩니까?

캠벨 페요테에게는 생물학적, 기계적, 화학적 효과만 있는 것이 아니라 인간을 영적으로 변모시키는 효과도 있다는 것이지요. 충분히 준비가 되어 있지 않은 상태에서 영적으로 변모하면 자기에게 어떤 일이 일어났는지 모르게 됩니다. 이런 상태에서 하는 영적인 체험은 LSD를 통해 환각 상태에서 하는 체험이나 다를 바가 없는 거지요. 말하자면 신비 여행이 최악의 여행이 되어버리는 겁니다. 그러나 자기가 어디를 향하는지 알고 있으면 전혀 다른 신비 여행이 되는 것이지요.

모이어스 물에 빠진다는 게 정신적인 위기인 까닭이 거기에 있는 것이군요. 가만 있자, 어떤 물이라고 하셨더라…….

캠벨 헤엄을 쳐야 하는데도 헤엄칠 준비가 전혀 되어 있지 않은 상태에서 들어가는 물이지요. 영적인 삶의 경우 이것은 진실입니다. 의식(意識)의 변모라고 하는 것은 정말 엄청난 체험인 것이지요.

모이어스 의식이라고 하셨습니까?

캠벨 그래요.

모이어스 정확하게 어떤 뜻으로 말씀하셨습니까?

캠벨 의식을 머리가 지닌 특수한 기능으로 여기는 것은 데카르트식 사고방식의 일부이지요. 데카르트파 사람들은 머리가 의식을 일으키는 기관이라고 주장합니다. 하지만 그렇지 않지요. 머리라고 하는 것은 의식에 영향을 미쳐 어떤 방향, 혹은 어떤 목적에 맞게 작용하게 하는 기관이지 의식을 일으키는 기관은 아니지요. 의식이라고 하는 것은 우리의 온몸에 두루 존재합니다. 이 의식은 의식을 하는 주체에게 살아 있는 세계에 관한 모든 정보를 제공합니다.

　나는, 의식과 에너지(氣)는 어떤 점에서는 같은 것이라는 생각을 지닌 사람입니다. 삶의 에너지를 찾아볼 수 있는 데엔 반드시 의식이 있습니다. 식물의 세계에도 의식이 있는 것이 분명합니다. 나는 어린 시절 숲 속에서 많이 지냈습니다만, 숲 속에 살다보면 서로 각기 다른 이런 의식이 상호 관계 속에서 뒤엉켜 있다는 느낌을 받게 됩니다. 숲 속에는 식물의 의식도 있고 동물의 의식도 있는데, 우리의 의식은 이런 의식들과 상호 작용을 하게 됩니다. 우리의 담즙은 우리가 먹은 음식에, 우리 의식에 도움이 될 만한 게 들어 있는지 없는지를 압니다. 이 모든 작용이 곧 의식입니다. 이런 의식을 단순한 기계적 술어로 번역하려고 해서는 안 됩니다.

모이어스 그러면 어떻게 하면 우리는 우리의 의식을 변모시킬 수 있습니까?

캠벨 어떤 생각을 하느냐에 달려 있지요. 명상이라는 게 있는 까닭이 여기에 있습니다. 삶이라는 것은 곧 명상입니다. 그 명상의 대부분이 비의도적(非意圖的)인 명상이기는 하지만요. 많은 사람이 명상이라는 것을 하기는 하되, 돈이 들어올 데, 돈이 나갈 데에 관해서만 명상을 합니다. 부양할 가족이 있는 사람은 가족의 문제에만 관심을 둡니다. 물론 대단히 중요한 관심사이기는 하지만, 그것은 물리적인 조건과 관계가 있는 관심입니다. 사람들은 그래서, 자기 자식들과 영적인 의식을 나누고자 하지만 이게 안 됩니다. 영적인 의식이 없는 사람이 자기 자식과 그것을 어떻게 나눕니까? 그러면 영적인 의식이라고 하는 걸 어디에서 얻어야 하겠습니까? 그래서 신화가 필요한 겁니다. 신화는 영적인 의식의 차원으로 우리를 이끌어줍니다.

한 가지 예를 들어볼까요? 나는 뉴욕의 51번가와 5번가를 지나 성 패트릭 성당으로 들어갑니다. 말하자면 나는 대단히 번잡한 도시, 이 지구라는 행성에서 경제 문제에 대한 관심이 가장 첨예한 도시의 거리를 지나 성당으로 들어갑니다. 이때부터 내 주위의 모든 것은 영적인 신비의 차원에서 나에게 말을 겁니다. 십자가의 신비⋯⋯. 바로 이겁니다. 채색 유리는 나로 하여금 전혀 다른 분위기를 느끼게

합니다. 내 의식 역시 전혀 다른 차원으로 들어옵니다. 이때부터 나는 조금 전과
는 아예 다른 고대(高臺)에 섭니다. 그러다가 나는 밖으로 나와 거리의 군중과 합
류합니다. 자, 이 경우 내가 성당 안에서 가지고 있던 의식을 고스란히 간직할 수
있을까요? 안 됩니다. 기도나 명상이라고 하는 것은 의식의 수준을 오르락내리락
하지 못하게 함으로써, 어떤 의식의 수준을 일정하게 유지시키기 위해서 있는 것
입니다. 성당 안에 있다가 거리로 나오면, 문득 내 의식은 상당히 높은 수준에 있
는데 지금은 아주 낮은 수준으로 떨어졌구나 하는 인식이 생기겠지요. 의식이 오
르락내리락하는 이러한 신비는, 가령 돈의 세계에서도 마찬가지로 작용합니다.
이른바 돈이라고 하는 것은 에너지를 감추고 있습니다. 나는 여기에 의식을 변모
시킬 수 있는 단서가 있다고 생각합니다.

모이어스 옛 이야기를 생각하다보면 이따금씩은 다른 사람들의 꿈 이야기에도 빠지
지 않습니까?

캠벨 나는 다른 사람들의 꿈 이야기는 듣지 않아요.

모이어스 하지만 신화라고 하는 것은 곧 다른 사람들의 꿈이 아닙니까?

캠벨 아닙니다, 아니에요. 신화는 이 세상의 꿈이지 다른 사람의 꿈이 아닙니다. 신
화는 원형적인 꿈입니다. 인간의 어마어마한 문제를 상징적으로 현몽(現夢)하고
있는 원형적인 꿈입니다. 나는 이 원형적인 꿈 세계의 문턱에 이를 때마다 거기에
이르렀다는 것을 압니다. 신화는 나에게 절망의 위기, 혹은 기쁨의 순간, 실패, 혹
은 성공의 순간에 어떻게 반응해야 할지를 가르쳐줍니다. 신화는 내가 어디에 있
는지를 가르쳐줍니다.

모이어스 한 인간이 전설이 되는 것은 어떻습니까? 가령 존 웨인은 신화가 되었다
고 할 수 있지 않을까요?

캠벨 한 인간이 다른 사람들에게 삶의 본이 될 경우, 그는 신화화(神話化)하는 차원
으로 들어가지요.

영화 〈엘더 4형제〉에서의 존 웨인
영화에는 확실히 마력 같은 게 있어요. 영화를 보고 있는 사람은 그 자리에 있으면서도 동시에 전혀 다른 곳, 그러니까 영화가 나타내고 있는 상황을 체험합니다. 신이라고 하는 존재가 그렇지요.

모이어스 영화배우들에게도 이런 일이 일어나는 것이 아닐까요? 그들 중 상당수가 우리 삶의 본이 되니까요.

캠벨 그러니까 생각나네요. 어린 시절 더글러스 페어뱅크스는 나의 본이었어요. 아돌프 맨주는 우리 형의 본이었고요. 물론 이들이 신화적인 인물의 역을 하기는 했습니다. 다른 사람들의 삶을 벼리는 일종의 교육자들이라고 할 수 있지요.

모이어스 영화사(映畵史)를 통틀어 '쉐인'만큼 저에게 큰 감명을 준 사람은 없습니다. 〈쉐인〉이라는 영화를 보셨는지요?

캠벨 못 봤어요.

모이어스 외지를 떠다니다가 말을 타고 어떤 집으로 들어온 나그네가 그 집안 사람들에게 엄청나게 큰 희생을 베풀고는, 어떤 보상도 마다하고 표표하게 떠난다는, 떠돌이 이야기로는 고전에 꼽히는 이야깁니다. 영화가 왜 이런 식으로 우리에게 영향을 미치는 것인지요?

캠벨 영화에는 확실히 마력(魔力) 같은 게 있어요. 영화를 보고 있는 사람은 그 자리에 있으면서도 동시에 전혀 다른 곳, 그러니까 영화가 나타내고 있는 상황을 체험합니다. 신이라고 하는 존재가 그렇지요. 영화배우가 극장으로 들어서면 사람들은 모두 고개를 돌려 그 영화배우를 봅니다. 그는 그 상황에서는 진짜 영웅입니다. 그는 영화 안에 존재하는 동시에 바로 그 자리에 있기도 합니다. 복수현현(複數顯現)하는 존재인 것이지요.

우리가 스크린에서 보는 것은 그 영화배우 자신이 아닙니다. 그런데 그 '배우'가 극장에 나타난 겁니다. 복수현현의 마력을 통해 수많은 형상 중의 한 형상으로 거기에 나타난 겁니다. 한 형상이 수많은 형상으로 존재하는 것, 이거야말로 신비가 아닙니까?

모이어스 텔레비전이 명사(名士)를 만들고 있는 데 견주면, 영화는 그런 거물을 만들고 있는 듯합니다. 텔레비전이 만드는 명사는 입방아의 대상이 되는 것 이상의 모델은 되지 못하는 것 같습니다.

캠벨 텔레비전의 퍼스낼리티라고 하는 것은 극장이라는 이름의 특별한 '신전'에서 보는 것이 아니라 집에서 보는 것이기 때문이겠지요.

모이어스 람보를 아시지요? 지옥 같은 전장으로 가서 어머어마하게 죽이고 부수는 난리통을 겪고는 전쟁 포로들을 데리고 귀환하는 월남전 참전병입니다. 그런데 저는 어제 현대판 숭배상(崇拜像)이라고 할 수 있는 사진 한 장을 보았습니다. 새로 만들어진 람보 인형의 사진이었습니다. 제가 알기로 요즘 베이루트에서는 이 영화가 최고의 인기를 누립니다. 그런데 이 람보 인형을 만들어 파는 회사는 '양배추 인형'을 만들어 판 바로 그 회사입니다. 먼저 귀엽고 사랑스러운 양배추 인형을 만들어 팔고 다음에는 무시무시한 람보 인형을 만들어 판 겁니다.

캠벨 그 둘은 신화에 등장하는 두 개의 인물상(人物像)이지요. 문득 테세우스 신화의 미노타우로스를 주제로 한 피카소의 작품 〈미노타우로마키〉 이미지가 떠오르는군요. 위기감을 조성하면서 접근하는 거대한 괴물 소를 표현한 판화이지요. 이 판화에서, 철학자는 잔뜩 겁에 질린 채 달아나려고 사다리를 오릅니다. 투우장에는 죽음을 당한 말이 한 마리 있습니다. 제물이 된 이 말의 잔등에는 역시 죽음을 당한 여성 투우사가 널브러져 있지요. 이 무시무시한 괴물과 맞서고 있는 것은 꽃을 든 가녀린 소녀 하나뿐입니다. 모이어스 씨가 조금 전에 말한 람보 인형과 양배추 인형이 바로 이 미노타우로스와 소녀의 이미지를 나타내는 것이 아닌가 싶군요. 하나는 무시무시한 위협을 상징하고, 또 하나는 단순하고 순진하고 아기 같은 이미지를 풍기니까요. 당신이 이 두 인형을 인상적으로 본 것은 그것이 바로 오늘날의 문제를 극명하게 상징하고 있기 때문일 겁니다.

모이어스 시인 예이츠는 우리가 위대한 그리스도의 마지막 주기를 산다고 느낀 모양입니다. 그는 시 〈재림(再臨)〉에서 이렇게 노래하고 있습니다. "빙글빙글 하늘을 돌고 또 돌면서도/매는 매잡이의 말에 귀를 기울이지 않는다./모두 뿔뿔이 흩어진다, 중심이 잡아주지 못해서./세상에 흔한 것은 무질서/피거품이 번진다./그리고 도처에서/순진무구한 의례(儀禮)가 익사한다." 선생님께서는 '이 세상으로 나오려고 베들레헴으로 가는' 사람들의 구부정한 걸음걸이에서 무엇을 보십니까?

캠벨 모르겠군요. 적어도 예이츠 이상으로 알 도리는 없어요. 하지만 어차피 한 시대가 끝나고 새로운 시대가 시작될 무렵에는 고통과 혼란의 시기가 있게 마련인 걸요. 우리가 느끼는 위기, 모든 사람이 느끼는 위기…… 성서에 나오는 최후의 전장 아마겟돈이라는 관념이 바로 이것일 테지요.

모이어스 원자폭탄을 만들었던 오펜하이머는 최초의 원자탄이 폭발하는 것을 보고는, "나는 이 세계의 파괴자인 사신(死神)이 되었구나"고 했다지요. 하지만 선생님께서는 우리 세계가 이로써 끝나는 것은 아니라고 하실 텐데요?

캠벨 끝나지 않아요. 어쩌면 이 행성에서의 삶은 이로써 끝날지 몰라도 우주의 끝은 아니에요. 우주의 모든 항성에서 폭발이 진행되고 있는 것을 아시지요? 그런 문맥에서의 폭발이겠지요. 우주라고 하는 것은 우리 태양계의 태양 같은 무수한 항성이 폭발하는 원자로 같은 것이랍니다. 그러니까 지구에서 일어나는 폭발은 이 어마어마한 대폭발의 조그만 이미테이션 같은 것이겠지요.

모이어스 이 우주 어딘가에 쪼그리고 앉아서 온 우주 태양계의 덧없는 운행을 모조리 지켜보는 존재가 있다는 걸 상상하실 수 있으시겠습니까?

캠벨 없어요. 우리 지구의 온도가 50도로 올라가서는 떨어지지 않고 그대로 있다면 이 지구에는 어떤 생물도 살 수 없다는 것, 그리고 온도가 영하 100도쯤으로 떨어져 더 이상 올라가지 않아도 역시 이 지구에는 어떤 생물도 살 수 없다는 것을 알고도, 말하자면 이 균형이라는 것이 얼마나 섬세한 것인지 알고, 지구에서 물이라고 하는 게 얼마나 중요한지도 알고, 생명을 안아준 우리 환경 주변에서 일어나는 많고 많은 일을 염두에 두고도 어떻게 우리가 아는 이러한 생물이 이 우주의 어떤 행성에도 살 수 있을 것이라고 상상할 수 있겠어요? 하고많은 별들이 거느리는 위성이 아무리 많다고 한들 나는 상상할 수 없어요.

모이어스 공포와 절멸의 시련이 가혹한 곳에서도 미약한 것들은 살아나가게 마련입니다. 양배추 인형과 나란히 놓은 무시무시한 람보 인형의 이미지는 신화를 통해 우리가 아는, 서로 모순되는 한 켤레의 인생은 아니겠지요?

캠벨 아니지요.

모이어스 혹시 현대의 미디엄에서 옛날의 보편적인 진리를 암시하는 어떤 메타포가 떠오르는 것을 보신 적이 있습니까?

캠벨 새로운 메타포의 가능성은 더러 봅니다만, 그게 신화적인지 아닌지는 아직 모르겠군요.

모이어스 새 시대에는 기계가 주인 노릇을 할 것입니다만, 신화와 관련해서 이런 것

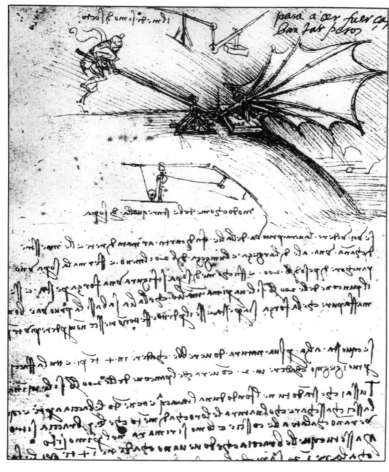

**날틀을 그린 삽화,
레오나르도 다 빈치
(1452~1519)**
이제 비행기도 우리의 상상력
을 섬기는 존재가 되었어요.
가령 비행기가 나는 것은 이
세상에서 놓여나고자 하는 인
간의 상상력의 산물입니다. 새
가 상징하는 것도 바로 이것이
지요.

들은 어떻게 생각하시는지요?

캠벨 흠, 자동차는 벌써 신화가 되었어요. 이미 우리의 꿈이 되었으니까요. 이제 비
행기도 우리의 상상력을 섬기는 존재가 되었어요. 가령 비행기가 나는 것은 이 세
상에서 놓여나고자 하는 인간의 상상력의 산물입니다. 새가 상징하는 것도 바로
이것이지요. 인간은 이승의 속박에서 영혼을 해방시키고자 하는데, 뱀이 이승의
속박을 상징한다면 새는 이승의 속박에서 벗어나고자 하는 인간의 욕구를 상징하
지요. 이제부터 비행기가 그 역할을 맡는 겁니다.

모이어스 다른 것은 없을까요?

캠벨 무기도 물론 그렇지요. 캘리포니아와 하와이를 오고가는 비행기 속에서 보는 영화에는 예외 없이 연발 권총을 찬 사람들이 나옵니다. 무기를 차고 다니는 사신 (死神)과 다를 바가 없어요. 이제는 쓰이지 않게 된 구식 무기의 뒤를 이어 전혀 다른 무기가 속속 등장해서 그 역할을 새로 떠맡습니다. 그것뿐입니다.

모이어스 그러니까 새로운 신화가 옛 이야기의 자리를 대신한다는 것이군요. 영화 〈스타워즈〉를 보면서, 자기는 권품 천사(權品天使), 능품 천사(能品天使)와도 싸운다는 사도 바울의 말을 떠올렸습니다. 2천 년 전의 이야깁니다. 초기 석기시대 사냥꾼들의 동굴에 이미 권품 천사, 능품 천사와 싸우는 광경이 펼쳐집니다. 그런데 현대의 테크놀로지 신화에서도 우리는 여전히 싸우고 있습니다.

캠벨 인간은 외부에서 들어온 권능에 복종하지 않아요. 다스릴 따름이지요. 문제는 어떻게 다스리느냐 하는 거지요.

모이어스 제 막내아들 녀석이 〈스타워즈〉를 스무 번 아니면 서른 번쯤 본 것을 알고는, 제가 "너 그 영화를 왜 그렇게 많이 보느냐"고 물었습니다. 녀석 대답이, "이유는 아빠가 평생 《구약성서》를 읽는 것과 같지, 뭐"였습니다. 그러니까 제 막내아들은 새로운 신화의 세계에 살고 있는 겁니다.

캠벨 확실히 〈스타워즈〉에는 신화적인 원근법이라고 할 만한 게 있습니다. 〈스타워즈〉는 기계가 지배하는 상태를 보여주면서 이렇게 묻지요. "기계가 인간성을 마모시킬 것이냐, 아니면 기계가 인간을 섬길 것이냐?" 인간성이라고 하는 것은 기계에서 나오는 것이 아니라 인간의 가슴에서 나오는 것입니다. 내가 〈스타워즈〉에서 보는 것은 《파우스트》가 우리에게 던지는 것과 똑같은 질문입니다. 기계 인간이라고 할 수 있는 메피스토펠레스는 우리에게 어떤 수단이든지 다 제공할 수 있을 뿐 아니라 인생의 과녁이 무엇이어야 하는지도 말끔하게 정의해줄 듯합니다. 하지만 결국 자신의 구원을 가능케 하는 파우스트의 특징은, 기계가 정해준 과녁이 아닌 자신이 정한 과녁을 찾아내는 데 있지요.

〈스타워즈〉의 주인공 루크 스카이워크는 결국 자기 아버지의 가면을 벗기고야 말지요? 그는 자기 아버지의 가면과 함께 아버지가 맡았던 기계의 역할을 벗겨버립니다. 그의 아버지의 가면은 제복에 지나지 않았지요. 그건 힘입니다. 국가가 하는 역할이 바로 그것이지요.

모이어스 기계는 우리를 도와, 세상을 우리의 이미지에 따라 빚는다는 우리의 오랜 이상을 실현시켜줍니다. 그리고 우리는 기계에 대하여, 마땅히 기계가 맡아야 할 역할만을 요구합니다.

캠벨 그렇지요만, 기계가 인간을 지배하게 되는 시대가 옵니다. 예를 하나 들어볼까요? 나는 얼마전에 놀라운 기계를 한 대 샀어요. 컴퓨터 말입니다. 그런데 나는 이것을 신들을 섬기듯 섬기고 있어요. 신들과 동일시하는 것이지요. 이 기계를 가만히 보고 있으면, 금제(禁制)만 잔뜩 요구할 뿐 자비로운 구석이라고는 도무지 한 군데도 없는《구약성서》의 신을 보고 있는 것 같습니다.

모이어스 아이젠하워 대통령과 당시 최초로 개발된 컴퓨터 사이에 재미있는 이야기가 하나 있지요, 아마?

캠벨 아이젠하워가 컴퓨터가 가득 차 있는 방으로 들어가서는 이 기계에다 "신이 있느냐?"는 질문을 입력시켰다지요? 그랬더니 기계들이 일제히 불을 번쩍거리면서 돌아가다가 한참 뒤에 "이제는 있지요" 하더라잖아요?

모이어스 어느 분은 만물이 하느님의 말씀을 대신한다고 했답디다만, 컴퓨터를 이런 식으로 개발하는 것은 가능하지 않을까요? 만일에 아주 특별하고 중요한 계시의 순간이 아니라면 하느님은 컴퓨터를 포함해서 모든 피조물 안에 있을 수 있지 않습니까?

캠벨 그렇지요. 컴퓨터의 모니터 스크린에 나타나는 것은 기적입니다. 이 기계의 내부를 들여다본 적이 있나요?

모이어스 없습니다. 보고 싶지도 않고요.

캠벨 믿어지지 않을 겁니다. 손톱만한 판금(板金)이 온통 천사들의 자리입니다. 가느다란 튜브……. 그것은 기적이고요. 나는 내 컴퓨터에게서 신화에 대한 하나의 계시를 받은 적이 있어요. 소프트웨어를 하나 사면, 거기에는 우리가 겨냥하는 바에 따라 컴퓨터를 부려먹을 수 있는 명령 신호(signals)가 있습니다. 다른 소프트웨어 체계의 명령 신호로 어떻게 해보려고 해봐야 컴퓨터는 말을 들어먹지 않지요.

신화학에서도 같은 일이 일어납니다. 비의(秘儀)의 메타포가 아버지를 의미하는 신화가 있고, 이 세계의 지혜와 비의의 메타포가 어머니를 의미하는 신화가 있을 경우, 각각에 맞는 다른 명령 신호를 입력시키지 않으면 접근이 안 됩니다. 양자는 완벽한 메타포일 뿐인데도 말이지요. 이 중 어느 것도 사실은 아닙니다. 메타포이지요. 그것은 우주를 내 아버지라고 하는 것과 같습니다. 우주를 내 어머니라고 하는 것과 같습니다. 예수는, "누구든 나를 통하지 않고는 아버지께 이를 수 없다"고 했어요.

이때 예수가 말한 아버지는 성서에 나오는 아버지입니다. 그러니까 예수의 길을 따르지 않고는 아버지에게 이를 수 없다는 것이지요. 그런데 어머니의 길을 통해서 아버지에게 이르려 한다고 칩시다. 그러자면 인도의 칼리 여신 등을 통해서, 여신을 찬송함으로써 이르는 편이 나을 테지요. 이것은 우리 삶의 신비에 이르는 또 하나의 다른 방법일 뿐입니다. 그러니까 각 종교는 정해진 명령 신호를 입력시켜야 접근이 가능한 일종의 소프트웨어라는 걸 이해해야 합니다.

만일 어떤 종교에 진정으로 몸을 담고, 진정으로 그 종교를 통하여 삶을 지어나가는 사람이라면, 자기가 가지고 있는 소프트웨어에 머무는 것이 좋습니다. 하지만 소프트웨어를 가지고 놀기를 좋아하는(그래요, 아주 잘 가지고 놀지요) 나 같은 작자는 성인들의 경험에 견줄 수 있을 만한 경험은 평생 해보지 못하고 말 겁니다.

모이어스 하지만 위대한 성인들도 동초서초(東抄西抄), 말하자면 여기저기에서 끌어다 쓰는 일을 하지 않았습니까? 이것은 여기에서 꾸어오고, 저것은 저기에서 꾸어오고 해서 소프트웨어를 꾸미지 않았던가요?

캠벨 그것을 일러 종교의 발전이라고 하지요. 그것은 성경에서도 읽을 수 있습니다. 태초에는 하느님도 많은 하느님 중 가장 힘이 센 하느님에 지나지 않았어요. 당시의 하느님은 어떤 동네의 종족신(種族神)이었답니다. 그런데 6세기에 유태인들이 바빌론에서 귀양살이를 할 때, 문득 이 세계의 구주(救主)라는 관념이 생기면서 성서의 신은 새로운 차원으로 발돋움합니다.

옛 전통을 가꾸는 유일한 방법은 시대의 상황에 맞게 그것을 쇄신하는 길뿐입니다. 구약 시대의 세계는 근동(近東)을 중심으로 겨우 몇백 마일 되는 크기의 3층짜리 케이크에 지나지 않았어요. 당시 사람들 중에는 아즈텍 문화라는 게 있는 줄을 안 사람은 물론, 심지어 중국이 있는 줄 안 사람도 없었습니다. 그러나 세계가

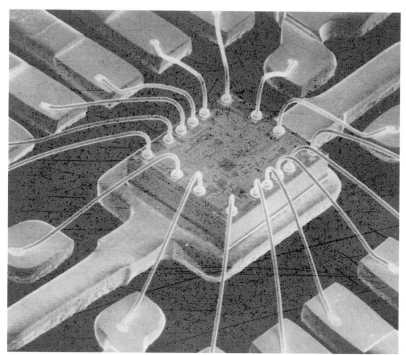

컴퓨터 칩
어떤 분은 만물이 하느님의 말씀을 대신한다고 했답디다만, 컴퓨터를 이런 식으로 개발하는 것도 가능하지 않을까요? 만일에 아주 특별하고 중요한 계시의 순간이 아니라면 하느님은 컴퓨터를 포함해서 모든 피조물 안에 있을 수 있지 않습니까?

바뀜에 따라 종교도 변모하지 않을 수 없었지요.

모이어스 우리는 지금도 종교를 변모시키고 있는 것 같은데요?

캠벨 그랬으면 좋겠습니다만……. 나는 현대의 진정한 공포의 도가니를 베이루트에서 봅니다. 거기에서는 서양의 3대 종교, 유태교, 기독교, 이슬람교가 한 덩어리로 어울려 치고 받고 합니다. 왜? 성서에 나오는 같은 신을 서로 다른 이름으로 부르기 때문입니다. 이들은 서로의 이름을 인정하지 못해요. 메타포에 지나치게 집착한 나머지, 그 참 의미는 도무지 깨닫지 못한다고 할까요. 그들은 자기네를 둘러싸고 있는 고리를 열어본 적이 없어요. 말하자면 그 고리는 폐쇄 회로인 것이지요. 각기 "우리야말로 선택된 백성이다, 우리에게는 하느님이 계시다", 이렇게 주장하고 있어요.

아일랜드를 보세요. 17세기에 올리버 크롬웰에 의해 한 무리의 프로테스탄트가 아일랜드로 들어갔습니다만, 오늘날에 이르기까지 다수인 카톨릭의 문을 열지 못합니다. 카톨릭과 프로테스탄트는 서로 완전하게 다른 사회 구조, 서로 다른 관념을 대표합니다.

모이어스 각기 새로운 신화가 필요하다는 말씀이신지요?

캠벨 각기 새로운 신화가 필요하지요. 원수를 사랑하라, 열어라, 남을 평론하지 말라! 이것은 모두 불교에 있는 겁니다. 신화에 있는 겁니다. 옛날부터 있어 왔어요.

모이어스 언젠가 한 밀림의 토인들 이야기를 하셨지요? 토인들은 선교사에게 "당신네 신은 문을 꽁꽁 처닫고 집안에만 틀어박혀 있다. 늙어서 병이라도 든 것처럼. 그러나 우리 신은 밀림에도 있고, 벌판에도 있고, 산꼭대기에도 있다, 비가 올 때도 있다", 이렇게 말했다지요? 사실인 것 같습니다만.

캠벨 사실이지요. 사무엘의 〈열왕기〉에서 우리가 만나는 문제가 바로 이것입니다. 이 기사를 보면, 여러 히브리 왕들이 산정에서 제물을 드립니다. 그런데 그들은 이로써 야훼의 눈앞에서 못할 짓을 합니다. 히브리 사회에서 야훼 숭배는 특수한 충동입니다. 결국 이 충동이 승리를 거두게 되기는 합니다만. 이것은 도처에서 볼 수 있던 자연 숭배 사상을 신전 중심의 신으로 밀어붙인 사건이라고 볼 수 있습니다.

서구에서는 특정한 집단 문화에 제국주의적 밀어붙이기를 하는 일이 계속됩니다. 하지만 만물의 본성에 대해서도 이 같은 밀어붙이기가 있어야 합니다. 이로써 본성의 세계를 열게 된다면 가능성은 그 안에 있습니다.

모이어스 우리 현대인들이 세계로부터 자연스러운 계시를, 자연 자체를 벗기고 있는 것은 물론 사실입니다. 피그미족의 전설이 생각납니다. 이 전설에 따르면 한 소년이 숲 속에서 아름다운 새 소리를 듣고는 그 새를 사로잡아서 집으로 돌아옵니다.

캠벨 소년은 새에게 먹이를 주자고 아버지를 조르지요. 아버지는 새 따위에게는 먹이를 줄 수 없다면서 새를 죽여버리고요. 이 전설은 그 사내는 새를 죽이고, 새를 죽임으로써 새의 노래를 죽이고, 노래를 죽임으로써 제 자신을 죽인다는 메시지를 전합니다. 이로써 그 사내는 죽는 것이지요. 완전히, 그리고 영원히 죽는 것이지요.

모이어스 인간이 환경을 파괴하면 어떻게 된다는 걸 가르쳐주는 이야기일 테지요? 환경의 파괴는 결국 세계의 파괴라는 메시지를 전하고 있겠지요? 자연의 파괴는 곧 자연에 의한 계시를 파괴하는 것일 테니까요.

캠벨 인간은 자연만이 아니고 자기 본성도 파괴합니다. 노래를 죽이니까요.

모이어스 신화가 바로 노래의 이야기 아닙니까?

캠벨 신화 자체가 노래인 것이지요. 육신의 에너지에서 부추김을 받는 상상력의 노래, 이것이 신화입니다. 한 선사(禪師)가 설법을 하기 위해 무리 앞에 서 있습니다. 이 선사가 막 입을 열려는 찰나 새 한 마리가 끼여들어 노래를 부릅니다. 그러자 선사가 말했지요. "설법은 끝났다"고요.

모이어스 조금 전에 저는, 우리는 새로운 신화를 만들고 있다고 말씀드릴 참이었습니다. 그런데 선생님께서는 아니라고 하시는군요. 오늘날 우리가 이야기하는 신화는 과거의 경험이 지닌 어떤 기원을 설명하고 있는 것 같은데요?

캠벨 신화의 뼈대가 되는 모티프는 같아요. 옛날부터 그래왔어요. 우리의 신화학을 찾고자 하는 사람들에게 가장 중요한 열쇠가 되는 것은 자기가 사회의 어떤 동아리에 속해 있느냐 하는 질문에 대한 대답이지요. 모든 신화학은 어떤 범주에 구속된 사회에서 자라납니다. 그런 신화학이 밖으로 나오면서 충돌하고, 충돌을 거쳐 어떤 관계 속으로 들어가고, 여기에서 혼효(混淆)를 거치면서 더욱 복잡다단한 신화학이 됩니다.

　하지만 오늘날에는 구속적인 범주라는 것이 없어요. 오늘날에 유효한 단 하나

이집트 선왕조(先王朝) 조녀신상(鳥女神像)
비의(祕儀)의 메타포가 아버지를 의미하는 신화가 있고, 이 세계의 지혜와 비의의 메타포가 어머니를 의미하는 신화가 있을 경우, 각각에 맞는 다른 명령 신호를 입력시키지 않으면 접근이 안 됩니다. 양자는 완벽한 메타포일 뿐인데도 말이지요.

의 신화학은 지구라고 하는 행성의 신화학인데, 유감스럽게도 우리에게 이것은 없어요. 내가 아는 한, 지구라는 행성의 신화학에 가장 가까운 것은 불교입니다. 불교는 세상의 모든 존재를 부처로 보지요. 문제는 어떻게 이러한 인식에 이를 것이냐 하는 겁니다. 문제는 만유(萬有)라고 하는 존재가 무엇인지를 아는 것, 그리고 형제애로써 이 만유에 반응하는 방법을 찾아내는 일입니다.

모이어스 형제애라고 하셨습니까?

캠벨 그래요. 내가 아는 형제애는 모두 구속적인 사회에 갇혀 있어요. 어떤 범주에 구속된 사회에서는 공격성이 밖으로 투사되지요.

가령, 십계명은 "살인하지 말라"고 합니다. 그런데 다음 장(章)에 가면, "가나안으로 가서 거기에 있는 것은 모두 죽여라"라는 구절이 나옵니다. 이것이 바로 범주에 구속된 사회의 도그마입니다. 참여와 사랑의 신화는 오로지 무리의 안을 맴돕니다. 밖을 향하면 태도는 표변합니다. '이방인'이라는 말이 드러내는 의미가 바로 이것입니다. 이방인과는 한솥 밥을 먹을 수 없다는 거지요.

모이어스 같은 옷을 입고 있지 않으면 동아리가 아니라는 것이군요.

캠벨 그렇지요. 그런데, 신화가 무엇이지요? 사전적(辭典的)인 의미를 좇으면, 신들에 관한 이야기이겠지요. 그러면 응당, 신들이 무엇이냐는 질문이 이어서 나와야 합니다. 신은 인간의 삶과 우주에 기능하는(개인의 육신과 자연에 기능하는) 동기를 부여하는 힘, 혹은 가치 체계의 화신(化身)입니다. 신화는 인류 안에 있는 영적 잠재력을 비유적으로 나타낸 것입니다. 우리 삶의 기운을 북돋우는 힘은 이 세계의 생명의 기운을 북돋우기도 하지요.

그러나 개중에는 어떤 특수한 사회만 섬기는 신화와 신들도 있습니다. 말하자면 그 사회의 수호 신화(守護神話), 혹은 수호신 같은 것이지요. 다른 말로 하면, 신화학에는 서로 전혀 다른 두 개의 유파가 있습니다. 신화학에는 우리의 본성, 우리가 속하는 이 천연의 세계를 나타내는 신화가 있고, 특수한 사회에 속하는 극히 사회적인 신화가 있는 것이지요. 후자의 경우 한 인간은 한 자연인이 아니고, 특수한 사회의 구성원입니다. 유럽의 신화학 역사를 보면 이 두 신화학 체계의 상호 작용이 눈에 띕니다. 대개의 경우, 특수한 사회를 겨냥하는 신화학 체계는 떠돌아다니는, 따라서 중심을 무리 중에서 찾는 유목 민족의 체계입니다. 대신 자연 지향적인 신화학은 경작 민족의 것인 경우가 보통이지요.

그런데 성서적 전승은 사회 지향적 신화학입니다. 여기에서 자연은 쫓겨납니다. 19세기 학자들은 신화나 의례를 자연을 통제하려는 기도(企圖)라고 생각했지요. 그거야 마술이지 어디 신화나 종교이겠어요? 자연 지향적인 종교는 자연을 통제하려는 대신 사람을 도와서 자연과 조화를 이루게 합니다. 그러나 자연이 악마로 간주되는 순간부터 사람은 자연과 조화를 이루려고 하는 대신 통제하려고 합니다. 이렇게 되면 긴장과 불안이 조성되면서, 삼림을 베어내고 토인을 몰살시키는 등의 일이 일어납니다. 여기에 이르면 사람은 자연과 헤어집니다.

모이어스 그래서, 자연을 깔보기 때문에, 자연이라는 것이 우리를 섬기기 위해 존재한다고 생각하기 때문에, 함부로 자연을 통제하거나 복속시키려고 하는 것이군요.

캠벨 그렇지요. 일본에서 겪은 경험을 잊을 수가 없어요. 내가 여기에서 일본이라고 말하는 곳은 에덴 동산이 무엇인지도, 인간의 타락이 무엇인지도 모르는 그런 땅으로서의 일본입니다. 신도(神道) 경전을 보면, 자연의 프로세스는 절대로 사악할 리 없는 것으로 되어 있어요. 즉 절대무류(絶對無謬)인 것이지요. 자연의 충동은 우리가 바로잡아야 할 대상이 아니고, 복종해야 할 대상, 가꾸어야 할 대상이라고 되어 있어요. 자연의 아름다움 그리고 자연과 관련된 환경의 아름다움에 대한 이들의 관심은 정말 놀라워요. 그래서 어떤 정원을 보면, 어디까지가 자연이고 어디까지가 예술인지 모를 지경입니다. 이게 내가 일본에서 했던 참으로 놀라운 경험이지요.

모이어스 하지만 캠벨 선생님, 오늘날의 도쿄는 그런 이상주의가 언어도단이라면서 반발하고 있지 않습니까? 도쿄는, 몇몇 사람이 가꾸는 조그만 정원을 제외하고는 자연이라는 것이 자취를 감춘 도시 아닙니까?

캠벨 일본에는 "파도와 함께 흔들려라"라는 말이 있어요. 우리가 복싱을 이야기할 때, 상대방의 가격(加擊) 리듬을 타라고 하는 말과 비슷합니다. 페리 제독이 일본의 문을 두드려 열게 한 지는 125년밖에 안 됩니다. 그 시절 일본인들은 어마어마한 양의 기계를 모아들이고 있었어요. 하지만 내가 일본에서 본 것은 일본인들이 기계 앞에서 머리를 싸매고, 이 기계의 세계를 자기네 세계로 끌어들이는 광경이었어요. 겉을 보면 그렇지 않지만 일단 빌딩의 안으로 들어가 보세요. 그러면 일본으로 들어가는 겁니다. 겉을 보면 뉴욕과 다름없는 게 바로 일본이지만요.

모이어스 '머리를 싸매고'라는 표현이 재미있군요. 온통 도시로 둘러싸여 있다 하더라도 내면적으로는, 즉 영혼이 있고 내적인 자기 자신이 있는 세계에서는, 선생님 말씀대로 여전히 자연과 조화를 이루고 있다는 것이군요.

캠벨 그러나 성서에서는 영원은 물러나고, 자연은 부패하고 타락해 있어요. 성서적 사고방식으로 보면 우리는 추방된 채 살고 있지요.

모이어스 선생님과 여기에 앉아 이렇게 이야기를 나누는 동안에도, 베이루트에서는 자동차를 이용한 폭탄 공격 소식이 연이어 들어옵니다. 기독교도 지역에 대한 회교도들의 공격, 회교도 지역에 대한 기독교도들의 공격, 기독교도들에 대한 기독교도들의 공격…… 마셜 맥루언의 말이 과연 옳다 싶어서 섬뜩합니다. 맥루언은 텔레비전이 세계를 하나의 지구촌으로 만들 것이라고 했지요? 하지만 맥루언도 그 지구촌이 이 세상을 베이루트 꼴로 만들어버릴 것이라는 사실은 몰랐겠지요? 여기에 대한 선생님의 생각은 어떻습니까?

캠벨 이런 짓을 하고 있는 자들은 종교의 관념을 저희가 사는 사회에만 적용시킬 줄 알지, 이 시대의 삶, 이 시대의 인류에게 적용시킬 줄은 모르고 있어요. 이것은 우리 현대 세계가 당면하고 있는, 종교의 실패를 증명하는 무서운 본보기입니다. 베이루트에서 치고 받는 세 신화학은 결국 현대 세계를 때려눕히고 있어요. 이들은 저희의 신화학이 미래를 이끌 자격이 없다는 걸 보여주었어요.

모이어스 우리에게는 어떤 신화가 필요할는지요?

캠벨 우리에게는 개인을 그가 속한 지역적 동아리와 동일시하게 만드는 대신, 지구라는 이 행성과 동일시하게 만드는 신화가 필요해요. 미합중국이 좋은 예입니다. 애초에 미합중국은 아메리카 대륙에 있던 열세 개의 조그만 식민지 국가들이, 자국의 이익은 무시하고 오로지 상호의 이익을 위하여 행동을 함께할 것을 결의하면서 태동합니다.

모이어스 미합중국의 국장(國章)에는 그때의 결의가 반영되어 있습니다만.

캠벨 이때의 결의를 그대로 반영시킨 것이 바로 국장입니다. 나는 이 국장을 늘 주머니에 넣고 다닙니다. 1달러짜리 지폐에 그려져 있으니까 늘 주머니에 넣어가지고 다니는 셈이지요. 이 국장은 미합중국을 성립시킨 이상주의를 그대로 증언합니다. 자, 이 1달러짜리 지폐를 보세요. 여기에 미합중국의 국장이 있습니다. 먼저 왼쪽의 피라미드를 보세요. 피라미드에는 네 개의 측면이 있습니다. 네 개의 측면은 네 개의 꼭지점을 구성합니다. 이 꼭지점에는 누가 있고, 저 꼭지점에는 또 누가 있고, 다른 꼭지점에는 다른 누군가가 있습니다. 그러니까 피라미드의 아랫부분에는 너와 내가 있습니다. 그러나 위로 올라가면 네 개의 꼭지점은 하나가 되어 만나고, 이 만나는 자리에는 활짝 열린 하느님의 눈이 있습니다.

미합중국 국장에 그려진 피라미드
피라미드의 아랫부분에는 너와 내가 있습니다. 그러나 위로 올라가면 네 개의 꼭지점은 하나가 되어 만나고, 이 만나는 자리에는 활짝 열린 하느님의 눈이 있습니다.

모이어스 이것을 제정한 사람들에게는 하느님이 아니라 이성(理性)의 신이었지요.

캠벨 그렇지요. 미합중국은 이 세계에서 전쟁이 아니라 이성을 바탕으로 세워진 최초의 국가입니다. 이 국장을 제정한 사람들은

18세기의 이신론자(理神論者)들, 점잖은 신사분들이었지요. 이 위에는 "하느님 안에서 우리는 믿는다"는 구절이 있어요. 하지만 여기에서 말하는 하느님은 성서에 나오는 하느님이 아닙니다. 이것을 제정한 양반들은 에덴의 낙원 이래의 인간의 타락이라는 것을 믿지 않았어요. 제2의적(第二意的)인 관심과 현세적 관심에서 초탈한 인간의 마음이, 하느님의 이성적인 마음이 비치는 맑은 거울에서 반사되는 빛을 바라봅니다. 하느님과의 관계를 가능케 하는 것은 이성입니다. 결과적으로 국장을 제정한 사람들에 대한 성서 하느님의 특별한 계시 같은 것은 찾아볼 수 없습니다. 오류의 가능성에서 온전하게 해방된 사람의 마음은 얼마든지 하느님에 대한 앎에 접근할 수 있기 때문에 계시 같은 것은 필요하지 않습니다. 이 세상 모든 사람은 이성의 존재를 인식하기 때문에 이 세상 모든 사람에게는 어떤 것이든지 가능합니다.

모든 사람은 이성의 존재를 인식할 수 있습니다. 이것은 민주주의의 기본적인 원리이지요. 모든 사람의 마음은 진정한 지식에 접근할 수 있기 때문에, 특별한 권위나 앞으로는 이러저러하게 될 것이라는 식의 특별한 계시 같은 것도 소용없는 것이지요.

모이어스 그러면 이런 상징도 신화에서 나온 것인가요?

캠벨 그렇지요. 하지만 어느 정도 질적인 신화에서 비롯된 것입니다. 이런 신화는 계시의 신화가 아니지요. 가령 힌두인들은 특별한 계시 같은 것을 믿지 않아요. 오로지 귀가 우주의 가락으로 열려 있는 상태만 말하지요. 그러니까 눈이 하느님의 마음이 내는 빛줄기 쪽으로 열리는 것은 당연하지요. 일단 에덴 동산에서의 인간의 타락이라고 하는 관념을 거부하고 들면 인간은 그 바탕을 떠나지 않습니다.

자, 국장 이야기로 되돌아가지요. 피라미드를 자세히 보면 몸체에 구획이 나 있는 것을 알 수 있습니다. 모두 13개입니다. 그리고 맨 아래쪽에는 로마 숫자가 씌어 있습니다. 물론 1776년을 나타냅니다. 자, 이 1과 7과 7과 6을 보태면 어떻게 될까요? 21……. 이성의 시대를 나타내는 숫자 아닌가요? 13개 주(州)가 모여 독립을 선언한 해가 1776년입니다. 13이라는 숫자는 변용과 재생을 상징하는 숫자입니다. 최후의 만찬 자리에는 열두 사도와 곧 죽어서 재생하게 될 그리스도가 있었지요. 13은 구속의 장(場)에서 초월의 장으로 넘어가는 것을 상징하는 숫자입니다. 12궁도(宮道) 역시 12궁과 태양으로 이루어져 있지 않던가요. 국장을 제정한 양반들은 13이라는 숫자가 부활과 재생과 새 생명을 상징한다는 것을 분명히 의식하고 있어서, 이걸 여러 모로 아주 적절하게 사용했습니다.

모이어스 당시 독립을 선포한 것은 실제로도 13개 주가 아니었습니까?

캠벨 물론이지요. 상징적이지 않나요? 이것은 단순한 우연의 일치가 아닙니다. 재미있는 것은 그 13개 주가 각기 자기네에게 상당히 상징적인 의미를 부여했을 것이라는 점입니다.

모이어스 그건 그 아래에 있는 문장, 즉 '노부스 오르도 세클로룸(Novus Ordo Seclorum)' 이 설명하고 있겠군요?

캠벨 그래요. '세계의 새 질서'라는 뜻입니다. 그것은 분명히 세계의 새 질서이기는 했습니다. 바로 그 위에는 '안누이트 코엡티스(Annuit Coeptis)'가 있습니다. '그는 우리가 이룬 바에 대해 미소를 보내었다', 혹은 '그는 우리의 활동에 미소를 보내었다'는 뜻입니다.

모이어스 '그'라면…….

캠벨 눈, 혹은 눈으로 표상되는 어떤 존재입니다. 바로 이성이지요. 라틴어로 쓰인 것은 굳이 '그'라고 번역할 필요가 없습니다. '그것'이어도 좋고, '그'라도 좋고, '그녀'라고 해도 상관이 없지요. 그러나 중요한 것은 신적(神的)인 힘을 지닌 존재가 '우리'가 한 일에 대해 미소를 보내었다는 점입니다. 따라서 이 새 세계는 하느님이 하신 태초의 창조 사업과 같은 문맥에서 태동한다, 하느님이 하신 태초의 창조 사업의 재판(再版)이다, 그런데 이런 사업이 이성을 통하여 이루어졌다는 의미

기자의 피라미드
이집트에서 피라미드는 원초적인 무덤을 상징합니다. 그런데 연례적으로 범람하는 나일강의 수위가 줄어들고 나서 처음으로 나타나는 이 무덤은 재생한 세계를 상징합니다. 우리의 국장이 암시하고 있는 것도 그것입니다.

가 강조됩니다.

피라미드의 뒤를 보면 사막이 보입니다. 그러나 앞에는 풀이 자라고 있습니다. 사막은 전쟁, 전쟁, 또 전쟁으로 이어지는 소용돌이 상태의 유럽을 뜻합니다. 그러니까 '우리'는 우리 자신을 그런 유럽에서 떼어내어, 권력의 이름이 아닌 이성의 이름으로 한 나라를 세운다, 유럽에서 떠나 있는 만큼 이 나라는 새로운 생명으로 꽃필 것이다……. 이런 뜻을 지닙니다. 이 지폐에 피라미드를 그린 것은 대충 이런 뜻을 나타내기 위해서입니다. 이번에는 지폐의 오른쪽을 볼까요? 독수리가 그려져 있지요? 독수리는 제우스의 신조(神鳥)입니다. 이 독수리는, 속(俗)의 시간이라는 장(場)으로 임재(臨在)하는 신을 뜻합니다. 이 새는 따라서 신의 화신입니다. 그런데 여기에 그려진 독수리는 대머리 독수리입니다. 즉 아메리카의 독수리입니다. 따라서 최고신(最高神)인 제우스의 독수리의 아메리카판(版)입니다.

1달러 지폐에 그려진 독수리 문장
독수리는 월계수 쪽을 보고 있습니다. 그러니까 미합중국을 세운 이 이상주의자들은 우리에게, 외교적인 관계 등등을 중요하게 여기는 것처럼 굴어라, 이런 메시지를 전하고 있는 것이지요. 하느님이 보우하사, 독수리는 화살 쪽을 보고 있지 않아요.

그런데 그런 독수리가 내려옵니다. 한 쌍의 대극(對極)이 병존하는 이 세상, 즉 행동의 장(場)으로 내려옵니다. 행동의 유형에는 두 가지가 있는데, 그 중 하나는 전쟁이고 또 하나는 평화이지요. 그래서 독수리는 한쪽 발로는 13개의 화살(전쟁의 원리를 상징하는)을 쥐고 있고, 나머지 발로는 열세 개의 잎이 달린 월계수 가지(평화 회담을 상징하는)를 쥐고 있습니다. 그런데 독수리는 월계수 쪽을 보고 있습니다. 그러니까 미합중국을 세운 이 이상주의자들은 우리에게, 외교적인 관계 등등을 중요하게 여기는 것처럼 굴어라, 이런 메시지를 전하고 있는 것이지요. 외교가 안 통할 경우에 대비해서, 다행스럽게도 독수리는 다른 발로 화살을 그러쥐고 있네요.

그러면 독수리는 무엇을 상징할까요? 독수리는 머리 위에 보이는 빛나는 그림이 지닌 의미를 상징합니다. 언젠가 워싱턴의 외교연구원(外交研究院)에서 힌두의 신화학과 사회학, 정치학을 강의한 일이 있습니다. 힌두의 치서(治書)를 보면, 군주는 마땅히 한 손에는 전쟁 무기를 상징하는 굵직한 지팡이를, 다른 한 손에는 단합을 상징하는 평화의 노래책을 들어야 한다고 되어 있어요. 내가 그 두 개를 들고 있는 시늉을 하느라고 이렇게 팔을 벌리고 서 있었더니, 좌중이 웃음바다가 됩디다. 이 양반들이 왜 이렇게 웃나 싶었을 뿐, 나는 그 이유는 몰랐지요. 그런데 누군가가 손가락질로 무엇인가를 가리키더군요. 그쪽을 보았더니 바로 이 독수리 문장(紋章)이 내 뒤에 걸려 있는 게 아니겠어요. 그러니까 나는 이 독수리 문장 앞에서 독수리가 두 다리를 벌리듯 두 팔을 좌악 벌렸던 겁니다. 나는 이때 비로소 독수리의 머리 위에 그려진 그림과, 아홉 개로 이루어진 꼬리털을 눈여겨보았습니다. '아홉'이라는 숫자는 이 세상에 내린 신의 힘을 상징합니다. 삼종 기도(三鐘祈禱) 시간을 알리는 카톨릭 교회의 종은 아홉 번 울립니다.

그런데 독수리의 머리 위를 보세요. 13개의 별은 '다윗의 별' 꼴로 배열되어 있지요.

모이어스 이건 솔로몬 왕의 인장(印章)이겠지요.

캠벨 그렇습니다. 이게 왜 '솔로몬의 인장'이라고 불리는지
아세요?

모이어스 모르겠습니다.

캠벨 솔로몬은 괴물이나 거인 같은 것을 항아리에다 넣어 봉
인(封印)하고는 했어요. 항아리를 열었더니 요정이 나오더
라는 《아라비안 나이트》의 이야기 알죠? 그런데 나는, 열세
개의 별로 이루어진 그 솔로몬의 인장을 외교연구원에서
본 국장에서 발견한 거예요. 순간 나는 이 별들이 그리는
삼각형들이 바로 피타고라스 철학의 '테트라키스'라는 걸
알았어요.

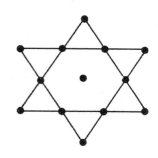

솔로몬의 인장 그림
미합중국 국장에서 서로 겹쳐진 두 개의
상징적인 삼각형을 본 순간, 나는 이 겹
쳐진 두 개의 삼각형이 13개의 점(즉 국
장 제정 당시의 13개 주를 상징하는 점)
과 여섯 개의 꼭짓점(위에 하나, 아래에
하나 그리고 네 귀퉁이에 각각 하나씩)
으로 이루어졌다는 걸 알았습니다. 나는
이때 이것이 혹 창조적 말씀(즉 민주주
의라는 위대한 명제)이 위와 아래 그리
고 네 귀퉁이에서 들려옴을 상징하는 것
은 아닐까 하는 생각을 했습니다.

모이어스 테트라키스라니요?

캠벨 테트라키스는 열 개의 점으로 이루어진 삼각형을 말합니다. 자, 네 개의 점으
로 한 변을 만들고 나머지 점을 이어서 정삼각형을 만들면, 점은 모두 9개가 들어
갑니다. 그런 다음 마지막 점 하나를 가운데에 둡니다. 그러면 열 개의 점이 삼각
형을 이룹니다. 삼각형 세 변에 있는 점을 세어볼까요? 하나, 둘, 셋, 넷/다섯, 여
섯, 일곱/여덟, 아홉……. 그리고 가운데 있는 하나를 합하면 점은 열 개가 됩니
다. 이게 바로 상호 관계하는 신화학적, 우주론적, 심리학적, 사회학적 해석의 의
미를 숫자로 나타낸 피타고라스 철학의 중심 상징입니다. 이렇게 만들어진 삼각
형의 한가운데 있는 점은 창조적 중심을 상징합니다. 바로 여기에서 우주와 만물
이 생성합니다.

모이어스 그러니까 창조적 에너지의 중심이군요?

캠벨 그렇지요. 만물을 태동하게 한 최초의 소리(기독교인들은 창세의 말씀이라고 하겠지

요), 빅뱅(우주 대폭발), 초월적 에너지의 분출 및 시간의 장(場)으로의 확장이라고 할 수 있겠지요. 이 에너지가 시간의 장으로 들어가면서 한 켤레의 대극(對極)으로 나뉩니다. 즉 하나가 둘이 되는 것이지요. 둘이 있을 경우, 이것이 상호 관계할 수 있는 방법은 세 가지가 됩니다. 첫째는 이것이 저것을 지배하는 방법, 둘째는 저것이 이것을 지배하는 방법, 셋째는 조화를 이루는 방법입니다. 그리고 결국 이 셋에서 우주의 네 구석에 있는 만물의 상호 관계가 생깁니다.

노자(老子)의 《도덕경(道德經)》을 보면, 도(道), 즉 초월적인 존재에서 하나가 나오고, 이 하나에서 둘이 나오며, 이 둘에서 셋이 나오고, 이 셋에서 우주 만물이 비롯된다는 말이 나옵니다.

미합중국 국장에서 서로 겹쳐진 두 개의 상징적인 삼각형을 본 순간, 나는 이 겹쳐진 두 개의 삼각형이 13개의 점(즉 국장 제정 당시의 13개 주를 상징하는 점)과 여섯 개의 꼭지점(위에 하나, 아래에 하나 그리고 네 귀퉁이에 각각 하나씩)으로 이루어졌다는 걸 알았습니다. 나는 이때 이것이 혹 창조적 말씀(즉 민주주의라는 위대한 명제)이 위와 아래 그리고 네 귀퉁이에서 들려온다는 것을 상징하는 것은 아닐까 하는 생각을 했습니다. 민주주의라고 하는 것은 어느 곳에 있는 어떤 사람이든지, 그 마음이 진리를 떠나 있지 않다면 진실을 말할 수 있음을 전제로 합니다. 진리를 떠나 있지 않은 사람은 마음을 가다듬기만 하면 곧 진실을 말할 수 있는 것이지요.

그러니까 1달러짜리 지폐에서 우리가 보고 있는 것은 바로 이 놀라운 이미지(초월적인 진리는 이 세상 어디에서도 현현할 수 있다는)를 표상하는 독수리인 것이지요. 이 것은 미합중국의 건국 이념이기도 합니다. 그러니까 이 나라를 제대로 다스리려는 사람은 삼각형의 정점(어떤 의미에서는 삼각형의 꼭대기에 있는 세계의 눈)에서 다스려야 하는 것이지요.

어린 시절, 학교에서 조지 워싱턴의 고별 연설문을 주면서 거기에 나와 있는 각 문장과 각 문장의 관계를 모두 살피면서 대의(大意)를 써보라는 시험을 치른 적이 있어요. 그래서 나는 그 고별 연설문을 아직도 줄줄 읍니다. 워싱턴은 "독립을 얻음으로써 우리는 유럽의 혼돈과 결별하게 되었다"고 했지요. 즉 외국과 손잡는 짓 같은 것은 더 이상 하지 않겠다는 뜻입니다. 우리는 1차 세계대전 전까지는 이 약속을 지킨 셈입니다. 그러나 그 뒤로 우리는 독립선언서를 포기하고 지구를 정복하려는 영국과 손을 잡았습니다. 결국 우리는 피라미드의 정점에서 측면으로 떨어진 것입니다. 하나의 자리에서 둘의 자리로 내려온 것입니다. 정치적으로, 역사적으로, 우리는 서로 입씨름을 벌이는 두 패거리 중 한 패거리에 속하게 되었습니다. 우리는 더 이상 정점에 있는 눈의 원리를 상징하지 못합니다. 우리의 관심은 정치나 경제에 쏠려 있지, 더 이상 이성의 소리에는 쏠리지 않습니다.

모이어스 이성의 소리……. 그것은 이 신화적인 상징이 암시하는 철학적인 방법입니까?

캠벨 그렇지요. 인류는 기원전 5백 년경에 큰 전기(轉機)를 맞습니다. 이 시점은 석가, 피타고라스, 공자 그리고 노자(만일에 '노자'가 한 사람의 이름이라는 설이 옳다면)가 살던 시점입니다. 바로 인류의 이성이 크게 깨어난 시기입니다. 이때부터 인류는 동물적인 힘의 지배를 받지 않습니다. 이때부터는 천체 운행의 아날로지를 길잡이로 하지 않습니다. 그러니까 이때부터는 이성을 길잡이로 했던 것이지요.

모이어스 그러니까 길이 달라지는군요.

캠벨 인도(人道)가 열린 것이지요. 그런데 이성을 파괴하는 것은 열정입니다. 정치에서 열정은 곧 탐욕입니다. 탐욕은 인간을 타락케 합니다. 우리가 피라미드의 정점에 있지 않고 측면에 있는 것은 바로 이것 때문입니다.

모이어스 건국 초기의 국부(國父)들이 종교의 편협성을 용납하지 않은 것도 그 때문이었겠고요?

캠벨 그럼요. 그래서 그들은 에덴 동산 이후 인간이 타락했다는 교설을 용납하지 않았어요. 그들의 믿음에 따르면, 인간은 누구든지 하느님의 마음을 읽을 수 있어요. 누구에게만 특별한 계시가 내리는 일 같은 것은 있을 수가 없는 거죠.

모이어스 알겠습니다. 선생님께서는 신화의 상징을 오래 연구하셨고, 깊이 관심을 두셨기에 우리 국장을 이런 식으로 읽으실 수 있었을 겁니다. 하지만 이신론자(理神論者)들이었던 당시 사람들이 자기네가 세우는 새 나라에 이러한 신화학적 함의(含意)를 투사시킬 수 있었던 것은 놀랍지 않습니까?

캠벨 그렇기는 하지만, 왜 그런 상징을 이용했을까요?

모이어스 그런 상징의 대부분은 프리메이슨(석공石工들에게서 시작된 일종의 노동운동 이념 - 옮긴이)의 상징 아닙니까?

캠벨 상징이라기보다는 그들이 즐겨 썼던 암호 같은 것이었지요. 피타고라스의 테트라키스는 수세기 전부터 일반에 알려져 있었고요. 아마 이들은 이 정보를 토머스 제퍼슨의 도서관에서 찾아내었을 겁니다. 어쨌든 대단한 박식(博識)들이었던 것은 분명합니다. 18세기 계몽주의 시대는 박식한 신사들의 시대였지요. 하지만 우리의 근대 정치사에는 그런 박식한 신사가 별로 없습니다. 그런데 그러한 신사들의 무리가 권력을 잡고 그 시대의 일에 영향력을 행사했다는 것은 국가로 보면 대단한 행운이었지요.

모이어스 이러한 상징과 프리메이슨 암호와의 관계는 어떻게 설명해야 합니까? 초기 국부(國父)들의 상당수가 프리메이슨 당원(黨員)들이었을까요? 프리메이슨의 암호 역시 신화적인 어떤 의미를 지닙니까?

캠벨 나는 그렇다고 생각해요. 그것은 이니시에이션(입문 의례)의 형식을 재정립시켜 영적인 지혜에 이르고자 하는 학문적인 노력의 소산입니다. 상당수가 프리메이슨 정신의 소유자들이었던 국부들은 실제로 이집트의 신화나 전설 같은 것을 공부했습니다. 이집트에서 피라미드는 원초적인 무덤을 상징합니다. 그런데 연례적으로 범람하는 나일강의 수위가 줄어들고 나서 처음으로 나타나는 이 무덤은 재생한 세계를 상징합니다. 우리의 국장이 암시하고 있는 것도 그것입니다.

모이어스 선생님의 말씀을 듣고 있자니 혼란이 생깁니다. 선생님의 믿음의 체계가 모순되어 보이는 것이지요. 선생님께서는 한편으로는 이성의 시대를 창조하고 고무한 사람들을 찬양하시는가 하면, 다른 한편으로는 "컴퓨터를 끄고 네 느낌을 믿으라"고 한 〈스타워즈〉의 주인공 루크 스카이워커에게 경의를 표하십니다. 결국은 이성인 과학의 역할과, 결국은 종교인 믿음의 역할을 어떻게 화해시키시겠습니까?

캠벨 아니에요. '이성'이라는 말과 '생각'이라는 말부터 구분해볼 필요가 있겠어요.

모이어스 이성과 생각이 다른 겁니까? 생각하는 사람이 곧 이성적인 사람 아닙니까?

캠벨 그렇기는 하지요. 이성은 생각의 하나입니다. 그러나 사물에 관해서 생각한다고 해서 반드시 이성이 작용한다고 볼 수는 없어요. 우리는 어떻게 하면 저 벽을 뚫을까 하고 생각합니다. 이런 생각은 이성이 아니지요. 새앙쥐가 코를 내밀어 밖을 내다보고는, 응, 여기라면 나가도 되겠구나, 하고 생각하는 것은 우리가 어떻게 하면 저 벽을 뚫을 수 있을까 하고 생각하는 것과 마찬가지입니다. 이것은 이성이 아니지요. 존재의 바탕, 우주의 근본적인 구조를 고려에 넣고 무엇을 생각해야 비로소 이성이라고 할 수 있는 거지요.

모이어스 그렇다면, 국부들이 이성으로서의 하느님의 눈에 관해 이야기할 때, 이분들은 사회로서의 우리 존재, 문화로서의 우리 존재, 국민으로서의 우리 존재의 바탕이 우주의 근본적인 바탕에서 나왔다고 생각했던 것인가요?

캠벨 국장이 제정될 당시에는 피라미드에 그런 생각이 반영되어 있었지요. 이것은 세계의 피라미드, 우리 사회의 피라미드입니다. 여기에는 동일한 질서가 작용해요. 이것은 하느님이 만든 것이다, 이것이 바로 우리 사회이다, 하는 질서 의식이 존재하는 겁니다.

모이어스 우리에게는 동물적인 힘을 나타내는 신화가 있습니다. 씨 뿌리는 대지에 관한 신화(풍요, 창조, 모신母神)도 있습니다. 천상의 빛에 관한 신화도 있습니다. 그렇지만 현대에 이르러 우리는 동물의 힘, 자연 그리고 우리가 씨 뿌리는 대지를 저만큼 지나온 듯한 느낌을 받습니다. 이제 별은 더 이상 우리 관심의 대상이 되지 못합니다. 호기심의 대상, 혹은 우주 여행의 기착지로서의 관심의 대상일 수는 있겠지만요. 인간에 대한 신화라는 측면에서 우리는 지금 어느 지점에 있는 것일는지요?

캠벨 앞으로도 우리는 신화를 가질 수 없을 겁니다. 세상은 신화를 낳을 사이도 없이 너무 눈부시게 변하고 있어요.

모이어스 그럼 신화 없이 어떻게 살아가야 합니까?

캠벨 개인은 자기 삶과 관계된 신화의 측면을 자기 나름대로 찾아야 합니다. 신화라고 하는 것은 기본적으로 네 가지 기능을 지닙니다. 첫째는 신비주의와 관련된 기능입니다. 내가 밤낮 하는 이야깁니다만, 우주라는 것이 얼마나 신비스러운지를 아는 순간, 우리 인간이라는 것이 얼마나 신비스러운 존재인지를 아는 순간, 우리는 이 엄청난 신비 앞에서 이미 경이를 경험합니다. 신화는 신비의 차원, 만물의 신비를 깨닫는 세계의 문을 엽니다. 그런 세계를 잃은 사람에게 신화는 있을 수 없지요. 만물에서 신비를 읽을 때, 우주는 한 폭의 거룩한 그림이 됩니다. 그러면 우리의 몸은 비록 이 땅에 발을 붙이고 살아도 초월의 신비로부터 끊임없이 메시지를 받으면서 살 수 있게 됩니다.

신화의 두 번째 기능은 우주론적 차원을 연다는 것입니다. 과학이 관심을 두는 영역이 바로 이 차원입니다. 그러나 과학은 우주의 모습을 보여주지만, 신화는 신비의 샘으로서의 우주를 보여줍니다. 현대인들에게는, 과학이 모든 답을 내렸다고 생각하는 경향이 있습니다. 그러나 현자들은 "해답은커녕 질문도 미처 다 하지 못했다. 우주가 어떻게 운행되는가는 우리도 안다. 하지만 우주가 무엇인데?" 하고 반문합니다. 성냥을 켜면 불이 입니다. 불이 무엇이지요? 산소가 연소되는 현상이라고 하겠지만, 그것으로는 불에 대해서 아무 설명도 안 됩니다.

신화의 세 번째 기능은 사회적 기능입니다. 신화는 한 사회의 질서를 일으키고 그 질서를 유효하게 합니다. 신화가 곳에 따라 많이 다른 것은 바로 이 기능 때문입니다. 중혼(重婚)의 신화도 있고, 단혼(單婚)의 신화도 있는 것은 이 기능 때문입니다. 중혼이든 단혼이든 상관없습니다. 사는 곳에 따라 다르니까요. 신화의 기능 중에서 우리 세계를 가장 폭넓게 지배하고 있는 기능이 바로 이 사회적 기능입니다. 시대착오적이지요.

모이어스 무슨 뜻인지요?

캠벨 도덕률을 말하는 겁니다. 좋은 사회라면 마땅히 지켜져야 한다고 믿어지는 우리 삶의 법 같은 것 말이지요. 선사 시대에 믿어지던 야훼의 책을 보세요. 페

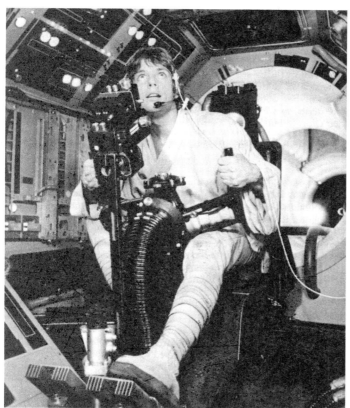

〈스타워즈〉에서 루크 스카이워커 역을 맡은 배우 마크 해밀
선생님께서는 한편으로는 이성의 시대를 창조하고 고무한 사람들을 찬양하시는가 하면, 다른 한편으로는 "컴퓨터를 끄고 네 느낌을 믿으라"고 한 〈스타워즈〉의 주인공 루크 스카이워커에게 경의를 표하십니다. 결국은 이성인 과학의 역할과, 결국은 종교인 믿음의 역할을 어떻게 화해시키시겠습니까?

이지, 페이지, 페이지마다 무엇을 입어라, 어떻게 처신하라는 잔소리가 잔뜩 실려 있지요.

　하지만 신화에는 네 번째 기능이 있어요. 오늘날 우리가 한번 음미해보아야 할 것이 바로 이 기능입니다. 그것은 우리에게 주어진 이 삶을 이 특정한 상황에서 어떻게 살아낼 것인가 하는 문제와 관련된 교육적 기능입니다. 신화는 사람들에게 그걸 가르쳐줄 수 있어요.

모이어스　그러니까 여러 세대를 거쳐, 내림으로 물려받은 옛 이야기가 제대로 기능을 발휘하지 못하는 판인데, 새것도 아직은 정립되어 있지 못하다는 뜻이군요?

캠벨　성서에 바탕을 둔 우리 서구의 이야기는 선사 시대의 우주관 위에 서 있어요. 이런 이야기는 인간의 존엄성이라든지, 우주에 관한 오늘날의 개념과는 맞지 않아요. 이건 그 시대 사람들의 것이지 더 이상 우리 것은 아닙니다.

　오늘날 우리가 할 일은 온 길을 되돌아가 자연의 지혜와 조화되는 길을 찾는 것입니다. 이로써 짐승과 물과 바다가 사실은 우리와 형제지간이라는 것을 깨달아야 합니다. 세상 만물에 신이 깃들여 있다고 하면, 만유신론이라고 매도합니다. 하지만 이 만유 '신론'이라는 말은 사람을 오도하는 말입니다. 만유신론을 비방하는 사람들의 주장에 따르면, 오로지 인신(人神)만 이 세상에 살아야 합니다. 하지만 신(divinity)이라는 관념은 그게 아닙니다. 이 관념의 진정한 의미는 초 '신학적'입니다. 이것은 정의될 수 없고, 헤아릴 수 없이 신비스러운 초신학, 살아 있는 모든 존재의 근원이자 종말이자 살아 있는 모든 것을 떠받치는 힘입니다.

모이어스　현대 미국인들은 자연에 대한 고대적 관념을 신성(神性)으로 파악하고는 딱지를 놓고 말았습니다. 자연을 신으로 파악하면 자연에 대한 정복이 불가능해질 테니까요. 이 점에 대해서는 어떻게 생각하시는지요? 신을 죽이지 않고는 나무도 자를 수 없고 땅을 갈 수도 없고 강을 부동산으로 만들 수도 없지 않겠습니까?

캠벨　미국인들의 경우, 자기네 종교에서, 즉 영국에게서 물려받은 자연에 대한 성서적 박해를 자연에 가한 셈이기는 합니다만, 이것은 현대의 미국에만 국한되는 상황은 아닙니다. 어쨌든 하느님은 자연에서 분리되었고, 자연은 하느님에게서 버림을 받았습니다. '창세기'적으로 말해서, 우리는 세계의 주인이 된 것이지요.

하지만 우리를 어딘가에서 이쪽으로 던져진 존재가 아니고, 이 땅에서 나온 존재라고 생각해보세요. 그러면 우리가 곧 이 땅이요, 우리가 곧 이 땅의 의식이라는 인식에 도달하기가 쉬울 겁니다. 이것이 곧 이 땅의 눈이요, 이것이 곧 이 땅의 음성입니다.

모이어스 이제 과학자들은 공공연하게 가이아(대지의 여신 - 옮긴이) 이론을 입에 올리는데요?

캠벨 유기체로서의 지구 말인가요?

모이어스 모신(母神)으로서의 지구일 테지요. 이 이미지에서 새로운 신화가 태동할까요?

캠벨 할 테지요. 오늘밤에 무슨 꿈을 꾸게 될지 알 수 없듯이, 내일 어떤 신화가 태동할지도 알 수 없어요. 신화와 꿈은 같은 곳에서 옵니다. 이 양자는 상징적인 형태로 나타내어야겠다는 일종의 깨달음에서 옵니다. 미래를 생각하게 하는 신화 중에서 가치 있는 신화는 어떤 도시, 어떤 동아리에 관한 신화가 아니라 이 땅에 관한 신화입니다. 모든 인류가 사는 이 땅에 관한 신화여야 합니다. 이것이 바로 미래의 신화가 어떻게 될 것이냐는 질문 앞에 내밀 수 있는 나의 중심 사상입니다.

이러한 신화는 다른 모든 신화가 다루었던 문제를 고루 다루어야 합니다. 말하자면 유아기에서 성장기를 거쳐 성인기에 이르고, 성인기에서 이 세상을 하직하기까지의 모든 문제, 심지어는 이 사회와의 관계, 이 사회가 지니는 자연의 세계와 우주와의 관계까지 고루 다루어진 신화여야 한다는 겁니다. 이것이야말로 신화가 한결같이 하는 이야기, 이야기가 한결같이 반영하는 신화인 것입니다. 그러나 내가 앞에서 말한 사회 역시 이 지구라는 사회에 관심을 기울일 수 있는 사회여야 합니다. 그렇게 되기까지는 신화는 이루어지지 않을 것입니다.

모이어스 그러니까 우리 시대의 새로운 신화는 여기에서 시작되어야 한다는 거군요?

캠벨 그렇지요. 그것이 바로 미래 신화의 바탕입니다. 그 바탕은 벌써부터 여기에 있어요. 내 나라의 눈이 아닌 이성의 눈, 내가 속하는 종교 사회의 눈이 아닌 이성의 눈, 내가 속하는 언어 집단의 눈이 아닌 이성의 눈……. 아시겠지요? 이렇게 태동한 신화는 이 집단, 저 집단, 그 집단의 철학이 아닌 이 땅의 철학이 될 것입니다.

달에서 지구를 보면 국경 같은 게 안 보이잖아요? 이것은 미래 신화를 위한 대단히 중요한 상징 같습니다. 우리가 세워야 하는 나라가 이러한 나라이고, 우리가 한 겨레가 되어야 하는 나라가 바로 이러한 나라인 것이지요.

모이어스 선생님께서는 언젠가 시애틀 추장의 글을 모아 발표하신 적이 있지요? 그러한 윤리성을 시애틀 추장 이상으로 극명하게 나타내어 보인 사람을 저는 아직 보지 못했습니다.

캠벨 시애틀 추장은 구석기 시대 도덕률의 마지막 대변자 중 한 사람이었지요. 1852년을 전후해서 미합중국 정부가 나날이 늘어나는 미국 국민을 이주시키기 위해 그 부족의 땅을 팔 것을 요구했을 때 시애틀 추장은 명문(名文)의 해답을 보냈지요. 이 서한은 우리가 지금까지 논의한 도덕의 문제, 진짜 도덕의 문제를 더 이상 설명할 수 없게 표현하고 있습니다. 한번 인용해보지요.

"워싱턴에 있는 대통령은 우리에게 편지를 보내어, 우리 땅을 사고 싶다는 뜻을 전합니다. 하지만 하늘을 어떻게 사고 팝니까? 땅을 어떻게 사고 팝니까? 우리에게, 땅을 사겠다는 생각은 이상하기 짝이 없어 보입니다. 맑은 대기와 찬란한 물빛이 우리 것이 아닌 터에 어떻게 그걸 사겠다는 것일는지요?

이 지구라는 땅 덩어리의 한 조각 한 조각이 우리 백성에게는 신성한 것이올시

우주에서 본 지구
달에서 지구를 보면 국경 같은 게 안 보이잖아요? 이것은 미래 신화를 위한 대단히 중요한 상징 같습니다. 우리가 세워야 하는 나라가 이러한 나라이고, 우리가 한 겨레가 되어야 하는 나라가 바로 이러한 나라인 것이지요.

다. 빛나는 솔잎 하나 하나, 모래가 깔린 해변, 깊은 숲 속의 안개 한 자락 한 자락, 풀밭, 잉잉거리는 풀벌레 한 마리까지도 우리 백성에게는 신성한 것이올시다. 이 모든 것이 우리 백성의 추억과 경험 속에서는 거룩한 것이올시다.

우리는 나무 껍질 속을 흐르는 수액을 우리 혈관을 흐르는 피로 압니다. 우리는 이 땅의 일부요, 이 땅은 우리의 일부올시다. 향긋한 꽃은 우리의 누이올시다. 곰, 사슴, 독수리······. 이 모든 것은 우리의 형제올시다. 험한 산봉우리, 수액, 망아지의 체온, 사람······. 이 모두가 형제올시다.

반짝거리며 시내와 강을 흐르는 물은 그저 물이 아니라 우리 조상의 피올시다. 만일에 우리가 이 땅을 팔거든 그대들은 이것이 얼마나 거룩한 것인가를 알아주어야 합니다. 호수의 맑은 물에 비치는 일렁거리는 형상은 우리 백성의 삶에 묻어 있는 추억을 반영합니다. 흐르는 물에서 들리는 나지막한 소리는 우리 아버지의 아버지의 음성입니다.

강 역시 우리의 형제입니다. 강은 우리의 마른 목을 적셔줍니다. 강은 우리의 카누를 날라주며 우리 자식들을 먹여줍니다. 그러니까 그대들은, 형제를 다정하게 대하듯 강 또한 다정하게 대해야 합니다.

만일에 우리가 이 땅을 팔거든 공기가 우리에게 소중하다는 것에, 대기의 정기가 그것을 나누어 쓰는 사람들에게 고루 소중하다는 것에 유념해주어야 합니다. 우리 할아버지에게 첫 숨결을 불어넣어 주었던 바람은 우리 할아버지의 마지막 한숨을 거두어갑니다. 이 바람은 우리 자식들에게도 생명의 정기를 불어넣습니다. 그러니까 만일에 우리가 이 땅을 팔거든, 다른 땅과는 달리 여겨 신성한 땅으로 여겨주십시오. 풀밭의 향기로 달콤해진 바람을 쏘이고 싶은 사람이나 찾아가는 신성한 땅으로 여겨주십시오.

그대들의 자식들에게, 우리가 우리 자식에게 가르치는 것을 가르쳐주시겠어요? 우리는 자식들에게, 땅은 우리의 어머니라는 것을 가르칩니다. 땅을 낳은 것은 이 땅의 모든 자식을 낳았다는 것을 가르칩니다.

우리는, 땅이 사람에게 속하는 것이 아니라 사람이 땅에 속한다는 것을 압니다. 우리는, 이 세상 만물이 우리가 핏줄에 얽혀 있듯 그렇게 얽혀 있다는 것을 압니다. 우리는, 사람이 생명의 피륙을 짜는 것이 아니라는 것을 압니다. 우리는, 우리의 삶이라고 하는 것이 그 피륙의 한 올에 지나지 않는다는 것을 압니다. 우리는 사람이 그 피륙에 하는 것은 곧 저에게 하는 것임을 잘 알고 있습니다.

우리는 우리의 신이 그대들의 신이라는 것도 알고 있습니다. 이 땅은 신에게 소중합니다. 그러므로 이 땅을 상하게 하는 것은 창조자를 능멸하는 짓이라는 것을 우리는 압니다. 그대들의 운명이 우리들에게는 수수께끼입니다. 들소가 모두 살육되면 도대체 어떻게 되는 것이지요? 야생마라는 야생마가 모두 길들여지면 도대체 어떻게 되는 것이지요? 은밀한 숲의 구석이 수많은 사람의 냄새에 절여지고, 언덕의 경치가 말하는 줄(wires)로 뒤엉킨다면 도대체 어떻게 되는 것이지요? 수풀은 어디에 있나요? 사라지고 말았나요? 그러면 독수리는 어디에 살지요? 사라졌나요? 저 발빠른 말과 사냥감에게 이제는 그만 작별 인사를 하는 것이 어떠할지요? 누리는 삶의 끝은 살아남는 삶의 시작이랍니다.

마지막 붉은 인간이 황야에서 사라지고 그 추억이 초원을 지나가는 구름의 그림자 신세가 될 때도 이 해변과 이 숲이 여기 이렇게 있을까요? 거기에 우리 백성의 혼이 조금이라고 남아 있게 될까요?

우리는 이 땅을, 갓난아기가 어머니의 심장 소리를 사랑하듯 사랑합니다. 그러니 만일에 우리가 이 땅을 팔거든 우리가 사랑했듯이 이 땅을 사랑해주시오. 우리가 보살폈듯이 보살펴주시오. 그대들의 것이 될 때 이 땅이 간직하고 있던 추억을 그대들 마음속에 간직해주시오. 자식들을 위해서라도 이 땅을 잘 간직하면서, 하느님이 우리 모두를 사랑하듯 이 땅을 사랑해주시오.

우리가 이 땅의 일부이듯, 그대들도 이 땅의 일부올시다. 이 지구는 우리에게 소중합니다. 이것은 그대들에게도 소중합니다. 우리는, 하느님이 한 분뿐이라는 것을 압니다. 홍인종이 되었든 백인종이 되었든 인간은 헤어질 수 없다는 것도 압니다. 우리는 결국 형제인 것입니다."

추장의 집 앞에 서 있는 토템 기둥, 브리티스 컬럼비아, 벤쿠버 섬의 알러트 만

2. 내면으로의 여행

신화에는, 심연의 바닥에서 구원의 음성이 들려온다는 모티프가 있어요.
암흑의 순간이 진정한 변용의 메시지가 솟아나오는 순간이라는 거지요.
가장 칠흑 같은 암흑의 순간에 빛이 나온다는 겁니다.

모이어스 친구 중 하나가 저에게, "자네 왜 신화라는 것에 그렇게 홀딱 빠졌는가?
조셉 캠벨이 하는 말에 도대체 무엇이 있나?" 하고 묻습니다. 그래서 저는, "이 신
화라고 하는 것이 나에게 말을 건단 말이야, 신화라고 하는 게 말이지. 내가 혼자
막연하게 알고 있던 것, 그러면서도 내가 진실일 거라고 믿던 것을 그대로 그려내
고 있단 말이야" 하고 대답합니다. 신화가 왜 이렇습니까? 신화는 왜, 제가 혼자
막연하게 알고 있던 것, 그러면서도 제가 진실일 거라고 믿던 것을 그대로 그려내
고 있다는 느낌을 줍니까? 제가 혼자 막연하게 알고 있던 것이 저라는 존재의 바
탕, 제 앞을 살던 모든 존재에게서 물려받은 의식에서 솟아나는 것이어서 그렇습
니까?

캠벨 그래요. 우리는 3만 년 전에 살았던 크로마뇽인의 몸과 그 기관이 똑같고 에너
지도 똑같은 몸을 지니고 있어요. 이 뉴욕이라는 도시에서 인간의 삶을 살건, 동
굴에서 인간의 삶을 살건 우리는 똑같은 삶의 단계를 거칩니다. 즉 아기 시절을

거치고 성적으로 성숙한 청년이 되고, 어린 시절의 의존적인 시기에서 독립적인
한 남성 또는 여성으로 변모하는 시기를 거치고, 결혼하고, 그러다 몸이 기울고
점차 힘을 잃어가고, 그러고는 죽는 단계를 거친다는 겁니다.

가령 독수리와 뱀이 싸우는, 우리 주위에 아주 흔한 이미지를 하나 예로 들어봅
시다. 뱀이라고 하는 것은 땅에 붙박여 사는 동물입니다. 독수리는 영적인 비상
(飛翔)을 상징하는 동물입니다. 이 두 동물의 싸움이라고 하는 거야 우리가 늘상
체험하는 갈등과 다르지 않지 않습니까? 그런데 말이지요, 이 양자가 하나가 되
면 놀랍게도 용(龍)의 이미지가 됩니다. 용이라면 날개 달린 큰 뱀이 아니던가요?

**이집트 석주화(石柱畫),
호루스를 초혼(招魂)하는 하프 주자**
폴리네시아 신화를 읽건, 이로쿼이즈
인디언 신화를 읽건, 이집트 신화를 읽
건 그 이미지는 동일해요. 어떤 신화에
든 똑같은 문제가 등장합니다.

이 세계에 이 이미지를 모르는 사람은 없어요. 폴리네시아 신화를 읽건, 이로쿼이즈 인디언 신화를 읽건, 이집트 신화를 읽건 그 이미지는 동일해요. 어떤 신화에 든 여기에 관련된 똑같은 문제가 등장합니다.

모이어스 시대를 달리하고 나타날 적에는 옷만 바꾸어 입는다는 것인지요?

캠벨 그래요. 흡사 한 연극 대본이 각기 다른 곳에서 상연되고 있는 것과 같지요. 말하자면 지방에 따라 그 지방 연기자가 그 지방 옷을 입고 나와서 똑같은 옛날의 연극을 연기하는 것과 같다는 겁니다.

모이어스 그렇다면 신화의 이미지는 아득한 옛날부터 앞 세대에서 다음 세대로, 거의 무의식 상태에서 전수된 것이겠군요.

캠벨 참으로 놀라운 일이지요? 이게 왜 놀라운 것이냐 하면, 우리와, 우리와 관련되는 모든 사상(事象)의 심오한 신비를 드러내기 때문입니다. 이걸 이 방면의 학문에서는 '미스테리움 트레멘둠 에 파스키난스(Mysterium tremendum et fascinans)'라고 합니다. '무섭고도 놀라운 신비'라는 뜻이지요. 이것이 무서운 까닭은 사물에 대한 우리의 고정관념을 깡그리 부수기 때문이고, 이것이 놀라운 까닭은 이것 자체가 우리 자신의 본성이자 존재이기 때문입니다. 만일 어떤 사람이 내적인 신비, 내적인 삶, 영원한 삶 같은 것을 생각하기 시작할 경우, 그 생각을 확장시켜줄 이미지가 처음에는 그렇게 많아 보이지 않을 겁니다. 그러니까 다른 관념 체계에서 제시된 이미지를 가지고 시작하는 게 좋겠지요.

모이어스 세상을 보되 사람들에게 메시지를 전하는 것으로서 세상을 보는 견해가 중세에 있었지요?

캠벨 그랬지요. 신화가 바로 이 메시지를 읽을 수 있게 도와줄 겁니다. 신화는 우리 인류에게 전형적인 어떤 것을 일러주니까요.

모이어스 예를 들면요?

캠벨 신화에는, 심연의 바닥에서 구원의 음성이 들려온다는 모티프가 있어요. 암흑의 순간이 진정한 변용의 메시지가 솟아나오는 순간이라는 거지요. 가장 칠흑 같은 암흑의 순간에 빛이 나온다는 겁니다.

모이어스 "어둠의 순간에 눈이 보기 시작한다"는 레트커의 시구처럼 말씀이지요? 선생님 말씀을 듣고 있으면 신화가 바로 이 같은 의식을 선생님께 전해준 것 같은데요?

캠벨 나는 신화와 같이 삽니다. 신화는 나에게 늘 그런 소식을 전해줍니다. 이것은 우리가 자신을 자기 안에 있는 그리스도와 동일시하게 되는 것 같은 순간에 은유적으로 이해가 되는 그런 문제이기도 하지요. 우리 안에 있는 그리스도는 죽지 않아요. 우리 안에 있는 그리스도는 죽음과 재생을 통하여 계속해서 우리 안에 존재합니다. 그리스도가 아니라면 시바(Shiva) 신과 동일시해도 좋겠지요. 나는 시바 신이다……. 이것은 히말라야 요가 행자들이 수행하는 명상의 가장 중요한 화두(話頭)이기도 하답니다.

모이어스 그리스도와 시바 신만 우리 안에 있는 것이 아니라 모든 사람의 궁극적인 과녁인 천국도 우리 안에 있지요.

캠벨 천국과 지옥이 다 우리 안에 있지요. 모든 신도 우리 안에 있지요. 이것은 기원전 9세기에 성립된 인도 《우파니샤드(Upanishads, 바라문교의 철학 사상을 나타내는 성전 – 옮긴이)》의 위대한 깨달음이기도 합니다. 그래요. 모든 신들, 모든 천국, 모든 세계가 다 우리 안에 있어요. 이러한 개념이야말로 확장된 인류의 꿈이고, 꿈은 서로 갈등하는 우리 몸속의 에너지가 이미지 형태로 현현한 것이지요. 신화는 우리 몸의 서로 갈등하는 각 기관의 에너지가 상징적인 이미지, 은유적인 이미지로 현현한 것이지요. 우리 몸의 각 기관이 갈등한다고 한 까닭은, 이 기관은 이것을 원하고 저 기관은 저것을 원하는 식으로 바람이 각각 다르기 때문입니다. 우리의 두뇌도 이러한 기관의 하나입니다.

모이어스 그렇다면, 꿈을 꾼다는 것은 신화라고 하는 대양에서 낚시질을 하는 것이겠군요?

캠벨 그냥 신화라기보다는 하강하고 하강하고 또 하강하는 신화라고 하는 편이 좋겠어요. 아시다시피 신화에서 낚시질을 하다 보면 별별 잡동사니가 다 낚이는가 하면 별별 일이 다 일어납니다. 폴리네시아 속담처럼, 때로는 "고래 잔등 위에서 송사리를 낚는" 수도 있는 것이지요. 우리는 고래 등에 서 있습니다. 만물의 바탕자리는 바로 우리 존재의 바탕자리이기도 합니다. 그러다 밖으로 눈을 돌리면 세상 여기저기에 널린 온갖 잡사를 다 보고는 하지요. 하지만 내면을 들여다보면, 우리 자신이 바로 이 세상 잡사의 근원임을 알 수 있게 됩니다.

모이어스 선생님께서는 꿈꾸는 시간의 현장에서 솟아오르는 신화학을 말씀하시는 것 같은데요. 꿈꾸는 시간이라고 하는 게 도대체 무엇입니까?

캠벨 잠들어서, 우리의 정신 속에 존재하는 영원한 삶의 조건과, 그 조건과 관련된 우리 현세적 삶의 현장을 꿈꾸게 되는 시간을 말하지요.

모이어스 설명이 필요한 것 같습니다만.

캠벨 예를 들어봅시다. 어떤 사람이 시험에 붙게 될지 떨어질지를 두고 고민하고 있다고 합시다. 이 사람은 고배를 마시는 것과 관련된 꿈을 꾸게 될 겁니다. 고배를 마시는 꿈은 우리가 삶의 길을 걸으면서 맛보게 되는 실패의 좌절과 무관하지 않을 테지요. 우리의 경험은 우리의 내면에 송두리째 차곡차곡 쌓여 있어요. 프로이트는 더할 나위없이 상세한 꿈도 실제로는 가장 상세할 수는 없다는 말을 했어요. 꿈은 우리 자신에 대한 영적인 정보가 무진장하게 발현되는 현장입니다.

꿈에는 단계가 있습니다. 가령 "시험에 붙을 것이냐" 또는 "그 여자와 결혼을 할 것인가, 말 것인가" 하는 꿈이 있을 수 있는데, 이런 꿈은 순전히 개인적인 꿈입니다. 다음에는, 시험에 붙느냐 마느냐가 그저 개인적인 문제에서 그치는 것은 아니게 되는 단계가 있습니다.

사람은 다 어떤 종류의 문턱을 넘어야 달라질 수 있습니다. 그런데 꿈속에서 시험이 이러한 보편적인 것을 반영하게 될 경우에 이것은 개인적인 단계의 꿈이 아닙니다. 이런 꿈을 원형적(原型的)인 꿈이라고 합니다. 언뜻 보면 개인적인 것 같은데 사실은 신화적인 테마가 나타나는 꿈이 있습니다. 이 두 단계(개인적인 단계와, 개인적인 문제가 하나의 본보기가 되면서 일반적인 문제로 나타나는 단계)는 이 세계의 모든 문화권에서 찾아볼 수 있습니다. 가령 이 세상의 모든 사람은 다 죽음과 직면하는 문제를 안고 있지 않나요? 이와 관련된 꿈은 표준이 되는 신비라고 할 수 있어요.

모이어스 꿈에서는 무엇을 배울 수 있습니까?

캠벨 우리 자신에 관해 많은 것을 배울 수 있지요.

모이어스 어떻게 하면 우리 꿈에 좀더 관심을 가질 수 있습니까?

캠벨 잠에서 깨어나자마자 꿈의 기억을 떠올려 메모하는 겁니다. 다음에는 꿈의 작은 단편 중에서 하나, 두어 개의 이미지나 관념을 선택하고 이를 연관시켜보면서, 이때 마음에 떠오르는 것을 기록해보는 겁니다. 그러면 꿈이라는 것이 사실은 우리의 체험(우리 삶에서 의미심장한 것이기는 하지만 우리 삶에 영향을 미치리라고는 미처 생각지 못했던 것)에 바탕을 두고 있음을 알 수 있게 됩니다. 이렇게 하다가 다른 꿈을 꾸면 우리의 해석은 걸음마를 시작하게 되지요.

모이어스 어떤 분의 말을 들어보니까, 은퇴하기 전까지는 꿈을 꾼 기억이 없다는 겁니다. 그런데 갑자기 에너지를 집중시킬 곳이 없어지니까 매일 꿈을 꾸게 된다는 것이지요. 어떻습니까? 우리 현대 사회를 사는 현대인에게는 꿈의 의미를 되씹어보는 경향이 있는 것 같습니까?

캠벨 프로이트의 《꿈의 해석》이 출판된 이래로 많은 사람이 꿈의 중요성을 인식하게 되었다고 봐야겠지요. 하지만 그전에도 해몽(解夢)이라는 것은 있었습니다. 사람들은 꿈에 대해 약간 미신적인 생각을 가지고 있었지요. 가령, '내 꿈에 그런 일이 있었으니까 실제로도 그런 일이 일어날 것'이라는 식으로 말이지요.

모이어스 신화는 왜 꿈과 다릅니까?

캠벨 꿈은 우리 의식적인 삶을 지탱시키는 깊고 어두운 심층에 대한 개인적인 체험입니다. 반면 신화는 사회가 꾸는 집단적인 꿈입니다. 그러니까 신화는 공적인 꿈이요, 꿈은 사적인 신화라고 할 수 있겠지요. 어떤 개인이 꾸미는 사적인 신화인 꿈이 그 사회의 꿈인 신화와 일치한다면, 그 사람은 그 사회와 무난하게 조화를 이루고 있다고 보아야겠지요. 그렇지 않다면 앞에서 기다리는 캄캄한 숲 속에서 한바탕 모험을 해야 합니다.

모이어스 그러니까 개인의 사적인 꿈이 공적인 신화와 조화를 이루는 사람이라면 좀더 건강하게 사회에 적응할 수 있을 거라는 말씀이시군요. 그러나 만일 개인의 사적인 꿈이 공적인 꿈과 발이 맞지 않으면……

캠벨 문제가 생기는 거지요. 억지로 체제에 적응하려고 하다 보면 신경증에 걸립니다.

모이어스 몽상가, 심지어는 영적인 지도자, 영웅의 상당수도 신경증의 언저리를 맴돈다지 않습니까?

캠벨 그렇지요.

모이어스 그걸 어떻게 설명하시겠습니까?

캠벨 그들은 모두 자기네의 방패막이가 되는 사회에서 뛰쳐나와 미지의 어두운 숲으로, 불의 세계로, 원초적인 경험의 세계로 들어간 사람들이지요. 원초적인 경험이라고 하는 것은 아직은 해석되어 있지 않은 것이에요. 그래서 이것에 범접하려면 목숨을 걸어야 합니다. 이것은 받아들이든지 받아들이지 않든지, 두 가지 중 하나를 선택해야 하는 것입니다.

　범용한 사람도 자기의 길을 찾아 어려운 상황을 헤쳐나가기는 하나 기왕에 해석된 길을 반드시 벗어날 필요는 없지요. 하지만 영웅은 그렇지 않아요. 시련을 극복하고, 기왕에 해석되어 있는 경험에다 다른 사람들을 위해 새로운 가능성의

**〈나는 어떻게 불가능한 것을 꿈꿀까〉,
윌리엄 블레이크(1757~1827)**
신화는 공적인 꿈이요, 꿈은 사적인 신화라
고 할 수 있겠지요.

세계를 열어주는 용기, 이게 바로 영웅의 용기입니다.

모이어스 선생님께서는 꿈이 우리의 마음에서 솟아오르는 거라고 하시는데요?

캠벨 그러면 마음에서 솟아오르지 어디에서 솟아오르겠어요? 나는 마음말고는 꿈
의 원천이 될 만한 것을 알지 못해요. 꿈은 상상력에서 솟아오르는 것이 아니겠어
요? 상상력은 우리 육신의 각 기관 에너지에서 흘러나옵니다. 인류 공통이지요.
상상력이라고 하는 것은 생물학적 근거에서 생기는 것이기 때문에 어쩔 수 없이
특정한 주제를 지닙니다. 꿈은 어디까지나 꿈인 것이지요. 누가 꾸든, 꿈이라는
것은 일람표 같은 것으로 작성될 수 있는 어떤 특징을 지닙니다.

모이어스 저는 신화가 공적인 것이라면 꿈은 지극히 사적인 것이라고 생각하는데요?

캠벨 일정한 단계에 이르면 사적인 꿈은 신화적인 테마를 표현하게 됩니다. 이렇게 되면 꿈은 신화의 아날로지 없이는 해석이 안 됩니다. 융 박사는 꿈에는 두 종류, 즉 개인적인 꿈과 원형적인 꿈 혹은 신화 차원의 꿈이 있다고 설명했습니다. 개인적인 꿈은 그 개인의 연상을 통하여 해석될 수 있습니다. 말하자면 꿈이 그 사람 삶의 어떤 것을 표현하고 있느냐, 그 개인의 문제와 어떤 관련을 맺고 있느냐, 이런 것을 알면 해석이 가능하다는 것이지요. 그런데 때로는 꿈이 신화의 테마를 드러내면서 순수한 신화 세계의 이미지, 예를 들면 우리 내면의 그리스도 같은 이미지를 전해올 때도 있습니다.

모이어스 우리의 내면에 있는 원형적인 인격, 우리의 본질인 원형적인 '자기'를 드러낸다는 것이군요?

캠벨 그래요. 그래서 꿈꾸는 시간이 대단히 깊은 의미를 지닐 수 있는 것입니다. 이때의 시간은 사실은 시간이 아니고 존재의 상태 그 자체입니다.

인도네시아에는 신화적인 시대와 그 시대의 종말에 관한 아주 중요한 신화가 있어요. 이 신화에 따르면, 태초를 살던 조상들에게는 성(性)의 구분이 없었어요. 탄생도 없었고 죽음도 없었지요. 그러던 차에 대규모의 춤 모임이 있었는데, 이 춤 모임에서 참가자 하나가 무리의 발에 밟혀 갈가리 찢긴 채로 죽었어요. 사람들은 이 주검을 땅에 묻었지요. 그 사람이 죽은 바로 그 순간에 성이 갈렸어요.

성이 갈려 새 사람이 탄생해야 죽은 사람 몫이 찰 것 아니에요? 그 사람이 죽어서 땅에 묻힌 자리에서 나무가 한 그루 솟았는데, 여기에 먹을 것이 달렸대요. 이때부터 삶과 죽음이 갈리고, 살기 위해서 다른 생명을 먹는 일이 생깁니다. 태초의 초시간적(超時間的)인 시간은, 고의적인 살인 혹은 공희제(供犧祭)를 통한 공동의 범죄 행위로 끝나버리는 것이지요.

신화가 지니는 중요한 문제는 인간의 마음과, 다른 생명을 죽여 그것을 먹이로 삼는 잔혹한 삶의 전제 조건을 화해시키는 것이지요. 식물만 먹는다고 해서 이러한 전제 조건과 무관하다고 주장하면 안 됩니다. 식물 역시 살아 있는 것이니까요. 삶의 요체 중 하나가 바로 생명이 생명을 먹는, 다시 말해서 스스로를 먹는 행위 아닌가요? 생명은 생명을 먹습니다. 그래서 이런 것을 의식하는 인간의 마음과, 먹는다는 아주 근본적인 사실에 대한 인식을 화해시키는 것이 곧, 주로 생명을 죽이는 것으로 이루어지는 잔인한 의례의 기능인 것이지요. 말하자면 우리가 사는 이 세속적인 세상은 원초적인 범죄에서 비롯되는데, 바로 이 원초적인 범죄를 모방하고, 사회의 구성원이 모두 이 모방의 의례에 참가함으로써 위에서 말한 마음과 인식을 화해시키는 것이지요. 인간의 마음과 삶의 조건을 화해시키는 일, 이것은 창조 신화의 기본 구조를 이룹니다. 그래서 세계의 창조 신화는 서로 아주 비슷한 거지요.

모이어스 그렇다면 〈창세기〉의 창조 이야기를 예로 들어볼까요? 다른 이야기와 어떻게 비슷한지 궁금하군요.

캠벨 좋아요. 그럼 〈창세기〉를 읽어보세요. 나는 다른 문화권의 창조 신화를 읽어볼 테니까요. 견주어보면 알 겁니다.

모이어스 그럼 〈창세기〉 1장을 읽겠습니다. "태초에 하느님이 천지를 창조하시니라. 땅이 혼돈하고 공허하며 흑암(黑暗)이 깊음 위에 있고……."

캠벨 나는 애리조나 지역 피마 인디언의 전설인 〈세상의 노래〉의 한 구절을 읽지요. "태초에는 도처에 흑암, 그러니까 흑암과 물뿐이었더라. 그러다 한 곳에서 흑암이 덩어리지니, 덩어리졌다가는 갈라지고, 덩어리졌다가는 갈라지고 하니……."

모이어스 역시 〈창세기〉 1장입니다. "하느님의 신은 수면에 운행하시니라. 하느님이 가라사대, '빛이 있으라' 하시매 빛이 있었고……."

캠벨 나는 기원전 8세기경에 씌어진 힌두 《우파니샤드》의 한 구절을 읽지요. "태초에는 사람의 형상으로 비치는 한 위대한 존재뿐이었더라. 사람의 형상으로 비치는 존재는 세상에 자기밖에 없다는 것을 알았더라. 그의 첫 말은 이것이었으니,

<세속의 환희가 있는 낙원>,
히에로니무스 보쉬(1450~1516)
하느님이 자기 형상, 곧 하느님의
형상대로 사람을 창조하시되 남자와
여자를 창조하시고, 그들에게 복을
주시며 이르시되, '생육하고 번성하
여 땅에 충만하라'……."

'이것이 나로다'……."

모이어스 역시 〈창세기〉 1장입니다. "하느님이 자기 형상, 곧 하느님의 형상대로 사람을 창조하시되 남자와 여자를 창조하시고 …(중략)… 그들에게 복을 주시며 이르시되, '생육하고 번성하여 땅에 충만하라'……."

캠벨 서아프리카 바사리족의 전설을 읽어보지요. "우눔보테가 인류를 창조하였다. 인류의 이름은 사람이다. 우눔보테는 그 다음으로 영양을 만들고는 영양이라고 이름하였다. 우눔보테는 뱀을 만들고는 뱀이라고 이름하였다 …(중략)… 우눔보테는 그들에게 이르되, '이 땅은 아직 다져지지 못했구나. 그러니 가서 앉아 땅을 부드럽게 다지거라.' 우눔보테는 그들에게 온갖 종자를 주면서 이르되, '가서 이것을 심어라'……."

모이어스 〈창세기〉 2장입니다. "천지와 만물이 다 이루어지니라. 하느님 지으시던 일이 일곱째 날이 이를 때 끝나니 그 지으시던 일이 다하므로……."

캠벨 다시 피마 인디언 이야기를 읽지요. "내가 세상을 만들었으니 보라, 세상 짓기가 끝났구나. 이렇게 내가 세상을 지었으니 보라! 세상 짓기가 끝났구나!"

모이어스 이번에는 〈창세기〉 1장입니다. "하느님이 그 지으신 모든 것을 보시니 보시기에 심히 좋았더라."

캠벨 《우파니샤드》에서 읽지요. "그제야 그는 깨달았다. '내가 지었구나, 무슨 까닭이냐 내가 낳았음이라.' 이로써 그는 그 지으신 이가 되었더라. 진실로 이 짓는 일에서 이것을 아는 자가 바로 창조주이니라."

　이 책에서 이 표현은 상투어구가 되어 있어요. 무슨 말이냐 하면, 이것을 알면 이 세상에 와 있는 하느님의 힘인 창조의 원리를 아는 것인데, 이 모든 것은 우리 안에 있다……. 이런 뜻입니다. 아름답지 않습니까?

모이어스 하지만 〈창세기〉는 이렇게 계속됩니다. "'내가 너더러 먹지 말라 명한 그 나무 실과를 네가 먹었느냐?' 아담이 가로되, '하느님이 주셔서 나와 함께 하게 된 여자가 그 나무 실과를 내게 주었으므로 내가 먹었나이다.' 하느님께서 여자에게 이르시되 '네가 어찌하여 이렇게 이렇게 하였느냐?' 여자가 가로되, '뱀이 나를 꾀므로 내가 먹었나이다.'" 이렇게 책임을 전가하는 이야기가 나옵니다. 책임 전가는 아득한 옛날부터 있었던 모양이지요?

캠벨 뱀이 아주 억울하게 되지요. 바사리 전설도 같은 식으로 진행됩니다. "어느 날 뱀이 말했더라. '우리도 이 실과를 먹어야 한다. 왜 우리만 주려야 하느냐?' 영양이 말했더라. '우리는 이 실과에 대해 아무것도 모르고 있다.' 이렇게 되자 남자와 그 아내는 실과를 집어먹었더라. 우눔보테가 하늘에서 내려와 물었더라. '누가 이 실과를 먹었느냐?' 그들이 일제히 대답했더라. '저희가 먹었나이다.' 우눔보테가 물었더라. '누가, 그 실과가 먹어도 좋은 실과라고 하더냐?' 모두 일제히 대답하더라. '뱀이 그랬나이다.'" 자, 어떻습니까? 같은 이야기이지요?

황금과 상아로 만들어진 장식용 상자, 기원전 720년경
삶은 죽여서 먹음으로써, 남을 죽이고 자신을 달처럼 거듭나게 함으로써 살아지는 것입니다.

모이어스 이 두 이야기에서 모두 주인공은 '인류 타락'의 책임을 한 곳에 전가하는 데, 어떻게 생각하십니까?

캠벨 그런데 그게 뱀이란 말입니다. 이 두 이야기에서 뱀은, 과거를 벗어던지고 계속해서 새 삶을 사는 생명의 상징으로 등장합니다.

모이어스 왜 그렇지요?

캠벨 생명력은 뱀으로 하여금 허물을 벗게 합니다. 흡사 달이 그 그늘을 벗듯이 말이지요. 달이 다시 차기 위해서 그 그늘을 벗듯, 뱀은 거듭나기 위해서 그 허물을 벗지요. 이 양자는 대응하는 상징입니다. 때로 뱀은 제 꼬리를 물고 있는 동그라미 꼴로 그려지기도 합니다. 이게 바로 삶의 이미지이지요. 삶 역시 한 세대에서 이울면서 다음 세대로 넘겨져 거듭납니다. 뱀은 끊임없이 죽고 죽어서 다시 태어나는 영원한 에너지와 의식을 상징합니다. 끊임없이 죽어서 다시 태어나는 삶을 가만히 보고 있노라면 문득 섬뜩하다는 생각이 들고는 합니다. 뱀 역시 삶에 대한 놀라움과 섬뜩함 같은 이미지를 지닙니다.

더구나 뱀은 주로 먹는 것과 관계되는 삶의 아주 원초적인 기능을 상징하기도 합니다. 삶이라고 하는 것은 다른 피조물을 먹는 행위로 이루어져 있어요. 훌륭한 음식을 차려놓고 그 앞에 앉아 있으면 그런 생각이 별로 안 들기는 하지요. 그러나 아무리 훌륭한 음식이라도 그 재료는 조금 전까지도 살아 있던 것들입니다. 자연의 아름다움을 감상하노라면 새가 끊임없이 무엇인가를 쪼는 것을 보게 되지요? 새는 무엇인가를 그렇게 끊임없이 잡아먹고 있어요. 풀을 뜯고 있는 소를 보세요. 소 역시 무엇을 먹고 있습니다. 뱀은 자양이 될 만한 육식을 하기 위해 늘 분주합니다. 뱀이 무엇을 잡아먹는 것을 가만히 보고 있으면, 그 원형질적인 삶의 모습에 원초적인 의미의 충격을 받게 됩니다. 하지만 이런 동물을 놓고 시비할 것은 없지요. 삶은 죽어서 먹음으로써, 남을 죽이고 자신을 달처럼 거듭나게 함으로써 살아지는 것입니다. 이 상징적이고 역설적인 이미지들이 나타내려고 하는 것은 바로 이 신비입니다.

　대부분의 문화에서 뱀은 긍정적인 의미로 해석됩니다. 인도에서는 가장 강한 독을 지닌 코브라조차 신성한 동물로 여겨지지요. 신화에 나오는 '사왕(蛇王)'은 부처님 다음 자리를 차지해요. 뱀은 시간의 장(場), 죽음의 장이면서도 영원한 생명의 장에서 기능하는 생명력을 상징합니다.

　뱀은 아메리카 인디언의 전승에도 등장하지요. 뱀은 친화력이라고 하는 대단히 중요한 힘을 지닌 것으로 믿어집니다. 가령 남서부 푸에블로 지역에 사는 호피족의 뱀춤에서 춤추는 인디언은 뱀을 입에 댐으로써 친구로 삼고는 산에다 놓아줍니다. 그러니까 뱀은, 산의 메시지를 가지고 인간에게 왔듯이 이번에는 인간의 메시지를 가지고 산으로 갑니다. 결국 인간과 자연의 상호 작용이 인간과 뱀의 관계로 상징되고 있는 것이지요. 뱀이 기어가는 것을 보고 있으면 물처럼 흐르는 것 같지요. 혀를 보세요. 불꽃 같지 않아요? 결국 우리는 물과 불이라고 하는 한 짝의 대극(對極)을 뱀에게서 발견합니다.

모이어스　기독교 이야기에서는 뱀이 유혹자로 등장하지요.

캠벨　기독교는 삶을 인정하기를 거부하지요. 우리가 이어받은 성서 문화를 보면, 할례나 세례를 받지 않은 한 삶이라고 하는 것은 썩은 것, 아주 자연스러운 충동은 죄악입니다. 뱀은 이 세상에 죄악을 비롯되게 한 아주 못된 것, 여자는 사과를 남자에게 건네준 장본인이지요. 이런 식으로 여성과 죄악, 뱀과 죄악, 결국은 삶과 죄악을 동일시하는 것은 대단한 왜곡입니다. 그런데 성서적인 신화와 타락의 교리 전반에 걸쳐 이런 왜곡이 생기고 있어요.

모이어스　여자를 죄인이라고 보는 관점은 다른 신화 체계에도 있습니까?

캠벨　내가 아는 한은 없어요. 가장 가까운 것이 아마 판도라의 상자와 관련된 판도라쯤 되겠습니다만, 이로써 생긴 것은 죄악이 아니라 말썽일 뿐이지요. 성서적 전승에 나오는 인류의 타락이라고 하는 관점에서 보면, 우리가 아는 자연은 썩은 것, 섹스도 썩은 것, 섹스의 덩어리라고 할 수 있는 여자는 더욱 썩은 것입니다. 선악을 아는 것이 아담과 이브에게 왜 금지되어야 했던가요? 그것을 모르고 있었더라면 인류는 삶의 조건에 동참하지 못한 채 아직도 에덴 동산에서 멍청한 아이처럼 살고 있을 테지요.

결국 여자가 이 세상에다 삶을 일군 겁니다. 이브는 이 속세의 어머니입니다. 인류가 에덴 동산에서 살던 꿈 같은 낙원은 시간도 없고 탄생도 없고 죽음도 없는 곳입니다. 그것만 없습니까? 삶도 없어요. 죽어서 부활하고 허물을 벗음으로써 그 삶을 새롭게 하는 뱀은 시간과 영원히 만나는, 이 세계의 중심에 서 있는 세계수(世界樹)입니다. 결국 뱀은 에덴 동산의 실질적인 신이었던 겁니다. 시원한 석양의 바람을 쏘이다가 그곳에 들른 야훼는 나그네에 지나지 않아요. 동산은 뱀의 본거지였으니까요. 물론 옛날 옛날 한 옛날의 이야깁니다. 하지만 우리에게는 기원전 3천 5백 년경에 만들어진 수메르의 봉인이 있어요. 이 봉인에는 뱀과 나무와 여신과 남자가 새겨져 있습니다. 여신은 외부에서 들어온 나그네인 남자에게 생명의 과실을 주고 있지요. 태곳적의 여신 신화가 여기 고스란히 새겨져 있는 것입니다.

나는 오래전에 한 영화에서 아주 굉장한 장면을 보았어요. 산길을 오르면서 비 내리기를 빌던 미얀마 뱀 사당(祠堂)의 여사제(女司祭)가 동굴에 있던 킹코브라를 불러내어 코에다 진짜로 세 번이나 입을 맞추는 겁니다. 이때의 코브라는 생명을 베푸는 존재, 비를 내리는 존재입니다. 그것은 긍정적인 신성(神性)을 상징하지 결코 부정적인 이미지는 아닙니다.

모이어스 그 뱀의 이미지와 〈창세기〉에 나오는 뱀의 이미지가 다른 것은 어떻게 설명하시겠습니까?

캠벨 히브리인들이 가나안 땅으로 이주하면서 가나안 백성을 정복한 것과 관련된 역사적인 설명이 있어요. 가나안 백성에게 가장 중요한 신은 여신이었어요. 그런

◀〈뱀의 유혹을 받는 이
브〉, 루카스 크라나하,
약 1530년
〈살로메〉, 구스타프 클림
트(1862~1918) ▶
이런 식으로 여성과 죄악,
뱀과 죄악, 결국은 삶과 죄
악을 동일시하는 것은 대단
한 왜곡입니다. 그런데 성
서적인 신화와 타락의 교리
전반에 걸쳐 이런 왜곡이
생기고 있어요.

데 이 여신은 뱀과 밀접한 관계를 맺고 있지요. 바로 삶의 신비를 상징하는 존재인 것이지요. 남성신(男性神) 지향적인 민족이 이런 신관(神觀)을 거부하지 않을 리 없어요. 달리 말하면 에덴 동산 이야기에는 역사적으로 모신(母神)을 거부하는 태도가 반영되어 있는 것이지요.

모이어스 타락의 책임을 물어 이브를 쫓아냄으로써 여성을 몹쓸 것으로 치부하는 것 같은 것이요? 타락의 책임을 왜 여자가 지게 된 것입니까?

캠벨 여성은 삶을 상징하거든요. 남성은 여성을 통해야만 삶의 장으로 나올 수 있어요. 따라서 대극(對極)하는 것과 고통이 있는 이 세상으로 우리를 나오게 한 것은 여성인 셈이지요.

모이어스 아담과 이브의 신화가 우리에게 전하려고 하는 대극의 이미지는 어떤 것입니까? 대체 대극이라고 하는 것이 무엇입니까?

캠벨 대극이라는 것은 죄악에서 비롯되지요. 다른 말로 하면, 죄악으로 인하여 인류는 낙원의 동산이라는 신화적인 꿈의 시간대에서 쫓겨납니다. 초시간대(超時間帶)인 이 시간대는 시간이 없는 곳, 남성과 여성이 저희가 서로 다르다는 것을 모르는 곳입니다. 이 낙원에서 남성과 여성은 그저 피조물에 지나지 않습니다. 뿐만 아니라 하느님과 인간도 실제로는 같습니다. 하느님은 석양의 서늘한 바람을 쏘이려고 이 남성과 여성이 있는 곳으로 터벅터벅 걸어 들어옵니다. 그런데 이 남성과 여성이 사과를 먹습니다. 이 사과가 바로 대극에 관한 인식입니다. 이 사과를 먹음으로써 둘은 대극을 인식하게 되는 것이지요.

대극을 인식할 수 있게 되고 보니, 저희가 서로 다르다는 것도 인식하게 되었지요. 그래서 황급히 부끄러운 곳을 가립니다. 보세요, 그전에는 서로가 대극이라는 것을 모르지 않았어요? 여기에서 대극은 남녀뿐이 아닙니다. 남성과 여성은 대극의 하나에 지나지 않아요. 또 하나의 대극은 인간과 하느님입니다. 하느님과 악마는 제3의 대극입니다. 그러나 역시 가장 중요한 대극은 남성·여성의 대극, 신인

(神人)이라는 대극입니다. 이 대극을 인식하게 되자 선악의 분별이 생깁니다. 그러니까 아담과 이브는 단지 이원성(二元性)을 인식했다는 죄로, 초시간적인 융합의 낙원에서 쫓겨나는 겁니다. 그런데 이 세상에 나와 살자면 대극이라는 문맥에 따라 살지 않으면 안 됩니다.

힌두 이미지에, 겉에는 모신(母神)을 상징하는 삼각형이 있고 안에는 점이 하나 들어 있는 것이 있습니다. 이 점은 시간의 장으로 들어가는 초월적인 것의 에너지를 나타냅니다. 그리고 이 삼각형에서 사방으로 쌍쌍의 삼각형들이 뻗어나갑니다. 즉 하나에서 둘이 생겨나는 겁니다. 이것은 의식이, 동일성만 인식하는 의식에서 이원성에 참여하는 의식으로 옮겨가는 것을 말합니다. 의식이 이렇게 옮겨가야 시간의 장으로 나올 수 있는 것이지요.

모이어스 낙원에서 있었던 사건이 인류를 이렇게 만들어놓기 전까지는 삶이 하나로 융합되어 있었다, 이런 메시지를 우리에게 전하고 있는 것입니까?

캠벨 그것은 의식의 수준에 따라 달라지는 문제이지, 거기에서 있었던 사건과는 관계없어요. 의식의 수준에는 자신을, 대극을 초월하는 것과 동일시하는 것도 있으니까요.

모이어스 그게 무엇입니까?

캠벨 이름할 수 없는 것. 그것은 이름을 붙일 수 없어요. 그것은 모든 이름을 초월해서 존재합니다.

모이어스 하느님인가요?

캠벨 '하느님'이라는 말은 우리 언어에서 상당히 모호한 말입니다. 왜냐하면, 이 말은 기왕에 알려진 개념을 나타내기 때문입니다. 그러나 초월한 존재는 기왕에 알려진 바도 없고 알 수도 없습니다. 하느님은 결국 '하느님'이라는 이름을 초월해서 존재합니다. 하느님은 이름과 형상 너머에 있는 존재인 것이지요. 마이스터 에크하르트는 궁극적인 떠남, 최고의 떠남은, 하느님을 위한 하느님으로부터의 떠남, 모든 관념을 초월하는 경험을 위해 하느님이라는 관념으로부터 떠나는 것이라고 말했어요.

삶의 신비는 인간이 만든 모든 개념 너머에 있어요. 우리가 아는 것은 모두, 존재하느냐 존재하지 않느냐, 많은가, 적은가, 진실한가 진실하지 못한가 하는 개념의 용어에 갇혀 있어요. 우리는 항상 대극이라는 용어 안에서 생각해요. 그러나 궁극적 실재인 하느님은 대극 너머에 존재하지요.

모이어스 왜 우리가 대극이라는 용어 안에서 생각합니까?

캠벨 달리는 생각할 수 없으니까요.

모이어스 우리 시대 현실의 본질이 그렇습니까?

캠벨 현실 '체험'의 본질이지요.

모이어스 남성 대 여성, 삶 대 죽음, 선 대 악······.

캠벨 ······ '너'와 '나', 이것과 저것, 진실과 허위······. 이 세상 만물은 대극으로 이루어져 있지요. 하지만 신화는 우리에게 이 이원성의 이면에는 일원성의 세계가 있어서, 대극이 서로 꼬리를 물고 있음을 암시하지요. 시인 블레이크는 "영원이란, 시간의 산물에 대한 애정 속에 존재한다"고 했지요.

모이어스 무슨 뜻이지요? "영원이란, 시간의 산물에 대한 애정 속에 존재한다"는 말이?

캠벨 속세의 근원은 영원입니다. 영원은 스스로 이 세상으로 흘러나오는 것입니다. 신에 관한 기본적인 신화적 관념이 바로 영원입니다. 신은 하나여도 속세에 내려와서는 여럿으로 나뉘어 우리 안에 거하게 되지요. 인도에서는 내 안에 있는 신을 육체에 '사는 자'라고 한답니다. 이 신을 우리의 영원불멸하는 측면과 동일시하는 것은 곧, 우리 자신을 그 신과 동일시하는 것과 같습니다.

그런데 영원이라는 것은 모든 생각의 범주 너머에 있습니다. 동양의 대종교(大宗教)에서 이러한 관점은 굉장히 중요합니다. 우리는 하느님을 생각하고 싶어하지요. 하느님은 생각입니다. 하느님은 이름입니다. 하느님은 관념입니다. 그러나 이것은 하느님이라는 존재가 모든 생각을 초월하는 존재라는 뜻입니다. 존재의 궁극적인 신비는 모든 생각의 범주 너머에 있습니다.

칸트의 말마따나, 그 자체로써만 존재하는 사상(事象)은 사상이 아니지요. 그 자체로써만 존재하는 사상은 사상성(事象性)을 초월합니다. 생각될 수 있는 것을 초월합니다. 최상의 것은 생각을 초월해서 존재하는 것이기 때문에 언표(言表)될 수 없습니다. 차상(次上)은 오해됩니다. 왜냐, 생각될 수 없는 것을 생각이 가리키기 때문입니다. 세 번째로 좋은 것이 바로 우리가 언표하고 있는 것들입니다. 그런데 신화는 절대적으로 초월적인 존재가 언표되는 장(場)이랍니다.

모이어스 언어로 옷을 입히려는 우리의 초라한 노력이 있었기 때문에 우리에게 알려진 것, 이름이 생겼다는 뜻입니까?

캠벨 초월적이라는 의미에서, 우리 영어(英語) 중 가장 본원적인 단어가 '하느님'(God)입니다. 초월적인 것임은 분명한데, 이 말을 들으면 하나의 개념이 잡히지요? 그래요, 모이어스 씨는 하느님을 아버지라고 생각할지도 모릅니다. 하지만 신 혹은 창조자가 모신(母神)인 종교에서는 이 세상이 모두 이 모신의 몸입니다. 몸 아닌 곳은 없습니다. 이 세상이 모신의 몸이라고 해서 남성신(男性神)이 없다는 것은 아니고 어딘가에 있기는 있습니다. 그러나 남성과 여성이라는 것은 한 원리의 두 측면에 불과합니다. 생명에 성별을 두는 것은 훨씬 뒤의 단계에서 일어나는 일입니다.

생물학적으로 아메바는 남성도 아니고 여성도 아닙니다. 초기의 세포는 그냥 세포이지요. 이들은 무성생식(無性生殖)을 통하여 분열하고, 둘이 됩니다. 어느 단계에서 성별이 생기는지는 모르겠지만 하여튼 그것은 훨씬 뒤의 단계에서 일어나는 일인 것만은 분명합니다. 하느님을 남성이다, 여성이다 하는 게 참 우스꽝스러운 까닭이 여기에 있어요. 신의 권능은 성별에 우선해서 존재하는 것이니까요.

**〈낙원〉,
페테르 루벤스(1577~1640)와
얀 브뤼겔(1568~1625)**
에덴 동산은 시간에 무지하고 대극에 무지한, 말하자면 더할 나위없이 순진무구한 상태의 메타포랍니다. 바로 이 원초적인 중심에서 인간의 의식은 서로 다름을 깨닫게 되는 것이지요.

모이어스　하지만 인간으로서 이 어마어마한 존재를 더듬기 위해서는, 초라하지만 언어의 도움을 빌려 남성신이다, 여성신이다 할 수밖에는 없지 않겠습니까?

캠벨　그렇기는 합니다만, 문제는 남성이니, 여성이니 해서는 그 존재를 전혀 이해할 수 없다는 겁니다. 남성이니, 여성이니 하는 것이 초월성의 의미를 이해하기 위한 도약대라고는 할 수 있겠지요. 초월성이라는 것은 초월하는 것, 이원성을 넘어서는 것을 뜻합니다.

우리 시공(時空)의 장(場)에 있는 만물은 '이원적'입니다. 신의 화신(化身)은 남성으로 나타나기도 하고 여성으로 나타나기도 하는데, 우리 자신이 바로 신의 화신입니다. 이렇게 말하면, 우리는 실제적으로 형이상학적 이원성의 두 측면 중 한 측면으로만 태어난 것이라고 하겠지요. 그런데 이것이 밀교(密敎)에 그대로 나타납니다. 즉 밀교에 따르면, 한 개인이 일련의 입문 의례를 통하여 자기의 깊은 곳을 하나 하나씩 드러내다 보면, 이윽고 자기는 영생불사하는 존재인 동시에 필멸의 팔자를 타고난 인간이며, 남성인 동시에 여성이라는 것을 깨닫는 순간이 온다고 되어 있습니다.

모이어스 에덴 동산 같은 데가 실제로 있었다고 생각하시는지요?

캠벨 물론 없었지요. 에덴 동산은 시간에 무지하고 대극에 무지한, 말하자면 더할 나위없이 순진무구한 상태의 메타포랍니다. 바로 이 원초적인 중심에서 인간의 의식은 서로 다름을 깨닫게 되는 것이지요.

모이어스 하지만 만일 에덴 동산이라는 관념 속에 순진무구라는 관념이 있었다면 어떻게 되었겠습니까? 공포 때문에 동산이 뒤흔들리고 나뉘고 부패하는 일이 일어나지 않았겠습니까?

캠벨 바로 그겁니다. 신에 관한 참 놀라운 이야기가 있어요. 어느 날 '자기'라고 하는 신이 "내가 있다"고 했더랍니다. 그런데 이 '자기'는, "내가 있다"고 생각하는 순간에 두려움을 느꼈더랍니다.

모이어스 왜요?

캠벨 영원이라는 것을 인식했으니까요. 그래서 이 '자기'는 "왜 내가 두려워하느냐? 존재하는 것은 나뿐인데?" 하고 생각했더랍니다. 이렇게 생각하고 나니, 이번에는 외로워지면서, 다른 하나가 더 있었으면 하는 생각이 일더라지요. 욕망을 느낀 것이지요. 그래서 이 '자기'가 부풀어, 둘로 나뉘어 각각 남성과 여성이 되어서는 이 세상을 낳았더랍니다.

　'두려움'이라고 하는 것은 어머니의 자궁 안에서 태아가 최초로 체험하는 것이 랍니다. 지금은 캘리포니아에서 살고 있는 체코슬로바키아의 분석심리학자 스타니슬라프 그로프는 수년 동안 LSD를 가지고 환자를 치료해온 사람입니다. 그는 이 치료 과정에서 환자 중 일부가 환각 상태에서 탄생의 과정을 경험한다는 것을 알아냈어요. 그런데 이 재경험(再經驗)의 첫 단계는 자궁 안에 태아 상태로 있을 때의 경험이래요. '나'라든지, 존재라든지 하는 인식이 전혀 없는 상태를 경험하는 것이지요.

　경험한 사람들의 말에 따르면, 이 세상으로 태어나기 직전에 자궁의 율동이 시작되는데 이때 어마어마한 공포를 느낀답니다. 그러니까 '나'라는 것이 생기기 전에 경험하게 되는 것이 공포인 셈입니다. 이어서 태어나기 위한 무시무시한 단계, 산도(産道)라는 아주 험한 길을 지나면, 드디어 이 세상의 빛을 보는 것이지요. 상상할 수 있겠어요?

'자기'가, "내가 있다"고 진술한 직후에 공포를 느낀다는 신화가 그대로 되풀이되고 있으니 놀라운 일 아닙니까? 일단 '나'만으로 외로움을 느끼면 '자기'는 다른 것과 함께 있고 싶다는 욕망을 느끼게 되고, 그런 욕망을 느끼게 되면 이 '자기'는 둘로 나뉩니다. 이것이 바로 빛의 세상이 비롯됨이요, 한 쌍의 대극이 비롯됨입니다.

모이어스 인류가 놀랍게도 공통의 신화를 유산으로 물려받고 있다는 점, 다시 말해서 모든 이야기에 여자라는 이름의 금단의 과실 모티프가 등장한다는 점을 신화는 어떻게 설명하고 있습니까? 가령 어떤 신화, 어떤 창세 신화에도 "이것은 해서는 안 된다"고 하는 금제가 등장합니다. 이러한 금제가 있기는 하지만, 남성과 여성은 필경 금제를 어기고, 그러고는 쫓겨나옵니다. 몇 년 동안 이런 이야기를 읽으면서, 저는 너무나 멀리 떨어져 있는 문화권의 이야기에도 이러한 공통점이 있다는 사실을 알고는 충격을 받고 말았습니다.

캠벨 그게 바로 '하나의 금제'라고 하는 민담의 표준 모티프랍니다. 《푸른 수염》이야기를 생각해보세요. 푸른 수염은 아내에게 "저 벽장문은 절대로 열서는 안 된다"고 말합니다. 하지만 어디 이게 지켜집니까? 아내는 그 금제에 복종하지 않습니다. 《구약성서》를 보아도 하느님은 하나의 금제를 세웁니다. 그런데 이상하지요? 하느님은, 아담이라는 친구가 필경은 그 금단의 과실을 먹으리라는 것을 분명히 알고 있었을 겁니다. 하지만 이 금제를 깨뜨림으로써 아담은 자기 삶에 입문하게 됩니다. 삶이라고 하는 것은 금제에 불복하는 순간에 시작되는 것이지요.

모이어스 조금 전에 제가 말씀드린 유사성의 문제는 어떻게 설명하시겠습니까?

캠벨 두 가지 설명이 가능합니다. 한 가지 설명은 인간의 마음이라는 것은 그 인간이 세계 어디에 살든 기본적으로는 같다는 설명입니다. 마음은 인간의 육체가 하는 내적인 경험입니다. 같은 기관, 같은 본능, 같은 충동, 같은 갈등, 같은 공포를 가졌으니 인간은 같을 수밖에 없다는 것이지요. 바로 이 공통되는 바탕에서, 융 박사의 이른바 원형(原型)이 산출된다는 것입니다. 원형은 인간이 공유하는 신화의 관념이라는 것이지요.

모이어스 원형이라는 게 무엇입니까?

캠벨 '바탕되는 관념'이라고 불러도 좋은, 근본적인 관념입니다. 융 박사는 이런 관념을 무의식의 원형이라고 했지요. '원형'이라는 술어가 '근본적인 관념'이라는 술어보다 나은 것 같군요. 후자는 어쩐지 머리를 굴려서 만들어낸 관념 같아서 말이지요. 무의식의 원형이라고 한 까닭은 이 원형이라는 것이 하의식(下意識)에서 위로 솟아오르기 때문일 겁니다. 융이 말하는 무의식의 원형과 프로이트의 콤플렉스에는 다른 점이 있습니다. 무의식의 원형은 우리 몸의 각 기관과 그 기관이 지닌 힘의 드러남입니다. 원형은 생물학적인 바탕에 섭니다만, 프로이트의 무의식은 개인의 삶의 과정에서 억압된 트라우마(정신적 상흔傷痕) 경험의 덩어리입니다. 다시 말해서 프로이트의 무의식은 개인적인 무의식으로서 생리적인 것입니다만, 융이 말하는 무의식의 원형은 생물학적입니다. 생리적 원리는 생물학적 원리에 견주면 2차적인 것입니다.

세계 전역에서 그리고 인류 역사를 통하여 이 원형 혹은 근본적인 관념은 각기 서로 다른 옷을 입고 나타났습니다. 옷이 이렇게 다른 것은 환경적, 역사적 조건이 다르기 때문입니다. 문화인류학자들이 관심을 가지고 동일시하거나 비교하는 것이 바로 이러한 차이점이지요.

그러나 유사성에 관해서는, 이 신화가 사실은 확산된 것이라고 하는 반론도 있어요. 가령 경작법은 최초로 개발된 지역에서 풍요의 신화(땅을 기름지게 하고 나무를

**〈천지창조〉, 미켈란젤로,
로마 시스틴 성당, 1508~1518년**
내 생각으로 우리가 신화를 다루
면서 노리는 것은 세계 체험의
한 방법이 아닐까 싶군요. 초월의
이미지를 열어줄 세계인 동시에
그 안에 살 우리의 모습을 빚는
세계에 대한 체험이라면 어떨까
요? 시인이 원하는 것이 바로 이
것이지요. 우리의 영혼이 요구하
는 것도 바로 이것이고요.

심고 곡물을 짓는 것과 밀접한 관계가 있는)와 함께 인근 지역으로 확산되었다는 겁니
다. 이런 종류의 신화가 바로 신을 죽이고, 그 몸을 토막내어 땅에다 묻었더니 거
기에서 나무가 한 그루 자라나 먹을 것이 열리더라는 유의 신화입니다. 하지만 수
렵 문화에서는 이런 일이 일어날 수 없어요.

따라서 신화의 유사성 문제에는 역사적인 측면도 있고 심리적인 측면도 있다고
봐야지요.

모이어스 인류는 창조 신화를 서로 각기 다른 이야기로 다루기도 하는데요. 인류는
어떤 것을 노리고 이런 식으로 이 같은 신화를 다룬다고 생각하십니까?

캠벨 내 생각으로 우리가 신화를 다루면서 노리는 것은 세계 체험의 한 방법이 아닐까 싶군요. 초월의 이미지를 열어줄 세계인 동시에 그 안에 살 우리의 모습을 빚는 세계에 대한 체험이라면 어떨까요? 시인이 원하는 것이 바로 이것이지요. 우리의 영혼이 요구하는 것도 바로 이것이고요.

모이어스 그렇다면 우리는 만물의 존재를 밝히는 어떤 신비와의 조화, 선생님께서 말씀하시는, 우리가 공유하는 학문의 넓은 바탕자리와의 조화를 구한다는 뜻입니까?

캠벨 그래요. 하지만 구할 뿐만 아니라 우리의 환경, 우리의 세계에서 실제로 그걸 찾기도 하고 인식하기도 하지요. 그러니까 우리가 신화를 다루는 것은 신의 실재를 경험할 수 있게 하는 일종의 지침을 얻기 위한 것이라고 할 수 있겠지요.

모이어스 세계 속에 있기도 하고, 우리 속에 있기도 한 신의 실재 말씀이시겠군요?

캠벨 인도에는 참 아름다운 인사법이 있어요. 두 손을 모으고 상대에게 고개를 숙이는 겁니다. 그 의미를 알고 있나요?

모이어스 아닙니다. 모릅니다.

캠벨 왜 우리도 기도할 때 두 손바닥을 붙이잖아요? 손바닥을 서로 붙이는 것은, 내 안에 있는 신이 상대방 안에 있는 신을 알아본다는 뜻입니다. 이들은 만물에 신이 깃들여 있다고 믿으니까요. 인도 사람의 집에 손님으로 들어가는 사람은 손님 신으로 대접받는답니다.

모이어스 하지만 신화를 만드는 사람들, 믿는 사람들, 삶 속에 녹여버려 사는 사람들은 이보다 더 소박한 질문을 하는 게 아닐까요? 혹시, 이 세상은 누가 만들었을까, 이 세상은 어떻게 만들어졌을까, 왜 세상이 만들어졌을까, 이런 질문을 하는 건 아닐는지요? 창조 신화가 전하고자 하는 것이 바로 이런 질문에 대한 해답은 아닐는지요?

캠벨 아니지요. 사람들이, 창조신이 온 세상에 실재하고 있음을 아는 것은 그 해답을 통해서랍니다. 무슨 뜻인지 아시겠지요? 우리가 앞에서 읽은 《우파니샤드》에 나오는 이야기에서 신은, 자기가 바로 창조 그 자체임을 알겠다고 합니다. 하느님이 곧 창조 그 자체이고, 개인이 그 피조물이라는 것을 안다면, 하느님이 남자든 여자든 바로 그 개인 안에 거한다는 것을 깨닫게 됩니다. 이렇게 되면 한 신에게는 두 측면이 있다는 것도 깨달을 수 있게 됩니다.

　태초에는 하나였는데, 이 하나가 분리되었다, 그래서 하늘과 땅이 생기고, 여자와 남자가 생겼다는 아주 기본적인 신화 모티프는 도처에 있습니다. 우리가 어떻게 그 하나였던 시대로부터 이렇게 쫓겨나오게 되었던가요? 우리가 할 수 있는 대답은, 이렇게 쫓겨나온 것은 누군가의 잘못 때문이다, 먹지 말라고 하는 실과를 먹었거나 하느님에게 망령된 말을 했거나 해서 하느님이 노하시는 바람에 그렇게 되었다, 이런 것이겠지요. 어쨌든 영원이라고 하는 것은 우리에게서 너무나 멀리 떨어져 있고, 우리는 어떻게든 그 영원과의 관계를 회복해야 할 처지에 놓여 있습니다.

　그런데 이와는 다른 테마도 있어요. 즉 인간은 천신(天神)으로부터 비롯된 것이 아니고 '어머니 대지'의 자궁에서 나왔다는 주제이지요. 이런 이야기에는 종종, 사람들이 기어오르는 거대한 사다리 혹은 밧줄 같은 것이 등장합니다. 그런데 어머니 대지의 자궁에서 마지막으로 기어오르려는 사람들은 몸집이 대단히 크고 무거운 사람들입니다. 이들이 밧줄을 당기면, 투욱, 밧줄이 끊어지고 맙니다. 그래서 우리는 우리의 근원에서 멀어졌다는 겁니다. 어떤 의미에서 우리가 이렇게 근원에서 멀어진 것은 우리 마음 때문입니다. 결국 문제는 그 끊어진 밧줄을 다시 잇는 것이 되지요.

모이어스 저는 이따금씩, 원시인 여자들과 남자들이 재미 삼아서 이런 이야기를 지어서 했다는 생각을 합니다만……

캠벨 아니지요. 재미 삼아서 하는 이야기가 아닙니다. 일년 중의 어떤 특별한 날, 어떤 특정한 조건 아래서만 이들이 이런 이야기를 했다는 것만 보아도 재미 삼아서

한 것이 아니라는 게 분명해집니다.

신화에는 두 종류가 있어요. 가령 성서에 나오는 이야기 같은 큰 신화는 신전의 신화, 대규모의 신성한 의례의 신화이지요. 인류는 의례를 통하여 자기네끼리, 혹은 우주와의 조화를 이루면서 살아가는데, 큰 신화는 바로 이 의례를 설명합니다. 이런 이야기는 은유로 알고 해석하는 것이 정상입니다.

모이어스 그렇다면 선생님께서는, 창조 신화를 지어낸 아득한 옛날 사람들에게 이런 이야기가 지닌 은유적 성격을 지각할 만한 직관이 있었다는 것인지요?

캠벨 그럼요. 그들은 그와 마찬가지로 그것이 되었더라는 말을 합니다. 누군가가 글자 그대로 이 세상을 만들었을 것이라는 관념……. 이것이 바로 '인위주의'라는 겁니다. 이 인위주의의 사고방식은 어린아이들의 사고방식과 비슷합니다. 여기에 테이블이 있다, 이 테이블은 만들어진 것이다, 그러니까 누군가가 이것을 만들었을 것이다, 이런 식입니다. 결국, 세상이 여기에 있으니까 누군가가 만들었을 거라는 것이지요.

그런데 세상을 신의 나타남이라고 보지 않고 방사(放射), 혹은 응결(凝結)의 현상으로 설명하는 관점도 있어요. 즉 소리가 대기를 응결시키고, 이 대기의 응결체가 불, 물 그리고 흙이 되는데, 세상은 이런 식으로 이루어졌다는 것이지요. 이러한 관점에 따르면 우주는 이 원초적인 소리, 이 떨림에 싸여 있어요. 바로 이 소리가 만물을 파편으로 이루어 시간의 장으로 보내는 것이지요. 그러니까 이 견해에 따르면 외계의 누군가가 "이러이러한 일이 일어나거라" 하는 일은 있을 수가 없는 거죠.

대개의 문화권에서 창조 신화는 하나만 있는 게 아니고 두세 개가 있어요. 사람들이 하나로 다루기는 하지만 〈창세기〉에도 사실은 두 개가 있지요. 〈창세기〉 2장에 나오는 에덴 동산 이야기를 기억하지요? 하느님은 동산을 지키게 하기 위해 아담을 창조해놓고는 늘 어떻게 하면 아담을 즐겁게 해줄 수 있을까 생각합니다.

이것은 아주 오랜 옛날 수메르에서 차용한 이야깁니다. 수메르 신화에 따르면, 신들은 누군가가 동산을 돌보고 필요한 먹거리를 지어주었으면 좋겠다는 생각에서 한 사내를 창조합니다. 〈창세기〉 2~3장에 나오는 신화의 배경은 바로 이 수메르 신화인 것이죠.

하지만 야훼의 동산지기는 심심해집니다. 그래서 야훼는 아담을 위해 장난감을 하나 만들어주려고 합니다. 그런데 문득 야훼는 아담의 몸에서 여자의 영혼을 하나 뽑아내면 좋겠다는 아주 기발한 생각을 합니다. 이것은 〈창세기〉 1장의 창조 이야기와는 사뭇 다릅니다. 〈창세기〉 1장에서 하느님은 아담과 이브를 자신의 형상대로 남성과 여성으로 창조합니다. 그러니까 이때의 하느님 자신은 원초적으로 양성공유자(兩性共有者)입니다. 2장의 이야기는 어림잡아 기원전 8세기쯤에 성립된 것이지만, 소위 사제성전(司祭聖典)이라고 하는 1장의 이야기는 훨씬 뒤에, 그러니까 기원전 4세기쯤에 성립된 겁니다. 우리는 여기에서 '자기'가 처음에는 공포를, 다음에는 욕망을 느끼고 둘로 갈라졌다는 힌두 이야기와 〈창세기〉 2장이 서로 대응한다는 것을 알 수 있습니다. 〈창세기〉의 경우 둘로 갈라진 것은 신이 아니라 인간이라는 것만 다르지요.

아리스토파네스가 플라톤의 《향연(饗宴)》에서 조사하고 있는 그리스 전설에서는 이야기가 좀 달라집니다. 아리스토파네스에 따르면, 태초에는 지금으로 보면 두 사람이 합쳐진 것 같은 형상을 한 인간이 있었어요. 이런 인간에는 세 종류가 있어요. 즉 남성과 여성이 합쳐진 것, 남성과 남성이 합쳐진 것, 여성과 여성이 합쳐진 것이 그것입니다. 그런데 신들이 이것들을 각각 둘로 갈랐어요. 하지만 이렇게 둘로 갈라진 것들은 끊임없이 그 짝을 찾아서 원초적인 합일 상태를 회복하고 싶어합니다. 그래서 인간은 지금도 원래의 반쪽을 찾아내는 일에 평생을 진력한다는 겁니다.

모이어스 선생님께서는 신화가 인간에 관한 큰 이야기를 다루고 있다고 하시는데,

그 큰 이야기라는 것이 무엇인지요?

캠벨 시간의 장으로 현현한 것으로서 인간은 원래 한 존재의 바탕에서 왔다고 하는 이야기입니다. 시간의 장이라는 것은 초시간적인 바탕에서 벌어지는 영극(影劇) 같은 것입니다. 우리는 이 영극 마당에서 영극 놀이를 하면서 있는 힘을 다해 우리가 지닌 극성(極性)의 측면을 조종하는 것이지요. 하지만 우리는, 원수라고 하는 것도 사실은 다른 각도에서 보이는 우리의 다른 측면에 지나지 않는다는 것을 압니다.

모이어스 그러니까 큰 이야기라는 것은 그 드라마에서 우리의 위치를 찾으려는 이야기이겠군요?

캠벨 이 세계라는 대교향악단과 조화를 이루려면 우리 개인의 하모니를 이 큰 하모니에 맞추어야 하는 거지요.

모이어스 어떤 문화권의 이야기든 어떤 기원을 가진 이야기든 이런 이야기를 읽으면, 존재를 이해하려는 이 인간의 상상력, 아주 작은 모험을 통하여 초월의 가능성을 획득하려는 인간의 장엄한 모습에 문득 놀라고는 합니다. 선생님께도 그런 일이 일어납니까?

캠벨 나는 신화를 예술의 여신인 뮤즈의 고향이라고 생각합니다. 즉 바로 신화가 예술의 영감을 불러일으키고 시의 영감을 불러일으킨다고 생각하는 거죠. 삶이 시 같고, 우리는 바로 이 시의 세계에 참가하고 있다는 느낌은 신화가 있었기에 가능한 것이지요.

모이어스 시라고 하셨습니까?

캠벨 내가 '시'라고 하는 것은 언어로 된 것이 아니고 행위와 모험으로 이루어진 것을 말합니다. 그리고 이러한 시는 행위를 초월한 어떤 의미를 지닙니다. 그래서 이런 시를 접하면 우리 자신이 우주적인 존재와 조화를 이루고 있다는 느낌을 받는 겁니다.

모이어스　저는 신화를 읽을 때마다 신화가 지니는 신비에 경이를 느끼고는 합니다. 우리가 신화의 의미를 짐작할 수 있을지언정 꿰뚫어볼 수는 없을 것이라는 느낌을 받는 것은 이 때문입니다.

캠벨　중요한 지적이군요. 만일 어떤 사람이 자기는 궁극적인 진리를 발견했다고 생각한다면, 그건 틀린 것입니다. 산스크리트어로 된 시 중에 자주 인용되는 시가 있는데, 이게 중국의 《도덕경》에도 나옵니다. 이렇습니다. "스스로 안다고 생각하는 자는 알지 못한다, 알지 못한다고 생각하는 자는 실은 알고 있다. 이렇게 볼 때 안다는 것은 실은 모르는 것이고 모르는 것은 아는 것이다."

모이어스　신화에 관한 선생님의 작업은 저의 신앙을 조금도 손상시키지 않은 채로, 제 믿음을 그때까지 갇혀 있던 문화의 감옥에서 해방시켜주셨습니다.

캠벨　나의 믿음도 해방시켜주었습니다. 이 메시지를 받아들이는 사람 모두에게 이런 일이 일어날 것입니다.

모이어스　신화 중에는 믿을 만한 것도 있고, 약간 터무니없는 것도 있을 수 있겠지요?

캠벨　각각 다른 의미에서 모두 믿을 만한 것입니다. 모든 신화는 특수한 문화적 상황이나 시대적 상황과 관계가 있는 삶의 지혜를 다루고 있기 때문입니다. 신화는 개인을 그가 속한 동아리에, 그리고 동아리를 자연의 장으로 인도합니다. 신화는 자연의 장과 개인의 본성을 통합시킵니다. 신화는, 조화시키는 힘입니다. 가령 우리의 신화는 선과 악, 천국과 지옥 등의 이원론을 바탕으로 합니다. 그래서 우리의 종교에는 윤리 쪽으로 기우는 경향이 있습니다. 죄와 화해, 정당함과 부당함을 정해놓고 긍정적으로 보이는 것 쪽으로 사람들을 모으는 경향이 있습니다.

모이어스　여기에서 대극의 긴장이 생기지 않습니까? 사랑과 미움, 삶과 죽음 같은 대극의 긴장이.

캠벨　라마크리슈나는 늘 죄만 생각하는 사람은 죄인이라고 했습니다. 이 글을 읽으면서 나는 어린 시절을 생각했습니다. 나는 토요일마다 신부님께 고해를 했습니다. 그러자니 토요일만 되면 한 주일 동안 짓지 않을 수 없었던 시시콜콜한 죄를 모두 생각하게 되지요. 지금 생각해보니, "저를 축복해주세요, 신부님. 제가 워낙 귀한 존재라서 그런지 지난 한 주일 동안 제가 한 것은 좋은 일뿐입니다", 이럴 걸 그랬다 싶군요. 자신을, 부정적인 것과 동일시할 것이 아니고 긍정적인 것과 동일시해야 할 것 같다는 겁니다.

아시다시피 종교라는 것은 제2의 자궁 같은 것입니다. 종교는 인간의 삶이라는 극도로 복잡한 것을 우리 안에서 익게 하도록 만들어져 있습니다. 이렇게 익으면 스스로 동기도 유발시킬 수 있고, 스스로 행동하는 것도 가능해집니다. 그러나 죄악이라는 관념은 우리를 평생 처참하게 만들어버립니다.

모이어스 그건 창조와 타락에 관한 기독교적 관념이 아닌 것 같은데요?

캠벨 언젠가 아주 대단한 노선학자(老禪學者) D. T. 스즈키 박사의 강의를 들은 적이 있습니다. 이 양반이 바지 옆에다 손을 쓱쓱 문지르면서 일어나더니 이러더군요. "하느님 대 인간, 인간 대 하느님, 인간 대 자연, 자연 대 인간, 자연 대 하느님, 하느님 대 자연……. 무슨 종교가 이래요?"

모이어스 저는 이따금씩, 북아메리카 평원의 인디언이 미켈란젤로의 그림 〈천지창조〉를 보면 어떤 생각을 할까, 퍽 궁금해지고는 합니다.

캠벨 확실히, 기독교의 신은 다른 민족의 전승에 등장하는 선악이 두리뭉수리하게 어우러진 신과는 전혀 다르지요. 하지만 근동 아시아의 종교 체계에서는, 선은 악과의 투쟁과 동일합니다. 그러니까 악과 투쟁하는 것은 곧 선한 것이지요. 유태교, 기독교, 이슬람교의 성서적 전승은 모두 이른바 자연 종교의 타락이라는 문맥에서 논의되고는 합니다.

자연 종교가 사회적 종교로 변질하면 자연과의 관계를 제대로 가지기가 어렵습니다. 그러나 제대로 보기만 하면, 이러한 문화권의 상징도 실제로 심리학적·우주론적 체계 안에서 해석될 수 있습니다.

모든 종교에는 일장일단이 있지요. 즉 이런 입장에서 보면 진실일 수도 있고 저런 입장에서 보면 진실이 아닐 수도 있다는 거지요. 그러니까 은유적인 것으로 이해하면 됩니다. 그러나 그 은유라는 것을 오해하여 사실로 해석하면 뭐가 뭔지 모르게 됩니다.

모이어스 은유가 무엇입니까?

캠벨 은유라는 것은 드러내기는 드러내면서도 사실 본뜻은 다른 데 있는 표현법입니다. 예를 들어보지요. 어떤 사람이 다른 사람에게 "너는 도토리이다"라고 할 경우, 그 사람은 상대방에게 정말 글자 그대로 도토리라고 말하려는 것이 아닙니다. 이때 '도토리'는 '얼간이'의 은유인 것이지요. 종교 전통에 등장하는 은유를 글자 그대로 이해하면 죽도 밥도 안 됩니다. 그러니까 그것은 문자를 초월한 어떤 의미를 지니는 거지요. 만일에 은유를 은유로 보지 않고 문자 그대로를 가리키는 거라고 생각하는 것은 음식점에 가서 메뉴를 달라고 한 뒤, 그 메뉴에 비프스테이크가 있는 것을 보고는 그 페이지를 씹어먹는 것이나 같지요.

한 가지 예를 더 들어보죠. 예수는 승천했습니다. 이 말은 명시적(明示的)으로는, 예수라는 분이 정말 하늘로 올라갔다는 의미가 됩니다. 그러니까 이 경우에는 글자 그대로 받아들이면 됩니다. 그러나 우리가 이 말의 진의를 좇으려고 할 경우에는 언어라는 껍질을 버려야 합니다. 생각해보세요. 우리가 아는 바와 같이, 우리의 머리 위에는 예수가 갈 만한 데가 없지 않아요? 우리는 예수가 정말 하늘로 올라간 것이 아님을 잘 알고 있습니다. 우리는 우주에 물리적인 존재를 수용할 만한 물리적인 하늘이 없다는 것을 잘 알기 때문입니다. 예수가 광속(光速)으로 승천했다고 하더라도 아직 은하계 안을 맴돌겠지요. 천문학과 물리학은 하늘을 문자상(文字上)의, 단순한 물리적 가능성의 세계 수준으로 떨어뜨렸습니다.

그러나 "예수가 승천했다"는 말을 은유적 코노테이션(내포된 의미)의 문맥에서 읽는다면, 예수가 사실은 내면화했음을 알 수 있게 됩니다. 예수가 들어간 곳은 외계가 아니고 내부의 세계인 겁니다. 그는 모든 존재가 비롯되는 곳으로 들어간 겁니다. 만물의 근원이 되는 의식 속으로, 우리 안에 있는 천국으로 들어간 겁니다. 이미지는 외향적입니다만 그 본뜻은 내향적입니다. 중요한 것은 우리 역시 내면을 향함으로써 그의 승천을 좇는 것입니다. 그러니까 이것은 바로 알파요 오메가인 우리의 바탕자리로의 되돌아옴, 육신의 껍질을 버리고 육신 자체의 역동적인 바탕자리로 되돌아옴을 뜻하는 은유인 것입니다.

모이어스 예수의 죽음과 부활이 우리의 죽음과 부활을 예시한 것이라고 하시는데, 이것은 혹시 고전적인 기독교 신앙 체계의 전통적 교리를 손상시키는 것이 아닐는지요?

캠벨 상징을 읽으면서 그런 생각을 하는 것은 잘못된 것입니다. 그런 독법(讀法)은 산문의 독법이지 운문의 독법은 아닙니다. 은유는 암시적 의미로 읽어야지, 명시적 의미로 읽어서는 안 됩니다.

모이어스 그래서 시인은 눈에 보이지 않는 현실을 볼 수 있는 것이군요?

캠벨 현실의 개념을 넘어서 있는 것은 우리의 생각이라는 범주도 초월합니다. 신화가 바로 우리를 늘 이 지점에다 데려다 놓고는 합니다. 신화는 우리에게 그것의 신비(그 신비는 바로 우리 자체입니다만)에 이르는 사다리를 마련해줍니다.

셰익스피어는, "예술은 자연을 비추는 거울"이라고 했습니다. 바로 그겁니다. 자연은 곧 우리의 본성이고, 신화에 등장하는 이 멋진 시적 이미지는 바로 우리 안에 있는 것을 반영합니다. 우리의 마음이 외부적인 이미지에 갇혀 있어서, 신화적 이미지를 읽으면서도 그것을 우리 자신과 관련시키지 못하면 제대로 읽을 수가 없는 것이지요.

내면의 세계는, 외면의 세계와 접하는 우리의 요구와 희망과 에너지와 구조와 가능성이 반영된 세계입니다. 외계는 우리가 드러나는 세계입니다. 우리의 자리가 바로 이 외면의 세계입니다. 우리는 내면의 세계, 외면의 세계와 함께 발을 맞추어야 합니다. 노발리스가 말했듯 '영혼의 자리는 외면의 세계와 내면의 세계가 만나는 자리'인 것입니다.

모이어스 그러니까 그리스도의 승천 이야기는 누군가가 닿아본 적이 있는 해변에서 흘러 내려온 병 속의 메시지와 같은 것이군요.

캠벨 그렇습니다. 바로 그리스도 자신이 가본 적이 있는 해변이지요. 기독교라는 종교의 정상적인(normal) 사고방식에 따르면, 우리는 예수를 흉내낼 수 있을 뿐, 우리 자신을 예수와 동일시할 수는 없습니다. 예수는 "나와 내 아버지는 하나이다"라고 했지만, 만일에 우리가 이런 소리를 한다면 참람(僭濫)한 독신(瀆神)이 될 수밖에 없습니다. 그러나 약 40년 전에 이집트에서 발굴된 토마의 복음에 따르면 예수가 이렇게 말한 것으로 되어 있어요. "내 입을 통하여 마시는 자는, 나와 같이 될 것이요, 나 역시 그와 같이 될 것이라." 이것은 영락없는 불교의 말씀입니다. 우리는 모두 부처의 의식, 혹은 그리스도의 의식의 현현입니다. 단지 그걸 우리가 모르고 있을 뿐이지요. '부처'라는 말은 '깬 사람'이라는 뜻입니다. 우리 모두 여기에 이르러야 합니다. 우리 모두 깨어서, 우리 안에 있는 그리스도, 혹은 부처의 의식에 다가서야 합니다. 이것은 정상적인 기독교 사고방식에서 보면 독신입니다. 그러나 한편, 그노시스파 기독교나 토마의 복음에 따르면 기독교의 정수이기도 합니다.

모이어스 재림 역시 메타포인가요?

캠벨 그렇고 말고요. 사람들이 나에게, "재림을 믿나요?" 하고 물으면, 나는 "천국이나 마찬가지로 재림도 메타포(은유)입니다"라고 대답하고는 합니다.

재림과 대응하는 기독교의 메타포는 '정죄(淨罪)'입니다. 어떤 사람이 이 세상에 대한 애착을 벗지 못한 채로 죽어 지복직관(至福直觀)을 얻을 준비가 되어 있지 못하면 정죄를 받아야 합니다. 즉 약점이 말끔히 씻기어야 하는 거지요. 그런데 이 약점이라는 것이 곧 죄악입니다. 죄악은 의식을 한정시키고, 의식으로 하여금 온당하지 못한 조건에 얽매이게 하는 약점인 것입니다.

동양의 메타포에 따르면, 그런 상태로 죽게 되면 다시 이 세상에 태어나 또 한 차례 삶을 살아야 합니다. 그래서 몇 차례가 되든, 깨끗하고 깨끗하고 또 깨끗해질 때까지, 약점이 되는 이 모든 것에서 완전히 벗어날 때까지 살아야 합니다. 환생(還生)의 모나드(물적·심적 요소)는 동양 신화의 주인공인 셈이지요. 모나드는 환생할 때마다 옷을 갈아입습니다.

그러니까 환생할 때마다 다른 인격으로 나타나지요. 따라서 우리가 환생할 경우, 지금 이 모습으로 환생할 것이라는 생각은 틀린 것이지요. 우리의 모습이라는 것은 모나드가 벗어버리는 옷 같은 것입니다. 그러니까 모나드는, 그것의 당사자가 이 시간의 장에서 지은 업을 깨끗이 씻을 때까지, 남자가 되든 여자가 되든 다른 육신의 옷을 입게 되는 것이지요.

모이어스 재림 혹은 환생이라는 관념은 무엇을 암시하는지요?

캠벨 그것은 우리가, 우리는 이것이다, 하고 생각하는 것 이상의 존재라는 것을 암시합니다. 이 관념에는 우리의 존재 및 우리의 깨달음과 의식의 잠재력에 다른 차원이 있음을 암시합니다. 우리는 우리 자신을, 이것이다, 라고 하지만 사실 우리는 그것 이상의 어떤 것이지요. 우리의 삶은, 지금 우리가 여기에 살고 있으면서 알고 있는 것 이상으로 깊고 넓습니다. 우리가 살고 있는 것은, 정말 우리 안에 있는 존재, 우리에게 생명을 주고 숨결을 주고 깊이를 주는 존재의 몇 분의 1의 깊이밖에 안 됩니다. 그러나 우리는 지금 이 깊이밖에는 살지 못합니다. 이 깊이밖에 살지 못한다는 것을 절실한 느낌으로 경험할 때 홀연히, 모든 종교가 바로 이 점을 지적하고 있다는 것을 깨닫게 되는 것입니다.

모이어스 이것이 신화 모티프 중 가장 중요한 것인지요?

캠벨 그렇지는 않아요. 삶을 하나의 시련으로 보는 관념, 이 시련을 겪어야 세속적 의미의 삶의 굴레에서 벗어날 수 있다는 관념은 고등 종교의 관념입니다. 나는 원시 신화에서는 이런 관념을 접한 적이 없어요.

모이어스 어디에서 이런 것이 생겨났을까요?

캠벨 모르기는 하지만, 영적인 힘과 깊이가 있어서, 세속적인 삶은 영적인 측면, 혹은 존재의 차원을 두루 경험하기에 부족하다는 것을 깨달은 사람들에게서 비롯되지 않았나 싶군요.

모이어스 선생님께서는 어느 책에선가, 사회의 엘리트가 신화를 만든다, 미지의 세계를 경험하고 돌아온 샤먼이나 예술가 같은 사람들이 이러한 신화를 만든다고 쓰신 적이 있습니다. 보통 사람은 어떻습니까? 보통 사람이, 가령 폴 번연의 이야기 (미국 오대호五大湖 지방의 전설적인 벌목꾼 – 옮긴이) 같은 것을 쓸 수 있지 않습니까?

캠벨 쓸 수는 있지만 신화는 아니지요. 보통 사람은 신화의 단층을 건드리지 못합니다. 예언자와 인도 사람들이 말하는 '리쉬스'는, 신의 음성을 '듣고' 경전을 썼다지요. 귀를 여는 것은 누구에게나 가능하지만, 귀라고 해서 다 경전을 불러주는 신의 음성을 들을 수 있는 것은 아니지요.

모이어스 "귀 있는 자는 들을지어다"가 됩니까?

캠벨 어떤 음성을 구체적으로가 아니라 은유적으로 듣는 데는 훈련이 필요합니다. 프로이트와 융은 둘 다, 신화가 무의식에서 솟는다는 걸 알고 있었어요.

　창조적인 글을 써본 사람은, 마음을 열고 자신에게 복종하노라면 써야 할 것이 스스로 말을 하면서 제 자신을 이루어나간다는 것을 압니다. 이렇게 되면 작가는, 조금 과장해서 말하면 뮤즈(예술의 여신), 혹은 성서적인 용어를 쓰자면 '하느님'의 메시지를 기록하는 것에 지나지 않게 되는 것이지요. 이것은 환상이 아닙니다. 사실입니다.

　영감이라는 것은 무의식에서 솟아나는 것이기 때문에, 어떤 사회 구성원들의 무의식이라고 하는 것은 대개 비슷한 것이기 때문에, 샤먼이나 선견자(先見者)가

하는 말은 그 사회의 구성원들이 기다리고 있는 말인 경우가 많은 것이지요. 그래서 샤먼이나 선견자가 하는 말을 들으면서 구성원들은 서로 이런 반응을 보입니다. "아니, 이건 내 이야기가 아니냐? 그렇게 말하고 싶었지만 도저히 해낼 수 없어서 못하던 내 이야기가 아니냐?" 이렇게 되자면 샤먼이나 선견자와 그 사회의 구성원들 사이에 대화가 있어야 합니다. 상호 작용이 있어야 하는 거지요. 사회의 구성원들이 듣고 싶어하지 않는 것을 듣는 선견자는 선견자 노릇을 하지 못합니

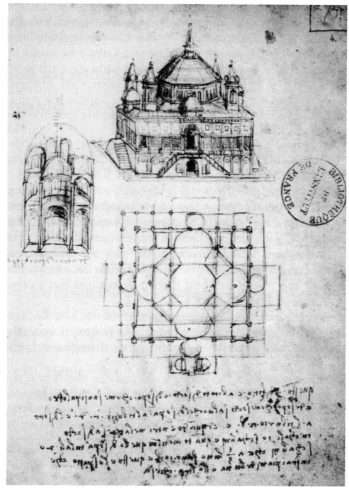

**성당 삽화,
레오나르도 다 빈치**

성당은 성사의 중심이고, 성(城)은 성당을 보호하는 세력의 중심입니다. 이 양자에서 두 지배권이 형성되는데, 하나는 정신에 대한 지배권이고, 하나는 육체적인 삶에 대한 지배권입니다. 이 양자는 하나의 바탕, 즉 십자가의 영광이라는 바탕과 조화를 이룹니다.

다. 이런 선견자는 사회에서 추방당하기도 하지요.

모이어스 그러니까 우리가 민담이라고 부르는 것은 신화가 아니라, 보통 사람들이 서로 주고받으면서 즐기기 위해, 혹은 위대한 영적 순례의 차원에 조금 못 미치는 존재의 어떤 측면을 드러내기 위해 하는 이야기이겠군요?

캠벨 그렇습니다. 민담은 그저 듣고 즐기는 겁니다. 그러나 신화는 영적인 교시를 위한 것이지요. 인도에는 두 종류의 신화, 즉 민간의 관념과 근본적인 관념을 나타내는 아주 멋진 말이 있어요. 민간의 관념이 지니는 측면은 '데시(desi)'라고 하는데, 이 말은 '지방'이라는 뜻입니다. 그러니까 그 사회와 관계가 있다는 것이지요. 그것은 젊은이들을 위한 이야기입니다. 젊은이들은 이런 이야기를 통해서 사회 생활로 나서고, 들판으로 나가 사냥하는 법을 배웁니다. "응, 군인이 되어야 하는구나, 그러면 사회를 위해서 군인이 되어 싸워야지", 젊은이를 이렇게 만드는 것이지요.

근본적인 관념을 나타내는 신화도 있습니다. 산스크리트어로는 '마르가(marga)'라고 하는데, 이것은 '길(path)'이라는 뜻입니다. 이 '길'은 곧, 자신에게로 돌아가는 길입니다. 신화는 인간의 상상력에서 나오는데, 이 길은 신화를 인간의 상상력으로 되돌립니다. 사회는 개인에게 신화가 무엇인지 가르치는데, 이 '마르가'는 개인을 신화에서 떼어내고, 명상을 통해서 곧바로 '길'을 좇게 합니다.

문명은 신화를 그 바탕으로 합니다. 중세의 문명은 에덴 동산에서의 인간의 타락, 십자가 위에서의 구속(救贖), 구속의 영광을 통하여 사람을 성사(聖事)에 이르게 하는 신화를 그 바탕으로 합니다.

성당은 성사의 중심이고, 성(城)은 성당을 보호하는 세력의 중심입니다. 이 양자에서 두 지배권이 형성되는데, 하나는 정신에 대한 지배권이고, 다른 하나는 육체적인 삶에 대한 지배권입니다. 이 양자는 하나의 바탕, 즉 십자가의 영광이라는 바탕과 조화를 이룹니다.

모이어스 하지만 이 틈바구니에서도 보통 사람들은 요정이나 마녀 이야기를 만들지 않았습니까?

캠벨 중세에는 신화적 독창성과 민화적 독창성이라고 불릴 수 있는 것의 무대가 세 개 있었지요. 하나는 성당입니다. 여기에 있는 모든 이야기는 수도원과 은수자(隱修者)와 관계 있는 이야기들이었지요. 또 하나는 성입니다. 그리고 세 번째 무대는 가정집입니다. 집안에는 백성들이 있지요. 성당, 성, 가정집(어떤 문화권에 가서 보든 간에, 아무리 고등한 문화권에 가서 보든 간에 형편은 우리와 똑같다는 걸 알게 될 겁니다)은 곧 신전과 궁전과 저자 거리입니다. 이 세 무대가 서로 다른 이야기가 산출되는 중심이기는 하지만, 같은 문명권 안에서라면 똑같은 상징의 마당 역할을 합니다.

모이어스 똑같은 상징의 마당이라면?

캠벨 상징의 마당은 백성 무리의 경험을 그 바탕으로 합니다. 특정한 사회, 특정한 시공(時空)을 함께 하는 무리는 같은 상징의 마당을 공유하지요. 신화는 문화와 시간, 장소와 정말 밀접한 관계를 맺고 있습니다. 만일 상징과 은유가 예술을 통해 되살아나지 못한다면, 삶은 신화에서 떨어져나가 버립니다.

모이어스 오늘날에는 누가 은유로 말합니까?

캠벨 시인들이지요. 시는 은유의 언어니까요.

모이어스 은유는 잠재적인 것을 암시하죠.

캠벨 그렇지요. 그러나 가시적인 측면의 배후에 있는 실제성을 암시하는 것이지요. 은유는 신의 가면입니다. 이 신의 가면을 통해 사람들은 영원을 경험하지요.

모이어스 시인과 예술가에 관한 말씀은 알아듣겠습니다. 사무직 성직자는 어떻습니까?

캠벨 내 생각으로는, 문제가 있는 것은 사무직 성직자가 하는 일입니다. 사무직 성직자는 은유가 암시하는 바에는 관여하지 않습니다. 오로지 선악과 관련한 윤리적 문제에만 관심을 둘 뿐입니다.

모이어스 왜 미국 사회에서는 사제(司祭)가 샤먼이 되지 못했던 것입니까?

캠벨 사제와 샤먼의 차이는, 사제는 기능적이지만 샤먼은 경험적이라는 점에 있습니다. 우리의 종교 전통에 따르면 이 경험을 추구하는 것은 수도사입니다. 사제는 사회를 섬기기 위해 공부하는 사람들이고요.

내 친구 중 하나가 방콕에서 로마 카톨릭 명상회(瞑想會)가 연 국제 모임에 참석했어요. 내 친구는, 카톨릭 수도사와 불교의 스님들이 서로를 이해하는 데는 아무 문제가 없는데, 이 두 종교의 사무직 성직자들은 서로 도저히 꼴을 못 보더라면서 웃더군요.

신비 체험을 한 사람은 상징적인 드러냄이 말짱 헛것이라는 것을 압니다. 상징이라는 것은 체험을 나타내는 것이 아니라 암시하는 것이기 때문이지요. 경험하지 못한 것을 두고, 그것이 무엇인지 우리가 어떻게 압니까? 눈을 본 적조차 없는 열대 지방 사람들에게 스키의 재미를 아무리 설명해봐야 무슨 소용이 있습니까? 메시지, 메시지에 이르는 단서를 간취(看取)하기 위해서는 체험이 있어야 합니다. 체험이 없으면, 어느 누가 진리를 말해도 귀에 들리지 않는 법입니다.

모이어스 체험한 사람은 체험한 것을 최선을 다하여 이미지에 투사시켜야 합니다. 제가 보기에 우리 사회는 이미지로 생각하는 기술을 잃어버린 것 같습니다.

캠벨 정말 잃어버렸지요. 우리의 생각은 막연합니다. 언어적이고 단선적(單線的)입니다. 언어의 현실보다는 이미지의 현실이 훨씬 풍부한데 말이지요.

모이어스 지금 우리 사회에는 초월을 부정하는 분위기가 팽배해 있는데요, 혹시 이것이 종교적인 무아 상태, 황홀 상태의 부재에서 기인한다고 생각해보신 적은 없는지요? 초월을 부정하는 사회적 분위기 때문에 수많은 젊은이가 마약에 기대는 것은 아닐는지요?

캠벨 바로 그겁니다. 마약을 안으로 들어가는 길로 삼지요.

모이어스 들어가는 길이라면?

캠벨 경험으로 들어가는 길이지요.

모이어스 종교가, 혹은 예술이 그 길을 열어줄 수는 없습니까?

캠벨 열 수 있습니다만, 그렇게 하고 있지 않아요. 종교는 신비 체험을 이야기하는 대신 사회적 문제, 윤리적 문제를 놓고 일장 연설을 하고 있지요.

모이어스 종교의 으뜸가는 소명이 경험이라고 생각하시는지요?

캠벨 카톨릭 의례에서 놀라운 것 중 하나는 성찬식(聖餐式)입니다. 이 성찬식에서 신도들은, '이것은 구세주의 살이고 피'라는 가르침을 받습니다. 그것을 먹으면 내면을 향합니다. 그 내면에서 그리스도는 우리와 함께 역사(役事)하는 거지요. 교회는 이 성찬식을 통하여 우리에게 명상을 가르칩니다. 바로 이 명상을 통해서 우리는 우리 안에 있는 성령을 체험하는 거지요. 성찬식에서 돌아오는 사람들을 보면 다릅니다. 내면을 향하고 있지요.

나는 인도에서, 바위에다 붉은 고리를 걸어 놓은 걸 보았습니다. 이렇게 붉은 고리를 걸면, 그 바위는 신비의 화신으로 변모한다는 겁니다. 우리는 사물을 생각하되 실제적으로만 생각하지요. 하지만 이렇게 신비의 측면에서 생각할 수도 있는 거예요. 가령, 이것은 시계입니다. 하지만 이 시계는 '존재하는' 사물입니다. 이 시계를 이렇게 벗어놓고, 여기에다 고리를 걸면 바로 다른 차원의 사물이 되는 거지요. 성별(聖別, consecration)이라고 하는 게 바로 이겁니다. 고리를 거는 순간 시계는 성별되는 거지요.

모이어스 무슨 뜻인가요? 조금 전까지도 차고 계시던 시계를 어떻게 하신다고요? 그게 신비와 어떤 관계가 있습니까?

캠벨 이것은 하나의 사물이지요?

모이어스 그렇지요.

캠벨 사물이라고 하는 게 무엇인지 정말 알고 있습니까? 무엇이 이것이 사물이라는 걸 보증합니까? 시계는 어떤 시공 안에 있습니다. 사물은 반드시 어떤 시공 안에

있다는 점을 생각해보세요. 얼마나 신비스러워요? 이 시계는 명상의 중심이 될
수 있어요. 우리 도처에 널려 있는, 감지 가능한 신비의 중심이 될 수 있어요. 그
렇다면 시계는 우주의 중심이 아닌가요? 시계가 우주의 중심이라면 이 세계와 저
세계의 고정된 경계가 될 수 있는 것 아닙니까?

모이어스 명상은 우리를 어디로 인도합니까?

캠벨 그거야 명상의 기술에 따라 다르지요.

모이어스 선생님께서는 '초월'이라는 말씀을 자주 하시는데, 초월이 뭡니까? 초월
적인 존재가 되면 어떤 일이 일어나는 겁니까?

캠벨 '초월적'이라는 말은 두 가지 서로 다른 방법과 관련된 기술적·철학적 술어입
니다. 기독교 신학에서 '초월적인 존재'라는 말은, 자연계 너머, 혹은 자연계 밖에
있는 존재로서의 하느님을 뜻합니다. 이것은 초월적인 존재를 표현하는 말로는
지나치게 유물적(唯物的)입니다. 하느님이 바깥 어딘가에 있는 일종의 영적인 존
재로 생각되기 때문입니다.

　　우리의 신인동형동성적(神人同形同性的) 신을 와사상척추동물(瓦斯狀脊椎動物)쯤
으로 말하고 있는 사람은 헤겔입니다. 상당수의 기독교인들도 하느님을 이렇게
생각하고 있지요. 물론 수염을 기른, 성질머리가 별로 좋지 못한 노인쯤으로 생각
하는 사람도 있지요. 그러나 '초월자'라는 말의 본뜻은 모든 개념을 초월해 있는
자라는 것입니다. 칸트는, 우리의 모든 경험은 시공에 한정되어 있다고 말합니다.
말하자면 우리의 경험은 어떤 공간 안에서, 어떤 시간대에 생기는 것이지요.

　　시간과 공간은 우리의 경험을 한정시키는 감각 능력을 형성시킵니다. 우리의
감각은 시공의 장에 갇히고, 우리의 마음은 생각의 범주라는 틀에 갇힙니다. 그러
나 우리가 접촉하려고 하는 궁극적인 존재(이것은 사물이 아닙니다)는 갇혀 있지 않
습니다. 다만 우리가 생각을 하려고 함으로써 이것을 가둘 뿐입니다.

　　초월자는 사유의 모든 카테고리를 초월합니다. 존재한다, 존재하지 않는다—

이것은 카테고리입니다. '하느님'이라는 말은 모든 사유를 초월해 있는 존재를 일 컫는 말입니다. 그러나 이 '하느님'이라는 말 역시 사유를 통해서 생긴 것입니다.

우리는 하느님을 정말 많은 방법으로 인격화할 수 있습니다. 신이 한 분이던 가? 신이 여러 분이던가? 이렇게 묻는 것 자체가 생각의 카테고리에 묶여 있음에 지나지 않습니다. 우리가 말하려는 존재, 생각하려는 그 존재는 이 모든 것을 '초월'합니다.

그노시스파 기독교에 따르면 야훼가 지닌 문제 중 하나는, 자기가 메타포라는 것을 잊어버렸다는 것입니다. 말하자면 야훼는 자신을 메타포가 아닌 실체라고 생각했다는 거지요. 그가 "나는 하느님이다"라고 했을 때 문득, "사마엘이여, 그건 오해니라" 하는 소리가 들렸다는 겁니다. '사마엘'이라는 말은 '장님 신'이라는 뜻입니다. 그러니까 이 음성은 야훼에게, 야훼가 영원한 광명의 국지적·역사적 현현이라는 사실에 캄캄하다는 것을 지적한 거지요. 물론 이것은 야훼(스스로를 하느님이라고 생각한)에 대한 독신적인 에피소드로 유명합니다.

모이어스 선생님께서는 하느님은 우리 앎의 대상이 될 수 없다고 하셨는데요?

캠벨 내 말은, 무엇이든 궁극적인 실재는 존재와 비존재의 모든 범주를 초월한다는 겁니다. 그러니까 있느냐, 없느냐는 시비의 대상이 될 수 없다는 겁니다. 전해지는 바에 따르면, 부처는 "있기도 하고 없기도 하고, 둘 다이기도 하고 둘 다 아니기도 하다"는 말을 했다고 합니다. 궁극적인 신비로서의 하느님은 생각 너머에 있습니다.

《우파니샤드》에는 인드라 신에 관한 아주 재미있는 이야기가 실려 있습니다. 어느 때 큰 괴물이 나타나 그 땅의 물이라는 물은 다 마셔버렸더랍니다. 그러니 한발 때문에 세상이 아주 살기 어렵게 되어버렸을 수밖에요. 인드라 신은 세상이 이렇게 된 것을 보고서야 자기에게 벼락이 한 상자 있음을 깨닫고는, 괴물의 정수리에 벼락을 몽땅 쏟아 아주 요절을 내어버렸답니다. 이렇게 해서 다시 물이 흐르고 세상이 그 물로 생기를 되찾게 되자 인드라는, "나 정말 대단하구나" 하고 중얼거립니다.

"나 정말 대단하구나", 이렇게 생각한 인드라는 우주산(宇宙山)으로 올라갑니다. 이 우주산은 이 세상의 중심에 있는 산입니다. 인드라는 이 우주산에다 대단한 자기 자신에게 어울리는 궁전을 짓기로 결심합니다. 이윽고 신들의 궁전을 전문으로 짓는 목수가 옵니다. 목수는 인드라의 명을 받들어 아주 신속하게 근사한 궁전을 짓습니다.

그러나 인드라는 궁전을 와서 볼 때마다 그보다 훨씬 크고 화려한 것을 짓고 싶어합니다. 견디다 못한 목수가 인드라에게 말합니다.

"신이시여, 우리는 모두 영생불사하는 존재입니다. 영생불사하니, 욕망에도 끝이 없습니다. 신께서 이러시면 저는 영원히 이 궁전이나 짓고 있어야 합니다."

이렇게 말해봐도 인드라가 듣지 않자, 목수는 창조신인 브라마를 찾아가 탄원하기로 결심합니다.

브라마는 신의 에너지와 신의 영광을 상징하는 연꽃 위에 앉아 있습니다. 이 연꽃은 비쉬누의 배꼽에서 자랍니다. 비쉬누는 잠의 신인데, 이 신의 꿈이 곧 우주입니다. 목수는 연꽃이 피어 있는 우주의 연못가로 가서 브라마에게 자초지종을 말합니다. 그러자 브라마가 이렇게 이릅니다.

"너는 집으로 돌아가거라. 내가 이 일을 마무리지으마."

브라마 신은 연꽃에서 내려와, 잠이 든 비쉬누 신 앞에 무릎을 꿇고 자초지종을 고합니다. 비쉬누는 알았다는 뜻으로 손을 한번 내젓고는, "에이, 또 귀찮게들 구는구나", 이 비슷한 말을 합니다.

다음날 아침, 우주산 산정에 지어지고 있던 궁전 문앞에 살갗이 검푸르고 얼굴이 잘생긴 소년이 아이들을 잔뜩 거느리고 나타납니다. 아이들은 모두 이 소년의 미모를 찬양합니다. 새 궁전의 문지기가 인드라 신에게 가서 웬 소년이 왔다고 고

하자, 인드라 신은 "안으로 들게 하라" 하고 말합니다. 소년이 들어오자 인드라는 보좌에 앉은 채 묻습니다.

"어서 오너라, 젊은이여, 무슨 일로 내 궁전에 왔는가?"

소년이, 지평선에서 울리는 천둥소리를 내면서 대답합니다.

"내 듣자니 그대가, 그대 앞의 어떤 인드라도 지은 적이 없는 화려한 궁전을 짓는다면서요?"

인드라가 이 말을 듣고 반문합니다.

"아니, 내 앞의 다른 인드라라니? 도대체 무슨 말을 하는 것이냐?"

그러자 소년이 대답합니다.

"그렇소, 나는 분명히 그대 앞의 인드라라고 했소. 나는 그대 앞의 수많은 인드라가 오고가고, 또 오고가는 것을 보았소. 생각해보아요. 비쉬누는 우주의 바다에서 잠을 잡니다. 연꽃은 그 비쉬누의 배꼽에서 자라지요. 이 연꽃 위에 창조신 브라마가 앉아 있소. 브라마가 눈을 뜨면 세상이 존재하기 시작합니다. 이렇게 존재하는 세상을 다스리는 신이 인드라인 것이오. 브라마가 눈을 감으면 세상의 존재는 그것으로 끝나지요. 브라마의 수명은 43만 2천 년이오. 그가 죽으면 연꽃은 지고, 연꽃이 지면 새 연꽃이 피고, 새 연꽃이 피면 새 브라마가 태어나오. 자, 이 무한한 공간의, 우주 너머에 있는 우주, 그 너머에 있는 우주를 생각해보시오. 그리고 브라마가 앉아 눈을 떴다 감았다 하는 연꽃을 생각해보시오. 인드라도 생각해보시오. 그대 궁전에는 저 세상 대양의 물방울을 셀 수 있고, 저 해변의 모래알을 셀 수 있을 만큼 지혜로운 자가 있을지 모르오만, 아무리 지혜로운 자라도 오고가는 저 브라만의 수는 세지 못하오, 오고가는 인드라의 수는 세지 못하오." 소년이 이렇게 이야기하고 있을 동안 개미 떼가 바닥 위를 지나가고 있었답니다. 소년은 그 개미 떼를 보고는 웃었지요. 그제야 인드라는 머리끝이 쭈뼛 서는 것 같아, 소년에게 묻는답니다.

"왜 웃으시오?"

그러자 소년이 호통을 칩니다.

"다치고 싶거든 물어라!"

인드라가 묻습니다.

"이렇게 묻습니다, 스승이시여."

그런데, 이건 동양 특유의 방법입니다. 아무리 현자라도 질문을 받지 않으면 가르쳐주지 않아요. 알고 싶어하지 않는데 억지로 입을 열게 하고 집어넣어 줄 수는 없는 거지요.

소년은 개미 떼를 가리키며 대답합니다.

"이게 모두 이 땅을 거쳐간 인드라다. 여러 겁을 통하여 이들은 저 바닥의 개미에서 고귀한 신으로 환생한다. 환생한 뒤, 괴물의 정수리에 벼락을 떨어뜨리고는, '나 정말 대단하구나' 하고 생각한다. 그러고는 다시 바닥으로 떨어진다."

소년이 이런 이야기를 하고 있는데 누더기 차림의 늙은 요가 행자 하나가 바나나 잎을 양산 삼아 들고는 궁전으로 들어옵니다. 늙은 행자는 맨 몸에 사타구니만 가리고 있는데, 가슴에는 둥그렇게 털이 나 있었어요. 그런데 중간의 털은 반쯤 빠지고 없더랍니다. 소년이 그에게 인사를 하기도 전에 인드라가 그에게 묻지요.

"노인이여, 그대 이름은 무엇이오? 어디서 왔소? 그대의 가족은 어디 있소? 그대의 집은 어디 있소? 그대 가슴에 난 털이 이상한 별자리 모양을 그리고 있는 것 같은데 그건 무슨 까닭이오?"

그러자 늙은 행자가 대답합니다.

"내 이름은 털보라고 하오. 내게는 집이 없어요. 인생이라는 것은 집을 지니기에는 너무 짧아요. 내게는 이 양산이 있을 뿐이오. 내게는 가족도 없어요. 나는 비쉬누의 발치에서 명상한답니다. 영원을 생각하고 지나가는 시간을 생각하지요. 그대도 알겠지만 인드라가 죽으면 세상은 사라집니다. 하지만 인드라가 이 세상에 와서 죽는 것은 눈 깜빡할 사이의 일이랍니다. 인드라가 하나 죽을 때마다 내 가슴의 털은 하나씩 빠진답니다. 벌써 반이 빠졌어요. 조만간 다 빠질 테지요. 인생은 짧은데, 집은 지어서 무엇한다지요?"

이 말끝에 요가 행자와 소년은 사라져버리지요. 사실 소년은 이 세상의 수호신인 비쉬누이고, 늙은 요가 행자는, 수없이 환생하는 인드라의 하나일 뿐인데도 영원을 사는 인드라인 양 뽐내는 인드라를 가르치기 위해서 온 창조와 파괴의 신 시바였던 것이지요.

인드라는 완전히 기가 꺾인 채 보좌에 앉아 있습니다. 한참을 그렇게 맥 놓고 앉아 있던 그가 목수를 불러 말합니다.

"궁전 짓는 일은 여기에서 그만두겠다. 그대는 물러가라."

그래서 목수는 뜻을 이룹니다. 목수는 이로써 실업자가 됩니다. 그 뒤로는 집을 짓겠다는 자가 없었기 때문이지요.

인드라는 출가하고 요가 행자가 되어 비쉬누의 연꽃 아래에서 명상하기로 마음먹었어요. 하지만 인드라에게는 이름이 인드라니라고 하는 아름다운 아내가 있었어요. 인드라니는 지아비 인드라의 마음을 읽는 신들을 섬기는 스님에게 달려가 이렇게 하소연하지요.

"그분의 머리에는 출가하여 요가 행자가 되겠다는 생각이 들어 있으니 이를 어찌하면 좋습니까?"

그러자 스님이 이렇게 대답합니다.

"들어오세요, 내가 이 문제를 어떻게든 해결해볼 테니까요."

얼마 뒤 스님은 인드라니를 데리고 궁전으로 들어가 인드라의 보좌 앞에 무릎을 꿇고 말합니다.

"나는 몇 해 전에 왕을 위하여 정치술에 관한 책을 한 권 썼습니다. 그대는 신들의 왕이라는 자리에 앉아 있습니다. 그대는 이 시간의 장에서 브라만의 신비를 드러내는 분입니다. 이것은 아무나 누리는 특권이 아닙니다. 그러니까 이것을 은혜로 아시고, 영광으로 아시고, 전생과 다름없이 사시도록 하소서. 내 이제 그대를 위하여 사랑의 책을 한 권 쓸 터인즉, 그 책을 읽으면 그대와 그대의 비(妃)는 사실은 하나인 둘이라는 신비를 알 수 있게 될 것이오. 브라마가 그 빛으로 드러내는 것 또한 사실은 하나인 둘의 신비일 것이오."

이 가르침을 받아들여 인드라는 출가하여 요가 행자가 되겠다는 생각을 버리고 생전에 상징으로서의 영원, 즉 브라마를 체현할 것을 결심합니다.

자, 우리 모두 어떤 의미에서는 금생(今生)을 사는 인드라일 것입니다. 모든 것을 버리고 숲으로 들어가 명상에 빠질지, 속세에 남아 있을지는 우리가 선택해야 합니다. 그러나 이 두 가지 일, 왕으로서 세상을 다스리는 일과 아내와 가족을 사랑하면서 사는 일은 모두 다 금생에 우리가 해야 할 일입니다. 어때요? 내가 보기에는 아주 근사한 신화 같은데요.

모이어스 이 신화는 현대의 과학이 탐구하려고 하는 것을 잘 보여주고 있는 것 같습니다. 가령 시간은 영원하다…….

캠벨 ……뿐만 아니라 우주 너머에 우주, 그 너머에 또 우주가 있다……. 우리의 하느님(우리가 하느님이라고 믿는 하느님과 그 아들과 신비)은 시간의 무대에 지나지 않는다는 것이지요.

모이어스 하지만 문화는 늘 궁극적인 실체에 대한 우리의 사고에 영향을 미칩니다.

캠벨 문화는 그러한 개념적인 것을 넘어서라고 가르치기도 하지요. 그게 바로 입문 의례라는 것입니다. 우리의 진정한 입문 의례는, "산타 클로스는 존재하지 않는다"는 힌두의 구루(導師)의 가르침 속에 있습니다. 산타 클로스는 부모와 자식의 관계를 이어주는 은유이지요. 관계라는 것은 분명히 존재하는 것입니다. 따라서 그것은 체험이 가능하지요. 그러나 산타 클로스는 없습니다. 산타 클로스는 관계를 인식하는 길로 아이들을 인도하는 하나의 방법에 지나지 않습니다.

본질적으로, 그리고 속성상, 인생은 죽이고 먹음을 통해야 살아지는 무서운 신비의 덩어리입니다. 그러나 이러한 고통이 없이 인생을 살겠다고 하는 것, 인생이 원래는 이런 것이 아니리라고 생각하는 것은 정말 유치한 발상이라고 볼 수 있지요.

모이어스 조르바는 인생에 대하여, "말썽? 인생이라는 게 어차피 말썽 아닌가" 하고 있습니다.

캠벨 죽음에만 고통이 없을 뿐이에요. 사람들은 나에게, "이 세상 일을 낙관하십니까" 하고 묻습니다. 그러면 나는 이렇게 대답하지요. "그래요. 인생은 이대로도 굉장해요. 당신은 재미가 없나 보군요. 인생을 개선한 사람은 없어요. 그러니까 이보다 나아지지는 않을 겁니다. 이대로일 테니까 받아들이든지 떠나든지 하세요. 바로잡는다거나 개선할 수는 없을 테니까."

모이어스 그런 사고방식은 사악한 것을 긍정적으로 받아들이게 하지 않겠습니까?

캠벨 우리는 사악한 일에도 참여하고 있어요. 참여하지 않으면 살아가지 못합니다. 우리가 잘한다고 하는 일이 어느 누구에게는 반드시 사악한 일이 됩니다. 이 세상 피조물이 피할 수 없는 아이러니이지요.

모이어스 신화에서 선악의 관념은 어떻게 나타납니까? 빛의 힘과 어둠의 힘의 갈등으로 나타나는 선악의 관념 말입니다.

캠벨 선악의 관념은 원래 조로아스터교의 관념이었는데, 이것이 유태교와 기독교로 흘러들어 왔어요. 다른 종교의 전승에 따르면 선악은 우리의 입장에 따라서 상대적인 것입니다. 어느 한쪽에 선한 것은 그 반대쪽에는 악한 것이지요. 인생이라는 게 참혹한 것임을 알면 물러서지 않고 자기가 맡은 역할을 해낼 수 있어요. 그러나 그것만 알아서는 안 됩니다. 이 참혹함이 바로 신비, 무섭고도 놀라운 신비의 바탕이라는 것까지 알아야 합니다.

"인생은 슬픈 것이다", 이것은 석가가 처음으로 내뱉은 말입니다. 사실이 그렇지요. 세속성(상실하고, 상실하고, 상실하는 것으로 인한 슬픔의 원인)이 개입되어 있지 않은 삶은 삶이 아니지요. 그러니까 우리는 삶을 긍정하고, 이대로도 훌륭한 것으로 보아야 합니다. 왜냐하면 하느님의 의도가 이러한 것이었으니까요.

모이어스 선생님도 정말 그렇게 믿습니까?

캠벨 이대로가 즐거운 겁니다. 나는 누가 이런 식으로 되기를 의도했다고는 믿지 않습니다만, 어쨌든 이렇게 되어 있잖아요? 제임스 조이스의 한마디가 기억납니다. 그는 "역사는 내가 헤어나려고 몸부림치는 악몽"이라고 했지요. 그러니까 이 악몽에서 헤어나는 길은, 두려워하지 않고 지금 이대로의 모습 자체가 만물을 창조한 무서운 힘의 현현임을 깨닫는 일입니다.

　사상(事象)의 끝은 늘 고통스러운 법입니다. 그러나 고통 또한 세상이 존재하는 까닭의 일부입니다.

모이어스 만일 그것을 최종적인 결론으로 받아들이신다면, 선생님께서는 법률도 제정하지 않으시고 전쟁이 일어나도 싸우지 않으실 겁니까?

캠벨 그렇게는 말하지 않았어요.

모이어스 모든 것을 그대로인 채로 받아들인다는 데서 논리적으로 결론을 도출하자면 그렇지 않습니까?

캠벨 그건 도출할 필요가 없는 결론입니다. "나는 이 삶에 참여하겠다, 군대에도 가겠다, 전쟁터에도 가겠다", 이것일 뿐입니다.

모이어스 "최선을 다하겠다" 이겠군요?

캠벨 "시합에도 참가하겠다. 시합이라는 것은 멋진 것이다, 다치지만 않는다면……", 이런 태도가 되겠지요.

　단언(斷言)은 어려워요. 우리는 늘 조건을 붙여가면서 단언하지요. 나는, 산타클로스가 마땅히 그래야 한다고 하던 것과 똑같은 조건을 붙이면서 단언하지요. 하지만 그런 식으로 단언하는 것, 그것도 실은 어려운 거예요. 그래서 의례가 있는 겁니다. 의례를 통해서, 사람들은 가장 은밀한 행위에 무리를 지어 참가하지요. 은밀한 행위가 무엇일까요? 삶에 필요한 행위, 즉 다른 생명을 죽여서 먹는 행위지요. 우리는 이런 짓을 무리지어 합니다. 그게 삶인 것이죠. 영웅이 이러한 여느 사람과 다른 점은 개인적인 원한이나 절망이나 복수로서가 아닌, 자연의 방법으로 용감하게, 그리고 아름답게 삶에 참가한다는 점입니다.

영웅의 행동 반경은 초월적인 것이 아니라 지금 여기, 선악이 있는 시간의 장, 대극이 있는 곳입니다. 인간은 누구나 초월의 장을 나서면 대극의 장으로 들게 마련입니다. 인류는 선악뿐 아니라, 남성과 여성, 정당함과 부당함, 이것과 저것, 빛과 어둠까지 알게 하는 지혜의 나무의 열매를 먹었습니다. 이 시간의 장에 있는 모든 것은 이원적입니다. 과거와 미래가 그러하고, 삶과 죽음, 존재와 부재가 그러합니다. 그러나 상상력 속에 존재하는 궁극적인 한 쌍의 대극은 남성과 여성입니다. 이 경우 남성은 공격적이고, 여성은 수용적이며, 남성은 전사(戰士)이고 여성은 몽상가입니다. 우리에게는 사랑의 영역과 전쟁의 영역이 있습니다. 프로이트는 이것을 에로스(사랑)와 타나토스(죽음)라고 하지요.

헤라클레이토스는, 신에게는 모든 것이 선하고 옳고 의로우나, 인간에게는 어떤 것은 옳아 보이고 어떤 것은 옳아 보이지 않는다고 썼습니다. 우리가 인간이라고 할 때의 이 인간은 시간의 장, 결정의 장에 놓입니다. 삶의 여러 어려움 중 하나는 이 양자의 존재를 인식하고 살아야 한다는 것입니다. 말하자면 "나는 중심을 알고 있다. 나는 선과 악이라는 것은 이 속세의 착각일 뿐이요, 하느님 보시기에는 아무 차이도 없는 것임을 안다", 이러한 인식과 함께 살아야 한다는 것이지요.

모이어스 《우파니샤드》에서는, "남성도 아니요, 여성도 아니요, 그렇다고 중성도 아닌, 즉 어떤 몸을 받든지 그 몸을 통하여 드러날 뿐"이라고 말하지요. 결국 우파니샤드적 관념이군요.

캠벨 그렇지요. 그래서 예수는, 비판을 받지 않으려거든 남을 비판하지 말라고 했던 겁니다. 바꾸어서 말하면, 선악을 논하기 전에, 천국에서 한 자리 차지하겠다는 생각을 버리라는 겁니다. 하지만 육준강대의(六遜講臺床)에 선 사람들에게서 이 말을 듣기는 대단히 어렵지요. 우리 인생에서 견딜 수 없는 일 중 하나는, 속으로는 구역질이 나는 타인, 혹은 타인의 행동, 혹은 타인의 조건에 대해서도 '옳다'고 해야 하는 것입니다.

모이어스 정말로 구역질나는 일이지요.

캠벨 이런 종류의 판단에는 두 측면이 있어요. 하나는 어떤 행동의 장에서 우리의 판단, 또 하나는 형이상학적인 관찰자로서의 판단이 그것입니다. 이 세상에 독이 있는 뱀은 있을 수가 없다, 이렇게 말할 수는 없는 일입니다. 이게 바로 삶이라는 겁니다. 하지만 실제 행동의 장에서는 우리의 행동이 달라집니다. 뱀이 사람을 물려고 하면 우리는 뱀을 때려죽이고 맙니다. 이 경우 우리가 부정한 것은 뱀이 아니고 그 상황입니다.《리그 베다》에 아주 좋은 구절이 나옵니다. 여기에서 말하는 '나무'란 생명의 나무, 우리 자신의 삶의 나무를 말합니다.

"나무 위에 새 두 마리가 앉아 있다. 아주 약삭빠른 녀석들이다. 그런데 한 마리는 그 나무의 과실을 먹는데, 다른 한 마리는 먹지 않고 관찰만 한다."

자, 나무의 과실을 먹는 새는 그 과실을 죽이고 있지요. 그러나 관찰만 하는 새는 필경은 굶어죽고 말 것입니다. 결국, 생명은 생명을 먹고서 산다는 이야깁니다. 인도의 신화에는 시바 신의 다음 같은 이야기가 나옵니다. 시바 신은 춤을 추는 신입니다. 우리가 우주라고 부르는 것은 이 신의 춤입니다. 시바 신의 아내는 파르파티 여신인데, 이 여신은 산들을 주재하는 왕의 딸입니다. 어느 날 한 괴물이 시바 신에게 와서, "그대의 아내를 내 애인으로 삼고 싶다"고 말합니다. 시바 신은 화가 나서 잠깐 '제3의 눈'을 뜹니다. 그 순간 이 제3의 눈에서 벼락이 나와 땅을 때립니다. 연기가 일고 불길이 입니다. 그런데 연기가 가시고 나서 보니, 괴물이 있던 자리 옆에 다른 괴물이 한 마리 더 와 있습니다. 이 괴물은 피골이 상접

할 정도로 마른데다. 사방으로 뻗어 있는 머리카락은 흡사 사자의 털 같습니다. 첫번째 괴물은, 두 번째 괴물이 자기를 먹으려 하는 것을 알고는 기겁을 합니다. 자, 이런 상황에 처하면 우리는 어떻게 하지요? 인도의 전승은, 이 경우 신의 자비를 구하라고 충고합니다. 그래서 괴물은 시바 신에게 이렇게 말합니다.

"시바 신이시여, 이 몸을 신의 자비 앞에 던지나이다."

그런데 이 시바 신에게는 한 가지 원칙이 있습니다. 누가 자신의 자비 앞으로 몸을 던지면 자비를 베푼다는 것입니다. 그래서 시바 신은 이렇게 말합니다.

"오냐, 내가 너에게 자비를 내린다. 그러니 깡마른 괴물(아귀餓鬼)이여, 그 괴물을 먹지 말아라."

그러자 아귀가 항변합니다.

"그럼 나더러 어떻게 하라는 거요? 나는 배고파 죽겠어요. 신이 나를 이렇게 허기지게 했으니 이 괴물을 먹겠소."

이 말에 시바 신은 이렇게 명합니다.

"그렇게 배가 고프거든 너 자신을 먹어라."

그래서 이 아귀는 발부터 시작해서 자신을 차례로 먹어 올라가기 시작합니다. 이게 바로, 남의 생명을 먹고 사는 생명의 이미지입니다. 결국 아귀가 있던 자리에는 얼굴 하나만 덩그렇게 남게 되지요. 시바 신은 그 얼굴을 물끄러미 바라보다가 이렇게 말하지요.

"삶이라는 게 무엇인지를 이토록 극명하게 보여주는 것은 없을 터이다. 내 너를 '키르티무카'라고 이름하리라."

'키르티무카'는 '영광의 얼굴'이라는 뜻입니다. 시바 신전이나 불교 사원에 가 보면 시바나 부처의 대좌(臺座)에서 이 가면 같은 것, 즉 영광의 얼굴을 볼 수 있습니다. 시바 신은 이 영광의 얼굴을 향하여, "누구든 너를 예배하지 않는 자는 나에게 올 자격이 없다"고 합니다. 그러므로 우리는, 우리가 정한 원칙에 어긋난다고 해서 '아니'라고 할 것이 아니라, 이 삶의 기적 앞에서 고개를 끄덕거려야 할 것입니다. 그렇지 않고는 형이상학적인 차원에 이를 수 없습니다.

인도에 있을 때의 일입니다. 아주 이름난 구루(導師), 혹은 남들에게 스승 노릇을 하는 사람을 직접 만나보고 싶더군요. 그래서 나는 스리 크리슈나 메논이라는 대단히 명망이 있는 분을 찾아갔어요. 나를 보더니 그가 묻습디다. 질문이 있느냐고요.

인도의 전통입니다만, 스승 되는 사람은 찾아오는 사람에게 늘 이런 질문을 던집니다. 이들은 상대방이 들을 준비가 되어 있지 않는 한 아무것도 말해주지 않습니다. 그래서 나는 이렇게 말했지요.

"그렇습니다, 질문이 있습니다. 힌두의 사고 체계에 따르면 이 우주의 만물은 모두 신의 현현(신이 스스로를 드러내는 모습)입니다. 그런데 어떻게 우리가 이 세상의 만물에 대해 '아니'라는 말을 할 수 있겠습니까? 폭력에도, 우둔함에도, 비천함에도, 사려분별이 없음에도 아니라고 해서는 안 되는 것입니까?"

그랬더니 그분이 이럽디다.

"선생을 위해서나 나를 위해서나, 아니라고 하면 안 되겠지요."

이렇게 해서 우리는 만물을 긍정한다는 주제를 놓고 아주 재미있는 이야기를 나누었습니다. 이야기를 나누다 보니 문득, 우리가 누구를 비판한단 말인가, 하는 확신이 생깁디다. 예수의 위대한 가르침도 이것이 아니었던가 싶군요.

모이어스 고전적인 기독교 교리에 따르면 이 물질의 세상은 무시되고, 뒤에 생명만 천국에서 구원을 받습니다. 이승에서 보냈던 삶에 걸맞은 상을 받는 것이지요. 하지만 선생님 말씀을 들어보면, 뉘우쳐 깨달을 경우 이 순간의 세상이 곧 영원이라는 확신에 이르는 것 같군요.

캠벨 내가 하는 말의 뜻이 바로 그겁니다. 영원이라는 것은 뒤에 오는 것이 아니에요. 영원은 그리 긴 시간도 아닙니다. 아니, 영원이라는 것은 시간과 아무 상관도 없는 것입니다. 영원이라는 것은 세속적인 생각을 끊는 바로 지금의 이 자리에 있습니다. 천국의 개념이라는 문제로 보면, 거기에서 지복(至福)을 누리면서는 영원이라는 것을 생각에도 두지 않게 됩니다. 영원과는 아무 상관없이 하느님의 지복 직관에서 끊임없는 복락을 누린다는 것이지요. 하지만 선악의 분별이 없이 지금 이 자리에서 만물의 영원을 경험하면 어떻습니까? 그 경험에는 인생의 그런 기능이 있어요.

모이어스 그렇군요.

캠벨 그렇지요.

들소, 라스코의 암벽화(岩壁畫)
지복(至福)의 석기 시대 수렵민의 삶과 삶의 양식이 우리 육신을 형상 짓고 우리 마음의 얼개를 짜놓았는데도
그 수렵민의 세계는 우리 육신에도 남아 있지 않고 마음에도 남아 있지 않다.
그러나 이 수렵민들의 동물 사절(使節)에 관한 기억은, 우리가 광야로 나갈 때마다 깨어나
우리의 마음을 흔드는 것으로 보아 우리 안에 잠들어 있음이 분명하다. 그 기억은, 우리가 천둥소리에 놀랄 때도 잠을 깬다.
우리가 암벽화 동굴로 들어설 때도 이 기억은, 그림을 알아보는 듯 잠을 깬다.

3. 태초의 이야기꾼들

'눈에 보이지 않는 권능'의 사절(使節)이던 동물은 이제, 원시 시대처럼 인류를 가르치고 인류를 인도하지 않는다. 곰, 사자, 코끼리, 야생 염소, 가젤 영양은 이제 동물원 우리에 들어앉아 있을 뿐이다. 인간은 이제 처녀림 세계의 신인(新人)이 아니다. 인간의 이웃은 이제 들짐승이 아니라, 끊임없이 불바퀴 별을 도는 이 지구라는 행성 위에서 먹을 것과 살 데를 다투는 다른 인간이다. 지복(至福)의 석기 시대 수렵민의 삶과 삶의 양식이 우리 육신을 형상 짓고 우리 마음의 얼개를 짜놓았는데도, 그 수렵민의 세계는 우리 육신에도 남아 있지 않고 마음에도 남아 있지 않다. 그러나 이 수렵민들의 동물 사절에 관한 기억은, 우리가 광야로 나갈 때마다 깨어나 우리의 마음을 흔드는 것으로 보아 우리 안에 잠들어 있음이 분명하다. 그 기억은, 우리가 천둥소리에 놀랄 때도 잠을 깬다. 우리가 암벽화 동굴로 들어설 때도 이 기억은, 그림을 알아보는 듯 잠을 깬다. 이 동굴의 샤먼이 탈혼망아(脫魂忘我) 상태에서 내려가던 우리 내면의 어둠이 어떤 어둠인지는 나도 모르겠다. 그러나 우리가 꿈속에서 더러 찾아가는 것으로 보아 우리의 내부에도 있는 것이 분명하다.
— 조셉 캠벨의 《금수(禽獸)의 권능을 찾아서(The Way of the Animal Power)》에서

모이어스 워즈워드의 시에 "우리의 삶은 수면(睡眠)과 망각일 뿐. / 영혼은 우리와 함께 떠오르는, 우리 삶의 별 / 영혼에게는 집이 있음인가? / 그렇게 멀리서 오는 것을 보면?", 이런 구절이 있습니다. 워즈워드의 말이 옳다고 생각하십니까? 우리의 영혼이 정말 이럴까요?

캠벨 그런 것 같군요. 하지만 망각만인 것은 아니지요. 우리 육신의 신경은 우리의 기억을 운반하는 역할을 합니다. 그런데 우리 신경계통의 조직을 일정한 상태까지 빚어낸 것이 바로 우리의 기억입니다.

모이어스 우리의 혼은 고대의 신화에 어떤 빚을 지고 있습니까?

캠벨 고대의 신화는 몸과 마음을 조화시킬 목적으로 빚어진 것입니다. 우리의 마음은 헛길로 들어서서 하느작거릴 수도 있고, 몸이 바라지 않는 것을 바랄 수도 있습니다. 신화와 의례는 마음을 몸에다 조화시키기 위한 수단, 자연이 가르치는 대로 삶을 자연에 조화시키기 위한 수단입니다.

모이어스 그래서 이런 신화와 옛 이야기가 우리 안에 살아남아 있는 것이군요.

캠벨 그렇지요. 인간의 발달 단계는 고대나 지금이나 마찬가지입니다. 어린 시절에는 이 세상의 질서와, 복종하는 법을 배웁니다. 이 시기에는 다른 사람에게 기대어서 살지요. 그러나 성숙하면 이 모든 것을 뛰어넘어야 합니다. 그래야 부모에게 의존하지 않고 자기가 책임지는 삶을 살아갈 수 있게 되지요. 이 문턱을 넘어서지 못하면 신경증이 생깁니다. 그리고 이 세상을 내것처럼 사는 시절이 지나면, 이윽고 세상을 남에게 양보하는 때가 옵니다.

모이어스 그러다가 결국 죽는 거지요?

캠벨 그러다가 결국 죽는 거지요. 죽음은 최종적인 해방입니다. 그런데 신화는 두 가지를 두루 섬깁니다. 즉 젊은이를 이 세상의 삶과 만나게 할 때도 신화가 끼여들고(여기에서 바로 종족 특유의 관념이 기능합니다), 이 삶에서 해방될 때도 신화가 개입합니다. 말하자면, 종족적 관념은 인류의 근본적인 관념의 껍질을 벗기는데, 이 근본적인 관념이 바로 우리를 내적인 삶으로 안내해준답니다.

모이어스 이 신호는, 다른 사람들은 그 내적인 삶의 길을 어떻게 갔고, 나는 어떻게 가야 할 것인가를 가르쳐줍니다.

캠벨 그렇습니다. 뿐만 아니라 그 길에서 어떤 것이 선한지도 가르쳐줍니다. 마지막 순간을 향해 가고 있는 나에게도 그게 느껴집니다. 신화는 나에게도 어느 길로, 어떻게 가야할지 일러줍니다.

모이어스 어떤 종류의 신화를 말씀하시는 것인지요? 실제로 선생님께 도움을 주는 그 신화가 무엇인지 가르쳐주시지요.

캠벨 가령 인도의 신화에 따르면 말이지요. 우리가 삶의 한 단계에서 다른 단계로 들어갈 때는 입는 것도 달라지고 이름도 달라집니다. 교수직에서 은퇴하고 나서 나는 내가 새로운 삶의 길을 찾아야 한다는 걸 알았습니다. 그래서 나는 삶에 관한 나의 사고방식도 바꿨습니다. 말하자면 삶에 관한 관념 자체를 바꾼 겁니다.

그러니까 공부하고 활동하는 삶을, 이 신비를 즐기고 감사하고 편한 마음으로 받아들이는 삶으로 바꾼 것이지요.

모이어스 그러다 보면 어둠의 문을 지나는 마지막 길이 열리겠지요.

캠벨 그렇기는 하지만 문제는 없어요. 육신이 그 힘의 정점에 올랐다가 내리막길로 들어서는 중년의 문제는, 자기 자신을 그 나이의 육신과 동일시하지 않고 그 나이의 의식과 동일시하는 데 있어요. 문제는 여기에 있어요. 중년에 이르면 육신은 내리막길로 들어서지만, 육신이라는 수레에 실리는 의식은 그렇지 않아요. 나는 이 문제의 해답도 신화에서 배웠어요. 나는 무엇인가? 나는 빛을 내는 전구(電球)인가, 전구가 수레가 되어 실어 나르는 빛인가……. 나이를 먹어갈 때 생기는 심리적인 문제는 바로 죽음을 두려워하게 된다는 거예요. 사람들은 죽음의 문을 한사코 거부해요. 그러나 육체는 의식의 수레와 같은 것입니다. 만일 우리가 우리 자신을 의식과 동일시하게 되면, 우리는 그 의식의 수레인 육신이 낡은 자동차처럼 부서져가는 것을 볼 수 있게 됩니다. 처음에는 범퍼가 내려앉고, 다음에는 타이어……. 그런 식으로 하나 하나씩 내려앉는 것을 볼 수 있게 됩니다. 이것은 예측이 가능해요. 이렇게 하나씩 무너져가다 보면 이윽고 의식이 의식과 다시 만나는 대목이 옵니다. 이러한 상황에 이르면 더 이상은 살아 있는 상황이 아니지요.

모이어스 그렇다면 신화는 나이를 먹어가는 것에 대해서도 어떤 메시지를 전하겠군요? 제가 왜 이런 말씀을 드리는고 하니, 신화의 대부분은 아름다운 청년의 시대를 그리고 있는 것 같아서이지요.

캠벨 그리스 신화가 특히 그렇지요. 우리는, 신화 하면 그리스 신화와 성서 신화를 떠올리지요. 이 두 문화권의 신화에는 신화의 인간화(人間化) 경향이 있어요. 말하자면 인간에게 아주 큰 액센트가 주어지지요. 특히 그리스 신화는 인간성과 젊음의 아름다움 쪽으로 많이 기울어져 있어요.

모이어스 다른 문화권의 신화는요?

캠벨 그렇게까지 젊음의 아름다움을 강조하지는 않지요.

모이어스 선생님께서는 죽음의 이미지가 신화의 시작이라고 하신 적이 있습니다. 무슨 뜻으로 하신 말씀인지요?

캠벨 자료에 따르면, 태고의 신화스러운 생각은 무덤과 관련이 있는 것으로 보여요.

모이어스 인간이 삶의 요체가 눈에 보이는데도 보지는 않고, 삶을 신비로워한다는 것인가요?

캠벨 뭐, 그 비슷한 것이겠죠. 우리는 우리의 경험이 어떠할지 짐작해서 헤아리는 수밖에 없어요. 사후에도 삶이 계속된다는 생각에서 무기라든지 제물 같은 것을 합장하는 습속……. 이것은 거기에 묻혀서 싸늘하게 식어가거나 썩어가거나 하는 사람 앞에 그 사람이 따뜻하게 살아 있던 적이 있었음을 암시합니다. 그러나 지금 우리가 발굴한 부장품 옆에는 그 사람들이 없습니다. 이 사람들은 어디에 있지요?

모이어스 인간이 언제 죽음이라는 것을 발견했다고 생각하시는지요?

캠벨 최초의 인간이 이 땅에서 살 때이겠지요. 왜냐, 그 사람들 역시 죽었을 테니까. 많은 짐승에게는 옆에서 동료가 죽어가는 것을 본 경험이 있을 것입니다. 그러나 우리가 아는 한, 짐승에게는 죽음에 대한 관념이 없습니다. 인간의 경우도 네안데르탈 시기에 이르러야 죽은 사람을 무기나 제물 같은 것과 합장하게 됩니다. 그러나 그전에 죽음을 의미심장하게 생각했을 것이라는 증거는 없어요.

모이어스 이런 제물은 무엇을 의미합니까?

캠벨 알 수 있을 것 같지 않군요.

모이어스 추측만이라도 해보신다면?

캠벨 나는 되도록 추측 같은 건 안 하려고 합니다. 잘 아시다시피 우리에게는 이 방면의 정보가 어마어마하게 많이 있어요. 하지만 어느 일정한 지점에 이르면 정보가 딱 끊겨버립니다. 그 사람들의 기록이 나타나기 전에는 그 사람들이 무슨 생각을 하고 있었는지 알 수 없습니다. 우리 수중에 있는 것은 그저 의미심장한 구덕

다리 출토물에 지나지 않는 것이지요. 역으로 추정해 올라갈 수는 있겠지요만 그건 위험합니다. 그럼에도 우리는 한 가지를 압니다. 즉 매장 의례(埋葬儀禮)는 가시적인 삶 너머에 있는 다른 삶의 존재에 관한 관념, 가시적인 차원 너머에 있는 다른 존재의 차원(우리가 사는 가시적인 삶의 버팀목 노릇을 하는)이라는 관념과 무관하지 않다는 점입니다. 어디에선가, 가시적인 우리 삶의 버팀목 노릇을 하는 불가시적인 삶이 있을 것이다……. 이것은 신화의 기본적인 테마를 이루는 관념이라고 해도 좋을 것 같군요.

모이어스 그러니까 우리가 알지 못하는 것이 우리가 아는 것을 버티어주는군요.

캠벨 그렇지요. 보이지 않는 버팀목이라는 관념은 보이지 않는 사회(즉 저승)와도 밀접한 관계를 지닙니다. 그 사회는 우리 앞에 있습니다. 그것은 우리가 이승을 떠나면 나타납니다. 그런데 우리는 그 사회의 일원이 됩니다. 우리 자신과 사회를 연결시키는 신화, 다시 말해서 부족 신화는 우리에게, 우리가 현실의 조직보다 훨씬 더 큰 조직의 한 기관에 지나지 않는다는 생각을 심습니다. 현실 사회는 그 부족의 목적지에 있는 큰 조직의 한 기관에 지나지 않지요. 의례의 중심적인 목적은 한 개인을, 그 개인의 육신보다 훨씬 큰 형태론적 구조에 귀속시키는 것입니다.

　사람은 죽임을 통하여 살아갑니다. 그래서 사람에게는 이러한 행위와 관계 있는 죄의식이 있지요. 매장에도, 친구는 죽었지만 다른 곳에서 계속해서 살 것이라는 의식이 반영됩니다. 이런 문맥에서 보면, 내가 죽인 짐승도 죽는 것이 아니고 계속해서 살아 있는 것으로 됩니다. 태고의 사냥꾼들에게는 동물신이 있었어요. 전문적인 용어를 쓰자면 '동물의 주(主)', 뭇 동물의 가장 어른인 동물입니다. 그런데 바로 이 동물의 주가 동아리 중 하나를 보내어 사냥꾼 손에 죽게 합니다. 잘 아시겠지만 사냥의 신화를 보면, 동물의 세계와 인간의 세계가 계약을 맺는 것을 볼 수 있습니다. 동물은 사냥꾼에게 기꺼이 목숨을 내어줍니다. 그냥 내어주는 것이 아닙니다. 자기 삶이 육신의 한계를 초월하면, 회생 의례(回生儀禮)를 통해 흙으로 돌아오든지 아니면 어머니의 뱃속으로 되돌아온다는 것을 알고 내어주는 겁니다. 그런데 이 회생 의례는 그 부족이 주식(主食)으로 하는 동물에 대해서만 치러집니다. 아메리카 평원의 인디언에게 그것은 들소입니다. 북서부 해안에 사는 인디언들은 연어가 올라올 때가 되면 대규모 축제를 벌이는데, 이들에게 주식이 되는 동물은 연어입니다. 남아프리카에서는 큰 영양인 일란드가 바로 으뜸가는 동물인 것이지요.

모이어스 으뜸가는 동물이라면…….

캠벨 그 부족의 주식이 되는 동물, 식량원이 되는 동물이지요.

모이어스 그러니까 태고의 수렵 사회 경우, 인간과 동물 사이에 유대가 있었다는 거군요? 즉 한쪽이 다른 한쪽을 잡아먹는 것이 묵인되는 어떤 유대라고 할까요?

캠벨 삶의 모습이 그렇습니다. 인간은 사냥꾼입니다. 사냥꾼은 맹수와 마찬가지입니다. 신화를 보면, 사냥하는 맹수와 사냥감이 되는 짐승이 어울려 의미심장한 역할을 연출해냅니다. 이 양자는 삶의 두 측면을 암시하지요. 즉 공격적이고 죽이고 정복하고 창조하는 삶의 측면과, 대상, 혹은 객체가 되는 삶의 측면을 암시하는 것이지요.

〈늑대 가죽을 쓴 록키산 기슭의 들소사냥꾼〉, 조지 캐틀린, 1832~1839년
부시맨의 삶 및 아메리카 대륙의 원주민과 들소의 관계로 보아 이 사냥꾼과 사냥감의 관계는
서로 숭배하는 관계, 서로 존중하는 관계였을 가능성이 큽니다.

모이어스 결국 삶의 모습이 그렇다는 말씀이군요. 그런데 사냥꾼과 사냥감의 관계는 어떻습니까?

캠벨 부시맨의 삶 및 아메리카 대륙의 원주민과 들소의 관계로 보아 이 사냥꾼과 사냥감의 관계는 서로 숭배하는 관계, 서로 존중하는 관계였을 가능성이 큽니다. 부시맨은 아프리카의 사막에 사는 종족입니다. 이들의 삶은 대단히 고단합니다. 특히 사막의 환경 속에서 사냥은 대단히 힘에 겨운 일입니다. 사막에는 나무가 별로 없기 때문에 크고 강력한 활을 만들 수도 없습니다. 그래서 부시맨의 활과 화살은 아주 작습니다. 활을 쏘아봐야 채 30야드(약 27.4미터 – 옮긴이)를 나갈까 말까 합니다. 이런 화살의 관통력이라고 해봐야 보잘것없는 것이 당연하지요. 짐승의 가죽도 겨우 뚫습니다. 그러나 부시맨은 이 화살 끝에다 강력한 독약을 바르기 때문에, 일란드 영양같이 큰 짐승도, 맞으면 하루나 한나절 정도 괴로워하다가 죽어버립니다.

　짐승이 화살에 맞아 고통스럽게 죽어가면, 사냥꾼은 이것은 하고 저것은 하지 않는다는 식의 자기 희생적인 금제(禁制)를 지킵니다. 그 동물의 죽음에 대해 일종의 '신비에의 참여'를 하는 거지요. 이렇게 하는 까닭은 그 짐승의 죽음은 자기네들로 인한 것이고, 또 그 짐승의 고기가 자기네들의 음식이 될 터이기 때문입니다. 여기에는 일종의 동일시, 신화적인 동일시가 개입합니다. 따라서 죽임이라는 것은 단순한 살육이 아닌 의례 행위가 됩니다. 우리가 먹기 전에 기도를 하여 먹는 행위 자체를 의례 행위로 만드는 것과 유사합니다. 이 의례 행위는 목숨을 버린 동물에게 먹을 것을 준 것을 자진해서 감사하는 의례, 그 동물이 아니었으면 굶을 수밖에 없었음을 인정하는 의례입니다. 그러니까 사냥은 의례인 것이지요.

모이어스 그렇다면 의례는 영적인 현실을 표현하는 것이겠군요.

캠벨 의례는, 나의 개인적인 충동 때문에 너를 죽인 것이 아니다, 이것도 다 자연의 법칙에 화합하는 행위다, 이런 뜻을 나타내고 있지요.

내가 들은 바에 따르면, 부시맨은 짐승 이야기를 할 때면 실제로 입을 그 짐승처럼 만들면서 그 짐승의 소리를 그대로 흉내낸다고 합니다. 그러니까 이들에게는 이런 짐승에 대한 지식도 있고, 이웃으로 여기는 인정도 있는 것이지요.

그런데도 먹기 위해서는 죽입니다. 내가 알기로, 목축을 하는 사람에게는 자기가 아끼는 소가 한 마리씩은 꼭 있습니다. 이들은 다른 쇠고기는 먹어도 이 소의 고기만은 먹지 않습니다. 친구의 고기를 먹는다는 식인 습속을 연상시키기 때문입니다. 하지만 원시인들은 친구의 고기도 곧잘 먹었던 모양입니다. 그랬으니 심리적 보상 작용이 있어야 했을 테지요. 그런데 신화가 그걸 돕게 됩니다.

모이어스 어떻게요?

캠벨 초기 신화는, 삶에 필요한 행위일 경우이면 그 일에 기꺼이 참여하게 하면서도 공포나 죄의식을 느끼지 않게 해줍니다. 말하자면 심리적인 부담을 덜어주는 것이지요.

모이어스 이런 이야기를 읽어보면 굉장한 역동성이 느껴지고는 합니다. 사냥꾼과 사냥감이 서로를 적으로 의식하지 않고, 친구라든지 신의 사자 같은 것으로 의식하고는 하지요.

캠벨 그렇지요. 먹이가 된 짐승은 대개 신의 사자가 되고는 합니다.

모이어스 결국 사냥꾼은 신의 사자를 죽인 것이군요?

캠벨 신을 죽인 것이지요.

모이어스 죄의식을 느끼지 않습니까?

캠벨 신화가 그 죄의식을 닦아줍니다. 그 짐승을 죽인 것은 개인적인 행위가 아니었거든요. 자연의 일을 대신한 것에 지나지 않지요.

모이어스 죄의식이 신화에 의해 닦여질 수 있습니까?

캠벨 있지요.

모이어스 그렇다면 사냥 행위에 대해 때로는 역겨움 같은 것을 느꼈을 수도 있겠군요. 정말 짐승을 죽이고 싶지 않을 때엔 말입니다.

캠벨 짐승은 아버지와 같습니다. 프로이트 학파는 남자가 최초로 적을 느끼는 것은 아버지에게서라고 주장합니다. 그러니까 남자의 경우, 적은 잠재의식적으로, 심리적으로 아버지 이미지와 관계가 있다는 겁니다.

모이어스 짐승의 이미지가 신이 지니는 아버지 이미지가 될 때도 있습니까?

캠벨 있지요. 주식이 되는 짐승에 대한 종교적 태도가 존경과 숭배에 이르는 것은 사실입니다. 더욱이, 사람은 자신의 주식이 되는 짐승에 대한 영감에 사로잡히기까지 합니다. 이런 짐승은 인간에게 은혜를 주는 짐승, 즉 담배나 신비로운 파이프 같은 선물을 가져다주는 짐승이 되기도 합니다.

모이어스 옛날 사람들은 신, 혹은 신의 사자인 짐승을 죽였던 셈인데, 이것 때문에 괴로워하지는 않았을까요?

캠벨 했겠지요. 그래서 의례가 있었던 것 아니겠어요?

모이어스 어떤 의례 말씀인지요?

캠벨 사냥한 짐승에게 감사를 드림으로써 그 짐승의 영혼과 화해하고자 하는 의례지요. 예를 하나 들어볼까요? 곰을 잡으면, 그 곰의 고기를 다른 곰에게 먹이는 의례가 있어요. 그런가 하면 곰 가죽을 시렁 같은 데 거는 의례도 있어요. 이 의례는 곰고기를 먹는 자리에 그 곰이 임재(臨在)하기를 비는 의례인데, 실제로 이렇게 하면 곰이 와서 자기 고기를 함께 먹는 것으로 믿어졌지요. 물론 이런 의례에는 불이 지펴집니다. 불은 여신입니다 이렇게 해놓으면 산신(山神)인 곰은 여신인 불과 대화까지 즐기게 되지요.

모이어스 어떤 대화를 할까요?

캠벨 글쎄요. 들은 사람이 없으니 모르는 일이지만, 사교적인 대화가 오가겠지요.

모이어스 만일 이 화해가 받아들여지지 않으면 곰은 나타나지 않게 되고, 그러면 사냥꾼들은 굶어죽게 됩니까? 이렇게 되면 사냥꾼들은 곰의 권능보다 더 큰 다른 권능에 의지하게 되겠지요?

캠벨 그렇지요. 그게 바로 동물의 주입니다. 이 동물의 주는 동물들로 하여금 이 사냥꾼과의 관계로 기꺼이 뛰어들게 하지요. 세계의 어디에 가든지, 수렵민은 주식이 되는 동물과 굉장히 친밀한 관계를 유지하는 것을 볼 수 있어요. 식탁에 앉으면 우리는 먹을 것을 준 하느님께 감사 기도를 하지요? 이들 수렵민도 그 동물에게 감사한답니다.

모이어스 이러한 의례를 통하여, 사냥감이 된 동물과 화해하는 행위는 어떻습니까, 슈퍼마켓의 정육점 코너 주인에게 슬쩍 뇌물을 좀 집어주는 것과 비슷합니까?

캠벨 아닙니다. 뇌물을 집어주는 행위와는 다를 겁니다. 상호 관계를 맺어준 친구에게 고마움을 나타내는 것에 가깝지요. 고마운 뜻을 나타내지 않으면 짐승들이 화를 내리라는 생각에서 말이지요.

사냥감을 죽이는 것과 관련된 의례가 있어요. 사냥꾼은 사냥을 나가기 전에 산꼭대기 흙바닥에다 자기가 장차 잡을 짐승의 모양을 그립니다. 산꼭대기는 해가 뜨면 첫 햇살이 비치는 곳 아닙니까? 해가 뜨면, 사냥꾼은 동료들과 함께 거기에 대기하고 있다가 의례를 베풉니다. 이윽고 햇살이 그 짐승 그림을 비추면, 사냥꾼은 빛살을 따라 화살을 날려 그 짐승 그림을 명중시킵니다. 그러면 거기에 있던 여자가 사냥꾼의 도움을 받아 손을 번쩍 쳐들고는 소리를 지릅니다. 사냥꾼은 이 의례가 끝난 다음에야 사냥을 나가 짐승을 죽입니다. 이때 사냥꾼이 쓰는 화살은 조금 전에 짐승 그림을 맞추었던 바로 그 화살입니다. 이렇게 해서 짐승을 잡은 사냥꾼은 다음날 아침 해뜰녘에 산으로 올라가서는 동물 그림을 지워버립니다. 이 의례는, 내가 짐승을 잡은 것은 자연의 뜻에 따른 것이지 나의 개인적인 의도와는 상관없는 것이다, 이런 뜻을 지닙니다.

이번에는 이런 의례가 베풀어지는 문화권과는 전혀 상관없는 문화권의 이야기를 하나 해볼까요? 일본의 무사인 사무라이 이야깁니다. 이 무사는 자기 영주(領

主)의 복수를 하기 위해 떠돕니다. 마침내 사무라이는 자기 영주를 죽인 원수를 어느 집에서 만나 구석으로 몰아놓고 단칼에 베려고 합니다. 그런데 베려는 찰나 그 원수가 사무라이의 얼굴에 침을 뱉습니다. 그러자 사무라이는 칼을 칼집에 넣고는 가버립니다.

모이어스 아니, 왜요?

캠벨 원수가 침을 뱉자 사무라이는 화가 났던 겁니다. 화가 난 상태에서 그 원수를 죽이면, 죽이는 행위는 어디까지나 개인적인 행위가 됩니다. 영주의 원수를 갚는 행위가 개인적인 행위가 되어서는 안 되지요. 그래서 그 자리를 떠버린 겁니다. 그는 개인적인 행위와는 전혀 다른, 비개인적인 복수를 위해 다시 그 원수를 찾아내야 합니다.

모이어스 이런 종류의 비개인적 행위의 의식이 아메리카 대초원 사냥꾼들의 정신 속에서도 어떤 역할을 했다고 생각하십니까?

캠벨 그렇고 말고요. 사람을 죽여 그 사람을 먹는다면, 도덕적으로 문제가 되겠지요? 대초원 사냥꾼들이 짐승을 보는 시각은 짐승을 하등(下等)하게 보는 오늘날의 우리 시각과는 다릅니다. 이들에게 짐승은 적어도 동등한 존재, 때로는 우월한 존재이기도 합니다. 짐승에게는, 사람에게는 없는 힘이 있지요. 가령 샤먼은 자주, 짐승의 영을 수호령(守護靈)으로 삼습니다. 이것은, 샤먼이 특정 짐승의 혼령을 자기의 보호자, 혹은 스승으로 삼는다는 뜻입니다.

모이어스 그런데 인간이 이 관계에서 아름다움을 상상하고 보고, 실제로 아름다움을 창조하게 됨으로써 스스로 짐승보다 우월하다고 생각하게 된 것이군요?

캠벨 글쎄요. 동등하다는 것 이상으로 우월하다고 생각한 것 같지는 않은데요? 그들은 짐승에게 삶의 본이 될 만한 것을 요구하기도 했고, 실제로 짐승은 이들 삶의 본이 되기도 했으니까요. 이렇게 될 경우에는 짐승이 우월한 것이지요. 들소의 기원에 관한 전설에 따르면, 의례를 맨 처음으로 베푼 것은 인간이 아니라 들소예요. 블랙풋족의 전설을 보면, 이들이 들소를 자신들과 동등하게 생각했음을 알 수 있어요. 들소춤 의례를 맨 처음 시작한 것이 바로 이 부족입니다. 이들은 들소의 협조를 얻어 삶이라는 이 무자비한 연극판으로 들소를 끌어내게 됩니다.

모이어스 무슨 뜻이지요?

캠벨 규모가 큰 부족이 양식거리를 구하자면 그만큼 힘이 들지 않았겠어요? 이 이야기는 바로 여기에서 생깁니다. 식구가 엄청나게 많으니까 겨울 양식도 많이 준비해야 하겠지요? 그래서 이들은 들소를 가파른 절벽으로 몰아 아래로 떨어뜨려 몰살시킵니다. 이것이 바로 저 유명한 '들소 폭포'라는 겁니다.

블랙풋족의 이야깁니다. 블랙풋족은, 아득한 옛날에는 들소를 절벽으로 몰 수 없었더랍니다. 들소 떼가 절벽까지 가서는 돌아서 버리곤 했기 때문이지요. 그런 상황이 계속되다가는, 그 부족은 고기 한 점 준비하지 못한 채로 겨울을 맞을 판이었습니다.

어느 날, 인디언 처녀가 아침 일찍 일어나 물을 길러 갔다가, 무심코 절벽 위를 쳐다보고는 놀랍니다. 절벽 위에 들소 떼가 있었거든요. 그래서 처녀는 무심결에 이런 말을 합니다.

"그대들이 절벽에서 떨어져주기만 한다면 내가 그대 중 하나에게 시집이라도 가겠다만……."

그런데 놀랍게도 들소 떼가 막 떨어지기 시작합니다. 이게 첫번째로 놀랄 만한 일입니다. 그런데 놀랄 만한 일이 또다시 벌어집니다. 들소 떼 속에서 샤먼 노릇을 하는 늙은 들소 한 마리가 어슬렁어슬렁 처녀에게 다가와 말합니다.

"이제 됐으니 나하고 가자."

처녀는 기겁을 합니다.

"안 돼, 안 돼."

그러자 들소가 처녀를 나무랍니다.

"가야 한다. 우리는 약속을 했다. 우리는 약속을 지켰다. 우리 식구들을 보아라, 저렇게 죽어 있지 않으냐? 그러니까 나하고 가야 한다."

처녀 집 식구들이 일어나 사방을 둘러보아도 민네하하(Minnehaha)는 흔적도 보이지 않습니다. 아버지는 땅바닥을 살핍니다. 인디언을 잘 알고 있지요? 발자국을 읽는 게 인디언입니다. 발자국을 읽은 아버지가 중얼거립니다.

"오냐, 들소와 함께 갔구나. 내 딸을 찾아서 데려와야겠다."

아버지는 모카신을 신고, 활과 화살을 챙겨들고는 평원으로 나섭니다. 얼마나 걸었던지 피로를 느낀 그가 좀 쉴 생각으로 땅바닥에 앉아 앞일을 생각하고 있는데, 까치가 한 마리 날아옵니다. 까치는 샤먼과 비슷한 능력을 지닌 아주 영리한 새로 믿어지지요.

모이어스 마법에도 능하다지요?

캠벨 그렇지요. 인디언은 까치에게 말합니다.

"참 아름다운 새로구나. 내 딸이 들소와 함께 도망을 친 건가? 내 딸을 보았는가? 나를 위해서 초원 위를 좀 날아다니면서 내 딸 있는 곳을 좀 알아다주지 않으려는가?"

그러자 까치가 대답합니다.

"저쪽에 예쁜 처녀가 들소 떼와 함께 있던 걸요. 멀지 않아요. 금방이면 돼요."

"좋다. 그러면 내 딸에게 가서, 들소 여울에 아버지가 와 있다고 전해주렴."

까치는 들소 무리 속에 있는 처녀에게로 날아갑니다. 들소들은 모두 잠들어 있습니다. 처녀는 뜨개질 비슷한 걸 하고 있습니다. 까치는 처녀에게 다가가, "들소 여울에서 그대의 아버지가 기다리신다"고 전합니다. 그러자 처녀가 말합니다.

"이거 큰일났네. 이러면 위험해지는데. 들소 떼가 우리를 죽일걸. 가서 우리 아버지에게 좀 기다리시라고 해주렴. 내가 갈 테니까. 일을 수습할 준비를 하고 갈 테니까."

그런데 처녀를 데려온 들소가 바로 뒤에 있습니다. 마악 잠을 깬 그 들소는 처녀에게 뿔을 뽑아주면서, "들소 여울로 가서 먹을 물을 좀 길어와 주렴" 하고 말합니다.

처녀가 뿔을 받아들고 들소 여울로 가니 아버지가 거기 있습니다. 아버지는 처녀의 팔을 거머쥐면서, "어서 가자." 하고 말합니다.

그러나 처녀는 고개를 가로저으면서 대답합니다.

"안 돼요, 안 됩니다! 이러면 위험해져요. 들소 떼가 모두 우리를 쫓아올 거예요. 제가 이 일을 수습해볼 테니까, 돌아가게 해주세요."

처녀는 이렇게 해서 들소 떼가 있는 곳으로 돌아오지요. 그런데 샤먼 들소가 냄새를 맡으면서 "킁킁킁, 인디언의 피 냄새가 나는걸", 합니다. 처녀는 그럴 리가 없다고 잡아떼지만, 들소는 "아니야, 정말 나는걸", 이러고는 외마디 소리를 질러 들소를 모조리 깨웁니다. 잠에서 깨어난 들소들은 꼬리를 세우고 춤을 춥니다. 이윽고 춤이 끝나자 들소들은 질풍처럼 내달아 불쌍한 인디언을 밟아버립니다. 인디언 아버지는 흔적도 없이 사라집니다. 다 뭉개진 것이지요. 처녀가 울자 들소가 묻습니다.

"울기는 왜 우는가?"

처녀는 "우리 아버지니까 울지", 하고 대답합니다 그러자 들소가 응수합니다.

"우리는 어쩌고? 절벽에 떨어져 죽은 들소들은 우리 자식들이자, 아내들이자 부모들이다. 그런데 그대는 아버지의 죽음을 우는구나……."

들소는 처녀가 너무 애처로워 보였던지 이런 말을 덧붙입니다.

"……좋다. 그대가 어디 아버지를 살려내어 보아라. 그러면 내가 그대를 보내주리라."

처녀는 까치에게 달려가 "아버지의 살이라도 좋고 뼈라도 좋으니 한 조각만이라도 찾아다 주렴" 하고 부탁합니다. 까치는 날아갔다가 잠시 후에 조그만 척추

뼈 조각 하나를 물고 옵니다. 처녀는 그 뼈를 보고는 "이것으로도 족하다"면서, 땅에다 묻고 그 위에 담요를 깐 다음 생명을 소생시키는 마력을 지닌 노래를 부릅니다. 그러자 담요 밑에서 사람이 솟아오릅니다. 처녀는 그 사람을 보고는 "우리 아버지다!" 하고 외칩니다. 하지만 아버지는 숨을 쉬지 못합니다. 처녀는 다시 노래 몇 소절을 더 부릅니다. 그러자 아버지 인디언이 일어섭니다.

들소들은 놀라고 맙니다. 그래서 이구동성으로 처녀에게 말합니다.

"왜 우리를 위해서는 이렇게 해주지 않았는가? 우리가 들소춤을 가르쳐줄 터이니, 우리 일족을 죽이거든 그 들소춤을 추고 노래를 불러다오. 그러면 우리가 다시 살아나게 될 테니."

자, 바로 이겁니다. 바로 그 의례를 통해 삶은 다른 차원으로 들어갑니다. 이 새로운 차원에서 생명은 다른 차원으로 들어갈 수도 있고 그 들어간 곳을 통해 나올 수도 있게 됩니다.

모이어스 이렇게 존경을 받은 들소를 100년 전에 백인들이 몰려와 살육한 것은 어떻게 된 일입니까?

캠벨 신성을 더럽힌 것이지요. 19세기 초, 화가 조지 캐틀린이 그린 서부 대초원의 그림을 많이 보셨을 겁니다. 글자 그대로 수십 만 마리의 들소가 초원 하나 가득하게 죽어 넘어져 있어요. 그뿐인가요? 그로부터 또 반세기 동안, 연발총으로 무장한 개척자들이 들소를 무더기로 죽이고는 가죽만 벗기고 살은 그대로 썩혔어요. 이건 대학살입니다.

모이어스 '그대'이던 들소가 졸지에…….

캠벨 ……'그것'이 되고 말았지요.

모이어스 인디언들은 존중하는 뜻에서 들소를 '그대'라고 불렀다지요?

캠벨 인디언들은 살아 있는 모든 것을 '그대'라고 불렀어요. 들소는 물론이고 심지어 나무, 돌 같은 것도 그렇게 불렀지요. 사실 이 세상 만물을 다 '그대'라고 부를 수 있어요. 이렇게 부르면 우리의 마음 자체가 달라지는 걸 실감할 수 있지요. 2인칭인 '그대'를 보는 자아는 3인칭 '그것'을 보는 자아와 다를 수밖에 없어요. 어떤 나라와 전쟁에 돌입하게 될 때, 언론이 노출시키는 가장 중대한 문제는 적국(敵國)의 국민을 순식간에 '그것'으로 만들어버리는 것이랍니다.

모이어스 결혼 관계도 그렇지요? 아이들과의 관계도 그렇고요.

캠벨 때로는 '그대'가 '그것'이 되기도 합니다. 그런데 사람들은 이 관계를 모르지요. 인디언과 짐승의 관계와, 우리와 짐승의 관계는 좋은 대조를 이룹니다. 인디언들과는 달리, 우리는 짐승을 하등한 생명으로 봅니다. 성경을 보면, 우리가 곧 주인이라는 말이 나옵니다. 그러나 수렵민들에게—앞에서도 말했습니다만—짐승은 많은 의미에서 인간을 앞섭니다. 포니 인디언은 이런 말을 합니다.

"만물이 비롯될 때에는, 지혜와 지식은 짐승들에게만 있었다. '절대적 존재'인 티라와가 인간에게는 직접 말을 걸지 않았기 때문이다. 티라와 신은 어떤 짐승을 인간에게 보내고, 그 짐승을 통해서만 인간에게 현현한다. 인간은 그런 짐승, 하늘의 해, 달, 별을 통해서만 배울 수 있다."

모이어스 그러니까 우리가 만물의 경이에 관해 신화적 상상력을 발동시킨 것은 이 수렵민 시절이었군요?

캠벨 그렇지요. 그야말로 엄청난 예술이 여기에서 분출합니다. 우리가 신화적 상상력을 온전한 형태로 볼 수 있는 것은 바로 이 시절의 예술에서이지요.

모이어스 이 원시 시대의 예술이 표현하고 있는 대상을 보면서, 예술 자체에 관심을 기울이기보다는 이런 그림을 그린, 혹은 창조한 남자나 여자에 관심을 기울여보신 적은 없으신지요? 저는 이따금씩, 도대체 이들은 누구인가, 이런 생각을 하곤 합니다만.

캠벨 고대의 암벽화가 있는 동굴에 들어가는 순간 문득 그런 생각이 들곤 하지요. 이러한 이미지를 그려내면서 이들은 대체 무슨 생각들을 했을까? 저 높은 곳까지 어떻게 올라갔을까? 무엇으로 암벽을 비추면서 그렸을까? 그들에게 있었던 것이라고는 일렁거리는 횃불밖에 없었을 텐데……. 이런 생각이 안 들 수 없지요.

그 다음에는 '아름다움'이라는 문제에 생각이 미칩니다. 이것은 그들이 의도한 아름다움일까? 아니면 아름다운 심성의 자연스러운 발로일까? 새들의 노래가 아름다운 것은, 새들에게 아름다움을 표현하고자 하는 의도가 있기 때문일까? 아니면 새들이 지닌 심성의 자연스러운 발로인 것일까? 암벽화를 볼 때마다 예술에 관해 이런 생각을 하고는 하지요. 어느 단계까지가 우리가 '미학'이라고 부르는

〈가죽장수들의 대학살〉, 〈하퍼스 위클리〉, 1874년 12월 12일판(版)
글자 그대로 수십 만 마리의 들소가 초원 하나 가득하게 죽어 넘어져 있어요. 그뿐인가요? 그로부터 또 반세기 동안, 연발총으로 무장한 개척자들이 들소를 무더기로 죽이고는 가죽만 벗기고 살은 그대로 썩혔어요. 이건 대학살입니다. '그대'이던 들소가 졸지에 '그것'이 되고 말았지요.

**엘크 가죽으로 지은
쇼숀족의 옷**

인디언들은 살아 있는 모든 것을
'그대'라고 불렀어요. 들소는 물
론이고 심지어 나무, 돌 같은 것
도 그렇게 불렀지요. 사실 이 세
상 만물을 다 '그대'라고 부를 수
있어요. 이렇게 부르면 우리의 마
음 자체가 달라지는 걸 실감할
수 있지요.

예술가의 의도이고, 어느 단계까지가 아름다움을 간직한 심성의 자연스러운 발로
인지, 어느 단계까지가 그들이 습득한 바를 드러내는 것인지 궁금해지는 겁니다.

거미가 아름다운 거미줄을 만들 때, 그 아름다움은 거미의 심성에서 오는 것이
겠지요. 거미줄이 아름답다면 그것은 거미가 지닌 본능의 아름다움입니다. 우리
삶이 지닌 아름다움 중에 어느 정도가 살아 있음의 아름다움에 관한 것일
까……. 어느 정도가 의식적이고 의도적인 것일까……. 이것은 상당히 중요한 문
제이지요.

모이어스 그림이 그려진 암벽을 보셨을 때 어떤 생각을 하셨는지 들어보고 싶군요.

캠벨 떠나고 싶지 않다……. 이게 제일 먼저 생각나는군요. 자, 동물 암벽화가 그려
진 암벽실(岩壁室)에 이릅니다. 그곳은 성당만큼이나 넓습니다. 사방은 칠흑 어둠

에 싸여 있습니다. 물론 우리는 전등을 통해 그 벽화를 보지요. 그런데 우리에게 그 그림을 보여주는 사람은 두어 번 그 전등을 끕니다. 그러면 주위가 그렇게 어두울 수가 없어요. 내 평생 그렇게 짙은 어둠은 본 적이 없답니다. 이건, 아예 지척조차 분간이 안 돼요. 어디에 있는지는 고사하고, 어디가 동쪽이고 어디가 서쪽이고 어디가 남쪽이고 어디가 북쪽인지도 도저히 분간이 안 됩니다.

　방향 감각이 깡그리 사라진 상황에서 우리는, 태양 아래 한 번도 드러나본 적이 없는 어둠에 갇힙니다. 바로 이때 암벽화 관리자가 전등을 켭니다. 그러면 눈앞에 그 장엄한 동물 암벽화가 드러납니다. 그런데 그림이 어찌나 생생한지 흡사 비단 위에 그린 일본화(日本畵) 같습니다. 암벽 한가운데가 툭 튀어나왔기 때문에 흡사 웅크리고 있는 것 같은 모습으로 그려진 20피트 정도 몸체 길이의 황소…… 관리자는 이런저런 설명을 해줍니다.

모이어스　선생님께서는 이런 동굴을 '사원굴(寺院窟)'이라고 부르시는데요?

캠벨　그렇지요.

모이어스　왜 그렇게 부르시지요?

캠벨　사원은 우리 영혼의 풍경입니다. 우리는 성당으로 들어감으로써 사실은 영적인 이미지로 가득 찬 세계로 들어갑니다. 성당은 우리 영적인 삶의 어머니의 자궁입니다. 그러니까 어머니 교회인 것이지요. 주위의 모든 형상은 모두 영적인 삶의 의미를 지닙니다.

　이 성당의 모든 이미저리는 신인동형동성(神人同形同性)의 형태를 취합니다. 하느님과 예수와 성자들이 모두 인간의 형상으로 그려지는 겁니다. 그런데 동굴에 그려진 이미지는 동물의 형상을 하고 있습니다. 그러나 이것은 실은 같은 겁니다. 형상은 부차적입니다. 중요한 것은 이 형상이 전하는 메시지이지요.

모이어스　그 암벽화의 메시지는 어떤 것입니까?

캠벨　그 동굴에서 체험된 영원한 권능의 시간과 관계가 있습니다.

모이어스 그 동굴은 어떤 일에 쓰였을까요?

캠벨 학자들은, 소년을 사냥꾼으로 입문시키는 의례와 관계가 있을 것으로 추정합니다. 소년은 사냥하는 법도 배워야겠지만, 짐승을 두렵게 여겨 존중하는 법도 배워야 합니다. 뿐만 아니라 의례도 배워야 하고, 이제 자신이 더 이상은 소년이 아니라 어엿한 남자가 되었다는 것도 배워야 합니다. 아시다시피, 사냥은 매우 위험한 일입니다. 이 동굴은, 의례를 통해 소년에게 더 이상은 어머니의 아들이 아니라 이제 아버지의 아들이 되었음을 깨우쳤던 그 시대 사람들의 성소(聖所)였던 것입니다.

모이어스 소년이 이런 의례를 거치면 어떻게 됩니까?

캠벨 이런 동굴에서 어떤 일이 있었는지는 아무도 정확하게는 모르지요. 그러나 우리는 오스트레일리아 원주민들이 베푸는 의례를 알고 있습니다. 아이의 머리가 굵어져 마음대로 다룰 수 없을 즈음에 이르면, 날씨 좋은 어느 날 건장한 남자들이 이 아이에게 쳐들어옵니다. 이들의 몸은 옷 대신 깃털로 가려져 있습니다. 몸에다 피를 칠하고 거기에 깃털을 붙인 것이지요. 이들은 황소 울음소리를 내는데, 이 소리가 바로 영신(靈神)들의 소립니다. 그러니까 이 남자들은 영신의 자격으로 아이에게 쳐들어온 것이지요.

아이는 어머니를 피난처로 삼으려고 합니다. 실제로 어머니는 이 아이를 보호해주려는 척합니다. 하지만 남자들은 막무가내로 아이를 데리고 가버립니다. 이때부터 어머니는 더 이상 아이의 보호자가 되지 못합니다. 아이는 이제 더 이상은 어머니에게로 돌아갈 수 없습니다. 전혀 다른 삶의 마당에 이르렀으니까요.

남자들은 아이를 남자들만의 성소로 데려갑니다. 아이는 여기에서 시련을 당하지요. 가령 할례를 당한다든지, 몸의 한 부분에 상처를 입는다든지, 사람의 피를 마셔야 한다든지 하는 겁니다. 어머니의 젖으로 자라난 아이가 여기에서는 사람의 피를 마시는 겁니다. 이로써 아이는 어른이 됩니다. 이런 의례가 진행될 동안

샤르트르 대성당의 서문(西門), 1145~1155년
우리는 성당으로 들어감으로써 사실은 영적인 이미지로 가득 찬 세계로 들어갑니다. 그런데 이 성당의 모든 이미지는 신인동형동성(神人同形同性)의 형태를 취합니다. 하느님과 예수와 성자들이 모두 인간의 형상으로 그려지는 겁니다. 동굴에 그려진 이미지는 동물의 형상을 하고 있습니다. 그러나 이것은 실은 같은 겁니다. 형상은 부차적입니다. 중요한 것은 이 형상이 전하는 메시지이지요.

연장자는 아이에게, 위대한 신화의 신화적인 에피소드를 통해 모듬살이의 규정을 가르칩니다. 물론 부족의 신화도 배웁니다. 이 의례가 끝나면 이제 어른이 된 아이가 집으로 돌아오는데, 집에는 부모가 골라놓은 배필이 기다립니다. 아이는 이로써 어른이 된 것입니다.

원시 입문 의례에서 아이는 소년 시절에서 격리됩니다. 바로 이렇게 격리된 상태에서 아이는 할례를 당하거나, 몸의 한 부분에 상처를 입는데, 이러한 시련은 곧 아이의 몸이 희생되는 것을 의미합니다. 이 희생이 치러지면 입문자의 몸은 어른의 몸이 됩니다. 이런 의례를 치른 이상 옛날로 되돌아갈 수는 없습니다.

모이어스 어머니에게로 돌아갈 수도 없겠지요.

캠벨 그렇지요. 그러나 우리 사회의 삶 속에는 이런 게 없습니다. 마흔 다섯이 되었는데도 아버지에게 여전히 고분고분한 남자가 있다고 칩시다. 이 사람은 정신분석의를 찾아가볼 필요가 있습니다. 정신분석의가 처방을 내려줄 테지요.

모이어스 아니면 극장에 간다든지…….

캠벨 영화가 우리 시대에서 신화 시대의 의례에 해당되기는 합니다. 그러나 영화를 제작하는 사람들이 입문 의례를 연출하는 사람과 같은 생각을 하는 것은 아니지요. 그게 문젭니다.

모이어스 그럴까요? 우리 사회에서 이제 입문 의례는 사라지고 없습니다. 비록 방법상 다소 오류가 있다고 하더라도, 영화 화면이 보여주는 상상력의 세계는 입문 의례에 상당하는 어떤 메시지를 전할 수 있지 않겠습니까?

캠벨 그렇기는 하지만 불행히도 영화 이야기를 쓰는 많은 사람에게는 책임 의식이 없어요. 이야기는, 삶을 바로잡고 삶의 모습을 바꾼다는 의식 아래 쓰여지기는 합니다. 그러나 영화라는 것은 돈벌이 때문에 만들어지는 것 아닙니까? 의례를 집전하는 사제자(司祭者)의 책임 의식 같은 게 그 같은 영화에는 없습니다. 이게 바로 오늘날의 우리 사회가 안고 있는 문제이기도 합니다.

모이어스 오늘날에는 그런 의례가 없지 않습니까?

캠벨 유감스럽게도 그렇지요. 그래서 젊은이들은 제 손으로 그 의례를 만듭니다. 그래서 불량배들이 작당을 하여 설치고 다니는 등의 일이 일어나는 겁니다. 젊은이들이 불량배의 동아리가 되는 등의 행태는 결국 입문 의례와 비슷한 의미입니다.

모이어스 그러니까 신화는 사회적 의례, 종족적 의례와 밀접한 관계가 있는데, 신화가 없어지니까 이런 의례도 없어지게 된 것이군요?

캠벨 의례의 마당은 신화가 드러나는 마당입니다. 의례에 참가한다는 것은 곧 신화에 참가하는 것이지요.

모이어스 오늘날의 젊은이들에게 신화의 상실은 어떤 의미를 지닙니까?

캠벨 성인식(成人式)이 바로 이런 의례의 현대판입니다. 카톨릭 교회에 나가는 아이
들에게는 견진성사(堅振聖事)를 통해서 받은 이름이 있는데, 아이들은 바로 이 이
름으로 나중에 성인식을 치러 받습니다. 원시인들의 성인식에서는 사제자가 입문
자의 몸에 상처를 내거나 이를 쪼아내거나 합니다. 하지만 오늘날의 성인식에서
는 사제가 웃으면서 뺨을 한 대 살짝 쳐주는 것으로 끝납니다. 여기에 이르기까지
약화(略化)한 거지요. 이런 성인식은 치러봐야 달라지는 게 없습니다. 유태의 관습
중 성인식에 해당하는 게 '바르 미쯔바'라고 하는 의례입니다. 성인식이 입문자를
정신적으로 변모시킬 수 있느냐, 없느냐 하는 것은 전적으로 입문자 개인에게 달
려 있는 것 같습니다. 그러나 옛날에는 그렇지 않았습니다. 성인식을 거치면, 소
년은 전혀 다른, 씩씩한 성인이 되어 제 몫의 삶을 살아갈 수 있었습니다.

모이어스 여자는 어떻습니까? 이른바 사원굴(寺院窟)에 그려져 있는 이미지는 온통
남성과 관련된 이미지뿐입니다. 굴에서 종교적인 의례가 베풀어졌다면 결국 그

원시 사회 입문 의례인 할례
원시 입문 의례에서 아이는 소
년 시절에서 격리됩니다. 바로
이렇게 격리된 상태에서 아이
는 할례를 당하든지, 몸의 한
부분에 상처를 입는데, 이러한
시련은 곧 아이의 몸이 희생되
는 것을 의미합니다. 이 희생이
치러지면 입문자의 몸은 어른
의 몸이 됩니다. 이런 의례를
치른 이상 옛날로 되돌아갈 수
는 없습니다.

모임은 남성만의 비밀결사(秘密結社) 같은 것이었을까요?

캠벨 그건 사내아이들을 어른으로 키워내는 어른들의 모임이었지 비밀결사가 아니었어요. 그런데 이 시대의 여자들에게 어떤 일이 있었느냐 하는 것은 우리도 잘 몰라요. 자료가 거의 없거든요. 하지만 오늘날까지 남아 있는 원시 문화를 보면, 소녀는 초경(初經)을 맞으면서 여자가 됩니다. 여자에게는 이런 일이 저절로 일어나는 거죠. 말하자면 자연이 여자에게 그렇게 하는 겁니다. 초경을 맞으면서 소녀는 여성으로의 변모를 거치는데, 그럼 입문 의례가 없지 않아요? 하지만 알려진 바로는 초경을 치른 여자에게도 입문 의례가 있었다고 해요. 조그만 오두막 안에서 며칠 동안 명상을 하면서 여자가 무엇인가를 깨닫는 기간이 있었다는 겁니다.

모이어스 오두막에서 무엇을 하는 거죠?

캠벨 앉아 있는 겁니다. 그러면 한 몫의 여자가 되는 거지요. 여자라는 게 뭡니까? 생명을 나르는 수레 아닙니까? 생명이 여자에게 주어집니다. 그러면 여자는 이 생명을 낳고 먹여서 기릅니다. 여자의 힘은 대지의 여신이 지닌 힘과 동일시됩니다. 그러니까 여자가 해야 하는 일은 이것을 깨닫는 일입니다. 소년에게는 이런 일이 저절로 일어나지 않아요. 그래서 외부의 힘이 소년을 성인으로 입문시키고, 개인보다 위대한 무엇인가를 섬기게 하는 것이지요.

모이어스 바로 여기에서 신화적 상상력의 기능이 시작되는 것 같은데, 어떻게 보시는지요?

캠벨 그렇지요.

모이어스 암벽화 시절에 가장 중요한 테마는 무엇이었을까요? 죽음이었을까요?

캠벨 죽음의 신비도 가장 중요한 테마 중 하나였겠지요. 바로 이 죽음의 신비가 있어야 삶의 신비에 균형이 잡힙니다. 어떤 의미에서 두 신비는, 두 측면을 지닌 하나의 신비가 아니었을까 싶습니다. 다음으로 중요한 테마는 이 신비와 동물 세계의 관계였을 것입니다. 동물은 죽었다가도 다시 살아난다고 믿어졌으니까요.

그 다음으로 중요한 것은 먹을 것을 손에 넣는 일입니다. 여자와 외계인 자연의 관계가 바로 이것과 밀접한 관련을 지닙니다. 그 다음으로 중요한 것은 아이를 어른으로 변모시키는 일일 테지요. 모든 사람의 의례적 삶에서 변모라는 주제는 상당히 근본적인 관심을 환기시킨 문제였던 것으로 보여요. 오늘날에도 이런 것을 볼 수 있습니다. 원시 사회도 문제아(말하자면 순수한·자연의 충동을 그대로 표현하는 아이들)를 사회의 일원으로 통합시키는 데 굉장한 어려움을 겪었어요. 별 수를 다 썼지요. 그런데 사회는 규칙에 따라오지 않는 문제아들을 견디지 못했어요. 그런 아이들을 용인할 수가 없었던 거지요. 그래서 사회가 그들을 죽여버렸던 겁니다.

모이어스 전체 사회의 건강을 위협하는 존재다. 이거지요.

캠벨 그렇지요. 사회라는 몸을 병들게 하는 암 같은 존재라는 것이지요. 부족 사회는 늘 아슬아슬한 가장자리의 삶을 살았던 겁니다.

모이어스 그런 상황에서도 근본적인 문제에 관심을 기울였던 것이군요?

캠벨 그렇지요. 그러나 죽음에 대한 자세는 오늘날 우리의 자세와는 판이하게 달랐어요. 그들에게 초월적인 세계라는 관념은 중요한 것이었지요.

모이어스 고대의 의례가 지닌 중요한 역할은 개인을 부족의 한 구성원으로, 한 지역 사회의 구성원으로, 한 모듬살이의 구성원으로 통합시키는 것이었어요. 그런데 서구 문명은 개인을 사회로부터 끊임없이 분리시켜왔습니다. 그래서 결국, '나' 먼저, 개인 먼저가 되어버렸지요.

캠벨 나는 서구 문화의 특징이 거기에서만 그친다고는 말하지 않겠어요. 분리는 분리이되 생물학적 실재의 분리만은 아니기 때문이죠. 최근까지도 다른 문화권에서 영적인 지식을 유입하는 일은 계속 있어 왔어요. 그런데 지금은 어떻게 되었죠? 묵은 뉴스 필름을 보면 미합중국의 대통령이 톱햇(실크 모자)을 쓰고 있지요. 심지어는 윌슨 대통령까지도 시대와 어울리지 않는 톱햇을 쓰고 있어요. 윌슨 대통령도 평상시에는 그 모자를 쓰지 않았겠지만, 대통령이었기에 자기가 맡는 역할의 의례적 측면을 보일 필요가 있었던 것이죠. 하지만 요즘 대통령들은 이런 걸 안 씁니다. 골프 코스를 걷거나, 우리처럼 이렇게 앉아 원자폭탄을 만드네 마네 하는 겁니다. 스타일이 달라진 거지요. 의례가 이 지경에 이르기까지 축소된 겁니다.

심지어는, 맙소사, 카톨릭 교회에서까지 이런 일이 일어납니다. 교회는, 전례(典禮) 언어로 번역되던 미사까지도 상당히 일상적인 언어로 번역해냅니다. '미사'를 뜻하는 라틴어는 원래 우리를 일상성의 마당에서 '몰아낸다'는 뜻을 지닙니다. 그래서 사제가 우리에게서 등을 돌리고 있는 곳, 그곳이 제단입니다. 그렇게 등을 돌리고 있는 사제와 더불어 우리는 비로소 외계를 향했던 것이지요. 그런데 지금 사제들이 성소를 돌려놓아 버렸어요. 세상과 오순도순 지내보자는 거겠지요.

모이어스 기타도 친다는데요.

캠벨 물론 기타도 치지요. 그러니까 이들은 의례의 기능이 우리를 늘 있었던 자리로 감싸들이는 데 있는 것이 아니라, 우리를 밖으로 내던지는 데 있다는 것을 잊은 거지요.

모이어스 결혼식이라는 의례도 우리를 밖으로, 그러니까 타인이 있는 쪽으로 내던지는 의례이겠지요?

캠벨 그렇고 말고요. 하지만 한때 우리의 내적인 현실을 보여주는 의례는 이제 껍데기만 남았어요. 사회의 의례도 그렇고 개인적인 결혼 의례도 그렇습니다.

모이어스 많은 사람에게 종교의 가르침이 헌신짝이 된 까닭을 이제야 알겠습니다.

캠벨 의례를 소중하게 재현시킴으로써 그 가르침이 살아 있게 해야 합니다. 우리의 의례 중 대부분은 죽고 말았어요. 원시 문화, 혹은 자연 문화를 읽을 때마다 나는, 이들이 민담이나 신화 같은 것을 환경에 따라 늘 변화시키는 데 놀라고는 해요. 사람들은 식물을 주식으로 경작하던 곳에서 초원으로 나왔습니다. 기마(騎馬) 인디언 시절에 대초원에 살던 인디언들의 대부분은 원래 미시시피 문화권에 속했습

랩족의 결혼식 사진, 노르웨이
한때 우리의 내적인 현실을 보여주는
의례는 이제 껍데기만 남았어요. 사회의
의례도 그렇고 개인적인 결혼 의례도
그렇습니다.

니다. 그러니까 미시시피 연안에서 농사를 짓던 사람들이지요.

그런데 이들이 스페인 사람들에게서 말[馬]을 손에 넣게 됩니다. 말이 있으니까 광대한 초원을 지날 수 있게 되고, 대규모 들소 사냥도 할 수 있게 된 것이지요. 바로 이즈음부터 신화는 농경 신화에서 들소 신화로 바뀝니다. 다코타 인디언, 포니 인디언, 키오와 인디언의 신화를 보면 초기 농경 신화의 구조를 읽을 수 있지요.

모이어스 그러니까 환경이 이야기를 빚게 한다는 것이군요.

캠벨 인간은 환경에 반응하는 법입니다. 그런데 우리에게 환경에 반응하지 않는 문화 전통이 생겼어요. 이것은 기원전 약 1,000년에 다른 데서 온 겁니다. 이 문화 전통은 우리 현대 문화와, 새 우주관을 가능케 하는 새로운 문화적 요소를 동화시키지 않아 왔어요. 신화를 살아나게 해야 합니다. 이것을 살아나게 할 수 있는 사람들은 여러 방면에서 활동하는 예술가들입니다. 예술가들의 기능은 마땅히, 환경과 세계를 신화화(神話化)하는 것이어야 합니다.

모이어스 그러니 예술가가 바로 오늘날에 신화를 쓰는 사람들이라는 뜻입니까?

캠벨 옛날에 신화를 쓴 사람들은 오늘날의 예술가들에 대응하는 사람들이었지요.

모이어스 동굴 벽에 그림도 그리고, 의례를 집전하기도 했으니 그렇겠군요?

캠벨 그렇지요. 독일에는 상당히 로맨틱한 데가 있는 묵은 표현이 있습니다. '다스 폴크 디히테트(das Volk dichtet)'라는 건데, 이것은 전통 문화의 관념과 시는 모두 민중에게서 비롯된다는 뜻입니다. 하지만 그렇지 않지요. 전통 문화는 엘리트의 경험, 특별한 재능을 타고난 사람들의 경험에서 나옵니다. 이들의 귀는 우주의 노래에 열려 있어요. 이들이 민중에게 이야기하면 민중에게서 반응이 생기는데, 이 작용과 반작용이 상호 작용을 하는 겁니다. 민중의 문화를 빚겠다는 최초의 충동은 위에서 생겨나는 것이지 아래에서 생겨나는 것이 아닙니다.

모이어스 선생님께서는 원시 문화를 때로 자연 문화라고도 부르시니까 저도 자연 문화라는 말을 써보겠습니다. 초기 자연 문화 시대에는 어떤 사람들이 오늘날의 시인에 대응하는 일을 했습니까?

캠벨 샤먼이겠지요. 샤먼은 남자든 여자든 소년기 후반, 혹은 청년기 초반에 심각한 심리적 격동을 경험하고 이로 인해 완전히 내면화해버린 사람입니다. 이 격동은 일종의 정신분열증적 해리 현상(解離現象)이라고 할 수 있지요. 그래서 샤먼의 무의식은 늘 열려 있습니다. 샤먼은 필요하다고 생각하면 언제든지 무의식에 빠져들 수 있지요. 이러한 샤먼의 체험에 관한 기록은 얼마든지 있습니다. 시베리아에서 아메리카 대륙의 저 아래쪽에 있는 티에라 델 푸에고에 이르기까지 모든 샤먼은 대개 이런 경험을 공유합니다.

모이어스 접신 상태(接神狀態)에 드는 것이군요.

캠벨 그렇지요.

모이어스 망아 황홀(忘我恍惚) 상태에서 이루어지는 부시맨 사회의 춤판도 그런 것
일 테지요.

캠벨 여기 뭔가가 있어요. 부시맨은 사막에서 삽니다. 사막의 삶은 긴장의 연속인,
참으로 힘겨운 삶이지요. 남성과 여성은 엄격하게 격리됩니다. 그런데 춤을 출 때

영시베리아의 샤먼
샤먼은 남자든 여자든 소년기 후반, 혹은
청년기 초반에 심각한 심리적 격동을 경험
하고 이로 인해 완전히 내면화해버린 사람
입니다. 이 격동은 일종의 정신분열증적 해
리 현상이라고 할 수 있지요. 샤먼의 무의
식은 늘 열려 있습니다. 샤먼은 필요하다고
생각하면 언제든지 무의식에 빠져들 수 있
지요. 이러한 샤먼의 체험에 관한 기록은
얼마든지 있습니다. 시베리아에서 아메리카
대륙의 저 아래쪽에 있는 티에라 델 푸에고
에 이르기까지 모든 샤먼은 대개 이런 경험
을 공유합니다.

만 이들은 한 자리에서 접촉합니다. 어떻게 접촉하는지 볼까요? 여자들은 둥그렇게 둘러앉아, 혹은 무리를 짓고 앉아 허벅지를 북 삼아 두드립니다. 이들의 뒤에는 남자들이 윤무(輪舞)를 할 만한 공간이 있습니다. 그러니까 여자들은 남자들이 벌이는 춤판의 중심이 되는 겁니다. 여자들은 노래를 부르면서 허벅지를 치고 있지만, 사실은 춤을 추건 다른 짓을 하건 남자들을 항상 통제하고 있는 셈입니다.

모이어스 여자들이 춤을 통제한다고 하시는데, 그것이 무엇을 의미합니까?

캠벨 여자는 생명이고 남자는 생명의 종입니다. 이 의례적인 춤은 이러한 기본적인 관념을 깔고 있습니다. 이렇게 밤새도록 원을 그리며 춤을 추다가 남자 중 하나가 혼절합니다. 이 남자는 이때, 우리가 '신들림', 혹은 '빙령(憑靈)'이라고 부르는 상태를 체험합니다. 그런데 부시맨은 이것을 섬광으로 표현합니다. 일종의 벼락이나 번개 같은 거지요. 이런 것이 골반 근처에서 척추를 지나 머리로 올라오는 것을 경험하는 겁니다.

모이어스 선생님의 저서 《금수의 권능을 찾아서》에 나와 있더군요.

캠벨 이렇게 해서 부시맨은 망아 상태에 빠집니다. 망아 상태를 경험한 그는 그 상태를 이렇게 표현합니다.

"사람들이 노래를 부를 때 나는 춤을 춘다. 나는 땅으로 들어간다. 나는 사람들이 물을 마시는 곳과 비슷하게 생긴 곳에 이른다. 나는 아주 먼길을, 멀고 먼길을 여행한다 …(중략)… 땅 속에서 올라오는 순간 나는 이미 오르기 시작한다. 실을 따라, 실을 따라, 남쪽으로 이어지는 실을 따라 오른다. 한 실을 다 따라 오르면, 이 실을 버리고 다른 실을 따라 오른다. 이 실을 다 따라 오르면 또 다른 실을 따라 오른다 …(중략)… 이윽고 신의 집에 이르면 나는 아주 작아진다. 언제 그렇게 되었는지 모르지만 아주 작아져 있는 것이다. 나는 아주 작아진 채로 신의 집으로 들어간다. 거기에서는 우리가 마땅히 해야 할 일을 한다. 그러다가 모두가 기다리는 곳으로 온다. 얼굴을 가리고 온다. 얼굴을 가리고 오기 때문에 아무것도 보이지 않는다. 오고, 오고, 또 오고 해서 마침내 나는 내 몸으로 다시 들어간다. 뒤에서 있던 사람들은 모두 나를 기다린다. 그런데 그들은 나를 무서워한다. 나는 땅으로 들어가고, 또 들어갔다가, 이번에는 돌아와 내 몸의 가죽 안으로 들어간다 …(중략)… 들어가서는 '헤에에에에' 하고 소리친다. 이것은 몸속으로 다 들어갔다는 소리다. 그러고는 노래를 부른다. '느툼' 신들께서는 우리 주위에 계시다."

　여기에서 '느툼'이라는 것은 초자연적인 권능을 말합니다.

　"……신들께서는 가루를 꺼내어 내 얼굴에다 푸우푸우 불으신다. 신들은 내 얼굴을 잡고 옆얼굴에다 가루를 불으신다. 신들은 나를 다시 살려내려고 이렇게 하신다. 친구들이여, 신들이 그렇게 하지 않으면 나는 죽는다 …(중략)… 죽어서 시체가 된다. 친구들이여, 사실은 이렇다. 내가 이러는 것은 '느툼'이 이러는 것이고, 내가 여기에서 춤을 추는 것은 '느툼'이 춤을 추는 것이다."

　놀라운 일 아닙니까? 이 친구는 의식 반대편의 모든 영역을 경험하고 있어요. 이러한 경험을 통해서 이 친구는 하늘을 날기도 하는 거지요.

모이어스 그런 다음에는 샤먼이 되는 겁니까?

캠벨 이 문화권에는 샤먼이 없어요. 망아 상태에서 춤을 추는 춤꾼이 되지요. 사람들에게는 망아의 잠재 능력이 있어요.

모이어스 우리 문화권에도 이와 비슷한 경험이 있습니까? 미합중국 남부제주(南部諸州) 기독교파의 재생 체험이 문득 떠오릅니다만.

캠벨 그럴 테지요. 이것은 실제로 땅을 통하여 신화적인 이미저리로, 신에게로, 권능의 보좌로 가는 체험입니다. 나는 기독교인들의 재생 체험을 잘 모릅니다. 추측컨대, 중세 몽상가들의 행태와 비슷하지 않나 합니다만. 중세의 몽상가들은 하느님의 환영을 보고는 이것에 견주어지는 경험에 관해 이야기하고는 했지요.

모이어스 이러한 경험에는 접신적(接神的)인 데가 있습니다만.

캠벨 보고된 바에 따르면 항상 그런 요소가 있다고 합니다.

모이어스 그런 의례를 보신 적이 있습니까? 그런 행사는 어떻습니까? 그런 종류의 접신 상태를 잘 아십니까? 보신 적이 있습니까?

캠벨 없어요. 내 친구 중 하나가 하이티에 꽤 오래 살았어요. 그는 많은 사람이 신들림을 경험하는 부두(voodoo) 의례에 참가해보았다고 해요. 부두교도들은 춤을 추는데, 이 춤이 춤추는 사람을 접신 상태에 이르게 하나 봅니다. 옛날에 전투에 임하는 전사들을 흥분하게 해서 일종의 광포 상태에 이르게 하는 전례가 있었다는 이야기는 들어보았어요. 이렇게 광포 상태에 이르면 실제로 전장에 가서는 미친 듯이 싸운다는 겁니다. 말하자면 전쟁 미치광이가 되는 거죠.

모이어스 무의식을 경험하는 방법은 이것뿐입니까?

캠벨 아니지요. 무의식이라는 것을 전혀 생각조차 해본 적 없는 사람을 무의식에 빠뜨리는 다른 방법도 있다고 해요. 이런 상태가 끝나면 무의식에 빠져 있던 사람은 언제 그랬느냐는 듯, 순식간에 의식 상태로 되돌아오는 거지요.

모이어스 이러한 심리적 경험, 이러한 정신의 외상 체험(外傷體驗), 이러한 접신 체험을 한 사람은 다른 사람의 눈에는 보이지 않는 존재를 나름대로 해석할 수 있게 되겠지요?

캠벨 신화적인 삶이라고 하는 인류의 유산을 해석하게 되겠지요.

모이어스 무엇이 그렇게 만들까요?

캠벨 이 질문에 답하는 데 도움이 될 만한 체험 중에서 가장 근사한 체험은 아마 블랙 엘크의 체험일 겁니다.

블랙 엘크라는 수우족 인디언이 아홉 살 때 이런 경험을 합니다. 수우족은 초원 지대에 사는 빼어난 사람들입니다. 이것은 이 수우족이 미국의 기병대를 만나기 전의 이야깁니다. 소년 블랙 엘크는 병에 걸렸어요. 정신병〔神病. 巫病 - 옮긴이〕의 일종이죠. 그런데 부모가 샤먼 이야기를 들려주니까 소년은 부르르 떨다가 전신이 마비되어버립니다. 가족은 기겁을 하고 사람을 보내어 샤먼을 모셔오게 했습니다. 샤먼도 젊은 시절에 그런 신병을 체험했을 테니까 일종의 정신분석의의 자격으로 온 겁니다. 어쨌든 샤먼은 이 소년을 만납니다. 그런데 샤먼은 이 소년에게 붙어 있는 신을 떼어주기는커녕 더욱 밀착하게 해버립니다. 정신분석의의 방법과는 전혀 다른 방법을 쓴 거지요. "귀신을 몰아낸답시고 그대 안에 있는 가장 귀한 존재를 몰아내지 않도록 주의하라", 이런 말을 한 사람이 니체였지요, 아마? 소년에게 달라붙어 있던 신('권능'이라고 해도 되겠지요)은 소년을 떠나기는커녕 아주 자리를 잡아버립니다. 그러니까 둘의 관계는 끝난 것이 아니고 새롭게 된 겁니다. 이렇게 되면 당사자는 영적인 조언자가 되어 자기 부족에게 많은 은혜를 베풀 수 있게 되지요.

이렇게 되자 소년은 자기 부족의 끔찍한 미래에 대한 대단히 예언적인 환상을 보게 됩니다. 그는 이 환상을 나라의 '고리'에 관한 환상이라고 부릅니다. 이 환상을 통하여 블랙 엘크는 자기 나라의 고리가 여러 고리 중 하나라는 것을 압니다. 그러나 이 고리가 무엇을 말하는지는 아직 모르고 있습니다. 그는 환상 속에서 모든 고리가 한데 모이는 것, 그러니까 모든 나라가 대행진을 벌이는 것을 봅니다. 뿐만 아닙니다. 이 환상을 통해서 그는 영적인 이미지 세계로 들어가는 체험을 하는데, 이 세계의 이미지는 바로 그가 속한 문화에 관한 것입니다. 이것은 그의 발언에 잘 나타나 있습니다. 나는 그의 발언이 신화와 상징을 이해하는 데 꼭 필요한 열쇠 같다는 생각을 자주 합니다. 블랙 엘크는 이렇게 말합니다.

"나는 이 세계의 중심에 있는 가장 높은 산으로 올라갔다. 내가 본 환상은 다른 것이 아니다. 성스럽게 바라본 세계의 모습이다."

그가 세계의 중심에 있는 성스러운 산이라고 한 것은 사우드 다코타에 있는 하아네이 봉우리입니다.

이어서 그가 하는 말이 중요합니다.

"그러나 그런 산은 도처에 있다."

이것은 진짜 신화적인 깨달음입니다. 그는 국지적(局地的)인 숭배상(崇拜像)인 하아네이 산과, 세계의 산이라는 암시적 의미를 확연하게 갈라놓습니다. 세계의 중심에 있는 산은 바로 '악시스 문디(axis mundi, 세계의 축軸 - 옮긴이)'를 말합니다. '악시스 문디'는 중심점, 모든 사물의 회전 중심인 극점(極點)을 말합니다. 세계의 중심점은 움직임과 정적(靜寂)이 함께 하는 점입니다. 움직임은 시간이지만 정적

블랙 엘크
블랙 엘크는 이렇게 말합니다. "나는 이 세계의 중심에 있는 가장 높은 산으로 올라갔다. 내가 본 환상은 다른 것이 아니다. 성스럽게 바라본 세계의 모습이다." 그가 세계의 중심에 있는 성스러운 산이라고 한 것은 사우드 다코타에 있는 하아네이 봉우리입니다. 이어서 그가 하는 말이 중요합니다. "그러나 그런 산은 도처에 있다."

은 영원입니다. 우리 삶에서 이것을 깨닫는다는 것은 곧 영원을 체험하는 것입니다. 일시적 체험에서 그 일시적 체험이 지닌 영원한 측면을 체험하는 것, 이거야 말로 신화 체험인 것입니다.

예루살렘도 세계의 산일까요? 로마는요? 베나레스는? 라마교의 성도(聖都) 라사는요? 멕시코 시티는요?

모이어스 이 인디언 소년은 모든 선이 만나는 곳에는 빛나는 한 점이 있다고 말했지요?

캠벨 정확하게 그렇게 말했지요.

모이어스 그는 또, 신에게는 주변(周邊)이 없다고 했지요?

캠벨 수많은 철학자에 의해 되풀이된 신에 관한 정의가 있습니다. 신은, 중심은 도처에 있으나 주변은 없는, 이해가 가능한(감각이 아닌, 마음으로만 이해가 가능한) 구체(球體)라고 하는 정의가 그것입니다. 그런데 그 중심은 바로 모이어스 씨가 앉아 있는 그 의자입니다. 내가 앉아 있는 이 의자이기도 하고요. 그리고 우리 둘 다 이 신비의 드러남입니다. 이것은 우리가 누구이고 우리가 무엇이냐는 질문의 해답이 될 수 있는 놀라운 신화적 자각일 수 있습니다.

모이어스 그게 곧 메타포, 현실의 이미지라는 것이군요.

캠벨 그럼요. 우리가 이 자리에서 가지고 있는 것은 모두 개인주의라고 번역될 수 있는 것입니다. 우리가 이를 깨닫지 못하면, 중심은 언제나 다른 사람 안에서 우리와 마주보고 있을 뿐입니다. 이게 바로 신화적인 홀로 서기입니다. 우리가 곧 중심에 있는 산이고, 이 중심에 있는 산은 도처에 있는 것입니다.

〈호수와 아파치〉, 에드워드 커티스(1868~1952)의 사진
조그만 땅다람쥐와 커다란 올빼미가 사는 숲 속에서 자라난다는 것은 아예 다른 세계에서 자라나는 것이나 마찬가지입니다.
이 모든 것은 생명의 힘과 권능과 마술적인 가능성을 표상하는 존재로서 우리 주위에 있습니다.
이 생명의 힘과 권능과 가능성은 우리 것은 아닙니다만, 그것들이 삶의 일부분이 되면 우리에게로 열리게 됩니다.
우리는 이런 존재가 늘 우리 안에 메아리친다는 느낌을 자주 경험합니다. 우리 자신이 곧 자연이니까요.

4. 희생과 천복(天福)

천복을 좇으면, 나는 창세 때부터 거기에서 나를 기다리던 길로 들어서게 됩니다.
내가 살아야 하는 삶은 내가 지금 살고 있는 삶입니다.
자기 천복을 좇는 사람은 늘, 그 생명수를 마시는 경험을, 자기 안에 있는 생명을
경험할 수 있는 것이지요.

모이어스 환경이 이야기 짓기에 굉장한 영향을 미친다는 선생님의 글을 읽었을 때
제가 인상 깊었던 까닭은, 바로 이들(초원에 사는 사냥꾼들, 숲 속에 사는 경작민들)이
그 풍경에 참가하는 것이구나, 하는 생각 때문이었습니다. 결국 이들은 그들이 사
는 세계의 일부가 되기 때문에, 세계의 구석구석이 이들에게는 신성한 것이지요?

캠벨 사는 곳을 성화(聖化)시키는 것, 이것은 신화의 기본적인 기능입니다. 우리는
나바호 인디언에게서 이것을 분명하게 확인할 수 있습니다. 나바호 인디언은 남
쪽에 있는 산, 북쪽에 있는 산, 동쪽에 있는 산, 서쪽에 있는 산 그리고 중심에 있
는 산을 모두 동일시합니다. 나바호족 호간(hogan: 집)의 문은 늘 동향(東向)입니
다. 모닥불 자리는 호간의 한가운데에 있어요. 이게 바로 우주의 중심이 되는 겁
니다. 연기는 천정에 뚫린 환기구를 통하여 하늘로 오르는데, 이것은 향연(香煙)이
신의 콧구멍으로 똑바로 들어가게 하기 위함이지요. 주거 환경이 빚어내는 풍경
자체가 아이콘(聖畵) 노릇을 하는 겁니다.

나바호족의 모래 그림을 보면 그림 주위에 가장자리 선이 있는 것을 알 수 있어요. 이 가장자리 선 자체는 무지개일 수도 있고 신기루일 수도 있습니다만, 이 선은 반드시 동쪽으로 끊어져 있지요. 새로운 정신은 바로 이 끊어진 곳을 통하여 안으로 들어옵니다. 보리수 아래 앉아 있을 때 석가는 동쪽을 향하여 앉아 있었던 것으로 전해집니다. 동쪽은 해가 뜨는 쪽 아닙니까?

모이어스 케냐에 처음 갔을 때, 저는 고대의 원시 마을 유적지에 가보았습니다. 유적지가 있던 곳은 옛날에는 호숫가였던 모양입니다. 저는 사방이 어두워질 때까지 거기에 있었는데, 창조의 실재가 느껴졌습니다. 그 광막한 벌판의 밤하늘 아래서, 저는 저 자신이, 옛날은 옛날인데 아직도 살아 있는 옛날에 속한다는 묘한 느낌을 체험한 것입니다.

캠벨 큰 나무가 빽빽한 숲으로 들어가면 신의 존재를 느끼게 된다고 한 사람이 키케로였지요, 아마? 성림(聖林)은 도처에 있습니다. 어린 시절에 나는 자주 숲을 드나들었는데, 그때 나는 "와, 살아도 많이 살았겠고 알아도 많이 알겠다"는 생각에서 숭배하는 느낌이 들어 나무를 바라보았던 기억이 납니다. 창조의 실재에 대한 느낌이야말로 인간의 기본적인 정서라는 게 내 생각입니다. 하지만 우리는 지금 도시에 살고 있습니다. 도시에서 우리가 만나는 것은 인간의 손으로 만들고 다듬은 돌과 바위뿐입니다. 조그만 땅다람쥐와 커다란 올빼미가 사는 숲 속에서 자라난다는 것은 아예 다른 세계에서 자라나는 것이나 마찬가지입니다. 이 모든 것은 생명의 힘과 권능과 마술적인 가능성을 표상하는 존재로서 우리 주위에 있습니다. 이 생명의 힘과 권능과 가능성은 우리의 것은 아닙니다만, 그것들이 삶의 일부분이 되면 우리에게로 열리게 됩니다. 우리는 이런 존재가 늘 우리 안에 메아리친다는 느낌을 자주 경험합니다. 우리 자신이 곧 자연이니까 이것은 당연한 것이지요.

수우족 인디언이 '칼루메트', 즉 파이프(長竹)를 들면, 먼저 하는 일은 하늘을 향하여 연기를 한 모금 뿜는 것입니다. 태양에게 첫 모금을 마시라고 보내는 것이지요. 그 다음에는 늘 네 방향을 향하여 각각 인사를 보냅니다. 마음의 얼개가 이렇게 된 상태에서 지평선을 향해, 우리가 사는 세상을 향해 인사를 보낸다는 것은 이 세상에서 제대로 자리를 잡고 있다는 뜻입니다. 이런 삶은 우리네 삶과는 다른 것이지요.

모이어스 선생님께서는 저서 《신화 이미지(Mythic Image)》에서 변모의 중심에 관한 이야기를 하셨지요. 변모의 중심은 현세의 벽이 무너지면서 우주의 경이가 드러나는 관념적인 성소(聖所)라고 하셨습니다만, 성소라는 말은 어떤 뜻으로 쓰셨습니까?

캠벨 오늘날에도 모든 사람에게 절대 필요불가결한 것이지요. 우리에게는 여백, 혹은 여백 같은 시간, 여백 같은 날이 있어야 합니다. 그날 조간(朝刊)에 어떤 기사가 실려 있는지도 모르고, 친구가 누구인지도 모르고, 내가 남에게 무엇을 빚졌는지, 남이 나에게 무엇을 빚졌는지 모르는 그런 여백이 있어야 합니다. 바로 이 여백이야말로 우리가 무엇인지, 장차 무엇일 수 있는지를 경험할 수 있는 장소입니다. 이 여백이야말로 창조의 포란실(抱卵室)입니다. 처음에는 이곳에 있어도 아무렇지도 않습니다. 그러나 이곳을 성소로 삼게 되는 순간부터 여기에서 대단히 중요한 일이 일어납니다.

모이어스 이 성소가 우리에게, 초원이 사냥꾼에게 했던 노릇을 할 수 있다고 생각하십니까?

캠벨 초원의 사냥꾼들에게는 세계 전체가 성소였어요. 그러나 우리 삶의 겨냥은 지나치게 경제화, 실용화에 맞춰져 있습니다. 그래서 나이를 먹어갈수록 순간 순간의 요구가 어찌나 집요한지, 우리는 우리 자신이 도대체 어디에 있는지 우리가 참으로 의도하는 바가 무엇인지 알지 못할 때가 있습니다. 이런 세태를 살다보면 우리는 늘 우리에게 요구된 일만 합니다. 우리 천복(天福)의 정거장은 어디에 있느냐……. 우리는 이것을 찾아야 합니다. 오디오를 틀어놓고 좋아하는 음악을 올려

놓아도 좋습니다. 아무도 거들떠보지 않는 시시한 음악을 올려놓아도 좋습니다. 좋아하는 책을 읽어도 좋겠지요. 바로 이 성소에서 다른 삶을 '그대'라고 부르는 것을 체험하는 겁니다. 초원에 살던 사람들이 이 세상의 만물에 대해 그렇게 했듯이 말이지요.

모이어스 우리는 풍경이 사람들에게 미치는 영향에 관해 이야기했습니다. 사람이 풍경에 미치는 영향은 어떻습니까?

캠벨 사람들은 동물과 식물을 신화화함으로써 땅을 창조의 성소로 요구합니다. 이들은 땅에다 영적인 힘을 투자합니다. 그래서 이 땅은 신전 같은 곳, 말하자면 명상의 자리가 됩니다. 가령 나바호 인디언은 동물을 신화화하는 놀라운 업적을 이루었습니다. 나바호족의 모래 그림을 보세요. 각기 나름의 가치를 지닌 조그만 동물들이 등장합니다. 그런데 이 그림을 보면 동물들을 있는 그대로 그린 것 같지가 않습니다. 까닭은 간단합니다. 이들이 양식화(樣式化)시킨 것이죠. 양식화 작업에는 그들의 육체적 특질이 아닌 정신적 특질이 반영되고 있습니다.

　여기에 커다란 파리가 한 마리 있다고 칩시다. 사막을 걸을 때 이따금씩 사람들의 어깨에 내려앉기도 하는 그런 파리입니다. 그런데 나바호 신화에서 이 파리는, '큰 파리' 혹은 '작은 바람'으로 등장합니다. 바로 이 파리가 젊은 영웅들에게, 그들이 시험에 임했을 때 영웅의 조상들이 던진 모든 질문에 대한 해답을 귀띔해줍니다. 그러니까 '큰 파리'는 내밀한 지혜를 드러내는 성령의 음성인 것입니다.

모이어스 이런 것들을 등장시킨 목적이 무엇일까요?

캠벨 땅의 연고권을 주장하기 위함이지요. 자기네가 사는 땅을 영적인 인연이 있는 곳으로 바꾸기 위함이지요.

모이어스 '약속의 땅'을 바라보면서 모세도 다른 영적인 지도자들이 백성에게 한 것과 똑같은 일을 했습니다. 그 땅의 연고권을 주장한 것입니다.

캠벨 암요. 야곱의 꿈 이야기를 기억하지요? 야곱이 꿈에서 깨어나서부터 그 자리는 베델, 곧 하느님의 집이 되었습니다. 야곱은 그곳에다 영적인 의미를 부여함으로써 연고권을 주장한 셈입니다. 이로써 그곳은 하느님이 에너지를 쏟아부은 곳이 됩니다.

모이어스 이 땅에 오늘날에도 이러한 성소가 남아 있습니까?

캠벨 멕시코 시티가 성소였지요. 스페인 사람들이 난장판으로 만들기 전까지 멕시코 시티는 세계에서 가장 큰 도시 중 하나였습니다. 스페인 사람들이 멕시코 시티, 혹은 테노치티틀란을 처음 보았을 당시, 이 도시는 유럽의 어떤 도시보다 컸습니다. 게다가 이 도시는 대신전이 있는 성도였지요. 그런데 태양신전이 있던 그 자리에 카톨릭 교회가 섭니다. 이게 바로 기독교도들에 의한 연고권 주장의 전형적인 예입니다. 보세요, 이들은 다른 신전이 있던 자리에 자기네 신전을 세움으로

〈야곱의 사다리〉,
윌리엄 블레이크(1737~1827)
야곱이 꿈에서 깨어나서부터 그 자리는 베델, 곧 하느님의 집이 되었습니다. 야곱은 그곳에다 영적인 의미를 부여함으로써 연고권을 주장한 셈입니다. 이로써 그곳은 하느님이 에너지를 쏟아부은 곳이 됩니다.

〈테노치티틀란으로의 진격〉, 디에고 리베라, 1922~1944년

스페인 사람들이 멕시코 시티, 혹은 테노치티틀란을 처음 보았을 당시, 이 도시는 유럽의 어떤 도시보다 컸습니다. 게다가 이 도시는 대신전이 있는 성도였지요. 그런데 태양신전이 있던 그 자리에 카톨릭 교회가 섭니다. 이게 바로 신전이 있던 자리에 자기네 신전을 세움으로써 똑같은 풍경을 완전히 바꾸어버리는 기독교의 수법입니다.

써 한결같던 풍경을 완전히 바꾸어버리지 않았습니까?

또 한 가지 예를 들까요? 맨 처음으로 아메리카 대륙에 온 식민지 건설대는 기왕에 있던 지명에다 성서적인 이름을 붙여버렸습니다. 뉴욕 주 이북 땅에다 지명을 붙인 사람들은 《일리아스》와 《오디세이아》에 대단한 관심이 있었던 모양입니다. 그래서 그 지방에는 '이타카' '우티카' 같은 그리스 고전에 나오는 이름이 차례로 붙게 됩니다.

모이어스 어떤 의미에서 사람들은, 자기네에게 힘이 될 만한 에너지가 있다고 믿어지는 땅에 세례를 베푼다는 느낌을 줍니다. 땅과, 사람들이 그 위에다 지은 구조물 사이에는 어떤 유기적인 관계가 있는 것은 아닐는지요?

캠벨 있지요. 하지만 대도시가 들어서면서부터는 그것도 끝나고 말았어요.

모이어스 뉴욕의 경우, 높은 빌딩 짓기 대회라도 벌어지는 것 같지요.

캠벨 건축 기술의 승리라고 할 수 있지요. 우리가 재정적인 힘의 중심이 되어 있는 도시의 자기 표현이라고 할 수 있겠지요. 우리가 어떻게 해놓았는지 보세요. 노련한 광대의 곡예를 방불케 하지 않나요?

모이어스 오늘날의 성소나 성지는 어디에 있습니까?

캠벨 이제 그런 것은 존재하지 않아요. 사람들이 찾아가서는 거기에서 벌어졌던 일의 의미를 생각하곤 하는 역사적인 명소는 몇 군데 있습니다. 가령 우리는 성지 관광(聖地觀光)을 하고는 하지요? 우리 종교가 비롯된 곳이니까요. 하지만 모든 땅이 다 성지가 되어야 합니다. 우리는 모든 땅에서 삶의 에너지의 상징을 찾아볼 수 있어야 합니다. 옛날의 전통은 그랬어요. 그래서 그들은 자기네 땅을 성별(聖別)했던 것입니다.

가령 8~9세기에 아이슬란드의 초기 개척자들이 한 것을 보세요. 이들은 각 정착촌의 거리를 432,000 로마 피트로 정했어요.(432,000이라는 숫자는 많은 전승에 등장하는 중요한 신화적 숫자입니다.) 아이슬란드라는 땅은 우주적인 관계 안에서 조직되어 있습니다. 그러니까 아이슬란드 땅에 발을 들여놓은 순간부터 (우리의 신화를 아는 사람은) 우주와 화합하게 되어 있는 것이지요. 이집트도 이러한 신화로 조직되어 있어요. 하지만 이집트에서 상징은 다른 모습을 취하지요. 이집트 땅이 둥그런 것이 아니라 길쭉하기 때문에 그럴 겁니다. 그래서 이집트에 가면 남북으로 각각 두 다리를 뻗은 '성우(聖牛)'라는 하늘의 여신이 있는데, 이게 말하자면 직사각형적 관념인 것이지요. 그러나 우리 문명권의 영적인 상징 체계는 이제 우리에게서 사라졌다고 해도 과언이 아닙니다. 사라졌기 때문에, 아직도 성당이 중심이 되어 있는 프랑스의 조그만 마을 샤르트르 같은 데 가면 그렇게 좋은 것입니다. 그곳에 가면 아직도, 날이 샐 때마다, 정오가 될 때마다, 어둠이 내릴 때마다 종소리를 들을 수 있습니다.

나는 이 샤르트르 대성당을 내 고향 교회로 여깁니다. 그래서 몇 차례 거기에

샤르트르 대성당
우리 문명권의 영적인 상징 체계는 이제 우리에게서 사라졌다고 해도 과언이 아닙니다. 사라졌기 때문에, 아직도 성당이 중심이 되어 있는 프랑스의 조그만 마을 샤르트르 같은 데 가면 그렇게 좋은 것입니다. 그곳에 가면 아직도, 날이 샐 때마다, 정오가 될 때마다, 어둠이 내릴 때마다 종소리를 들을 수 있습니다. 나는 이 샤르트르 대성당을 내 고향 교회로 여깁니다.

가고는 했습니다. 파리에서 공부하던 때, 나는 이 성당에서 어느 한 주말을 고스란히 보냈습니다. 교회 구석구석을 요모조모 뜯어보면서 보낸 것이지요. 내가 도무지 갈 기색을 보이지 않고 경내를 돌아다니자 관리인이 나에게 와서는, 종탑으로 올라가 함께 종을 쳐보지 않겠느냐고 합디다. 좋다고 했지요. 우리는 가파른 종탑 계단을 올라 거대한 종 위로 올라갔습니다. 종탑에는 시소같이 생긴 조그만 발판이 있더군요. 관리인과 나는 각각 이 발판 양끝에 마주보고 섰어요. 발판 위에는 손잡이도 달려 있었지요. 관리인이 손잡이를 밀자 관리인 쪽의 발판이 내려가면서 내 쪽이 올라가더군요. 내 쪽이 내려가면 관리인 쪽이 올라오고, 내 쪽이 올라가면 관리인 쪽이 내려오고……. 성당의 종탑 위였으니까 당연하겠지만, 찬바람에 머리카락이 휘날립디다. 뎅 뎅 뎅 뎅……. 종소리가 우리 발 밑에서 사방으로 울려퍼졌지요. 내 평생 그렇게 가슴 설레는 경험은 해본 적이 없습니다.

종치기가 끝나고 종탑에서 내려왔을 때, 관리인이 나에게 자기 방을 보여주겠다고 하더군요. 성당 안에는 회중석(會衆席)이 있고, 수랑(袖廊)이 있고 '압시스〔後陣〕'가 있는데, 이 압시스 옆이 성가대석입니다. 그는 성가대석 한가운데 달려 있는 조그만 문을 열고 나를 그 안으로 안내하더군요. 그 안에 조그만 침대가 있고, 탁자가 있고, 탁자 위에는 등이 있습디다. 조그만 문을 통해서 밖을 내다보았더니 '검은 마돈나'가 그려진 채색창이 보이는 거예요. 그 양반은 그런 데서 살고 있었던 겁니다. 그러니까 그런 곳에 끊임없이 명상하면서 사는 사람이 있었던 거지요. 관리인과의 만남은 정말 감동적이고 아름다웠어요. 나는 그때부터 자주 샤르트르 대성당에 갔습니다.

모이어스 거기에서 무엇을 보셨습니까?

캠벨 샤르트르 대성당에 가면 성당의 영적인 원리가 사회의 삶을 버티던 시절로 돌아갈 수 있었어요. 마천루가 사회의 무엇을 어떻게 버티고 있는지 잘 아시겠지요? 중세 도시에 가보면 성당이 가장 높은 건물 행세를 합니다. 18세기에 조성된 도시에서는 정치가 벌어지던 장소가 가장 높은 건물 행세를 합니다. 현대 도시의 가장 높은 건물은 누가 차지하고 있지요? 당연히 경제 생활의 중심인 업무용 건물이지요.

솔트레이크 시에 가보면 이 모든 양상을 한눈으로 볼 수 있어요. 처음 이 도시의 중심에는 교회가 세워졌어요. 이게 제대로 된 도시 구조 아닙니까? 성당이라는 것은 영적인 중심이고, 바로 이 중심에서 모든 것이 사방으로 방사되어 나가야 하니까요. 이 교회 다음에 지어진 건물이 정치적인 용도로 지어진 건물인 주정부

(州政府) 청사인데, 이건 교회보다 높습니다. 지금 이 도시에서 가장 높은 건물은 성당도 돌보아주어야 하고 주정부 청사도 돌보아주어야 하는 업무용 빌딩입니다. 서구 문명의 역사를 한눈에 보게 하는 도시 아닙니까? 고딕 시대는 물론 16, 17, 18세기의 황금 시대와 우리가 사는 경제의 시대가 거기에 고스란히 있답니다.

모이어스 샤르트르 대성당에 가셨을 때의 느낌은 어떻게 달랐습니까?

캠벨 거기에 가면 중세로 되돌아가게 되지요. 내가 자라난 세계, 로마 카톨릭 교회의 영적·상징적 이미지로 가득 찬 세계로 되돌아가는 것이지요. 굉장한 경험이었어요.

모이어스 선생님께서는 '노스탤지어(향수)'에서 오래 헤엄치실 분이 아니지 않습니까? 거기에서 감동을 받으신 것은 과거의 이미지 때문이 아닐 텐데요?

캠벨 아니지요. 내게 감동을 준 것은 현재입니다. 대성당은 세계의 영적 정보에 관한 이야기를 내게 들려줍니다. 샤르트르 대성당은, 걸어다니면서, 앉아서, 아름다운 이미지를 보면서 명상하는 곳입니다.

모이어스 선생님께서 그토록 사랑하시는 샤르트르 대성당 역시 인간과 우주의 관계를 표현하고 있습니까?

캠벨 그럼요. 샤르트르 성당은 십자가 모양으로 지어져 있습니다. 제단은 십자가의 중심에 있지요. 이 구조는 상징적입니다. 그런데 오늘날에는 많은 교회가 극장처럼 지어집니다. 보이는 것은 중요합니다. 그러나 성당은 보이는 것에 관심을 기울이지 않습니다. 거기에서 일어나는 일의 대부분은 우리 눈에 보이지 않는 곳에서 일어납니다. 여기에서 중요한 것은 상징이지 '쇼'가 아닙니다. 사람들은 '쇼'를 가슴으로 감지합니다. 우리는 열여섯 살 때부터 이미 이것을 알고 있습니다.

모이어스 그런데도 계속해서 성당에 가시는지요?

캠벨 그게 바로 신화에 속하는 일입니다. 왜 우리가 새삼스럽게 신화 이야기를 하려고 합니까? 신화는 우리 삶의 요체인 영적인 삶의 원형과 만나게 해주기 때문입니다. 날마다 의례를 접하는 것, 이것이 우리 삶의 질서를 온전하게 바로잡아줍니다.

모이어스 그런데 우리는 그렇게 하지 못하고 있죠.

캠벨 그런 종류의 관심에서는 멀어졌지요. 옛 사람들의 삶의 목표는 항상 영적인 원리를 의식하고 사는 삶이었어요. 아시리아 궁전에는 머리는 사람 머리, 몸은 사자 몸, 날개는 독수리 날개, 발은 황소 발로 된 혼성 괴물이 있어요. 12궁 가운데 네 가지 동물이 모인 이 이미지는 궁전 문지기를 상징하지요.

이 네 동물은 에제키엘의 환상과도 관련이 있습니다. 그래서 나중에 기독교 문화에서는 이 네 동물이 네 복음사도의 상징이 됩니다. "마태, 마가, 누가, 요한이시여, 제가 자는 이 침대를 축복하소서" 하는 기도 기억하시지요? 이 기도문에 따르면 '나'는 그리스도의 자리인 가운데 자리에 있습니다. 그리고 나의 동서남북에는 침대의 네 다리가 있습니다.

이제, 이 만달라는 시공 너머에서 나타나는 그리스도를 표상합니다. 네 동물은 영원을 가리고 있는 시공의 너울을 표상하고, 가운데 자리에 있는 그리스도는 영원의 문과, 우주의 여신인 '시공'의 자궁에서부터 이 땅으로 오시는 주님의 재림을 상징합니다.

모이어스 그러니까 샤르트르 대성당 같은 성당도 율법을 초월해서 존재하는 의미의 바탕에 대한 앎을 상징하는 것입니까? 그래서 건축을 통해 장엄한 돌의 모습과, 이러한 모습에 내재하고 외재하는 위대한 침묵을 드러내고 있는 것입니까?

캠벨 모든 궁극적인 영적 암시는 침묵에 담겨져 있지요. 이 침묵은 소리 너머에 있어요. 육(肉)이 된 말씀은 최초의 소리입니다. 그 소리 너머에 있는 것이 초월적인 미지의 존재, 불가지적인 존재입니다. 이것은 위대한 침묵, 혹은 공(空), 혹은 초월적인 절대자로만 표현될 수 있습니다.

모이어스 신화가 어떻게 우리를 우리의 성소에 관련시키는지, 환경이 어떻게 원시 인류를 우주에 관련시키는지 설명하셨는데요. 선생님 말씀을 듣고 있자니, 우리

아시리아의 날개 달린 황소
아시리아 궁전에는 머리는 사람 머리, 몸은 사자 몸, 날개는 독수리 날개, 발은 황소 발로 된 혼성 괴물이 있어요. 12궁 가운데 네 가지 동물이 모인 이 이미지는 궁전 문지기를 상징하지요. 이 네 동물은 에제키엘의 환상과도 관련이 있습니다. 그래서 나중에 기독교 문화에서는 이 네 동물이 네 복음사도의 상징이 됩니다.

가 이해할 수만 있다면 초자연적인 것이야말로 자연적일 것이라는 생각이 듭니다만.

캠벨 자연 위에서, 자연에 군림하는 것으로서의 초자연적인 존재라는 관념은 정말 몹쓸 것입니다. 중세에, 이 세상을 황무지로 만들어버린 것이 바로 이러한 관념입니다. 초자연적인 법률이 백성들에게, 관리가 시키는 대로 할 것을 요구했고, 그렇기 때문에 사람들이 참 삶을, 자기가 하고 싶은 짓을 결코 하지 못하는 채 살아야 했던 중세는 바로 황무지나 다름없어요. 황무지에서 사는 사람들은, 자기의 것이 아닌 불가항력의 법이 설정한 목표를 좇았습니다. 초자연이라는 관념이 과연 이런 것이라면 이거야말로 사람을 죽이는 관념 아닙니까? 애인에게 아양이나 떠는 12세기의 서정시도 알고 보면 초자연적으로 정당화되어 삶의 환희에 가해지던

저 무자비한 폭력에 대한 반작용 아니었습니까? 트리스탄 전설과, 적어도 중요한 성배(聖杯) 전설의 하나라고 할 수 있는 볼프람 폰 에셴바하의 전설도 마찬가지이지요.

정신이라는 것은 삶의 향연입니다. 그것은 삶으로 들어가는 것이 아니라 삶에서 나오는 것입니다. 모신(母神)을 섬기는 종교는 적어도 이것을 바로 보고 있어요. 모신을 섬기는 종교에서는 세상이 곧 여신의 몸이자 여신 자체이지요. 이 여신의 신성(神性)이라는 것은 타락한 자연 위에 군림하는 그런 신성이 아니었다고요. 중세의 성모 숭배 신앙 체계에도 이 정신이 있었어요. 바로 이 정신에서 13세기 프랑스의 성당 문화가 흘러나옵니다.

그러나 에덴 동산에서의 인류의 타락을 다룬 우리 이야기는 자연을 부패한 것으로 보고 있어요. 바로 이러한 신화가 우리를 대신해서 이 세계를 부패시키고 있는 겁니다. 자연 자체를 부패의 상징으로 보고 있기 때문에 여기에서 비롯되는 모든 것은 죄악이고, 따라서 타기되어 마땅한 것으로 전락합니다. 신화가 자연을 타락한 것으로 보느냐, 아니면 자연 자체를 신의 현현으로, 정신을 자연의 본성인 신의 드러남으로 보느냐에 따라 문화나 삶의 양식은 확연하게 달라집니다.

모이어스 오늘날 자연의 본성인 신성(神性)은 누가 해석합니까? 누가 우리의 샤먼입니까? 우리를 대신해서, 보이지 않는 것을 보이는 것으로 해석해주는 이는 누구입니까?

캠벨 그것은 예술가들이 해야 할 일입니다. 예술가들이야말로 오늘날에도 신화와 교감하는 사람들입니다. 그러나 내가 말하는 예술가는 신화와 인간성을 이해하는 예술가이지, 대중에게 봉사하기를 좋아하는 사회학자는 아닙니다.

모이어스 시인도 예술가도 아니고, 초월적인 접신 경험도 해보지 못한 보통 사람은 어떻게 해야 합니까?

캠벨 방법을 가르쳐 드리지요. 아주 멋진 방법이랍니다. 방에 앉아서 읽는 겁니다.

읽고 또 읽는 겁니다. 제대로 된 사람이 쓴 제대로 된 책을 읽어야 합니다. 읽는 행위를 통해서 일정한 수준에 이르면, 천천히 그러나 확실하게 마음이 즐거워지기 시작합니다. 우리 삶에서 삶에 대한 이러한 깨달음은 항상 다른 깨달음을 유발합니다.

마음에 드는 작가가 있으면 붙잡아서, 그 사람이 쓴 것은 모조리 읽습니다. 이러저러한 게 궁금하다, 이러저러한 책을 읽고 싶다……. 이런 생각을 해서는 안 됩니다. 베스트셀러를 기웃거려도 안 됩니다. 붙잡은 작가, 그 작가만 물고늘어지는 겁니다. 그 사람이 쓴 것은 모조리 읽는 겁니다. 그런 다음에는, 그 작가가 읽은 것을 모조리 읽습니다. 이렇게 읽으면 우리는 일정한 관점을 획득하게 되고, 우리가 획득하게 된 관점에 따라 세상이 열리게 됩니다. 그러나 이 작가, 저 작가로 옮겨다니면 안 됩니다. 이렇게 하면, 누가 언제 무엇을 썼는지는 줄줄 외고 다닐 수 있어도, 진정한 의미에서의 도움은 안 됩니다.

모이어스 오늘날 예술가들이 맡는 일을 고대 사회에서는 샤먼이 맡았던 것이군요. 하지만 그들은, 우리가 건성으로 알고 있는 것 이상으로 중요한 역할을 맡았던 것 같던데요?

캠벨 우리 사회에서 사제들이 맡던 역할을 맡았었지요.

모이어스 그러면 샤먼은 사제인가요?

캠벨 샤먼과 사제 사이에는 중요한 차이가 있어요. 사제가 한 사회에서 맡는 일은 기능적입니다. 어떤 사회가 어떤 신을 이러저러한 방법으로 섬길 경우, 사제는 의례를 집행하는 기능인으로 서품(敍品)을 받습니다. 그 사제가 섬기는 신은, 그 사제가 태어나기 전에도 거기에 있었던 것이 보통이지요. 그러나 샤먼의 권능은 그가 거느린 친교영신(親交靈神), 즉 샤먼 자신이 개인적으로 경험한 신들로 상징됩니다. 샤먼의 권위는 그 자신의 심리적 경험에서 비롯되는 것이지, 사회가 부여한 성직의 권위에서 오는 것이 아닙니다.

모이어스 샤먼은 우리가 가보지 못한 곳을 다녀온 사람들입니다. 그는 우리에게 그
곳의 소식을 전해줍니다.

캠벨 블랙 엘크의 예에서 보았습니다만, 샤먼은 자기가 본 환상을 자기 부족을 위한
의례 행위로 해석해낼 수 있습니다. 즉 내적인 경험을 외적인 경험으로 확대재생
산할 수 있는 것이지요.

모이어스 이게 종교의 시작인지요?

캠벨 내 개인적으로, 종교는 그렇게 시작되었다고 생각합니다. 그러나 이것은 추측
일 뿐입니다. 우리로서는 확실하게 알 수가 없습니다.

모이어스 예수는 광야로 나가 심리적 변모를 경험하고 돌아와서는, 사람들에게 자
기를 따르라고 말합니다. 이른바 원시 문화권에도 이런 일이 있었습니까?

캠벨 있었다는 증거가 있지요. 우리는 실제로 모든 수렵 문화에서 샤먼적인 측면을
확인합니다.

모이어스 왜 특별히 수렵 문화를 지칭하십니까?

캠벨 사냥꾼들은 개인적이거든요. 농사꾼은 그렇지 않지만 사냥꾼은 개별적으로 행
동합니다. 벌판에서 자연 조건과 악전고투하면서 자연의 (언제 어느 방향으로 가라는)
메시지를 기다리는 사냥꾼에게, 평생을 해도 사냥에서 같은 상황을 두 번 경험하
는 일은 일어나지 않습니다. 말하자면 상황이 때마다 다르다는 것이지요. 게다가
사냥꾼들은 특별한 재주와 능력을 요하는 개인기(個人技)도 익혀야 합니다.

모이어스 인류가 진화함에 따라 샤먼은 어떻게 되었습니까?

캠벨 부족의 정주(定住)가 시작되면 샤먼은 무력(巫力)을 잃지요. 실제로 남서 아메
리카 인디언인 나바호족과 아파치족에게 아주 재미있는 민담과 신화가 있어요.
나바호족과 아파치족은 농업이 개발된 지역으로 내려와 농경 생활을 하게 되기는
했지만, 원래는 수렵민들입니다. 그들의 옛날 이야기에는 샤먼의 지위가 약화되
면서 사제가 들어서게 될 즈음에 벌어진 재미있는 에피소드가 있지요.

어느 날 샤먼이 태양의 부아를 돋우자 태양이 사라져버립니다. 그러자 샤먼은 자기가 태양을 다시 나타나게 할 수 있다고 하지요. 그러고는 별별 수를 다 쓰는데, 이 대목이 아주 시니컬하고 우스꽝스럽게 그려진답니다. 별 수를 다 쓰는데도 태양은 다시 나타나지 않아요. 이때부터 샤먼은 일종의 광대 동아리인 샤먼 동아리로 전락하고 맙니다. 샤먼은 특별한 권능을 지닌 요술사들이었어요. 하지만 그 권능은 결국 그보다 커다란 동아리의 손으로 넘어가고 만 겁니다.

모이어스 우리는 사냥터가 되는 초원이 신화에 미치는 효과에 관해 이야기했는데요. 이 공간은 둥근 지평선과 머리 위의 거대한 천개(天蓋)로 확연하게 구분이 됩니다. 그렇다면 나뭇잎으로 덮인 밀림의 원시인들은 어떨까요? 밀림에서는 천개도 없고 지평선도 없고 원근법도 없습니다. 보이는 것이라고는 나무, 나무, 나무뿐입니다.

캠벨 콜린 턴벌은 밀림에서만 살았을 뿐 산꼭대기라는 것을 본 적이 없는 피그미족에 관한 재미있는 이야기를 전하고 있어요. 이들은 어찌어찌하다가 갑자기 밀림에서 구릉지로 나오게 되었는데, 이들 앞에는 광대한 고원이 펼쳐져 있었어요. 그걸 보고 이 조그만 친구들은 그만 겁을 집어먹더랍니다. 이들에게는 원근이나 거리를 판단할 방법이 없었지요. 이들에게는 멀리 고원에서 풀을 뜯고 있는 짐승들이 개미처럼 작아 보였답니다. 완전히 기가 질려버린 이들은, 어쩔 수 없이 다시 밀림으로 들어가버렸다는 겁니다.

모이어스 지리학은 우리의 문화와 종교 관념의 모양을 빚는 데 큰 역할을 했습니다. 사막의 신은 초원의 신이 아닙니다.

캠벨 단수로서의 우림(雨林)의 신도 아니지요. 우림에는 복수로서의 신들이 있었어요. 사막으로 나오면 하늘도 하나요, 세상도 하납니다. 그러니 신이 하나일 수밖에 없지요. 그러나 정글에는 지평선은커녕 10야드 앞을 보기도 어렵습니다. 유일신 관념이 생길 리 없지요.

모이어스 그래서 신에 관한 관념을 세상으로 투사하게 됩니까?

캠벨 당연하지요.

모이어스 지리학이 어떤 종족에게서 신의 이미지를 빚는다……. 그 다음에는 이 이미지를 밖으로 투사시키고 이것을 하느님이라고 부른다…….

캠벨 그래요. 신 관념은 항상 문화적 조건을 따릅니다. 선교사가, 자기가 생각하는 하느님, 자기의 신을 어느 땅에 들여온다고 한들 그 신은 그 땅 사람들이 상상할 수 있는 신으로 변모합니다. 영국의 선교사가 하와이에서 겪은 재미있는 일화가 있어요. 이 선교사는 펠레 여신을 섬기는 제니(祭尼)의 방문을 받았더랍니다. 제니는 바로 펠레 여신의 화신으로 여겨집니다. 그러니까 선교사는 실제로, 제니의 방문을 받은 것이 아니고 펠레 여신의 방문을 받았던 셈이지요. 선교사는 제니에게 "나는 당신들에게 전할 하느님의 메시지를 가지고 왔습니다" 하고 말합니다. 그러자 그 제니가 응수합니다. "그건 당신네 신이지요. 펠레는 나의 여신이랍니다."

모이어스 "내 앞에서 다른 신을 섬기지 말라"는 것은 순전히 히브리적인 관념입니까?

캠벨 다른 데서는 그런 것을 본 적이 없어요.

모이어스 왜 유일신입니까?

캠벨 이해가 안 가는 일이지요. 사막에 사는 사람들이 자기네 지역 사회 신을 중시한다는 것은 이해합니다. 이런 사회의 구성원은 자기네를 보호해주는 사회에만 헌신합니다. 사회라는 것은 언제나 부계적(父系的)입니다. 그러나 자연은 항상 모계적입니다.

모이어스 인류의 농경화로 고대 사회의 재배와 수확에서 맡게 되는 여성의 몫이 커짐에 따라 여신 숭배 종교가 대두되었다고 생각하시는지요?

캠벨 의심할 여지가 없어요. 그런 변화가 생겨나면서부터, 마력을 지니고 있다는 의미에서 여성은 사회의 가장 중요한 구성원이 되었어요.

모이어스 수렵 사회에서는 남성이 그랬지요?

캠벨 그랬지요. 그런데 이게 여성에게로 넘어옵니다. 여성에게는 마력이 있습니다. 그 마력이 무엇이냐 하면, 바로 대지처럼 출산하고 먹여 기르는 힘입니다. 그러니까 여성의 마력이 대지의 마력을 버티어주게 된 거지요. 고대의 전승에 따르면 최초의 경작은 여성의 손에서 이루어집니다. 좀더 고급한 문화 체계에서 쟁기가 발명되는 것은 훗날의 일입니다. 쟁기가 만들어지면서 남성이 다시 주도권을 잡게 되지요. 이렇게 되자, 쟁기가 대지를 가는, 말하자면 남녀의 성적 결합 시뮬레이션[擬態]도 신화 이미지가 됩니다.

모이어스 그러니까 선생님께서 '금수의 권능을 찾아서' '씨 뿌린 대지를 찾아서' '천상의 빛을 찾아서' '사람을 찾아서' 같은 말로 나타내려고 하신 것은 신화에 접근하는 방법의 차이였겠군요?

캠벨 이것은 상징 체계와 깊은 관계가 있어요. 바로 이 상징 체계를 통하여 어떤 시대의 정상적인 인간 조건이 상징되고, 조직되고, 나타나는 것이지요.

모이어스 상징 체계는 어떤 것을 평가합니까?

캠벨 가치, 즉 평가의 결과는 삶을 지배하는 조건에 따라 달라집니다. 가령, 사냥꾼의 의식은 늘 외계의 동물에게로 쏠립니다. 그의 삶은 동물과의 관계에 따라 결정됩니다. 그래서 사냥꾼의 신화는 외계 지향적입니다. 그러나 씨를 뿌리고, 씨가 죽고, 여기에서 새 식물이 움트는, 말하자면 식물의 경작과 깊은 관계가 있는 농경 신화는 내계 지향적입니다. 사냥꾼에게는 동물이 신화를 촉발합니다. 권능과 지식을 얻고자 하는 사람은 숲으로 들어가 금식하면서 기도합니다. 그러면 동물이 나타나 권능과 지식을 얻는 방법을 가르쳐줍니다.

그러나 농경 문화에서는 식물의 세계 자체가 스승 노릇을 합니다. 식물의 세계는 생멸의 반복이라는 의미에서 사람의 삶과 동일시됩니다. 그래서 내계 지향적 관계가 이루어지지요.

모이어스 인류의 생활 양태가 동물 사냥에서 식물 경작으로 바뀌면서 신화적 상상력에는 어떤 변화가 생깁니까?

캠벨 대단히 극적이고 전반적인 변화가 생기지요. 신화만 변한 것이 아니라 정신 자체에도 변화가 있었다는 게 나의 생각입니다. 보세요, 동물이라고 하는 것은 완벽한 개체입니다. 동물은 가죽에 싸여 있지요. 우리가 동물을 죽이면 이 동물은 영영 죽고 맙니다. 그 동물에게는 그것이 곧 끝입니다. 그러나 식물의 세계에는 그런 일이 일어나지 않습니다. 그 까닭은 식물은 스스로의 생명을 내부에 간직하고 있는 생명체이기 때문입니다. 식물의 경우 대궁을 자르면 다른 순이 나옵니다. 가지치기는 식물을 죽이는 것이 아니고 오히려 식물의 생장에 도움을 줍니다. 식물은 영속하는 생명을 내부적으로 지니고 있습니다.

열대 밀림과 관련이 있는 또 하나의 관념은 썩은 데서 생명이 나온다는 것입니다. 나는 장관을 이루는 적송(赤松) 숲을 본 적이 있습니다. 이 숲에는 수십 년 전에 잘린 적송의 어마어마하게 큰 그루터기가 많이 있었어요. 그런데 이 썩어가던 그루터기에서 새순이 오르는 것이 아니겠어요? 물론 그 그루터기에서 나온 겁니다. 나무의 경우, 사지를 자르면 다른 것이 나옵니다. 그러나 아주 특별한 도마뱀 종류가 아닌 한, 동물의 사지는 한번 잘리면 다시 자라나오지 않지요.

따라서 숲과 농경 문화에는 종국적인 것으로서의 죽음이 아닌, 새 생명을 위해 반드시 필요한 것으로서의 죽음이 있어요. 여기에서는, 개체라고 하는 것은 완전한 개체가 아니라 식물의 한 가지에 불과한 것이지요. 예수는 이 이미지를 이용해서 "나는 포도나무요, 너희는 가지이니" 하고 말합니다. 이 포도나무 이미지는 동물 이미지와는 전혀 다릅니다. 농경 문화는 먹이가 될 식물을 끊임없이 추켜세웁니다.

모이어스 식물 체험을 통해 어떤 이야기가 지어집니까?

**〈이세의 나무〉, 그리스도의 계보,
샤르트르 대성당, 13세기**

나무의 경우, 사지를 자르면 다른 것이 나옵니다. 그러나 아주 특별한 도마뱀 종류가 아닌 한, 동물의 사지는 한번 잘리면 다시 자라 나오지 않지요. 따라서 숲과 농경 문화에는 종국적인 것으로서의 죽음이 아닌, 새 생명을 위해 반드시 필요한 것으로서의 죽음이 있어요. 여기에서는, 개체라고 하는 것은 완전한 개체가 아니라 식물의 한 가지에 불과한 것이지요. 예수는 이 이미지를 이용해서 "나는 포도나무요, 너희는 가지이니" 하고 말합니다. 이 포도나무 이미지는 동물 이미지와는 전혀 다릅니다. 농경 문화는 먹이가 될 식물을 끊임없이 추켜세웁니다.

캠벨 제물이 되어 땅 속에 묻힌 신, 혹은 조상의 몸이나 상처에서 우리가 먹는 식물이 움튼다는 신화 모티프는 도처에서 볼 수 있습니다만, 특히 태평양 문화권에서는 예외 없이 보고됩니다.

실제로 이 농경 신화는, 아메리카에서 보통 우리가 수렵 문화권이라고 생각하는 지역 전부에 분포되어 있어요. 북 아메리카 문화는 수렵 문화와 농경 문화가 상호 작용하는 양상을 보여주는 아주 좋은 예이지요. 인디언의 대부분은 수렵민이기는 합니다만, 이들은 동시에 옥수수를 재배하기도 하지요. 옥수수의 기원에 관한 알곤퀸 인디언의 민화는 한 소년이 환상을 보는 데서 시작됩니다. 이 환상에서 소년은 머리에 초록색 깃털을 꽂은 한 젊은이를 만나는데, 젊은이는 소년에게 씨름을 하자고 합니다. 그런데 소년은 이 씨름에서 이깁니다.

젊은이는 다시 하자고 합니다만, 이번에도 소년이 이깁니다. 그러자 젊은이는 다음 판에 또 지면 자기를 죽여 땅에 묻고, 그 무덤을 잘 보살펴달라고 말합니다. 소년은 이 젊은이가 시킨 대로, 다음 판에 또 자기가 이기자 이 잘생긴 젊은이를 죽여 땅에 묻습니다. 그런데 어느 날 소년은, 머리에 깃털을 꽂고 다니던 그 젊은이가 묻힌('심어진'이라고 해도 좋겠지요) 곳에서 옥수수가 올라와 자라고 있는 것을 봅니다. 이건 소년이 환상 속에서 본 광경입니다.

그런데 이 소년은 늙은 사냥꾼인 아버지와 함께 살고 있습니다. 어느 날 소년은, 사냥을 하지 않고도 먹거리를 장만할 방법이 있으면 그토록 어렵게 사냥하러 다닐 필요가 없겠구나, 하는 생각을 합니다. 이런 생각을 하는 그의 뇌리에 문득 얼마전에 보았던 환상이 떠오릅니다. 그래서 소년은 아버지에게 자초지종을 이야기하면서, "이제는 사냥하러 나가시지 않아도 됩니다" 하고 말합니다. 이 부족에게는 바로 이 순간이 엄청난 깨달음의 순간이었을 테지요.

모이어스 그러니까 소년의 환상 속에서는, 옥수수가 자라려면 먼저 그 젊은이가 땅에 묻혀야 했던 것이군요? 그래야 몸이 썩으면서 거기에서 옥수수가 자라 나올 테니까요. 농경 문화권에 이와 비슷한 신화가 또 있습니까?

캠벨 있지요. 가령 폴리네시아에 이 이야기의 복제판 같은 이야기가 있어요. 폴리네시아 이야기에는, 소년 대신 어느 한 연못에서 멱감기를 좋아하는 처녀가 등장합니다. 그런데 그 연못에는 거대한 뱀장어가 한 마리 삽니다. 이 뱀장어는 처녀가 먹을 감으러 올 때마다 처녀의 아랫도리를 건드리고는 합니다. 어느 맑은 날, 이 뱀장어는 사람으로 화하여 잠깐이나마 처녀의 애인이 됩니다. 그 다음부터 사람으로 화한 뱀장어는, 처녀가 연못에 갈 때마다 나타났다가는 사라지곤 합니다. 그러던 어느 날 그가 와서 처녀에게, 머리에 초록색 깃털을 꽂은 젊은이가 알곤퀸 족 소년에게 하던 것과 똑같은 말을 합니다. 즉 "다음에 내가 나타나거든 반드시 나를 죽이고 머리를 잘라 묻어야 한다"고 말하는 겁니다.

처녀가 시키는 대로 하자, 그 자리에서 야자나무가 움터 오릅니다. 야자를 자세히 보면 그 크기가 꼭 사람 머리통만하지요. 어떻게 보면 눈 같은 것도 있어요. 대부분의 아메리카 문화 인류학자들이 하는 말을 믿는다면, 태평양 문화권과 우리 농경 신화의 발상지인 중앙 아메리카는 아무 관련이 없어요.

모이어스 그러니까 문화적으로 아무 연관이 없는데도 같은 이야기가 퍼져 있을 수도 있는 것이군요. 이런 사실이 어떤 의미를 지닙니까?

캠벨 신화를 읽다 보면 가장 놀라운 게 바로 그 점이지요. 나는 평생 이 짓을 해왔습니다만, 한 문화권의 이야기가 다른 문화권에서 그대로 발견되는 데에는 여전히 놀라고는 합니다. 같은 이야기의 복사판이 퍼져 있으니 놀라울 수밖에요? 차이가 있다면 옥수수와 야자의 차이 정도라니까요.

모이어스 농경 문화권 이야기를 읽을 때마다 놀라운 것은, 우리 인간이 대지의 자궁에서 나왔다는 표현입니다. 이런 이야기에는 자궁이 그렇게 자주 등장할 수가 없더군요.

캠벨 서남 아메리카 이야기에 특히 자주 등장하지요. 이 문화권의 신화에 따르면 최초의 인간은 대지에서 나오거든요. 이들은 대지에 뚫려 있는 구멍을 통해 나오는데, 이 구멍은 지금도 성소가 되어 있습니다. 즉 '축(軸)이 되는 중심'인 거지요. 이 중심은 대개 어떤 산과 밀접한 관계를 맺지요.

이런 종류의 이야기에 따르면, 땅 밑 아주 깊은 곳에는 사람은 사람이되 진짜는 아닌 사람, 자기네가 사람인 줄도 모르는 사람들이 삽니다. 그런데 이들 중 하나가 금제(아무도 그것이 금제인 줄을 모르는)를 어깁니다. 그러자 큰물이 밀어닥칩니다. 그러자 이들은 위로 올라갈 수밖에 없게 되지요. 이들은 밧줄을 타고 올라, 이들 세계의 천정에 뚫려 있는 구멍을 빠져나갑니다. 빠져나가고 보니 전혀 다른 세계가 열리더라지요.

어떤 이야기에는 아주 공격적이고 오만한 샤먼들이 등장합니다. 이 샤먼들이 어느 날 해와 달을 욕합니다. 그러자 해와 달이 하늘에서 사라져버립니다. 그래서 세상은 암흑 천지가 되지요. 샤먼들은 자기네가 해를 다시 불러낼 수 있다고 호언 장담하고는 나무를 삼켰다가는 다시 뱃속에서 꺼내 보이지를 않나, 눈만 내어놓고 땅 속에 파묻혀 보지를 않나, 하여튼 별별 마술을 다 써봅니다. 그러나 마술은 영험이 없습니다. 해는 다시 돌아오지 않은 것이지요.

이렇게 되자 이번에는 사제들이 나서서 자기네가 한번 해보겠다고 합니다. 이당시의 사람들 무리는 사람들이라기보다는 온갖 짐승으로 이루어진 수인(獸人)의 무리였어요. 이들은 둥그렇게 원을 그리고 서서 계속해서 춤을 춥니다. 이들이 이렇게 춤을 추자 땅이 솟아 언덕이 되었고, 언덕이 솟아 산이 되면서, 그 산이 우뚝한 세계의 중심이 되는데, 세계의 바로 그 중심에서 사람들이 솟아나옵니다.

그런데 우리가 읽을 수 있는 것과 비슷한, 아주 흥미로운 이야기가 《구약성서》에서 나옵니다. 조금 전에 내가 한 이야기는 나바호 인디언 이야기입니다. 그런데 이 나바호족 인디언이 이 세상으로 나왔을 때, 푸에블로 인디언은 이미 이 세상에 나와 있었습니다. 이건 아담의 아들들이 이 땅에서 아내를 얻는 문제와 비슷하지요. 아담과 이브가 최초의 인류라면, 이들의 두 아들이 장가가게 될 즈음에는 이 세상 인구는 넷밖에 안 되어야 하는 것 아닙니까? 아담의 며느리가 될 인간이 어디에 있어요? 그러니까 여기에서 인간이 창조되는 것과 저쪽에서 인간이 창조되는 것은 별개인 모양입니다.

모이어스 이것은 '선택받은 민족'의 이야기가 아닙니까?

캠벨 그렇기는 하지만 이 세상 모든 민족은 나름대로 선택받은 민족입니다. 그런데 재미있는 것은, 사람들이 자기네 민족의 이름은 인류를 의미하는 단어로 부르면서도, 다른 민족에게는 '웃기는 얼굴'이라느니, '비뚤어진 코'니 하는 식의 우스꽝스러운 이름을 붙인다는 겁니다.

모이어스 동북부 숲에 사는 인디언 민화에는 하늘에서 내려와 쌍둥이를 낳은 최초의 여자 이야기가 나오던데요? 서남부에는 처녀의 몸에서 쌍둥이가 태어났다는 이야기가 있고요.

캠벨 그래요. 천녀(天女) 모티프는 주로 수렵 문화권에 속합니다. 농경 문화권에서는 천녀 대신 땅에서 솟아나온 여자가 등장하지요. 쌍둥이는 상반되는 두 원리를 의미합니다. 그런데, 상반되는 원리이긴 해도 성서의 카인과 아벨로 표상되는 원리와는 전혀 다릅니다. 이로쿼이즈 인디언 이야기에도 쌍둥이가 등장하는데, 이들 중 하나는 '싹', 혹은 '나무 아이'이고 또 하나는 '부싯돌'입니다. 그런데 이 '부싯돌'은 태어나면서 제 어머니를 어찌나 괴롭혔는지, 어머니는 이 아들을 낳자마자 죽어버립니다. 이 '싹'과 '부싯돌'은 서로 상반되는 두 문화 전통을 상징합니다. 부싯돌은 칼을 만드는 데 쓰입니다. 칼은 동물을 죽일 때 쓰이지요. 따라서 쌍둥이 중 '부싯돌'은 수렵 문화 전통을 상징하고, '싹'은 말할 것도 없이 농경 문화 전통을 상징합니다.

　　그런데 성서를 보면 '싹'은 카인이고, '부싯돌'은 아벨입니다. 성서에서는 아벨이 사냥꾼이라기보다는 양치기로 나옵니다. 여기에서 양치기와 농부는 서로 반목하는 것으로 되어 있는데, 당하는 것은 농부입니다. 이것은 농경 문화권을 정복하고, 피정복자인 농경민들을 욕보인 수렵 민족, 혹은 유목 민족의 신화입니다.

모이어스 고대 소아시아의 무서운 지역 분쟁을 말씀하시는 것으로 들리는데요?

캠벨 그렇지요. 그런데 성서 문화에서는 승자가 되는 쪽, 선한 쪽은 늘 둘째아들이에요. 둘째아들은 나중 온 자 아닙니까? 즉 히브리인을 상징하지요. 둘째아들이 그 땅으로 왔을 때, 이미 그 땅에는 맏아들, 즉 가나안 사람들이 있었지요. 그러니까 카인은 농경에 기초를 두고 있는 당시의 도시 문화를 상징하지요.

모이어스 이 이야기는 지금 일어나고 있는 분쟁에 관해서도 상당한 이해의 바탕을 마련해주는군요.

캠벨 정말 그래요. 외침 세력인 농경 사회, 외침 세력인 수렵 사회, 혹은 외침 세력인 유목 사회가 본바닥 농경민과 반목하는 사례를 비교해보면 재미있겠지요? 이것은 세계 도처에서 볼 수 있는, 반목하고 연합하는 체제의 양상과 비슷하지요.

모이어스 선생님께서는 천녀가 하늘에서 임신한 상태로 내려온다고 하셨습니다. 땅으로 올라와 쌍둥이를 낳은 여자도 임신한 상태로 땅에서 솟아올라왔다고 하셨고요. 이런 이야기가 있는 수많은 문화권에는, 동정녀가 영웅을 낳고, 영웅은 죽음을 당했다가 부활하는 전설이 있는데, 이것은 도대체 뭘 말하고 있는 겁니까?

캠벨 구세주 성격을 지닌 주인공의 죽음과 부활은 이런 전설의 공통적인 모티프로 등장하지요. 가령 옥수수의 기원에 관한 이야기만 해도 그래요. 소년의 꿈속에 나타나는 잘생긴 젊은이는, 죽어서 소년이 속한 민족에게 옥수수를 주지요? 옥수수는 그의 주검에서 자라나니까요. 생명으로 솟아나기 위해서는 누군가가 죽어야 했던 거죠. 태어나게 하기 위한 죽음, 죽기 위한 태어남, 이 두 패턴이 요즘 내 관심을 끄는군요. 현존하는 모든 세대는 다음 세대가 오게 하기 위해서는 죽어야 한답니다.

모이어스 선생님의 글이 생각나는군요. "땅에 쓰러진 고목과 떨어진 잎에서 새싹이 나온다. 이것은, 죽음에서 생명이 솟고 죽음으로부터 새 삶이 비롯됨을 깨닫게 한다. 어설프게 결론을 내려보자면, 생명이 늘어나려면 죽음이 늘어나야 한다. 이지구의 적도대(赤道帶) 문화의 특징은 희생 제물(식물, 동물, 혹은 인간)을 바치기에 광분해 있다는 데 있다."

캠벨 뉴기니아에서 벌어지는 남성 비밀결사의 의례는 실제로, 농경 사회의 죽음과 재생과 식인(食人)의 신화를 고스란히 보여주고 있어요. 이 의례는 성별(聖別)된 마당에서 베풀어지는데, 참가자들은 북을 치면서 노래를 부르다가는 뚝 그치고는 합니다. 이들은 이 짓을 4~5일 동안이나 줄기차게 계속합니다. 의례가 상당히 지루하게 여겨지겠지요? 그래요, 참가자들은 지쳐 쓰러지곤 하는데, 바로 이런 과정을 통하여 참가자들은 일상에서와는 전혀 다른 느낌을 경험합니다.

그러다 마침내 절정의 순간이 옵니다. 이때가 되면 모든 참가자가 모든 규범을 팽개칩니다. 성적인 '오르지(잔치)'가 시작되는 것이지요. 성인식을 치른 젊은이가 처음으로 여성을 경험하는 것도 바로 이때입니다. 이들의 성소에는 굵은 통나무로 지은 거대한 통나무집이 있습니다. 이 통나무집은 두 개의 기둥이 떠받칩니다. 때가 되면 신의 모습으로 치장한 젊은 여성이 끌려나옵니다. 어른들은 이 여자를 그 거대한 통나무집의 천장 아래 눕힙니다. 그러면 대여섯 명의 소년이 북을 치고 노래를 부르면서 들어와, 차례로 이 여성을 범함으로써 처음으로 여성을 경험합니다. 이윽고 마지막 소년이 들어와 이 여성을 범하는 순간, 어른들이 기둥을 뽑아버립니다. 그러면 지붕이 내려앉으면서 둘은 죽음을 당합니다. 이것은 남녀의 성이 분리되기 이전의 원초적인 남녀 상태로의 통합을 상징합니다. 생성과 죽음의 통합을 상징합니다. 이제 이 둘은 둘이 아닙니다.

다음에 어떤 일이 벌어지는지 아세요? 동아리가 우우 모여 이 불쌍한 한 쌍을 끌어내서는, 바로 그날 밤에 구워먹는답니다. 이 의례는 신을 죽이는 원초적인 행위의 반복입니다. 이렇게 신을 죽이면, 바로 이 신, 바로 이 구세주에게서 먹을 것이 나오는 것이지요. 미사의 성찬식에서 우리는, 우리가 먹는 것이 곧 구세주의 피요, 살이라는 것을 배웁니다. 그것을 먹는 사람은 내면을 향하게 되는 것입니다. 그 살과 피는 우리 안에서 그리스도가 되어 역사하는 것이지요.

모이어스 이 제의가 드러내고 있는 진리는 어떤 것인지요?

캠벨 삶의 모습 자체는, 반드시 삶의 행위를 통해서 깨달아야 한다는 거지요. 수렵 문화권에서 공희제가 치러질 경우, 제물 자체는 거기에 임재(臨在)한 신에게 바치는 선물, 혹은 뇌물에 해당합니다. 이것을 드시고 우리에게도 뭘 주십사, 하는 거지요. 그러나 농경 문화권에서 어떤 것이 제물로 희생될 경우는 다릅니다. 그 제물은 곧 신입니다. 세상을 떠나는 사람은 땅에 묻히고 거름이 됨으로써, 거름이 되어 곡물을 기름지게 가꿈으로써 곧 우리의 양식으로 돌아옵니다. 그리스도는 십자가에 못 박혀 세상을 떠났지요? 바로 그의 육신에서 영적인 양식이 나옵니다.

　그리스도 이야기는 원래 농경 문화권에 속하던 이미지가 승화된 것인 듯한 느낌을 줍니다. 그리스도는 '성 십자가'에서 세상을 떠나지요. 이 '성 십자가'는 나무입니다. 그리스도 자신은 그 나무의 열매가 되는 셈이지요. 그리스도는 영원한 삶의 열매입니다. 이 나무는 에덴 동산에 있던 두 번째 금단의 나무입니다. 인간이 선악을 분별하게 하는 첫번째 나무의 과실을 따먹자, 하느님은 이 인간을 낙원에서 쫓아내 버리지요. 에덴 동산은 모든 것이 하나로 통합되어 있는 곳입니다. 남녀와 선악과 신인(神人)이라는 이원적인 구별이 없는 곳이지요. 그런데 인간은 여기에서 이원성의 과실을 먹고는 쫓겨납니다. 이렇게 쫓겨난 인간을 다시 에덴 동산으로 돌아가게 하는 나무는 영생(永生)의 나뭅니다. 이 영생의 나무 아래 이르러야 우리는 '나'와 '아버지'가 하나임을 알게 됩니다.

　에덴 동산으로 돌아가는 것, 이것은 많은 종교가 겨냥하는 것입니다. 야훼는 인간을 에덴 동산에서 쫓아내 버린 뒤에 문 앞에다 '그룹〔cherubim〕(에덴 동산의 문을 지키는 천사 - 옮긴이)'과 두루 도는 화염검(火焰劍)을 세웁니다. 절에 가면, 안에는 영생의 나무 아래에 앉아 있는 부처 이미지가 있고 문 앞에는 두 문지기가 있는데, 이 문지기가 바로 '그룹'입니다. 우리는, 영생의 나무에 다가가기 위해서는 반드시 이 그룹 사이를 지나야 합니다. 기독교 전승에는 그리스도가 십자가에 매달린 채 영생의 나무 위에 걸려 있는 이미지가 있습니다. 그러니까 그리스도는 바로 이 영생의 나무의 열매인 것입니다.

십자가에 달려 있는 예수, 나무 아래 앉아 있는 부처……. 이것은 같은 이미지입니다. 그런데 문 앞에는 '그룹'이 있는데, 이게 대체 뭡니까? 절에 가보면 두 문지기 중 하나는 입을 벌리고 있고, 하나는 입을 다물고 있어요. 이것은 두 대극(對極), 즉 공포와 욕망을 상징합니다. 에덴 동산으로 들어가려고 하면 이 두 문지기가 우리를 위협합니다. 만일에 우리가 우리 삶을 두려워하면 동산 안으로 들어갈 수 없습니다. 그러나 '자아'에 대한 집착에서 벗어난 상태에서, '자아'라고 하는 것이 더 크고 영원한 전체성의 한 기능임을 깨닫는다면, 작은 것이 아닌 큰 것을 섬긴다면, 이런 문지기를 두려워할 필요가 없어집니다. 무사 통과할 수 있는 것이지요.

우리는 공포와 욕망 때문에, 우리가 생각하는 것은 반드시 우리 삶의 선(善)이어야 한다는 데서 생긴 공포와 욕망 때문에 낙원에서 쫓겨난 겁니다.

모이어스 낙원, 궁극적 실재, 천복, 환락, 완전성 그리고 신으로부터 추방당한 상태를 산다는 느낌은 모든 시대, 모든 사람에게 공통적으로 있었습니까?

캠벨 그럼요. 그러나 삶이 모든 사람에게 환희의 연속인 때도 있지요. 일상의 삶과 이 환희의 순간이 다른 점은 전자는 낙원 밖에서 사는 삶이고 후자는 낙원 안에서 사는 삶이라는 것이지요. 다시 낙원으로 들어가려면 우리는 공포와 욕망이라는 이 한 쌍의 대극을 극복해야 합니다.

모이어스 조화시켜야 한다는 뜻이겠지요?

캠벨 초월해야 한다는 뜻이지요. 이것은 모든 깨달음에 반드시 수반되어야 하는 경험입니다. 육(肉)으로는 죽고 영(靈)으로는 다시 나야 하는 겁니다. 우리는 우리 자신을 우리 의식과 동일시합니다. 이런 삶에서 육신은 의식을 나르는 수레에 지나지 않아요. 수레로는 죽고, 의식과 이 수레에 실려 있는 것은 동일시해야 합니다. 이 수레에 실려 있는 것, 그것이 곧 신입니다. 농경 문화권에서 우리가 만나는 것은, 표면적인 이원성의 이면에 존재하는 동일성 관념입니다. 이 모든 드러남의 이면에는 빛으로 만물을 비추는 하나의 광원(光源)이 있어요. 예술의 기능은 창조 작업을 통해 이 광원을 드러내는 일입니다. 잘 짜여진 예술 작품을 볼 때마다 우리는, 아, 하고 감탄하고는 합니다. 이렇게 감탄하는 까닭은 이 작품이 우리 삶의 질서를 드러내고, 종교가 회복하고자 하는 것이 무엇인가를 깨닫게 하기 때문이겠지요.

모이어스 죽음이 곧 삶이고, 삶이 곧 죽음이므로, 이 양자를 조화시켜야 하는 것이겠군요?

캠벨 죽음과 삶의 균형을 잡아주어야 하는 거지요. 이 양자는 한 사상(事象), 즉 '존재'의 두 측면이니까요.

모이어스 모든 옛 이야기에 그런 메시지가 들어 있는 겁니까?

캠벨 그래요, 모든 이야기에 들어 있어요. 나는 죽음이 부당하게 거부당하는 이야기

〈마야족의 공놀이〉, 병 그림, 600~800년경
마야 인디언은 의례의 마당에서 농구경기 비슷한 시합을 합니다. 승패가 결정되겠지요?
그러면 이긴 팀의 주장은 진 팀의 주장에 의해 그 자리에서 제물로 희생됩니다.
목을 잘리는 거지요. 삶에서 승리한 자만이 제물이 될 수 있다……. 이게 바로 희생과 관련된 옛날의 관념입니다.

는 알지 못해요. 희생에 대한 옛 관념은 지금 우리가 알고 있는 것과는 확연하게 달라요. 마야 인디언은 의례의 마당에서 농구 경기 비슷한 시합을 합니다. 승패가 결정되겠지요? 그러면 이긴 팀의 주장은 진 팀의 주장에 의해 그 자리에서 제물로 희생됩니다. 목을 잘리는 거지요. 삶에서 승리한 자만이 제물이 될 수 있다 ……. 이게 바로 희생과 관련된 옛날의 관념입니다.

모이어스 이긴 자가 희생된다는 관념이 우리에게는 낯설군요. 오늘날의 우리는 승자가 모든 것을 갖지 않습니까?

캠벨 마야 인디언의 이 의례에서 시합의 승자에게 내려지는 상은 거룩하게 희생될 수 있는 자격입니다.

모이어스 선생님께서는 정말 목숨을 버리는 자가 새 삶을 얻는다고 믿습니까?

캠벨 그리스도의 말씀 아닙니까?

모이어스 선생님께서 이걸 믿으시는지 안 믿으시는지 궁금한 겁니다.

캠벨 믿어요. 무엇인가를 위하여 버린다면 말입니다. 17세기, 동부 캐나다로 파견된 예수회 선교사의 보고 중에 이런 게 있어요. 한 젊은 이로쿼이즈족 청년이 싸움에서 적의 포로가 되었답니다. 적은 고문하기 위해 이 청년을 끌어냅니다. 동북 아메리카 인디언은 포로가 사내인 경우에는 조직적으로 고문하는 습속이 있었어요. 포로에게는, 정말 눈뜨고는 못 볼 정도의 시련이 가해집니다. 진짜 사나이라면 마지막으로 받게 되는 것이 바로 이 시련입니다. 그런데 이로쿼이즈족 청년은 바로 이런 고문을 당하기 위해 끌려나옵니다. 하지만 예수회 선교사로서는 믿어지지 않는 일이 벌어집니다. 젊은이는 흡사 제 결혼식장에라도 나오는 것처럼 당당하게 걸어나옵니다. 그럴 수밖에요. 적의 병사들이 이 포로를 신랑처럼 치장하고, 나올 때는 포로를 찬양하는 노래까지 불러주었으니까요.

병사들이 이 포로를 찬양하는 광경을 보고 있으면, 병사들은 환영객 같고 포로는 귀한 손님 같은 겁니다. 포로는 잠시 후면 그 자리에서 혹독한 고문을 당하다

죽을 것을 알면서도 태연자약하게 적의 병사들과 장난까지 칩니다. 예수회의 프랑스 선교사들의 해석이 걸작입니다. 즉 그 젊은이는 상대를 야만적인 동물 정도로 여기기 때문에 비아냥거리는 듯한 태도로 이 성대한 환영 인사를 받을 수 있었다는 겁니다. 천만에요! 이 적군 병사들은 이 용감한 젊은이가 희생될 공희제의 사제들인 셈입니다. 이 자리는 공희제가 올려질 제단이고, 비유적으로 말하면 젊은이는 그리스도와 같습니다. 이 프랑스 선교사들로 말하면 십자가 위에서 벌어진 잔혹한 공희제를 재현하는 미사를 날마다 올리는 사람들이었는데 말입니다.

그런데 이와 아주 흡사한 광경이 요한이 쓴 《경외 사도행전(經外使徒行傳)》에서 벌어집니다. 때는 그리스도가 십자가에 달리기 직전이지요. 기독교 문학 중에서 백미로 꼽힐 만한 대목입니다. 마태, 마가, 누가, 요한이 쓴 복음서에는 간단하게만 언급됩니다. 즉 최후의 만찬 이야기가 나오고 나서 결론 부분에, 그리스도가 십자가에 매달리러 가기 직전에 제자들과 찬송을 함께 했다는 정도로만 나옵니다. 그러나 요한의 《경외전(經外傳)》에는 찬송의 내용이 그대로 실려 있어요. 최후의 만찬이 끝나고 뜰로 나가기 직전에 예수는 제자들에게 "함께 춤을 추자"고 말합니다. 이렇게 해서 손에 손을 잡고 도는 춤판이 시작됩니다. 제자들이 돌고 있을 동안 예수는 이렇게 노래합니다.

"복 받으소서, 아버지시여!"

여기에 대해 제자들은 춤을 추면서 화답합니다.

"아멘."

"나는 다시 나고 또 낳으리로다!"

"아멘."

"나는 먹고 또 먹히리로다!"

"아멘."

"춤추는 자들아, 나를 잘 보아라! 너희는 인간으로, 이제 내가 당할 고통을 고난으로 당할 것임이라!"

"아멘."

"나는 달아나되 또한 머물리로다!"

"아멘."

"나는 합하여지고 또 합하리로다!"

"아멘."

"나는 너희가 두드리는 문이자…… 너희가 나그네 되어 지나다닐 길이로다!"

이 춤이 끝나고 뜰로 나가자 예수는 잡히는 몸이 되고, 곧 십자가에 매달리게 됩니다.

통나무집에서의 만남
동남 아시아, 특히 인도네시아의 해골 사냥 전통은 바로 여기에서 시작됩니다. 해골 사냥은 신성한 행위, 신성한 살인입니다. 젊은이가 결혼하고 아이를 낳으려면 반드시 제 몫의 살인을 해야 합니다. 죽음 없이 새 생명이 태어날 수는 없는 것이지요.

이 세계는
원으로 되어 있다.
이 컬러 도판에 나오는
모든 원형 이미지는
마음(정신)을 상징한다.

〈에스겔(Ezekiel)의 이름 두문자(頭文字)〉, 윈체스터 성서, 약 1160~1170년

태양을 상징하는 벨라 쿨라(Bella Coola) 가면, 인도의 서북 해안

비쉬누 만달라, 네팔, 1420년

〈소몰이 아가씨들과 춤추는 크리슈나〉, 인도, 7세기

태양반(太陽盤), 뉴기니아

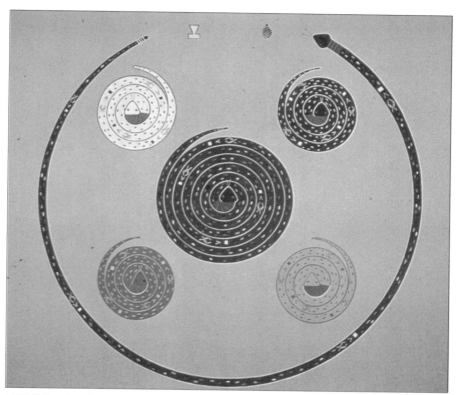

나바호족의 모래 그림

채색 장미창(彩色薔薇窓), 샤르트르 성당 서면(西面), 1197~1260년

들소 가죽으로 지은 옷, 초원 인디언

팅가리의 의례용 그림

〈세속의 환희가 있는 낙원〉 부분, 히에로니무스 보쉬(1450~1516)

아담과 이브, 플로렌스

〈삶과 죽음의 나무〉, 잘츠부르크 대주교의 미사 집(集)에서, 1481년

〈악덕을 제압한 지혜의 승리〉, 안드레아 만테냐, 약 1502년

〈역천사(逆天使)들의 추락〉, 프랑코-플랑드르 파(派), 1411~1416년

〈맨댄 들소 비밀결사의 지도자〉, 카알 보드머, 1834년

〈승천〉, 안드레아 만테냐, 1488년

〈유혹과 타락과 낙원으로부터의 추방〉, 프랑코−플랑드르 파(派), 1411~1416년

신화에 관해 이해하는 가운데, 우리도 이렇게 신의 모습으로 죽을 수 있다면 영생을 얻을 수 있지요. 그런데 슬퍼할 게 뭐가 있겠어요? 우리는 죽음을, 원래 그런 대로 굉장한 것으로 만들 수 있어요. 죽음은 축복해야 할 일 아닌가요?

모이어스 죽음의 신은 춤의 신이던가요?

캠벨 죽음의 신은 춤의 신인 동시에 섹스의 신이기도 하지요.

모이어스 무슨 뜻인가요?

캠벨 놀라운 것은 말이지요. 죽음의 신이자 생성의 신이기도 한 이런 신들의 모습을 계속해서 발견해간다는 것이에요. 하이티의 부두교 전승에 따르면 죽음의 신 '게데'는 섹스의 신이기도 해요. 이집트의 신 '오시리스'는 사자(死者)의 신이자 사자의 심판자인 동시에 생명을 생성시키는 신이기도 해요. 이것은, 죽는다는 것은 다시 태어난다는 것이라는 근본적인 테마를 드러내고 있어요. 생명을 얻기 위해서는 죽어야 한다는 겁니다.

　동남 아시아, 특히 인도네시아의 해골 사냥 전통은 바로 여기에서 시작됩니다. 해골 사냥은 신성한 행위, 신성한 살인입니다. 젊은이가 결혼하고 아이를 낳으려면 반드시 제 몫의 살인을 해야 합니다. 죽음 없이 새 생명이 태어날 수는 없는 것이지요. 다음 세대가 오게 하려면 앞 세대는 모두 죽어야 한다……. 이것이 이 의례의 의미입니다. 아이를 끼치거나 낳으면 곧 죽음을 맞아야 합니다. 아이는 새 생명입니다. 앞 세대는 이 새 생명의 보호자에 지나지 않는 것입니다.

모이어스 차례를 맞는 것이군요.

캠벨 탄생과 죽음 앞에서 우리가 깊은 심리적 연상에 빠져드는 것은 이 때문입니다.

모이어스 선생님께서 말씀하시는 것과, 부모가 아이들을 위해 자기네의 삶을 희생시키는 것 사이에는 어떤 관계가 있습니까?

캠벨 쇼펜하우어는 그의 명편(名篇) 에세이를 통하여 우리에게 이렇게 묻습니다.

　"사심 없이 남을 위하여 목숨을 버리는 이들의 고뇌와 고통에 인류가 참가하는 것은 어떻게 된 일인가? 우리는 자연의 제일 가는 이법(理法)과 자기 보존을 기하는 일이 어떻게 함께 가능할 수 있는가?"

4~5년 전 하와이에서 이 문제와 관련이 있는 별난 사건이 있었답니다. 하와이에는 '팔리'라는 곳이 있어요. 거대한 산협(山峽)의 절벽인데 이 절벽 사이로 북쪽에서 불어온 무역풍이 지나갑니다. 사람들은 머리카락을 휘날리며 이 절벽에 올라가기를 좋아하지요. 물론 자살하러 올라가는 사람도 있어요. 골든 게이트 브리지(金門橋)에서 펄쩍 뛰어내리는 식의 자살 있지 않습니까?

어느 날 두 경찰관이 자동차로 팔리 로드를 지나가다가, 자동차의 안전을 위해 만들어놓은 레일 위에 서서 절벽 아래로 마악 몸을 던지려는 한 청년을 보았어요. 경찰 순찰차는 그 자리에 섰어요. 순찰차에 타고 있던 경찰관이 차에서 뛰어내려 막 뛰어내리는 순간의 그 젊은이를 잡았어요. 그런데 그 경찰관도 젊은이와 함께 균형을 잃고 떨어지는 참이었어요. 마침 다른 경찰관이 쫓아와 당겨올리지 않았더라면 둘 다 죽었을 테지요.

자, 그런데 생판 모르는 젊은이 때문에 죽을 뻔했던 그 경찰관에게 어떤 일이 생겼는지 아십니까? 그의 인생에서 만사가 그만 심드렁해져버린 겁니다. 가족에 대한 의무, 경찰관으로서의 책임, 자기 인생에 대한 의무……. 이 모든 것이 그만 무의미하게 보이기 시작한 겁니다. 그전에 품고 있던 희망이나 소원도 깡그리 사라지고 말았어요. 말하자면 금방이라도 죽을 사람 같았던 겁니다.

뒤에 한 신문기자가 그에게 물었지요.

"그 젊은이를 놓아버리지 그랬어요? 당신이 죽을 수도 있었는데."

신문에 보도된 바에 따르면 그는 이렇게 대답한 것으로 되어 있어요.

"놓을 수가 없었어요. 만일 그 친구를 놓아버렸다면 나는 지금 이렇게 살아 있을 수도 없을 겁니다."

어떻습니까?

쇼펜하우어의 말은 그런 심리적 위기가 형이상학적 깨달음의 돌파구임을 보여줍니다. 이 형이상학적 깨달음이란 '우리'라고 하는 존재가 사실은 둘이 아니라 하나라는 깨달음, '우리'라는 것은 한 생명의 두 측면이라는 깨달음입니다. 우리가 '우리'라는 것을 서로 별개인 둘로 인식하는 것은 시간과 공간이라는 조건 아래서 형상을 경험하기 때문이라는 것입니다.

우리의 진정한 실재는 모든 생명을 동일시하고 통합하는 데서 비롯됩니다. 위기의 순간에 우리가 끊임없이 의식하게 되는 것이 바로 이 형이상학적 진실일 것입니다. 쇼펜하우어에 따르면 이것이야말로 우리 삶의 진실이기 때문입니다.

영웅이란 자신의 물리적인 삶을 이러한 진리 인식의 질서에다 바친 사람을 말합니다. 이웃을 사랑하라는 말은, 우리를 바로 이러한 진실에 던져넣으라는 뜻입니다. 그러나 이웃을 사랑하건 사랑하지 않건, 일단 진실에 대한 깨달음에만 이르면 목숨을 거는 일도 곧잘 하게 됩니다. 하와이 경찰관은 자기가 목숨을 걸고 구하려던 청년이 누구인지도 몰랐어요. 쇼펜하우어는, 자세히 보면 우리 사회에서 이런 일은 끊임없이 일어난다고 장담합니다. 사람들은 자기를 잊은 채로 서로에게 무엇을 해준다는 것입니다.

모이어스 예수가 "네 이웃을 네 몸같이 사랑하라"고 한 것은, 사실은 "네 이웃은 곧 '너'이니까 사랑하라"는 뜻이겠군요.

캠벨 동양의 종교에는 '보살'이라고 하는 아름다운 존재가 있어요. 대자대비(大慈大悲)로 표상되는 이 보살의 손끝에서 떨어지는 불사약(不死藥)은 지옥계 바닥에까지 이른답니다.

모이어스 무슨 뜻인가요?

캠벨 《신곡》 끄트머리에서 단테는, 하느님의 사랑은 지옥의 바닥에 이르도록 온 우주에 사무친다는 것을 깨닫습니다. 거의 같은 이미지입니다. 보살은 자비의 원리를 상징하는데, 이것은 인간의 삶을 가능하게 하는 치유(治癒)의 원리에 다름아닙니다. 인생은 고통스러운 것이지만, 자비가 있기 때문에 계속되는 일이 가능해집니다. 보살은 깨달음을 얻음으로써 불사(不死)를 획득한 존재이면서도 자진해서 이 세상의 슬픔에 참가하고 있는 존재입니다. 자진해서 이 세상에 참가한다는 것은, 그저 이 세상에 태어난다는 것과는 엄청나게 다릅니다.

"그는 근본이 하느님의 본체이시나 하느님과 동등하게 됨을 취하지 않으시고, 오히려 자기를 비워 종의 형체를 가져 사람들과 같이 되었고, 사람의 모양으로 나타나셨음에 자기를 낮추시고 죽기까지 복종하셨으니 곧 십자가에서 죽으심이라."

〈빌립보서〉에서 바울이 그리스도를 두고 하는 이 말의 주제가 바로 이것입니다. 이것이 삶이라는 분열된 현장에 대한 자발적인 참여인 것이지요.

모이어스 그리스도가 십자가에서 죽은 것은 속량전(贖良錢), 혹은 벌금을 무는 행위가 아니라, '화해(atonement)', 즉 '하나됨(at-one-ment)'의 행위라고 한 12세기 철학자 아벨라르의 견해에 동의하시는 거군요?

캠벨 그것은 그리스도가 십자가에 달린 까닭, 그리스도가 십자가에 달리기를 선택한 까닭에 대한 해석치고는 가장 세련된 해석입니다. 그전에 있었던 해석에 따르면 이렇습니다. 동산에서 지은 죄로 인하여 인류는 악마에게 맡겨집니다. 그런데 하느님은 인류를 악마라고 하는 중개자의 손에서 구해내어야 할 판입니다. 그래서 하느님은 자기 외아들을 값으로 치릅니다.

교황 그레고리는 이러한 예수를 악마를 낚기 위한 미끼로 해석합니다. 구속(救贖)의 관념입니다. 또 다른 견해에 따르면 이렇습니다. 하느님은 인간이 에덴 동산에서 저지르는 온당하지 못한 짓거리에 몹시 화가 납니다. 그래서 자기가 베푸는 자비의 장(場)에서 인간을 쫓아내 버립니다. 그런데 이렇게 되고 나니 하느님과 인간이 화해하는 데는 인간이 지은 죄에 견주어질 만큼 중요한 희생이 필요하게 됩니다. 여느 인간의 희생으로는 어림도 없지요. 그래서 이 빚을 청산하기 위해 하느님의 아들이 몸소 인간으로 화(化)해, 이 땅에 내려왔다는 겁니다.

그러나 아벨라르의 견해에 따르면, 그리스도는, 인간의 마음에다 삶의 고통에 대한 연민의 감정을 유발하기 위해, 이로써 이 세상의 물질에 멀어버린 인간의 눈을 열어주기 위해 십자가에 달렸다는 겁니다. 우리로 하여금 그리스도에게로 향하게 하는 것은 그리스도에 대한 연민 때문이라는 것이지요. 이렇게 해서 십자가에 달린 그리스도는 우리의 구주(救主)가 된다는 겁니다. 이러한 견해가 바로 불치의 상처로 고통을 당한다는, 중세의 성배왕(聖杯王) 관념에 반영됩니다. 여기에서 상처받은 자는 다시 구주가 됩니다. 성배왕의 고통은 인류의 가슴에 자리잡고 있는 인간성의 잠을 깨우는 것이지요.

모이어스 그렇다면 인류는 하느님을 열망하고, 하느님은 인류를 열망하는데, 이 두 열망이 연민이 되어 십자가 위에서 만났다는 아벨라르의 견해에 동의하시겠군요?

캠벨 하지요. 시간이 존재하면 고통이 있게 마련입니다. 과거 없이 미래를 맞을 수는 없는 법입니다. 아무리 현재를 사랑해봐야 현재는 곧 과거가 됩니다. 상실, 죽음, 탄생……상실, 죽음, 탄생…… 삶은 이렇게 돕니다. 십자가를 명상한다는 것은 곧 삶의 신비의 상징을 명상하는 것입니다.

모이어스 진정한 의미에서의 변모, 혹은 회심(悔心)에 많은 고통이 따르는 까닭이 여기에 있는 것이군요.

캠벨 《신약성서》는 자기를 버릴 것을, 이 세상과 세상의 가치 있는 것을 위하여 글자 그대로 죽음의 고통을 당할 것을 가르치고 있는데, 이건 밀교적인 표현법이에요. 그런데 자살 역시 상징적인 행위입니다. 자살이라는 것은 우리가 우연히 어떤 시간대에 처하게 된 삶에 대한 심리적인 자세 자체를 버리는 행위입니다. 말하자면 더 나은 시간대가 있을지도 모른다는 생각이 깔려 있는 것이죠. 그러니까 다른 삶을 위해 이 삶을 버리는 행위가 곧 자살인 겁니다. 하지만 융 박사의 말마따나 상징적인 상황에 사로잡히면 안 됩니다. 우리는 육체적으로는 죽을 필요가 없어요. 우리가 죽어야 하는 죽음은 영적인 죽음입니다. 이 죽음을 통해서 더 큰 삶의 길로 다시 태어나야 하는 것입니다.

모이어스 오늘날 우리가 하는 경험과는 다르군요. 종교라고 하는 것은 쉽습니다. 종교라는 것은 우리가 극장에 갈 때 옷을 꿰어 입는 것처럼 그렇게 꿰어 입을 수 있는 것 아닙니까?

캠벨 그래요. 대부분의 교회는 사회적인 모임치고는 썩 좋은 것이지요. 거기에 모이

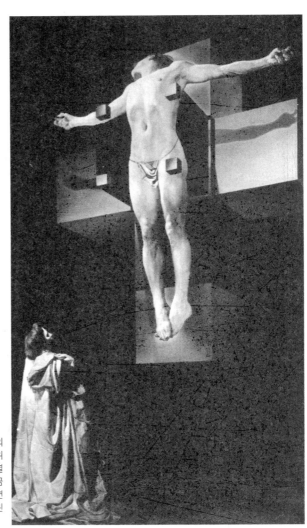

〈십자가형(十字架刑)〉, 살바도르 달리
그러나 아벨라르의 견해에 따르면, 그리스도는, 인간의 마음에다 삶의 고통에 대한 연민의 감정을 유발하기 위해, 이로써 이 세상의 물질에 멀어버린 인간의 눈을 열어주기 위해 십자가에 달렸다는 겁니다. 우리로 하여금 그리스도에게로 향하게 하는 것은 그리스도에 대한 연민 때문이라는 것이지요. 이렇게 해서 십자가에 달린 그리스도는 우리의 구주(救主)가 된다는 겁니다.

는 사람들도 좋습니다. 서로를 존중하는 사람들, 오랜 친구들, 우리 가족과도 오래전부터 친하게 지내온 좋은 사람들입니다.

모이어스 오늘날 우리 문화에서, 자기를 희생시키는 신화적 영웅에 대한 관념은 어떻게 되었습니까?

캠벨 베트남전 당시의 일이 기억나는군요. 집에서 텔레비전을 보고 있자니, 화면에, 헬리콥터 안에 있다가 전우를 구하러 달려나가는 젊은이의 모습이 비치더군요. 글자 그대로 죽음을 무릅쓰고 말이지요. 그 전우가 죽었는지 살았는지 모르는 상황에서, 반드시 나가야 했던 것은 아니었을 겁니다. 나는 여기에서, 쇼펜하우어의 이른바 타인을 위한 자발적 행위와 똑같은 것을 보았어요.

사람들은, 살아 있음의 경험을 절실하게 하기 때문에 전쟁을 좋아한다고 고백하곤 합니다. 매일 직장을 오가면서는 그런 경험을 할 수 없습니다. 그러나 전쟁터에서 우리는 문득, 살아 있음의 체험 안으로 한 발 물러서게 됩니다. 삶은 고뇌로운 것, 고통스러운 것, 그리고 무서운 것이다……. 그러나 나는 살아 있다……. 전쟁은 이런 느낌을 경험하게 합니다. 베트남전 당시의 이 젊은이는, 전우를 위해 용감하게 죽음을 맞을 수 있기 때문에 진정으로 살아 있는 것입니다.

모이어스 언젠가 지하철역의 플랫폼에 서 있는데, 어떤 사람이 저에게 "나는 매일 저 아래에서 조금씩 죽어간다네, 하지만 가족을 위해서 그러는 것이지", 이런 말을 하더군요. 그 친구는 의식하지 못하겠지만 약간 영웅 같은 데가 있지 않습니까? 어머니들도 가족을 위해 그렇게 합니다. 정을 위해 자기 몸을 떼어내지 않습니까?

캠벨 어머니는 곧 희생이지요. 하와이에 있는 우리 집 베란다로는 새들이 많이 날아와서 둥지를 틉니다. 해마다 어미새 한두 마리가 거기에서 새끼를 낳아 기르니까요. 이 어미새가 새끼들을 위해 먹이를 물어오는 것을 보고 있으면 정말 안쓰럽습니다. 새끼는 자그마치 다섯 마리나 됩니다. 개중에는 몸집이 어미보다 큰 것도

베트남의 타이닌 전투
집에서 텔레비전을 보고 있자니, 화면에, 헬리콥터 안에 있다가 전우를 구하러 달려나가는 젊은이의 모습이 보이더군요. 글자 그대로 죽음을 무릅쓰고 말이지요. 그 전우가 죽었는지 살았는지 모르는 상황에서, 반드시 나가야 했던 것은 아니었을 겁니다. 나는 여기에서, 쇼펜하우어의 이른바 타인을 위한 자발적 행위와 똑같은 것을 보았어요. 사람들은, 살아 있음의 경험을 절실하게 하기 때문에 전쟁을 좋아한다고 고백하곤 합니다. 매일 직장을 오가면서는 그런 경험을 할 수 없습니다. 그러나 전쟁터에서 우리는 문득, 살아 있음의 체험 안으로 한 발 물러서게 됩니다. 삶은 고뇌로운 것, 고통스러운 것 그리고 무서운 것이다……. 그러나 나는 살아 있다……. 전쟁은 이런 느낌을 경험하게 합니다. 베트남전 당시의 이 젊은이는, 전우를 위해 용감하게 죽음을 맞을 수 있기 때문에 진정으로 살아 있는 것입니다.

있어서 어미가 날아오면 제 날개로 어미의 온몸을 감싸기도 합니다. 이걸 보면, "아하, 이것이 바로 어미의 상징적인 모습이거니……. 새끼를 위해서는 제 몸을 떼어주는 것도 마다하지 않는 이 모습…….", 이런 생각이 들곤 합니다. 어머니가, 어머니 대지의 상징이 되는 까닭이 여기에 있습니다. 우리 어머니는 우리를 낳으신 분이자, 그 살로 우리를 먹이신 분입니다. 우리 어머니의 몸이 곧 우리의 양식인 것이지요.

모이어스 그 말씀을 듣고 있자니 《금수의 권능을 찾아서》에 나오는 이야기의 주인공이 생각나는군요. 이 주인공이 꼭 그리스도 같아서, 상당히 놀랐던 기억이 납니다. 피마족 인디언의 창조 신화에 나오는 구세주 비슷한 이미지인데요?

캠벨 그래요. 시사적(示唆的)인 신화이지요. 이 이야기의 주인공인 인신(人身)은 인간을 창조하고도 인간의 손에 갈가리 찢겨 죽지요. 고전적인 구세주 이미지입니다. "목숨을 아끼되 그 목숨의 원수가 되어라", 이런 옛말이 생각나는군요.

모이어스 세상이 창조되자 이 인신은 지구의 중심에서 솟아올라 후일에는 자기가 창조한 백성을 지하계(地下界)에서 지상계로 인도하지요. 그런데 그가 창조한 백성이 반기를 들고는 이 인신을 죽여버리지요. 그것도 한 번이 아니라 여러 번.

캠벨 ……결국 가루로 만들어버리기까지 하지요.

모이어스 그렇지만 늘 되살아나지요. 나중에 이 인신은 산으로 올라갑니다. 인간이 따라 올라가려고 하나 산길이 어찌나 미로 같은지 따라 올라가지 못합니다. 그리스도 같은 이미지가 아닙니까?

캠벨 그렇군요. 여기에 다시 미로, 혹은 미궁 모티프가 등장합니다. 길이 미로 같은 것은 누군가가 고의적으로 그렇게 해놓은 겁니다. 하지만 이 미로의 비밀을 알기만 하면 들어가서 미로의 주인을 만나는 것도 가능하지요.

모이어스 믿음이 있으면 그리스도를 따를 수 있는 것과 같군요.

캠벨 그래요. 종교 집단의 구성원이 되는 사람들은 이따금씩 자기 앞길을 가로막는 미로를 만나고는 하지요. 이 미로는 앞길을 막는 존재인 동시에 영생으로 들어가는 길이기도 합니다. 이것이 신화의 궁극적인 비밀입니다. 삶의 미로를 뚫고 지나가면 삶의 영적인 가치를 접하게 된다. 이것이 바로 신화가 드러내고자 하는 진실입니다.

단테의 《신곡》이 다루고 있는 문제도 결국은 이것입니다. 우리는 삶의 한 중간에 이르렀을' 때 문득 위기를 만나게 됩니다. 몸은 시들어가는데, 별같이 무수한 우리 삶의 주제가 매일밤 꿈자리를 차고 들어옵니다. 단테는 이것을, "중년에 아주 무서운 숲에서 길을 잃었다"는 말로 표현하고 있습니다. 단테는 이 숲에서, 각각 자만, 욕망, 공포를 상징하는 괴물 세 마리를 만납니다. 그런데, 시적 통찰력의 화신(化身)인 베르길리우스가 나타나 지옥의 미궁을 무사히 빠져나갈 수 있게 해줍니다. 이 지옥의 미궁은 자만과 욕망과 공포에 사로잡혀 영원으로 들어가지 못한 사람들이 있는 곳입니다. 단테는 베르길리우스의 인도를 받아 하느님의 지복

직관을 경험하지요. 규모를 작게 보면, 우리는 앞에서 말한 피마족 인디언의 이야기에서도 이와 똑같은 신화 이미지를 만나게 됩니다. 피마족 인디언의 문화는 북아메리카 인디언 문화 중에서도 가장 소박한 문화에 속합니다. 그럼에도, 자기네 나름의, 단테에 견주어지는 지극히 복잡한 이미지를 활용하고 있는 거지요.

모이어스 선생님께서는, "십자가상은, 기왕에 이 땅에 있었던 것, 앞으로 이 땅으로 올 것에 대한 영원한 확신의 상징으로 보아야 한다. 이것은 갈보리 산의 역사적 순간을 상징하고 있을 뿐만 아니라, 하느님은 시공을 넘어 실재하면서, 살아 있는 모든 것의 고통에 동참한다는 신비를 상징하고 있기도 하다", 이런 글을 쓰셨습니다만…….

캠벨 중세 신화에서 가장 위대한 순간은 인류의 마음이 연민의 가슴으로 열린 순간, 즉 '열정(passion)'이 '연민(compassion)'으로 변모한 순간입니다. 성배 전설에 나오는, 상처 입은 성배왕에 대한 사람들의 연민이 바로 이러한 변모를 드러냅니다. 바로 여기에서 아벨라르적 관념이 태동합니다. 아벨라르는 십자가를 이렇게 설명하고 있지요. 즉 인자(人子)가 이 세상에 온 것은 십자가에 못 박히기 위해서이다, 인자가 십자가에 못 박히는 것은 우리의 마음을 연민 쪽으로 열리게 하기 위함이다. 이로써 이 세상의 물질에 대한 인간의 추잡한 관심을, 고통을 나누기 위해 자기를 희생하는 인간만이 지닌 가치의 세계 쪽으로 쏠리게 하기 위함이다…….

어떤 의미에서 성배 전설에 나오는 상처 입은 왕은 그리스도와 대응한다고 볼 수 있어요. 그는 이 상처를 통하여 사람들의 마음을 연민 쪽으로 열리게 하고, 이로써 죽은 자를 황무지에서 이 땅의 생명으로 되돌아오게 합니다. 이 세상에는, 고통의 영적인 기능이라고 하는 신비스러운 관념이 있어요. 그리스도처럼 고통을 받는 자는 인간을 조잡한 육식동물에서 참 인간으로 바꾸어놓을 만한 어떤 본을 보이기 위해 우리에게 옵니다. 이 본 가운데 하나가 바로 연민입니다. 제임스 조이스가 《율리시즈》에서 채용하고 발전시키는 테마가 바로 이 연민입니다. 그래서 스티븐 디달러스는 자기의 영웅을 자각하고, 레오폴드 블룸과 연민을 나눔으로써 어른이 됩니다. 이 깨달음은 자기에서 사랑할 힘이 나오고, 이로써 길을 열 수 있다는 깨달음이지 다른 것이 아닙니다.

조이스의 그 다음 걸작이라고 할 수 있는《피네간의 경야(經夜)》에는 아주 신비스러운 숫자가 끊임없이 나옵니다. '1132'라는 숫자입니다. 날짜를 나타낼 때도 나오고, '11가 32번지' 하는 식으로 주소를 나타낼 때도 나오지요. 하여튼 숫자의 배열만 다를 뿐 장(章)마다 이 수가 나옵니다. 《피네간의 경야》의 곁쇠》(곁쇠: 어떤 자물쇠든 다 딸 수 있는 열쇠 - 옮긴이)라는 글을 쓰면서 나는 내가 아는 이미지는 다 동원하여 그 의미를 상상해보았어요. "도대체 이 '1132'라는 빌어먹을 놈의 숫자가 무엇이냐", 이런 생각을 하다가 나는 문득《율리시즈》를 떠올렸어요.

레오폴드 블룸이 더블린 거리를 이리저리 다니는데, 탑에서 정오 시각을 알리느라고 공을 떨어뜨리게 되지요. 그때 블룸은, "물체의 낙하법칙, 초속 32피트, 초속……", 이런 생각을 하지요. 그때 나는, '32'는 인류의 타락을 상징하는 숫자일 거라는 생각을 했습니다. 그렇다면 '11'은 단단위(單單位) 숫자의 새로운 시작이 됩니다. 1, 2, 3, 4, 5, 6, 7, 8, 9, 10, 그러다가 11이 나오면서 처음부터 다시 반복하게 됩니다. 나는, "이것은 타락을 상징하는 '32'와 구속(救贖)을 상징하는 '11'일 것이다. 작죄(作罪)와 용서, 죽음과 재생일 것이다", 이런 생각을 했는데 아닌 게 아니라《율리시즈》에는 이런 것을 암시하는 대목이 얼마든지 있습니다.

《피네간의 경야》도 더블린에서 가장 큰 공원인 '피닉스 공원'과 관계가 있어요. 피닉스[不死鳥]는 불 속에서 자신을 태웠다가 잿더미 속에서 새 생명으로 날아오르는 새입니다. 그러니까 '피닉스 공원'은 인류가 타락했던 현장이자 아담의 머리 위에 십자가가 꽂히는 현장인 에덴 동산입니다. "오 펠릭스 쿨파(오, 죄인 불사조여)!", 조이스의 말입니다. 그래서 우리 안에 죽음과 재생이 함께 하는 겁니다. 내가 보기에는 아주 그럴듯한 해석인 것 같았어요. 이 해석은 《피네간의 경야》의

곁쇠》에 나옵니다.

　그런데 비교종교학 야간 수업 준비를 하던 어느 날, 나는 사도 바울의 〈로마서〉를 다시 읽다가 조이스가 《피네간의 경야》를 쓰면서 했을 법한 생각을 요약해놓은 듯한 이상한 구절을 발견했어요. 즉 "하느님이 순종치 아니 하는 모든 사람을 거두어 두심은 모든 사람에게 긍휼을 베풀려 하심이로다"라는 이 대목입니다. 우리가 순종하지 않아야 하느님의 자비가 소용에 닿게 됩니다. 순종하면 하느님에게 찬스가 생기지 않는 거예요. 루터는, 하느님의 자비가 얼마나 되는지 궁금하거든 "용감하게 죄를 지어보라"고 했어요. 그러니까 큰 죄인은 연민하는 하느님을 크게 깨달은 자인 셈입니다. 이것은 도덕의 역설과 삶의 가치와 밀접한 관련을 지니는 아주 근본적인 관념입니다.

　그래서 나는, "그래, 조이스라는 양반이 진짜 하고 싶어하던 말이 이것이었구나" 하고는, 조이스 관련 강의록에다 '〈로마서〉 11장 32절,' 이렇게 메모하는데……! 그때 내가 얼마나 놀랐겠는지 상상할 수 있겠어요? 바로 성서에, 똑같은 숫자 '1132'가 나오는 겁니다! 그러니까 조이스는 자기 걸작의 노른자위를 기독교 신앙 체계의 역설에서 빌렸던 겁니다. 조이스는 죄 많은 역사를 거치면서, 인류의 삶을 통해 이루어진, 실로 공적·사적으로 기괴하기 짝이 없는 의식의 심층을 무자비하게 파헤친 것입니다. 다 그 안에 있어요. 조이스는 인간에게 애정을 가지고 썼을 테지요.

모이어스　서구인들이 신학을 앞서가는 신비 체험을 이해할 수 있을까요? 과학자들이 우리의 현실 감각을 장악하는 문화권의 하느님 이미지에 갇힌 사람들이, 샤먼이나 이야기할 법한 이 궁극적인 바탕을 어떻게 체험할 수 있겠습니까?

캠벨　그런데도 사람들은 체험합니다. 중세에는, 이런 걸 체험한 사람은 이단자로 몰려 화형을 당했어요. 서구의 이단 중에서 가장 용서받을 수 없는 이단은 '나와 아버지는 하나'라는 그리스도의 말입니다. 그리스도는 이 말을 했기 때문에 십자가에 달렸어요. 그리스도가 죽고 나서 9백 년 뒤에, 중세의 한 위대한 수피 신비주의자는 '나와 내가 사랑하는 자는 하나'라고 했다가 역시 십자가에 매달렸습니다. 그는 십자가로 가면서 이렇게 기도합니다.

"주님, 저에게 가르치셨으면 이들에게도 가르치셨어야 하는 것 아닙니까? 가르치셨으면 이들이 저를 이렇게 대접하지 않을 것입니다. 저에게 가르치시지 않았어도 오늘 이런 일은 일어나지 않았을 것입니다. 오, 주님과 그분 하신 일에 복 있을진저."

다른 수피 신비주의자는 이렇게 말합니다.

"신비주의자가, 하느님과 합일하고자 하는 자기의 욕망을 금욕과 죽음을 통하여 반영하게 하는 것, 이것이 정통 신앙 사회의 기능이다."

모이어스 오늘날 이런 경험을 차단하는 것은 무엇이라고 생각하십니까?

캠벨 민주주의이지요. 민주주의가 뭡니까? 다수의 의견은 정치는 물론 사고에서도 효과적인 것이다, 이렇게 이해되는 게 민주주의 아닙니까? 그러나 사고의 경우, 다수는 항상 그릅니다.

모이어스 항상 그릅니까?

캠벨 이런 종류의 사고라면 그렇지요. 영적인 문제에 관한 한 다수라는 것은 항상, 먹을 것, 살 데, 자식들, 재물 이상의 경험을 한 사람에게 귀를 기울이고 마음을 열려고 하는 사람들입니다. 그런 경험을 하는 사람들이 아니고요.

싱클레어 루이스의 《바비트》를 읽어보셨어요?

모이어스 읽은 지 오래 되었습니다.

캠벨 "나는 평생 하고 싶은 일은 하나도 해보지 못하고 살았다", 이게 마지막 구절입니다. 이런 사람은 자기의 천복(天福)을 좇아보지 못한 사람입니다. 사라 로렌스 대학에서 가르칠 때도 바로 이 말을 들은 적이 있어요. 결혼하기 전에 나는 점심과 저녁 식사는 마을 음식점에서 했습니다. 특히 목요일 밤에는 많은 가족이 브롱

크스빌의 음식점으로 저녁을 먹으러 나오곤 했어요. 어느 날 밤, 나는 여느 때처럼 내가 좋아하는 음식점에 들어갔는데, 마침 내 옆자리에 한 가족이 앉아 있습디다. 아버지, 어머니, 열 두어 살 되는 아들, 이렇게 왔던 거지요. 가만히 듣자니까 아버지가 아들에게 이러더군요.

"네 몫의 토마토 주스는 네가 마시거라."

그러자 아들이 대답하는 거예요.

"마시고 싶지 않은걸요."

그러니까 아버지는 좀 전보다 조금 더 큰 소리를 내어 명령조로 "네 몫의 토마토 주스는 마시라니까" 하고 말합니다. 가만히 듣고 있던 어머니가 이러더군요.

"먹기 싫다는데 뭘 그래요? 싫다는 건 하게 하지 말아요."

이 말을 들은 아이 아버지가 자기 아내를 물끄러미 바라보면서 이러는 겁니다.

"저 좋은 것만 하고 인생을 살 수는 없는 법이야. 저 좋은 것만 하고 세상을 살려고 했다가는 굶어죽어. 나를 봐! 나는 하고 싶은 일은 평생 하나도 해보지 못하고 살았어."

나는 그 친구 말을 듣고 있다가 나도 모르게, "세상에, 여기에 바비트의 화신이 있었군" 하고 중얼거렸지요.

그러니까 그 사람은 자기 천복을 한 번도 좇아보지 못하고 산 셈입니다. 천복 같은 것과는 상관없이 성공을 거두는 사람도 있겠지요. 하지만, 그런 성공으로 사는 삶이 어떤 삶일까 한번 생각해보세요. 평생 하고 싶은 일은 하나도 못 해보고 사는 그 따분한 인생을 한번 생각해보세요. 나는 학생들에게 늘, 너희 육신과 영혼이 가자는 대로 가거라, 이런 소리를 합니다. 일단 이런 느낌이 생기면 이 느낌에 머무는 겁니다. 그러면 어느 누구도 우리 삶을 방해하지 못합니다.

모이어스 이 천복을 좇으면 어떻게 됩니까?

캠벨 천복에 이르는 거지요. 중세의 필사본에, 여러 문맥에서 자주 나타나는 이미지가 바로 행운의 바퀴라고 하는 이미지입니다. 이 바퀴에는 굴대도 있고 바퀴살도 있고, 테도 있어요. 그런데 말이지요. 이 바퀴의 테를 잡고 있으면 반드시 올라갈 때와 내려올 때가 있어요. 하지만 굴대를 잡고 있으면 늘 같은 자리, 즉 중심에 있을 수 있답니다. 성혼 서약(成婚誓約)에도, 성할 때나 아플 때나, 넉넉할 때나 가난할 때나, 올라갈 때나 내려올 때나 …(중략)… 나는 그대를 중심으로 맞아들이고 그대를 천복으로 좇는다, 그대가 나에게 줄 재물도 아니요, 그대가 나에게 줄 사회적 지위도 아닌 오직 그대만 좇으리다……. 뭐 이런 대목이 있지요. 이게 바로 천복을 좇는 것입니다.

모이어스 천복이 있는 영생의 샘을 찾는 이들에게 어떤 충고를 해주시겠습니까?

캠벨 우리는 늘 이와 비슷한 것, 천복에 들어온 것과 같은 조그만 직관을 경험하고 있어요. 그걸 잡는 겁니다. 그걸 잡으면 무엇이 어떻게 될지는 아는 사람도 없고 가르쳐줄 사람도 없습니다. 우리 자신의 마음 바닥으로 그걸 인식할 도리밖에는 없어요.

모이어스 선생님께서는 언제 선생님의 천복을 만났습니까?

캠벨 어릴 때 일입니다. 나는 고집이 세서 누가 무슨 말을 하건 듣지 않고 하고 싶은 대로 했습니다. 우리 가족은 늘 나를 도와주었어요. 언제 어디에서든 내가 하고 싶어하는 일, 내가 몰두할 수 있는 일을 하게 해주었으니까요. 나는 그런 삶에도 문제가 생길 수 있다는 것은 모르고 지냈어요.

모이어스 부모 되는 사람들은 어떻게 하면 자식들로 하여금 자기 천복을 찾게 해줄 수 있습니까?

캠벨 아이를 잘 알아야 하고, 아이에게 늘 주의를 기울여야 합니다. 그러면 아이를 도와줄 수 있지요. 사라 로렌스 대학에서 가르칠 때 나는 학생들과 적어도 2주일에 한 번씩 정도는 약 반 시간씩 개인 면담을 하고는 했어요. 가령 학생들과 독서 과제에 대한 이야기를 하노라면 학생이 보이는 반응에서 뭔가를 느껴낼 수 있지요. 자기 천복과 관계가 있는 이야기가 나오면 눈빛이 달라지든지 낯빛이 달라지든지 하지요. 삶의 가능성은 바로 여기에서 열립니다.

　나는 이런 가능성을 붙잡고, "이 학생은 여기에 매달리게 해주어야겠구나", 이런 결심을 하고는 합니다. 그럴 수도 있고 그렇지 않을 수도 있지만, 나는 내 방에서 자기 갈 길을 찾은 학생이 많았으리라고 생각합니다.

모이어스 시인의 감수성을 가진 사람만이 이런 일을 할 수 있는 것은 아닐 테지요.

캠벨 시인들은 시 쓰는 일을 자기 직업으로 선택한 사람, 자기 삶의 방법을 천복에 맞추어나가는 사람들입니다. 그런데 사람들은 늘 다른 일에 관심을 쏟지요. 정치적·경제적 문제에 끼여들거나 군대에 입대하여 흥미도 관심도 없는 전쟁터로 나가기도 합니다. 그러나 이런 상황에서는 자기 천복을 붙잡기가 어렵습니다. 천복

**〈운명의 바퀴〉,
프랑스, 14세기**
이 바퀴의 테를 잡고 있으면 반드시 올라갈 때와 내려올 때가 있어요. 하지만 굴대를 잡고 있으면 늘 같은 자리, 즉 중심에 있을 수 있답니다.

거리를 찾는 일은, 스스로 갈고 닦아야 하는 기술 같은 것이지요.

그러나, 자기가 전적으로 관심을 쏟지 않던 일에 종사하는 대부분의 사람에게도 방향 전환의 계기를 기다리는 능력은 얼마든지 있을 수 있어요. 실제로 내가 가르치던 학생들에게 종종 있던 일이어서 나는 알고 있지요.

남학생들에게 교양 과목을 가르칠 당시, 나는 진로 때문에 고민하는 학생들과 이야기를 나누고는 했어요. 어떤 학생이 나에게 와서, "제가 이걸 할 수 있을 거라고 생각하십니까, 제가 저걸 할 수 있을 거라고 생각하십니까? 저도 작가가 될 수 있을 거라고 생각하십니까?" 하고 묻습니다. 그러면 나는 이렇게 대답하고는 했어요.

"모르겠네. 남들이 아무 반응도 보이지 않는 절망 속에서 10년이고 20년이고 기다릴 수 있겠는가? 아니면 대뜸 베스트셀러 작가가 되고자 하는가? 세상이 뭐라고 하건 자네가 정말 좋아하는 것만 붙잡고 살면 행복하겠다 싶거든 그 길로 나가게."

부모는 자식에게, "너는 법과대학에 가야 해. 법관이 되면 많은 돈을 벌 수 있거든", 이런 말을 능히 할 수 있지요. 그러나 부모가 시켜서 선택하는 삶은 바퀴테를 붙잡는 삶입니다. 굴대를 붙잡아야 천복을 누리며 살 수 있어요. 자, 돈이 중요하겠어요, 천복이 중요하겠어요? 나는 유럽에서 공부하다가, 1929년, 월스트리트가 무너지기 3주일 전에 미국으로 돌아왔어요. 일자리 같은 게 있을 턱이 없지요. 그런데 내게 그 시절은 정말 멋진 시절이었어요.

모이어스 대공황의 와중에 멋진 시절이라니요? 얼른 이해가 가지 않습니다만.

캠벨 돈이 없다는 건 느꼈지만 가난하다는 느낌은 전혀 경험해보지 못했어요. 그 당시 사람들, 좀 좋았어요? 나는 그 당시에 프로베니우스를 발견했어요. 문득 이 양반이다 싶은 거예요. 그래서 나는 프로베니우스가 쓴 것은 모조리 읽겠다고 결심했어요. 그런데 돈이 있습니까? 나는 돈이야 어찌 되든, 뉴욕의 서적상(書籍商)에게 편지를 보냈어요. 그런데 그 서적상은 내가 바라던 책을 모조리 보내면서 일자리를 구하거든 갚으라는 거예요. 자그마치 4년 뒤에나 갚았지만요.

　뉴욕의 우드스톡에 아주 멋진 노인이 있었어요. 이 양반에게는 방이 아주 많은 집이 한 채 있었는데, 그는 이 방을, 예술을 공부하는 가난뱅이 학생들에게 1년에 20달러 정도의 임대료로 빌려주었어요. 그런데 이 집에는 수도가 없었어요. 물은 우물물을 길어다 쓰거나 펌프로 자아올려 써야 했어요. 그런데 수도를 놓지 않는 이유가 걸작입니다. 수도를 설비해놓으면, 이 집이 수도가 있는 집에 살던 학생들의 관심을 끈다는 거예요. 나는 이 집에서 기본 독서와 공부는 거의 다 했어요.

　정말 멋진 시절이었죠. 나는 내 천복을 좇고 있었던 겁니다.

　지금 말하는 이 천복이라는 것은 내가, 이 세상에서 가장 영적인 언어라고 할 수 있는 산스크리트어에서 배운 겁니다. 산스크리트어에는, 이 세상의 가장자리, 즉 초월의 바다로 건너뛸 수 있는 곳을 지칭하는 말이 세 가지 있어요. 즉 '사트(Sat)' '취트(Chit)' '아난다(Ananda)'가 그것입니다. '사트'라는 말은 '존재', '취트'라는 말은 '의식', '아난다'라는 말은 '천복', 혹은 '황홀'을 뜻합니다. 이 말을 공부하면서 나는 이런 생각을 했지요.

　"내 의식이 제대로 된 의식인지, 아니면 엉터리 의식인지 모르겠다. 내가 아는 존재가 제대로 된 존재인지, 아니면 엉터리 존재인지 모르겠다. 그러나 내가 어떤 일에 천복을 느끼는지 그것은 안다. 그래. 이 천복을 물고늘어지자. 이 천복이 내 존재와 의식을 데리고 다닐 것이다."

　지금 생각하면 그때의 처방에 영험이 있었던 것 같군요.

모이어스　우리도 그 진리를 알 수 있을까요? 그 진리를 찾을 수 있을까요?

캠벨　사람들에게는 나름의 깊이와 경험과, '사트, 취트, 아난다'와 관련된 존재의 확신과, 의식과 천복을 통한 나름의 존재 방식이 있어요. 종교인들은, 죽어서 천국에 가보기까지는 끝내 천복이 무엇인지 모른다고 주장하지요. 그러나 나는, 살아 있을 동안에도 이런 종류의 경험을 할 수 있다면 그게 곧 천복이라고 생각해요.

모이어스 천복에서 중요한 것은 '지금'이라는 것이군요.

캠벨 천국에서는, 하느님을 우러러보는, 생전 안 하던 경험을 하니 대단하긴 하지요. 하지만 우리 자신의 경험은 바로 이곳에서 하는 것이지, 천국에서 하는 것이 아니에요.

모이어스 선생님은 천복을 좇는 그 순간 순간에, 혹시 보이지 않는 손의 도움을 받고 있다는 생각은 해보신 적은 없으신지요? 저에게는 그럴 때가 있어서 드리는 말씀입니다만.

캠벨 늘 하지요. 정말 놀라운 일입니다. 늘 보이지 않는 손이 나를 따라다닌다는 생각을 하기 때문에 나에게는 굳게 믿는 미신이 하나 있습니다. 지금도 내가 하는 생각은 이렇습니다. 천복을 좇으면, 나는 창세 때부터 거기에서 나를 기다리던 길로 들어서게 됩니다. 내가 살아야 하는 삶은 내가 지금 살고 있는 삶입니다. 이걸 알고 있으면 어디에 가든지 자기 천복의 벌판에 사는 사람들을 만납니다. 그러면 그 사람들이 문을 열어줍니다. 그래서 나는 자신 있게 사람들에게 권합니다.

"천복을 좇되 두려워하지 말라, 당신이 어디로 가는지 모르고 있어도 문은 열릴 것이다."

모이어스 보이지 않는 손의 도움을 받지 못하는 사람들에게 연민을 느껴본 적이 있으신지요?

캠벨 보이지 않는 손의 도움을 받지 못하는 사람이 세상에 어디에 있겠어요? 있다면, 연민을 느껴야 당연한 불쌍한 사람이지요. 생명수가 바로 옆에 있는데도 목을 쥐어뜯고 있는 사람들에게 연민을 느끼는 것이야 당연하지요.

모이어스 영원한 생명수가 옆에 있다고 하시는데, 그게 대체 어디에 있습니까?

캠벨 그게 어디가 되었든, 우리가 있는 곳에 있습니다. 자기 천복을 좇는 사람은 늘, 그 생명수를 마시는 경험을, 자기 안에 있는 생명을 경험할 수 있는 것이지요.

마틴 루터 킹 2세, 1963년
'영웅'이라는 말은 자기 삶을 자기보다 큰 것에 바친 사람을 일컫는 말이지요.

5. 영웅의 모험

우리는 이제 혼자 모험의 위험을 감수하지 않아도 되게 되어 있다. 시대의 영웅들이 우리를 앞서 이 여행을 했기 때문이다. 그래서 미궁은 이제 더 이상 우리에게 낯설지 않다.

우리는 이제 영웅이 길에다 깔아놓은 실을 붙들고 따라가기만 하면 된다. 그러면, 알게 된다.

무서운 괴물이 있어야 하는 곳에서는 신을 만나게 되고, 남을 죽여야 하는 곳에서는

저 자신을 죽이게 되며, 외계로 나가야 하는 곳에서는 우리 존재의 중심으로 되돌아오게 되고,

외로워야 할 곳에서는 온 세상과 함께 하게 될 것임을⋯⋯.

— 조셉 캠벨

모이어스 신화에는 왜 그렇게 영웅 이야기가 많습니까?

캠벨 많을 가치가 있으니까요. 심지어는 대중 소설에서도 남자든 여자든, 주인공은 보통 사람의 성취와 경험의 범주를 넘어서는 것을 발견하거나 이루어낸 영웅입니다. '영웅'이라는 말은 자기 삶을 자기보다 큰 것에 바친 사람을 일컫는 말이지요.

모이어스 그래서, 어떻게 각색되었건 행적이 어떻건 간에, 모든 문화권에는 영웅이 있는 것이군요.

캠벨 그렇지요. 사람의 행적에는 두 가지가 있어요. 하나는 육체적인 행적입니다. 육체적인 행적을 보면, 영웅은 싸움에서나 남을 구하는 데서 용기 있는 행동을 보여주지요. 또 하나의 행적은 정신적 행적입니다. 이런 행적에 따르면, 영웅은 여느 인간의 영적인 삶의 범위를 훨씬 넘어서서 존재하는 희한한 체험을 하고는 우리 삶에 유용한 메시지를 가지고 귀환합니다. 보통, 영웅의 모험은 무엇인가를 상

실한 사람, 자기 동아리에게 허용되어 있는 정상적인 경험에는 무엇인가 모자라는 것이 있다고 생각하는 사람에 의해 시작됩니다. 이 사람은 이렇게 모험에 뛰어들어 보통 사람으로서는 상상도 못할 고난을 겪으면서도, 자기가 상실한 것, 혹은 생명의 불사약 같은 것을 찾아 헤맵니다. 영웅의 모험에는, 출발과 귀환 사이에 일종의 주기(週期)가 있지요.

그런데 이러한 모험의 구조와, 모험이 지니는 영적인 요소는 태고의 성인식(成人式)에서 충분히 예고된 것으로 보아야 합니다. 바로 이 성인식을 통하여 아이는 아이의 시절을 포기하고 어른이 되기를, 혹은 유아기의 인격과 정신을 버리고 책임 있는 어른이 되기를 강요당하지요. 이것은 모든 사람이 거쳐야 하는 일종의 기본적인 과정이며 정신적인 변모 과정입니다.

우리는 보통, 누군가의 보호와 감독 아래 의존적인 상태로, 줄잡아 14년에서 20년 동안이나 소년 시절과 청년 시절을 보냅니다. 박사 학위를 얻고자 하는 사람에게는 이 기간이 35년쯤으로 늘어날 수도 있겠지요. 이 기간 동안 우리에게는 책임이 없습니다만, 대신 벌이면 벌, 상이면 상을 받아야 하는 복종적인 예속의 삶을 살아야 합니다. 이 심리적인 미성숙 상태를 박차고 자기 책임과 자기 확신 위에서 영위되는 삶의 현장으로 나오려면, 죽음과 재생의 경험이 있어야 합니다. 이것이 바로 보편적인 영웅 여행에서 기본이 되는 모티프입니다. 즉 이 여행을 마쳐야, 한 인간은 어떤 상황을 떠나 삶의 바탕이 되는 것을 찾아내고는 더욱 풍부하고 성숙한 인간 조건에서 살게 되는 것이지요.

모이어스 넓은 의미에서, 이 죄 많은 세상에서는 영웅이 아니어도, 누구나 내면을 향한 영적·심리적 여행을 해야 할 테지요.

캠벨 그렇고 말고요. 오토 랑크는 《영웅의 탄생 신화》라는 작은 책에서, 양수(羊水)에서 수생동물(水生動物) 상태를 지나고, 공기를 호흡하는 포유동물 상태를 지나 홀로 서기까지는 엄청난 심리적·육체적 변모 과정을 거치기에, 인간은 모두 태어

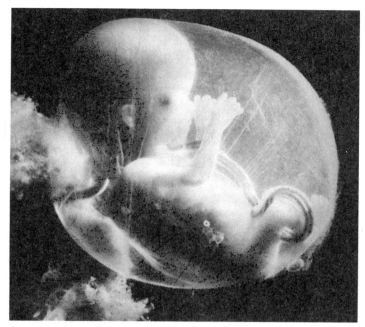

태아
오토 랑크는 《영웅의 탄생 신화》라는 작은 책에서, 양수(羊水)에서 수생동물(水生動物) 상태를 지나고, 공기를 호흡하는 포유동물 상태를 지나 홀로 서기까지는 엄청난 심리적·육체적 변모 과정을 거치기에, 인간은 모두 태어날 때부터 영웅이라고 주장하지요.

날 때부터 영웅이라고 주장하지요. 아닌 게 아니라 엄청난 변모이기는 합니다. 만일에 이러한 것을 의식적으로 경험한다면, 그것을 영웅의 행적이라고 불러야 마땅할 테지요. 그러나 우리가 잊지 말아야 하는 것은, 이 모든 과정을 가져온 어머니 역시 영웅적이라고 할 수 있다는 겁니다.

모이어스 그렇다면 영웅적인 행적이 전부 남성들의 것만은 아니라는 것이군요?

캠벨 네, 아니지요. 남성은 삶의 조건 때문에 좀더 험한 역할을 맡지요. 남성은 바깥 세상에 있고 여성은 집안에 있거든요. 그러나 아즈텍인의 생각은 우리와 조금 달라요. 아즈텍인에게는 여러 층의 하늘이 있는데, 죽음을 맞는 상황에 따라 이 하늘의 각 층이 내세의 집으로 주어집니다. 그런데 전장에서 전사한 병사와 출산 때 죽은 어머니는 똑같이 최고천(最高天)을 배정받지요. 말하자면 출산은 영웅적인 행적과 동일시되는 것입니다. 그럴 수밖에요. 자신의 생명을 다른 생명에게 나누어주는 것이니까요.

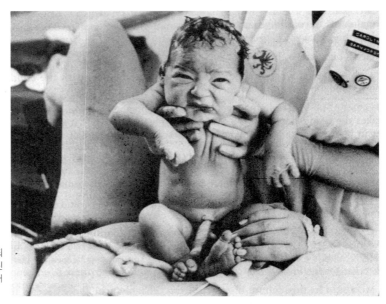

탄생
출산은 영웅적인 행적과 동일시되는 것입니다. 그럴 수밖에요. 자신의 생명을 다른 생명에게 나누어 주는 것이니까요.

모이어스 오늘날의 우리 사회에서 이런 것은 더 이상 유효하지 않게 되고 말았습니다. 집에서 아이를 키우는 일보다는 밖에서 많은 돈을 벌어들이는 일이 더 영웅적인 것으로 여겨지고 있으니까요.

캠벨 돈벌이가 훨씬 더 광고가 많이 되어 있으니까요. 개가 사람을 깨물고 하면 이야깃거리가 안 되지만, 사람이 개를 깨물었다고 하면 이야깃거리가 된다는 옛말 알지요? 얼마나 영웅적인지 상관없이, 늘 일어나는 일은 뉴스거리가 되지 못해요. 그러니까 모성은 이제 별로 신기할 것이 없는 존재가 되어버렸다고 할까요?

모이어스 어머니가 영웅이라……. 참 근사한 발상이군요.

캠벨 나도 늘 그렇게 생각하지요. 내가 신화를 읽고 알아낸 거랍니다.

모이어스 어머니의 행적도 일종의 여행이군요. 어머니는, 익히 알고 있는, 충분히 보호받는 상태에서 미지의 세계로 나가 이런 경험을 하니까요.

캠벨 그렇지요. 처녀에서 어머니가 되자면 변모하지 않으면 안 됩니다. 변모라는 것은 많은 위험을 거치는 굉장한 변화이지요.

모이어스 여행에서, 아기를 안고 귀환하여 이 세상으로 내보내는 것도 세상을 위해 무엇인가를 가져오는 행위가 될 수 있겠지요.

캠벨 그 정도가 아닙니다. 삶을 미리 사는 행위라고 볼 수도 있지요. 오토 랑크는, 많은 사람이 이 세상에 태어나는 것 자체를 자기가 속한 사회에서 존경을 받고 보호를 받아서 마땅한 영웅적인 행위로 본다고 지적하고 있어요.

모이어스 하지만 진짜 여행은 시작도 되지 않았는데요?

캠벨 기나긴 여행을 해야겠지요. 무수한 시련이 기다리고 있는…….

모이어스 영웅의 시련, 시험, 난관이라는 것은 무엇을 의미하는지요?

캠벨 굳이 말하자면, 이 사람이 정말 영웅인지 아닌지, 이 사람이 과연 이 일을 해낼 수 있는지 여부, 정말 위험을 극복할 수 있는지 여부, 용기, 지식, 능력이 있는지 여부를 판별하기 위해 누군가가 예비해놓은 어떤 관문이라고 보면 되겠지요.

모이어스 종교가 참 헤퍼진, 말하자면 종교가 싸구려로 영험을 발휘하는 이 문화권에서, 우리는 한 가지를 잊고 있는 것 같습니다. 이 땅의 3대 종교가, 영웅 여행의 시련은 생명의 일부라는 의미를 지니는 것이며, 극기와 대가의 지불이 없이는 상도 없다고 가르치는데도, 우리는 이걸 잊어버리고 있는 것 같다는 겁니다.

《코란》은 "앞서 간 사람들이 치른 것과 같은 시련을 치르지 않고 지복의 낙원으로 들어갈 수 있다고 생각하느냐"고 말하고 있습니다. 〈마태복음〉에서 예수는 "좁은 문으로 들어가라. 멸망으로 인도하는 문은 크고 그 길이 넓어 들어가는 자가 많고, 생명으로 인도하는 문은 좁고 길이 협착하여 찾는 이가 적음이니라"고 말하고 있습니다. 유태 전승에 나오는 영웅은 무서운 시험을 겪어야 보상을 받지요.

캠벨 여기에서 핵심은, 자신을 버려서 자신을 더욱 높은 목적, 혹은 타인에게 준다는 겁니다. 이것만 알면 이 자체가 바로 궁극적인 시련이라는 걸 깨달아낼 수 있지요. 우리가 우리 자산의 문제를 진정으로 참구한다면, 진정으로 자기를 보존할 방법을 생각한다면, 우리는 이미 의식의 영웅적 변모의 과정에 든 거나 다름없습니다.

결국 모든 신화가 다루고 있는 것은 의식의 변모입니다. 전에는 이렇게 생각해 왔지만 지금부터는 저렇게 생각해보는 것……. 의식의 변모는 이로써 시작되는 것이지요.

모이어스 의식은 어떻게 변모합니까?

캠벨 스스로 부여하는 시련이나 계시를 통해서 변모하겠지요. 시련과 계시, 이것이 바로 변모의 열쇠인 겁니다.

모이어스 이 모든 이야기에는 보상의 순간이 있지 않습니까? 처녀가 괴물에게서 구출된다든지, 도시가 멸망을 면한다든지, 영웅이 구사일생한다든지 하는…….

캠벨 있지요. 그런 보상 성격의 성취가 없으면 영웅 신화가 아니지요. 물론 실패하는 영웅이 있기는 합니다. 하지만 이러한 영웅은 자기가 성취할 수 있는 것 이상을 바라는 광대 영웅인 셈이지요.

모이어스 영웅과 지도자는 어떻게 다릅니까?

캠벨 톨스토이가 《전쟁과 평화》에서 이 문제를 다룹니다. 아시다시피 나폴레옹이 유럽을 황무지로 만들고 바야흐로 러시아를 침공하려고 할 때, 톨스토이는 "그 지도자는 진정한 의미에서의 지도자인가, 아니면 무리의 선두에 선 자에 지나지 않는가?", 이런 의문을 제기합니다. 심리학 용어를 써서 말한다면, 지도자는 성취 가능한 어떤 선을 인식하고 그것을 성취시킨 자인가, 아닌가 하는 문맥에서 분석되어야 하는 것이지요.

모이어스 지도자는 어차피 해야 할 일을 찾아내어 선두에서 그 일을 해치우는 사람이라는 말도 있지 않습니까? 나폴레옹은 지도자였지요. 그러나 영웅은 아니지요. 그가 성취한 것은 인류를 위한 것이 아니라 프랑스, 프랑스의 영광을 위한 것이니까요.

캠벨 그러면 프랑스의 영웅일 수는 있겠지요. 오늘날 우리가 안고 있는 문제가 바로 이겁니다. 지구촌 전부가 우리 관심의 대상이 되어야 할 이 마당에, 특정 국가, 혹은 특정 국민의 영웅이 우리에게 필요한 것일까요? 나폴레옹은, 20세기 히틀러의 19세기판입니다. 나폴레옹의 유럽 침공 역시 무서운 사건이었지요.

모이어스 그럼, 지역 영웅은 우주적인 시련은 이기지 못하는 것이군요?

캠벨 그렇지요. 지역 영웅이라고 할 수도 있고 지역 신이라고 할 수도 있어요. 하지만 지역 신은 자신에게 정복당한 백성들에게는 원수가 될 테지요. 영웅이냐, 괴물이냐는 우리 의식의 초점이 어디 있느냐에 따라 달라지는 상대적인 것이지요.

모이어스 그렇다면, 어떤 사람의 행적이 넓게, 혹은 신화적으로 살펴서 '영웅적인 행위'라고 할 때는 조심해야겠군요?

캠벨 글쎄요. 자기 백성을 위해 목숨을 버렸을 때는 영웅적인 행위라고 해야겠지요.

모이어스 그러니까 전장에서 죽은 독일 병사는…….

캠벨 그 독일 병사를 죽이기 위해 파견된 미국 병사만큼 영웅적이지요.

모이어스 그렇다면 영웅주의에는 도덕적인 목표가 있습니까?

캠벨 도덕적인 목표는, 자기가 속한 민족을 구하는 것, 특정 개인을 구하는 것, 어떤 관념을 받드는 것이 될 수 있지요. 영웅은 무엇인가를 위하여 자신을 희생합니다. 이것이 바로 도덕적인 것이지요. 물론 반대 입장에서 보면, 영웅이 자신을 희생시켜가면서까지 옹호하려는 관념이 반드시 옳은 것일 수만은 없지요. 하지만 이것은 반대편 입장에서 보아서 그럴 뿐입니다. 반대 입장의 견해가 영웅이 이룬 업적이 지닌 고유의 영웅적 속성을 훼손시킬 수는 없는 겁니다.

모이어스 제가 어릴 때 읽은 것과는 다른 영웅, 다른 관점에서 본 영웅이 거기에 해당하겠습니다. 어릴 때 읽었던 영웅 중에는, 프로메테우스가 기억에 인상적으로 남아 있습니다. 프로메테우스는 불을 가져다 줌으로써 인류에 큰 은혜를 끼치고는, 이것 때문에 고통을 겪지요.

캠벨 그렇지요. 프로메테우스는 인류에게 불을 훔쳐다 주었어요. 결국 문명을 가져다 준 거지요. 그런데 불을 훔쳐오는, 말하자면 불 도둑은 대단히 보편적인 신화 테마랍니다. 이따금씩은, 장난꾸러기 새나 동물이 불을 훔쳐서 새, 혹은 동물의 이어달리기를 이용하여 그것을 인간에게 전하기도 합니다. 이렇게 불을 나르던 동물이 간혹 불길에 그을리기도 합니다. 결국 이야기는, 어떤 동물이 그래서 색깔이 검은 것이다, 하는 식으로 끝나지요. 하여튼 불 도둑은 세계 전역에 광범위하게 분포하는, 굉장히 인기 있는 모티프랍니다.

모이어스 모든 문화권은, 불이 어디에서 비롯되었는지를 나름대로 설명하려고 하겠지요?

캠벨 설명하기보다는 불의 가치를 강조하는 쪽으로 치우친다고 해야겠지요. 결국

PROMETHEVS.

ARTES ET INGENIVM, VEL ARTIVM INVENTORES.

〈하에로그라피카(神聖文)〉,
요하네스 발레리아노, 1586년
프로메테우스는 인류에게 불을 훔쳐 주었어요. 결국 문명을 가져다 준 거지요. 그런데 불을 훔쳐오는, 말하자면 불도둑은 대단히 보편적인 신화 테마랍니다.

불 도둑은 인류로 하여금 짐승 상태와 결별하게 하였으니까요. 야간에 숲에 들어가면 모닥불을 피우지요? 이 모닥불만 있으면 짐승이 접근하지 못합니다. 짐승은 우리가 그 눈빛을 볼 수 있는 거리까지는 접근하지만, 모닥불의 세력권 안까지는 접근하지 않아요.

모이어스 그러니까 이런 신화를 가진 문화권에서는 이 이야기를 도덕성과 관련시키지는 않는군요?

캠벨 안 그러지요. 대개의 경우 불의 가치를 돋우어 말하지요. 불은 우리에게 소중합니다. 불 때문에 인류는 짐승과 결별할 수 있었으니까요.

모이어스 선생님의 신화 연구에서 이에 대한 결론은 무엇입니까? 인류의 열망과 생각의 표준 패턴이라고 할 수 있는 한 인간의 탐색은 결국, 천 년 전에 이 땅에 살았든 천 년 뒤에 이 땅에 살게 되든, 우리 인간이 공유하는 열망과 생각을 반영하는 것입니까?

캠벨 '통찰의 탐색(vision quest)'이라고 불러도 좋은 특정한 신화 유형이 있어요. 통찰의 탐색은 홍익(弘益)의 탐색이라고 해도 좋겠지요. 이것은 세계의 모든 신화에서 같은 모습으로 나타나고 있어요. 나의 첫 책《천의 얼굴을 가진 영웅》은 바로 이 문제의 제시를 시도한 것이지요. 세계의 서로 다른 모든 신화는 인간에게 필수적인 동일한 탐색을 다루고 있어요. 자신이 속하던 세계를 떠나, 더 깊은 세계, 혹은 먼 세계, 혹은 더 높은 세계로 들어가는 것이지요. 바로 여기에서 영웅은 원래 살던 세계에서 의식하지 못하던 것, 혹은 의식에서 빠져 있던 것과 만납니다. 이렇게 되면 영웅에게는 문제가 생깁니다. 즉 그것을 만난 상태로 그곳에 머물 것인지, 세계로 하여금 그것을 포기하게 할 것인지, 아니면 그 홍익이 될 만한 것을 가지고 원래 있던 세계로 귀환할 것인지를 결정해야 합니다. 그것을 가지고 돌아오는 것도 물론 쉬운 일은 아닙니다.

모이어스 그러니까 영웅은 무엇인가를 '찾으러' 가는 것이군요. 그저 떠나보는 여행도, 한번 해보는 모험도 아닌 것이군요?

캠벨 영웅에는 두 종류가 있어요. 여행을 스스로 선택하는 영웅과 그렇지 않은 영웅이 있는 것이지요. 전자의 영웅은 모듬살이의 필요에 반응하여, 자진해서 그 일을 하러 떠납니다.

아테나 여신은 오디세우스의 아들 텔레마코스에게 "가서 아버지를 찾으라"라고 말합니다. 아버지를 찾는 일은, 젊은 영웅에게는 대단히 중요한 일입니다. 아버지를 찾는 일은 곧 자신의 이력, 자기의 이름, 자기의 근본을 찾는 일입니다. 이런 모험은 자진해서 하는 법입니다. 수메르의 천녀신(天女神) 이난나의 전설도 이런 유형에 속합니다. 이난나는 애인을 찾으러 하계로 내려가, 사랑하는 애인을 지상으로 되살려 보내기 위해 자기 목숨을 바칩니다.

그런데 자진해서 떠나는 여행이 아니라 던져지는 여행이 있어요. 가령 징집 영장을 받고 입대하는 것이 곧 이런 여행이지요. 그럴 생각이 전혀 없지만 어쩔 수가 없습니다. 그럴 생각이 없었는데도, 생사의 갈림길을 경험해야 하고, 제복을 입어야 하고, 민간인 시절과는 전혀 다른 인간이 되어야 합니다.

켈트 신화에 자주 등장하는 영웅 이야기가 있어요. 사냥꾼인 이 영웅은 사슴을 쫓아가다가 한 번도 가본 적이 없는 숲에 이릅니다. 여기에 이르자 사슴은 '파에리 산의 여왕', 혹은 그 비슷한 존재로 모습을 바꿉니다. 이런 유형의 모험담에서의 영웅은 자기가 무엇을 하는지 모르고 있다가, 문득 자신이 변모의 기적이 일어나는 곳에 와 있다는 것을 깨닫고는 합니다.

모이어스 신화적인 입장에서 보아, 그런 모험을 하는 사람을 영웅이라고 할 수 있습니까?

캠벨 있지요. 변모의 기적을 겪어낼 준비가 되어 있으니까요. 이런 이야기에서, 영웅은 생소한 여행을 경험하지만, 사실 영웅에게는 그런 여행을 할 준비가 사전에 다 되어 있어요. 여행은 그러니까, 그를 등장시키기 위한 상징적인 장치인 것이지요. 환경의 상황이나 조건도 영웅에 맞게 예비되어 있는 겁니다.

모이어스 조지 루카스의 영화 〈스타워즈〉에서 솔로는 처음에는 기술자였다가, 뒤에는 주인공인 루크 스카이워커를 구출함으로써 영웅이 됩니다.

캠벨 그래요. 솔로는 남을 위하여 자신을 희생하는 영웅적인 행위를 보여주지요.

모이어스 영웅은 죄의식에서 탄생한다고 생각하십니까? 솔로는 스카이워커의 일에 동참하기를 거절하고는 죄의식을 느끼지 않았습니까?

캠벨 그것은 우리가 어떤 관념 체계를 적용시키느냐에 달려 있어요. 솔로는 굉장히 실제적인 사람입니다. 솔로 자신은 스스로를 유물론자라고 생각하고 있어요. 그러나 본인이 모르고 있다뿐이지, 솔로도 사실은 인정이 많은 사람입니다. 그러니까 모험이 그로 하여금, 스스로도 지니고 있는 줄 모르던 성격의 그런 측면을 드러나게 했던 겁니다.

모이어스 우리가 모르고 있을 뿐, 어쩌면 영웅의 기질이나 자격 같은 것이 우리에게도 있을지 모르겠군요?

캠벨 우리 삶이 우리 기질의 잠을 깨웁니다. 우리 자신에게서 무엇인가를 계속해서 찾아볼 필요가 있어요. 현실로 드러나는 우리 모습 이상의 무엇을 촉발시킬 만한 상황으로 자신을 던져넣을 필요가 있는 것은 이 때문이지요. 우리는 현실로 드러나는 우리 이하의 무엇으로 떨어져서는 안 됩니다. 그래서 "우리를 시험에 들지 말게 하옵시고"라는 말이 있는 겁니다.

오르테가 이 가세트(Ortega Y Gasset)는 저서 《돈키호테에 관한 명상》에서 환경과 영웅에 관한 이야기를 하고 있어요. 돈키호테는 거인에 대적하기 위해 말을 달립니다. 그런데 환경이 돈키호테 앞에 내미는 것은 거인이 아니라 풍차입니다. 오르테가는 이 이야기의 무대가 되는 것이 이 세계에 관한 기계론적인 해석이 등장하는 시대이기 때문에, 환경은 이 영웅에게 영적으로 반응하지 못했다고 지적하고 있습니다. 그러니까 영웅은, 영적인 필요에 더 이상 반응하지 못하는 딱딱해진 세

돈키호테
돈키호테는 거인에 대적하기 위해 말을 달립니다. 그런데 환경이 돈키호테 앞에 내미는 것은 거인이 아니라 풍차입니다.

계와의 싸움에서 진이 빠지고 마는 것이지요.

모이어스 그게 바로 풍차가 상징하는 것이군요.

캠벨 그래요. 하지만 돈키호테는 스스로, 자기가 대적하려던 거인을 풍차로 만들어 버리는 마술사를 하나 발명함으로써 모험의 수고를 덜었어요. 거인을 풍차로 만들어버리는 일, 약간의 시적인 상상력만 있으면 누구에게나 가능해요. 그러나 옛날의 세계는, 영웅이 대적하러 달려나가던 세계는 기계적인 세계가 아니라 살아 있는 세계, 영웅의 영적인 준비에 반응하는 세계였어요. 그런데 이 세계가 지금은, 우리의 물리학, 마르크시스트 사회학, 행동심리학 등을 통해 해석되는 순전히 기계적인 세계가 되고 말았어요. 이러한 과학에 따르면 우리는 자극에 반응하는 범용한 전선(電線) 덩어리에서 더도 덜도 아닙니다. 이러한 19세기의 해석이 현대 생활에서 인간 의지의 자유를 쥐어 짜내고 만 겁니다.

모이어스 이러한 영웅 신화는 우리에게, 원형 극장, 혹은 콜로세움, 혹은 영화관에 앉아 격투기나 영화를 구경하듯, 다른 사람들의 행위를 구경이라도 좀 하라고 가르칩니다. 다른 사람의 영웅적인 행적을 구경하면서 불구가 되어버린 우리 자신을 위로하는 일은 정치적인 의미에서 좀 위험하지 않습니까?

캠벨 내 생각인데, 이런 현상은 우리 문명권에서도 최근에 들어와서야 생긴 것 같아요. 경기에 참가하지 않고 경기를 구경하는 것은 대리 체험을 통하여 참가하는 행위입니다. 하지만 우리 문화권에서 사람들이 실제로 어떻게 살고 있는가를 알면, 현대인 노릇을 한다는 게 얼마나 끔찍한 일인지 알 수 있을 겁니다. 가족을 부양하는 많은 사람의 삶은 대단히 고단합니다. 이건 정말 끝없는 소모전이지요.

모이어스 하지만, 12세기와 14세기의 전염병 구덩이에서도 사람들은 살아왔습니다.

캠벨 그 시대 사람들의 생활 양식은 우리의 것보다 훨씬 더 활동적이었어요. 그런데 우리는 사무실에 앉아서 일을 하지요. 우리 문명권에서 중년의 문제가 두드러지게 나타나고 있다는 건 의미심장한 겁니다.

모이어스 이야기가 사사로워지고 있습니다만!

캠벨 나는 중년을 훨씬 넘긴 사람이라서 이 문제에 관해서는 조금 아는 게 있어요. 우리 좌식(座式) 생활권 사람들에게는 지적인 흥분이 다소 있거나 있을 수 있다는 특징이 있습니다. 하지만 몸은 그렇지 못해요. 그래서 사람들은 하루에 얼마, 일주일에 얼마 하는 식으로 의도적으로 기계적인 운동을 하지요. 나 자신은 별로 즐기지 않지만, 하여튼 이런 현상이 있는 것은 분명합니다. 이렇게라도 하지 않으면 언젠가 육체가 우리에게, "이봐, 나라는 존재는 아주 잊어버리고 있군, 그래", 할지도 모릅니다. "나는 고인 물이 되고 말았어, 썩겠지" 하고 말입니다.

모이어스 그런데 영웅 이야기는 일종의 진통제 노릇을 할 가능성이 있지 않을까 싶은데요? 행동하게 하는 대신 구경만 하게 하는, 말하자면 은근히 수동성을 부추기지 않나 싶은 것이지요. 신화의 이면에 있는 세계는, 영적 가치라고는 모두 고

갈되어버린 우리 세계인 것 같고요. 사람들은 발기 불능 상태가 되어 있습니다. 저에게는, 불감증, 권태, 보편적인 질서로부터의 소외감……. 이것이야말로 현대인에게 내려진 저주 같아 보입니다. 우리 심층의 갈망을 일깨워줄 영웅이 하나 필요하지 않을까 싶은데요.

캠벨 T. S. 엘리엇의 《황무지》가 그리고 있는 게 바로, 모이어스 씨가 지적하고 있는 무기력한 삶과 강요된 삶으로 빚어지는 사회학적인 침체 상황입니다. 이런 삶은 우리의 영적인 삶, 우리의 잠재력, 우리의 육체적인 힘을 촉발할 수 없지요. 세계 대전이 무엇이던가요? 이런 삶이 지배하는 분위기가 빚어낸 전쟁 아니던가요?

모이어스 선생님께서는 과학 기술의 반대편에 서시는지요?

캠벨 천만에요. 고대 그리스 문화권의 최고 기술자였던 다이달로스는, 자기 손으로 만들었던 크레타의 미궁에서 탈출하기 위해 자기 손으로 만든 날개를 아들 이카로스에게 달아주면서 이렇게 말합니다.

"바다와 태양의 중간을 날아야 한다. 너무 높이 날아오르지 말아라. 너무 높이 날아오르면 태양의 열기에 네 날개의 밀랍이 녹을 터이니, 필경은 떨어지고 만다. 그렇다고 해서 너무 낮게 날지도 말아라. 너무 낮게 날면 파도가 네 날개를 적실 것이야."

다이달로스는 중간을 납니다. 그러나 그의 눈에는, 잔뜩 신이 나서 자꾸만 높이 높이 날아오르는 이카로스가 보입니다. 결국 밀랍이 녹으면서 이카로스는 바다에 떨어져 죽습니다. 그런데 사람들은 다이달로스 이야기보다는 이카로스 이야기를 더 많이 합니다. 문제는 이카로스가 아니라 이 우주인을 바다에 추락시킨 날개 속에 들어 있는 태도인데도요. 산업이나 과학이 비난의 대상이 되어서는 안 됩니다. 가엾은 이카로스는 바다에 떨어져 죽었지만, 바다와 태양의 중간을 날았던 다이달로스는 바다를 건너 다른 나라 해변에 착륙하지 않았습니까?

힌두 경전에는, "위험한 길은 이러하니, 면도날과 같다"는 말이 나옵니다. 이건 중세 문학에도 등장하는 모티프입니다. 아더왕 전설에서, 기사 랜설럿이 포로가 되어 있는 귀네비어를 구하러 가는데, 이때 랜설럿은 맨손, 맨발로 칼날 같은 다리를 건너야 합니다. 다리 아래로는 급류가 흐릅니다. 과학기술상으로 약진을 이루는 일이든, 이웃의 도움 없이 혼자서 꾸려나가야 하는 삶의 문제이든 상관없이, 우리는 우리에게 생소한 이런 모험을 할 때는 늘 위험을 각오하지 않으면 안 됩니

다이달로스와 이카로스
사람들은 다이달로스 이야기보다는 이카로스 이야기를 더 많이 합니다. 문제는 이카로스가 아니라 이 우주인을 바다에 추락시킨 날개 속에 들어 있는 태도 아닙니까? 그러나 산업이나 과학이 비난의 대상이 되어서는 안 됩니다. 가엾은 이카로스는 바다에 떨어져 죽었지만, 바다와 태양의 중간을 날았던 다이달로스는 바다를 건너 다른 나라 해변에 착륙하지 않았습니까?

다. 이 위험은 우리가 너무 열광한 나머지 과학기술적인 측면을 완전히 무시해버리면 언제든지 이런 위험에 빠질 수 있지요. 이 위험을 극복하지 못하면 추락합니다. '위험한 길'은 이런 것입니다. 이런 위험한 길을 갈 때는 자기 욕망과 열정과 감정을 따르되 마음을 다스림으로써, 위험이 우리를 다리 밑으로 밀어버리지 못하게 해야 합니다.

모이어스 선생님의 학문적인 자세 중에서 언뜻 이해하기 어려운 것은, 과학과 신화는 전혀 갈등하지 않는다고 믿으시는 것에 있는 듯한데요?

캠벨 않지요. 갈등하지 않아요. 과학은 바야흐로 신비주의의 차원으로 넘어 들어오고 있어요. 과학은 머지 않아 신화가 이야기하고 있는 세계로 밀고 들어올 겁니다. 벼랑으로 접근하고 있지요.

모이어스 벼랑이라고 하시면?

캠벨 벼랑이지요. 벼랑 이쪽에 있는 것은 우리가 알 수 있는 것, 벼랑 아래에 있는 것은 인간에게서 탐구 가능한 범위를 초월해 있기 때문에 인간이 절대로 알아낼 수 없는 것입니다. 벼랑은 이 양자가 만나는 곳이지요. 삶의 바탕……. 이게 도대체 무엇이지요? 아무도 모릅니다. 우리는, 심지어는, 원자가 입자(粒子)인지 파동(波動)인지, 아니면 이 둘을 겸하는 것인지도 모릅니다. 우리에게는 이러한 존재에 대한 정보가 없어요.

우리가 신을 이야기하는 까닭이 여기에 있습니다. 초월적인 에너지의 원천은 분명히 있습니다. 물리학자는 아원자(亞原子) 입자를 관찰하다가 스크린에 나타나는 어떤 흔적을 본다고 합니다. 그런데 이 흔적은 나타났다가는 사라지고, 사라졌다가는 다시 나타난다는군요. 우리 역시 나타났다가는 사라지고, 나타났다가는 사라지고는 합니다. 모든 생명은 다 그렇지요. 이 에너지가 만물의 에너지의 존재를 우리에게 보여줍니다. 신화에 대한 관심은 여기에다 말을 거는 겁니다.

모이어스 특별히 좋아하시는 영웅이 있는지요?

캠벨 어릴 때는 두 영웅이 있었어요. 하나는 더글러스 패어뱅크스, 또 하나는 레오나르도 다 빈치였지요. 나는 이 둘을 합친 것 같은 사람이 되고 싶었어요. 오늘날에는 없습니다. 특정한 영웅을 좋아하지는 않아요.

모이어스 우리 사회에 그런 영웅이 있을까요?

캠벨 있지요. 그리스도가 있었어요. 미국의 경우는 워싱턴이나 제퍼슨 같은 사람, 그리고 그 뒤로는 대니얼 분 같은 사람이 있어요. 하지만 오늘날에 들어와서는 사회가 너무 복잡해진데다. 너무 빠른 속도로 변하고 있어서 누구에게든 마음을 쏟고 있을 틈이 없어요. 곧 바뀌어버리니까요.

모이어스 오늘날의 사람들은 영웅이 아닌 명사(名士)를 숭배하는 것 같은데요.

캠벨 유감이지만 그렇군요. 브루클린의 고등학생들에게, "무엇이 되고 싶으냐"는 설문을 돌렸더니 3분의 2가 '명사'라고 대답했다더군요. 뭐가 되자면 어느 정도 노력이 필요한지도 모르고 하는 한심한 대답이지요.

모이어스 그저 유명해지고 싶은 거군요.

캠벨 그저 유명해지고 싶다, 그저 이름만 얻고 싶다는 건데, 한심해요.

모이어스 사회에 영웅이 필요한 겁니까?

캠벨 필요할 것 같군요.

모이어스 왜요?

캠벨 분열 증세를 보이는 이 모든 경향을 한곳으로 모아 바람직한 목표를 향하게 할 수 있는 별자리 같은 이미지가 필요한 거지요.

모이어스 향한다는 것은, 어떤 길을 따르는 것이겠군요.

캠벨 그럴 테지요. 국가라는 것은, 단일한 힘으로 기능하려면 어차피 어떤 목표가 있어야 할 테니까요.

모이어스 우리 사회가 존 레논의 죽음에 관해 보인 과잉 반응은 어떻게 생각하시는지요? 존 레논은 영웅이었습니까?

캠벨 그야말로 영웅이었지요.

모이어스 신화학적 의미에서 설명을 좀 해주시지요.

캠벨 신화학적 의미에서 그는 개혁자였어요. 비틀즈는, 우리 사회가 수용할 준비가 되어 있는 음악을 만들었어요. 하여튼 그들은 그들의 시대에 완벽하게 들어맞았지요. 만일 이들이 그보다 30년 전에 나왔었다고 생각해보세요. 몽둥이 찜질을 당하기에 알맞았을 겁니다. 대중의 영웅은 자기 시대의 필요에 대단히 민감한 법입니다. 비틀즈는 대중 음악에다 정신적인 깊이를 더했습니다. 이것을 분위기라고 해도 좋을까요, 하여튼 명상적이고 동양 음악적인 분위기를 더한 거지요. 동양 음악은 수십 년 전에 벌써 미국으로 건너와 있었습니다만, 그저 호기심의 대상 같은 것에 지나지 않았어요. 그런데 비틀즈 이후에 와서야 우리 젊은이들은 그게 뭔지 냄새를 맡았던 거죠. 지금에 와서는 심심찮게 들을 수 있게 되었는데, 결국 이제는 이런 음악이 명상의 보조 수단이라는 그 원래의 의도에 맞아떨어지고 있는 것이지요. 비틀즈가 얻은 명성은 여기에서 출발합니다.

모이어스 영웅은, 존경의 대상만 되는 것이 아니라 동정의 대상도 될 수 있다 싶을 때가 있는데요. 많고 많은 영웅이 남들을 위해서 자기 자신의 필요를 희생시키니까요.

캠벨 영웅은 다 그렇지요.

모이어스 영웅이 성취한 일이 그 추종자들의 안목 때문에 빛을 보지 못하는 경우도 많은 듯한데요.

캠벨 그렇지요. 숲 속에서는 금을 가지고 나왔는데 나와서 보니 잿덩어리더라…….이건 동화에서 자주 볼 수 있는 모티프지요.

모이어스 오디세우스 이야기가 생각납니다. 배는 갈가리 찢기고, 선원들은 어디론가 떠나버리고, 오디세우스만 파도에 실려 출렁거립니다. 부러진 돛대에 매달려 표류하다가 천신만고 끝에 해변에 닿은 그는 이렇게 중얼거립니다.

"혼자 되고 말았구나, 결국은 혼자 되고 말았구나."

캠벨 오디세우스의 모험은 간단하게 말해버리기에는 좀 복잡한 데가 있어요. 하지만 약간 설명을 해야겠군요. 배가 파선된 곳은 태양신 헬리오스의 섬입니다. 태양의 섬이라면, 이 세상에서 가장 밝은 섬, 광명의 섬입니다. 만일에 배가 파선되지 않았다면 오디세우스는 그 섬에 눌러앉아 요가 행자와 비슷한 존재가 되었을 것입니다. 이로써 깨달음을 얻고 천복을 누리면서 그곳에서 살았지, 인간 세상으로는 돌아가지 않았을 겁니다. 그러나 가치 있는 것은 드러내 삶에 유용하게 한다는 그리스인들의 정신은 결국 오디세우스를 돌아오게 합니다.

태양신의 섬에는 금제가 있습니다. 어떤 사람도 태양신 헬리오스의 황소를 잡아서는 안 된다는 겁니다. 그러나 오디세우스의 부하들은 하도 굶주린 참이라 태양신의 황소를 한 마리 잡아 구워먹어 버립니다. 이래서 배가 파선되는 겁니다. 이 세상에서 가장 밝은 영적인 빛의 신이 사는 이 섬에서도 인간의 비천한 의식은 그런 식으로 기능했던 겁니다. 광명이라는 존재 앞에서, "아, 쇠고기 샌드위치나 좀 먹었으면 좋겠다"고 하는 사고방식, 이게 얼마나 참람한 겁니까? 그 광명을 내적으로 체험할 기회가 주어졌는데도, 오디세우스의 부하들은 그것을 읽을 준비가 되어 있지 않았거나, 읽을 능력이 없었던 겁니다.

이 이야기는, 지상의 영웅이 최상의 광명을 획득하기 직전에 좌절한 채 지상으로 돌아온다는 이야기의 전형과 같은 겁니다.

모이어스 선생님께서는 이 희비가 엇갈리는 오디세우스 이야기에 대해, "이 작품의 비극성은, 삶의 아름다움과 미덕(가령 아름다운 여인이 지닌 고상한 품격, 사내다운 남성에 부여하는 참 가치)에 지나치게 집착하는 데서 마련된다. 하지만 이 이야기의 끝 또한 잿덩어리이다."고 하셨는데, 우리는 이 글을 어떻게 이해해야 합니까?

캠벨 무덤에서 끝난다고 해서, 인생이라는 것이 정말 아무짝에도 쓸 데가 없는 것이라고 할 수는 없어요. 핀다로스의 시에 우리에게 영감을 주는 대목이 있어요. 뭐

티아 경기의 씨름 대회에서 챔피언이 된 젊은이를 핀다로스는 이렇게 노래하고 있어요.

"광명의 아들이 아닌가? 더 이상 무슨 말이 필요하랴! 인간은 꿈같이 덧없는 존재. 그러나 하늘의 선물인 태양이 비치면, 광명한 일광이 머무르면, 아, 아름다워라!"

"헛되도다, 헛되도다, 모든 것이 헛되도다", 이런 끔찍한 말이 있지요? 하지만 이 말에서도 모든 것이 헛된 것만은 아니랍니다. 이런 말이 나오는 순간은 헛된 순간이 아니라 승리의 순간, 열락의 순간인 것이지요. 승리의 순간에 맞게 되는 이 완전성의 정점에 가해지는 악센트, 대단히 그리스적이지 않습니까?

모이어스 신화 속의 많은 영웅이 세상을 위해 죽지 않습니까? 고통을 당하거나 십자가에 달리거나 합니다.

캠벨 많은 영웅이 목숨을 내어놓지요. 그러나 신화는, 내어놓는 목숨에서 새 생명이 비롯된다는 메시지도 전하고 있어요. 중요한 것은 영웅의 목숨이 아니라 새 생명, 새로운 존재, 혹은 '육화(肉化)'의 길일 겁니다.

모이어스 이 문화권에서 저 문화권으로 넘어갈 때마다 영웅 이야기도 달라집니다. 동양의 영웅은 서양 문화권의 영웅과 다릅니까?

캠벨 조명, 혹은 연기의 단계가 그 영웅들을 달라 보이게 하는 것뿐이에요. 전세계적으로 공통되는 전형적인 모티프 중에 괴물을 죽이는 모티프가 있어요. 이러한 신화는 광야에서 위험한 삶을 살아가면서 나름의 세계를 꾸미던 선사 시대의 경험에서 빚어진 게 아니겠어요? 그 시대의 인류는 실제로 괴물을 죽이러 가야 했던 거지요.

모이어스 많은 개념이나 관념이 그렇듯 신화도 시대에 따라 진화하는 것이군요?

캠벨 문화가 진화하는 데 맞추어 진화하지요. 가령 모세는 영웅의 이미지입니다. 모세는 산으로 올라가 꼭대기에서 야훼를 만나고는, 새 사회를 모양 짓는 데 필요한

〈모세〉, 마르크 샤갈(1887~1985)
모세는 산으로 올라가 꼭대기에서 야훼를 만나고는, 새 사회를 모양 짓는 데 필요한 법을 가지고 내려옵니다.
출발, 성취, 귀환……. 이것이 영웅이 보이는 전형적인 행적이지요.

법을 가지고 내려옵니다. 출발, 성취, 귀환……. 이것이 영웅이 보이는 전형적인
행적이지요.

모이어스 석가도 영웅 이미지라고 할 수 있는지요?

캠벨 석가는 그리스도와 아주 흡사한 길을 따릅니다. 차이가 있다면 석가가 그리스
도보다 5백 년쯤 전에 살았다는 것밖에 없어요. 이 두 구세주의 이미지를 하나하
나 비교해보세요. 직제자(直弟子), 혹은 사도(使徒)의 역할이나 성격까지 비슷합니
다. 가령 아난다와 베드로를 한번 비교해보세요.

모이어스 왜 첫 저서의 제목을 《천의 얼굴을 가진 영웅》이라고 하셨습니까?

캠벨 이 세계 모든 문화권, 많은 시대의 이야기에서 나타나는 영웅의 행동에서 하나
의 전형적인 체계를 도출할 수 있기 때문이었지요. 심지어, 원형적인 영웅상은 하
나밖에 없다고까지 말할 수 있을 정도랍니다. 그러니까 이 하나의 원형적인 영웅

▶ 〈네 제자와 함께 한 부처〉, 인도
〈엠마오에서의 저녁 식사〉,
야코프 다 폰토르모(1494~1557) ▼
석가는 그리스도와 아주 흡사한 길을 따릅니
다. 차이가 있다면 석가가 그리스도보다 5백
년쯤 전에 살았다는 것밖에 없어요. 이 두 구세
주의 이미지를 문자 그대로 비교해보세요. 직
제자(直弟子), 혹은 사도(使徒)의 역할이나 성격
까지 비슷합니다.

상이 많고 많은 사람에 의해 모든 지역에서 베껴졌다는 것이지요. 전설적인 영웅은 큰 일을 한 사람, 무엇을 세운 사람인 경우가 보통입니다. 새로운 시대를 연 사람, 새 종교를 세운 사람, 새 도시를 세운 사람, 새로운 삶의 양식을 세운 사람인 것이지요. 이 새로운 것을 세우기 위해서 영웅은, 기왕에 살던 땅에서 새로운 것을 싹 틔울 잠재력이 있는 씨앗을 찾아 떠나야 합니다.

모든 종교의 교조(敎祖)들도 그런 것을 찾으러 살던 곳을 떠났지요. 석가는 출가하여 영원한 앎의 나무인 보리수 아래 좌정했어요. 바로 여기에서 그는 2천 5백 년 동안이나 아시아를 계몽할 수 있었던 위대한 깨달음을 얻었던 것입니다.

세례 요한에게 세례를 받은 뒤 그리스도는 광야로 나가 40일을 명상했지요. 그가 하느님에게서 메시지를 받은 것은 바로 이 광야에섭니다. 모세는 산으로 올라갔지요. 그는 이 산에서 십계명판을 가지고 돌아왔어요. 이 밖에도 새 도시를 세운 영웅들이 있지요. 대부분의 고대 그리스 도시는, 살던 곳에서 탐색의 여행을 떠나, 무서운 시련이나 모험을 이겨낸 영웅들에 의해 세워집니다. 우리 삶(남의 삶을 시늉하는 것이 아닌 우리만의 삶) 역시 탐색의 여행에서 나온 것입니다.

모이어스 이런 이야기들이 왜 인류에게 중요한 것입니까?

캠벨 다 중요한 것은 아닙니다. 중요한 것도 있고 중요하지 않은 것도 있으니까요. 만일에 어떤 이야기가 이른바 원형적인 모험(아이가 어른이 되는 이야기, 혹은 성인으로서 살게 될 새 세계에 대한 깨달음을 다룬 이야기)을 다룬 것이라면 그것은 중요합니다. 이런 이야기는, 아이가 어른으로 자라는 도중에 반드시 필요하게 되는 본보기가 되어줄 테니까요.

모이어스 선생님께서는 이런 이야기는 우리가 위기를 맞게 될 때 필요하다고 하십니다. 그러나 어린 시절에 제가 읽은 이야기는 모두가 해피엔딩이던데요? 인생이라고 하는 것이 얼마나 힘에 겹고 변덕스럽고 잔혹한 현실인가를 제가 깨달은 것은 훨씬 뒤의 일입니다. 때로 우리는 길버트 앤드 설리번의 작품인 줄 알고 표를

샀는데, 극장에 들어가서야 해롤드 핀터의 작품이라는 걸 알 때가 있습니다. 동화가 우리의 현실 적응에 오히려 방해가 되는 것은 아닐는지요?

캠벨 동화는 재미를 위한 읽을거리예요. 먼저 사회의 질서와 자연의 질서와 관련된 심각한 삶의 문제를 다루는 신화와, 이런 모티프를 재미있게 꾸며내는 흥밋거리 이야기를 구분해야 합니다. 그러나 대부분의 동화가 해피엔딩한다고 해도, 해피엔딩을 지향하는 신화 모티프는 얼마든지 담겨 있을 수 있습니다. 가령, 절체절명의 위기에 처해 있는 주인공의 귀에 누군가의 목소리가 들려오거나, 누군가가 이 주인공을 구하기 위해 달려오는 이야기가 바로 이런 모티프에 속합니다.

그러나 동화는 아이들을 위한 겁니다. 동화에는, 어른이 되지 않고 영원히 아이로 남아 있고 싶어하는 소녀가 자주 등장하지요. 이런 소녀는 성인의 문턱을 넘는 위기의 순간에 멈추어버린 소녀입니다. 그래서 소녀는 잠이 들지요. 그러면 왕자가 온갖 난관을 뚫고 찾아와 소녀의 잠을 깨웁니다. 소녀는 그제야, 성인이 된다는 것도 근사한 것이구나, 이런 깨달음을 얻게 되는 것입니다. 그림 형제의 이야기 중 상당수는 성장 과정에서 교착 상태에 빠진 소녀를 다룬 이야기예요. 용을 죽인다거나, 어떤 상황과 상황 사이의 문턱을 넘게 되는 모티프는, 모두 과거에 교착되어 있는 상태와 관계가 있지요.

원시인들의 입문 의례는 신화를 바탕으로 합니다. 그래서 소년이든 소녀든, 입문 의례는 유아기의 자아를 죽이고 성인으로 거듭나는 모티프와 관계가 있어요. 소년에게 가해지는 입문의 시련은 소녀에게 가해지는 것보다 훨씬 가혹합니다. 왜냐하면, 삶이라는 것이 여성을 편애하기 때문이지요. 소녀는 원하든 원하지 않든 간에 여자가 됩니다. 그러나 소년이 어른이 되기 위해서는 의도해야 합니다. 초경(初經)을 경험하면 소녀는 벌써 어른이 된 거나 마찬가지입니다. 남은 것은 알고, 아기를 배고, 어머니가 되는 일뿐입니다.

그러나 소년은 먼저 어머니에게서 떨어져야 하고, 삶의 에너지 전부를 자기에게 쏠 수 있어야 합니다. 그래야 어른이 됩니다. "아버지를 찾으러 가라"는 신화가 전하고 있는 메시지가 바로 이것입니다. 《오디세이아》에 따르면, 오디세우스가 귀환길에 행방불명이 되었을 즈음 아들 텔레마코스는 어머니와 함께 살고 있습니다. 그런데 텔레마코스가 스무 살이 되었을 때 아테나 여신이 나타나 텔레마코스에게 명합니다. "젊은이여, 아버지를 찾으러 가라"고요. 상당히 긴 이 이야기의 테마는 바로 이것입니다. '아버지'는 신비의 아버지일 수도 있고, 《오디세이아》에서처럼 육신의 아버지[肉親]일 수도 있어요.

동화는 어린이들의 신화예요. 각 나이에는 그 나이에 어울리는 신화가 있어요. 나이를 먹게 되면 튼튼한 신화가 필요해집니다. 기독교의 근본 이미지라고 할 수 있는 십자가 이야기는 물론 영원성이 시공의 마당으로 내려오는 이야기입니다. 그러나 이 이야기는 시공의 마당에서 영생의 마당에 이르는 길에 대해서도 언급하고 있어요. 따라서 우리는 우리의 유한한 지상적 육신을 십자가에 달아 갈가리 찢기게 하고, 이 찢김을 통하여 지상의 고통을 초월해 있는 영적인 곳으로 들어가는 거지요. 십자가 중에는 '승리한 그리스도'라고 불리는 십자가도 있어요.

이 십자가에 달린 예수는 고개를 숙이고 있는 예수, 피를 흘리고 있는 예수가 아니라, 흡사 자진해서 십자가까지 온 사람 모양으로 고개를 꼿꼿이 세우고, 눈을 뜨고 있는 예수랍니다. 성 아우구스티누스는, 예수는 신부를 맞으러 가는 신랑처럼 십자가로 걸어갔다고 어디에선가 쓰고 있어요.

모이어스 그러니까 소년에게 필요한 진리가 있고 노인에게 필요한 진리가 있다는 것이군요.

캠벨 그럼요. 하인리히 침머 박사가 컬럼비아 대학에서 강의하던 때가 생각나는군요. 당시 그는, 인생은 꿈, 혹은 거품이라는, 다시 말해서 '마야[幻]'라는 힌두교 관념을 강의하고 있었어요. 그의 강의가 끝나자 한 젊은 여학생이 그분에게 질문을 하더군요.

"침머 박사님, 인도 철학 강의 정말 잘 들었습니다. 하지만 '마야'라는 것은 도대체 뭔지 모르겠어요. 감도 잡히지 않습니다."

그러자 침머 박사가 이러시더군요.

"너무 조급하게 굴지 말게. 자네같이 꽃 같은 아가씨는 몰라도 되는 것이니까."

그래요. 나이가 들고, 우리가 알던 사람, 우리와 함께 사는 사람들이 우리에게서 사라지고, 세계 또한 사라져가는 것처럼 느껴질 때, 그때 비로소 '마야'의 신화가 가슴에 와닿지요. 그러나 젊은이들에게 세계는 더 만나야 하는 것, 더 살아야 하는 것, 더 사랑해야 하는 것, 더 배워야 하는 것, 더 싸워야 하는 것입니다. 그러니까 다른 신화가 필요하지요.

모이어스 작가 토마스 베리는, 그게 바로 이야기가 밝혀내려는 모든 것이라고 말하고 있습니다. 이야기라고 하는 것은, 만물이 우리에게 어떻게 작용하는가에 대해, 우리가 삶과 우주에, 우리의 기본적인 가정(假定)과 근본적인 믿음에 부여하는 줄거리라는 것입니다. 그의 글은 이렇게 계속됩니다.

"우리가 문제에 직면하고 있는 것은 바로 우리가 이야기와 이야기 사이에 처해 있기 때문이다. 옛 이야기는 아주 오래도록 우리를 버티어왔다. 옛 이야기는 우리의 외양과 정서적 태도를 다듬고, 우리 삶에 목표를 부여해왔으며, 우리 행위에 에너지를 공급해왔고, 고통을 성별(聖別)해왔으며 우리 교육의 길잡이 노릇을 해왔다. 그래서 아침에 잠을 깨어도 우리는 우리의 정체가 무엇인지 알고, 아이들의 질문에 대답도 할 수 있었다. 그렇다. 그런 이야기가 있었기 때문에 우리는 온존할 수 있었다. 그러나 이제 옛 이야기는 더 이상 기능하지 않는다. 새로운 이야기도 우리는 아직 배우지 못했다."

캠벨 부분적으로 동의해요. 내가 여기에서 '부분적'이라는 말을 쓴 까닭은, 아직까지도 유효한 옛 이야기가 많기 때문인데, 이런 이야기가 바로 영적인 탐색을 다룬 이야기예요. 우리의 본 모습은 우리 내면에 있는데, 이 내면에 대한 탐색이 바로 내가 40여 년 전에 쓴《천의 얼굴을 가진 영웅》에 담으려고 했던 주제랍니다. 신화가 지니는 우주론 및 사회학과의 관계는 아직 끝난 것이 아니에요. 이 관계는 여전히, 우리가 속한 이 새 세계에 적용될 날을 기다리고 있어요.

내가 그 책을 쓴 40여 년 전에 견주면 지금 세상은 많이 달라져 있습니다. 그러나 인간의 내면적인 삶의 양태는 조금도 달라지지 않았어요. 따라서 잠깐만이라도 이 세상의 기원 신화(起源神話)를 접어두고(기원에 관해서는 과학자들이 뭐라고 말해줄 테니까), 인간의 내면 탐색에 관한 신화로 되돌아가, 깨달음의 단계라는 것은 어떤 것이고, 아이에서 어른이 되는 과도기에 어떤 시련을 경험하게 되는지, 어른 되는 것이 과연 무엇을 의미하는지 한번 읽어보세요. 이야기는, 우리 곁에 없는 게 아니라 이렇게 있어요. 종교에 있어요.

가령 예수 이야기를 볼까요? 예수 이야기에는 보편적으로 건실한, 영웅의 행적이 고스란히 나타나 있어요. 먼저 그는 세례 요한에게서 세례를 받음으로써 그 시대 정신의 극단으로 갑니다. 다음에는 현세의 문턱을 넘어 광야로 나가 40일을 견딥니다. 유태 전승에 따르면 '40'은 신화적으로 대단히 의미심장한 숫자예요. 이스라엘 백성은 40년 동안 광야를 헤맸지요? 예수도 광야에서 40일을 견뎠어요. 바로 이 광야에서 예수는 세 가지 유혹을 받지요. 첫번째 유혹은 경제적인 유혹입니다. 마귀가 예수에게 와서 말합니다.

"네가 만일에 하느님의 아들이거든 명하여 이 돌들이 떡덩이가 되게 하라."

그러자 예수는 이렇게 응수합니다.

"사람이 떡으로만 살 것이 아니요, 하느님의 입에서 나오는 말씀으로 살 것이라."

두 번째 유혹은 정치적인 유혹입니다. 마귀는 예수를 산꼭대기로 데리고 올라가, 이 세상 많은 나라를 보여주면서 이렇게 말하지요.

"만일에 네가 내게 엎드려 경배할 수 있다면 이 모든 것을 다스릴 수도 있을 것이다."

정치에 성공하는 비결을 말하는 모양이나 오늘날에는 별로 통하지 않는 방법일 것 같군요. 예수는 거절하지요. 마귀는 또 이렇게 말합니다.

"대단히 영적인 친구로구나. 이번에는 헤롯 성전 꼭대기로 올라가서 한번 뛰어 내려 보아라. 하느님이 너를 받쳐주실 테니까 상처 하나 입지 않을 거야."

이게 바로 영성(靈性)의 과시(誇示)라는 거예요. 나는 영적이다, 따라서 육(肉)의 일, 땅의 일에는 관심이 없다……. 이런 겁니다. 하지만 예수는 하느님의 화신 아닙니까? 그래서 "주, 너의 하느님을 시험치 말라"고 못박습니다. 이것이 바로 그리스도가 받은 세 가지 유혹 이야기인데, 서기 30년 당시에 그랬듯이 지금도 우리 삶에 유효할 것 같지 않나요?

석가 역시 숲으로 들어가, 당시의 한다 하는 구루들과 논쟁을 벌여요. 그러다 이들을 떠나 한 철의 탐색과 시련을 겪은 뒤, 깨달음의 나무인 보리수 아래로 오는데, 그 역시 여기에서 세 가지 시험을 당합니다. 첫번째 시험은 탐욕, 두 번째는 공포, 세 번째는 무리의 의견에 대한 복종에 관한 것이지요.

첫번째 시험에서 '욕망'의 신은 석가에게 자기의 아주 예쁜 딸 셋을 보여줍니다. 이 세 딸의 이름은 '욕망' '성취' '후회', 즉 과거와 현재와 미래이지요. 그러나 감각적인 존재에 대한 집착에서 이미 벗어난 그는 요지부동이지요.

그러자 '욕망'의 신은 그 자리에서 '죽음'의 신으로 둔갑, 마군(魔軍)이 쓰는 무기를 휘두릅니다. 그러나 석가는 자기 내부에서 부동(不動)하는 한 점을 찾아낸 사람입니다. 이 점이 바로 시간이 다치게 하지 못하는 영원입니다. 이번에도 석가는 요지부동입니다. 그러자 석가를 향하여 던져진 무기는 꽃송이로 변합니다.

마침내 '욕망'과 '죽음'의 신은 이번에는 '사회적인 의무'의 신으로 둔갑하여 싸움을 겁니다.

"이 풋내기야, 오늘 조간도 못 읽어봤어? 오늘 어떤 사건이 터졌는지 알기나

해?" 석가는 오른손 손가락 끝을 대지에 대는 것으로 대답을 대신합니다. 그러자 지평선에서 천둥이 치는 것 같은, 우주의 어머니 여신의 음성이 들립니다.

"여기에 있는 내 사랑하는 아들은 세상을 향하여, 줄 것을 다 주어버린 사람이다. 이 사람에게 명하는 것은 쓸데없는 일이니 그만두어라."

'사회적인 의무'의 신을 태우고 있던 코끼리가 석가를 경배하자 마군의 무리는 꿈같이 사라집니다. 그날 밤 석가는 깨달음을 얻고 그로부터 50여 년간 인류의 스승으로서, 자아의 속박에서 벗어나는 방법을 가르치지요.

화가 티치아노는 아담과 이브를 그리면서(지금 이 그림은 스페인의 프라도에 있어요) 이 둘 역시 석가가 받은 것과 같은 두 가지 유혹(욕망과 공포)을 받은 것으로 그리고 있어요. 티치아노의 나이 아흔네 살에 이르러서 구상된 작품이지요. 물론 이 그림에 나오는 나무는 시간과 영원, 동(動)과 부동이 만나는 자리에 서 있는 신화적인 세계수(世界樹)입니다. 만물은 바로 이 나무 주위를 돌지요. 그러나 이 그림에는 이 나무의 현세적 측면이 그려져 있어요. 즉 선과 악, 득과 실, 욕망과 공포를 분별하게 하는 앎의 나무인 것이지요. 나무 오른쪽에는 이브가 있어요. 이브는, 사과를 내미는 아이 형상의 유혹자를 보고는 욕망을 느끼지요. 그러나 이와 반대되는 견해를 지닌 아담은 이 유혹자에게서 뱀을 보며 공포를 느낍니다. 욕망과 공포……. 이 세상의 모든 것은 바로 이 두 가지 감정에 지배됩니다. 욕망이 미끼라면 죽음은 낚시바늘인 것이지요.

아담과 이브는 흔들리고 맙니다. 그러나 석가는 흔들리지 않아요. 아담과 이브는 이로써 자식을 가지고는 하느님의 저주를 받습니다. 그러나 석가는 삶의 공포에서 놓여나는 방법을 가르치지요.

모이어스 아이가 있기 때문에, 생명이 있기 때문에, 위험이 있고 두려움이 있고 고통이 오는 것입니까?

캠벨 여기 있는 나는 여든을 헤아립니다. 그런데도 나는 몇 권은 족히 될 책을 쓰고 있어요. 이 일을 마칠 때까지 살 수 있으면 정말 좋겠어요. 그런 아이가 부러워요. 내게는 일이 있기 때문에 죽음이 두려운 거예요. 책을 완성해야 한다는 욕망이 없다면 죽는 거야 언제 죽어도 좋아요. 그리스도와 석가는 죽음 너머에 있는 구원을 찾아서는 광야에서 돌아와 제자들을 뽑고 가르칩니다. 이들의 메시지는 제자들을 통해서 세상에 전해집니다.

인류의 위대한 스승들(모세, 석가, 그리스도, 모하메드)의 메시지는 다 다릅니다. 그러나 이들이 경험한 환상 여행은 동일합니다. 예언자의 소명을 받을 당시 모하메드는 무식한 대상(隊商)의 우두머리였어요. 그런데 그는 매일 메카에 있는 집을 떠나 산 위의 동굴로 들어가서는 명상에 잠깁니다. 그러던 어느 날 한 목소리가 그에게, "받아써라!" 하고 말합니다. 그래서 모하메드는 귀를 기울이게 되는데, 이것이 바로 우리가 아는 《코란》입니다. 옛날 옛날 한 옛날 이야기지요.

모이어스 그러나 이런 큰 스승들의 메시지를 받는 자들은 그 메시지를 엉뚱하게 해석하고는 별 괴망한 짓을 다 하게 되지요?

캠벨 스승들 중에는 아예 가르치지 않기로 작심해버리는 스승들도 있어요. 사회가, 배운 것을 엉뚱한 데 쓰게 되는 게 두렵기 때문이지요.

모이어스 영웅이 시련을 이기고 돌아오는데, 그가 가져오는 것을 사회가 달가워하지 않으면 어떻게 됩니까?

캠벨 으레 그렇지 않아요? 하지만 원하지 않는다기보다는 어떻게 받아야 할지 몰라서, 어떻게 수용해야 할지 몰라서 그러는 게 아닐까요?

모이어스 어떻게 간직해야 할지 몰라서, 혹은 그것을 어떻게 혁신해야 할지 몰라서…….

캠벨 그렇지요. 그것을 사회 안에서 제대로 기능하게 하는 방법을 모르기 때문이겠지요.

모이어스 저는 마른 해골과 폐허와 유물에서 생명의 이미지가 해석되어 나오는 걸 좋아합니다.

캠벨 전통에 생명을 부여하는 영웅도 있어요. 이런 영웅은 전통을 재해석함으로써, 시대에 뒤떨어진 상투성에서부터 전통의 상징성을 해방시켜 당대의 살아 있는 경험으로 만들지요. 이런 작업은 모든 문화권에서 시작되어야 합니다.

모이어스 많은 종교는 그 종교의 영웅 이야기에서부터 시작되었습니다. 동양은 석가의 깨달음에서 나온 가르침으로 득을 보았고, 서양은 모세가 시나이 산에서 가져온 율법으로 득을 보았습니다. 민족 영웅, 혹은 지역 영웅은 자기가 속한 민족이나 지역을 섬기지만, 모하메드, 예수, 석가 같은 우주적인 영웅은 이 세상 너머에서 인류에게 유용한 메시지를 가져옵니다. 제가 알기로 이러한 종교의 영웅들은 신의 신비를 가져오는 것이지 신의 청사진을 가져오는 것은 아닐 것입니다.

캠벨 《구약성서》에는 무시무시한 율법이 많지 않던가요?

모이어스 그건 신학으로 변모한 종교이지 신의 신비는 아니지 않을까요. 종교는 신비와 외경과, 신과 관련된 이야기를 전하려는 시도가 아닐까 싶습니다. 그런데 이게 그만 일련의 신학이 되어버립니다. 신학에서는 모든 것이 암호로, 강령으로 축소되고 말지 않습니까.

캠벨 신화도 그렇게 해서 신학으로 축소되고 맙니다. 신화라고 하는 것은 굉장히 유동적인 것이에요. 대부분의 신화는 자가당착적이지요. 한 문화권에 똑같은 내용의 신화가 몇 개씩 있는 걸 본 적이 있을 거예요. 모두가 같은 신비를 해석한 것인데도 말이지요. 그런데 신학이 들어와서는, 이것은 이렇게 해석해야 한다고 주장합니다. 신화는 시예요. 시적 언어는 대단히 유동적인 것이에요.

그런데 종교는 시를 산문으로 바꾸지요. 하느님은 글자 그대로 저기에 있다, 이거야말로 글자 그대로 하느님 말씀이다, 저 위에 계신 하느님께 가까워지려면 이렇게 행동해야 한다, 이런 식이지요.

모이어스 성배 전설의 의미를 이해하는 데서 아더왕이 꼭 실재 인물일 필요는 없습니다. 그런데도 기독교인들은, 그리스도가 실재했다는 것을 믿지 못하면 그가 일으킨 기적을 이해할 수 없다고 겁을 줍니다.

캠벨 그건 엘리야가 보여준 마술과 같은 겁니다. 공중 부양술(空中浮揚術)이라는 마술이 있는데, 이 마술을 하는 사람은 무슨 입자처럼 공중에 부웅 뜨지요. 그런데 어떤 사람이 일정한 성취에 이르러 사회에 나타나면, 사회는 당시에 알려져 있던 모든 종류의 마술을 그에게 바쳐버리지요. 그래서 이런 인물이 정도에 지나치게 신격화되어버리는 겁니다.

기적 이야기는 다른 것이 아닙니다. 어떤 사람이 기적을 보였다고 하는 것은, 그 사람이 영적인 진리를 가르친 굉장한 사람이라는 뜻입니다. 여기에서 영적인 진리라는 말은, 물리적인 사실과는 전혀 다른 것입니다. 그러니까 영적인 것을 가르쳤기 때문에 영적인 기적, 혹은 마술이 가능했다는 것이죠. 그러나 그런 것이 가능하기는 하지만, 그 사람이 그런 기적을 일으킨 게 사실이라는 뜻은 아니에요. 서너 번, 나는 마술이라고 해도 좋을 만한 걸 본 적이 있어요. 사람의 힘은, 우리가 보기에는 불가능한 일도 능히 해내고는 한답니다. 사실 우리도 인간이 지니는 가능성의 한계가 어디인지 모릅니다. 그러나 전설에 나오는 마술은, 반드시 사실일 필요는 없는 것이지요. 부처도 그리스도처럼 물 위를 걸었답니다. 부처는 하늘로 올라갔다가 내려오기도 했지요.

모이어스 선생님의 강의가 생각나는데요, 선생님께서는 원을 하나 그리고, "이것이 여러분의 영혼입니다", 하셨지요?

캠벨 그거요? 교육자들이 부리는 묘기 같은 거라고나 할까요? 플라톤은 어느 책에 선가, 영혼은 원 같다고 했어요. 나는 이 플라톤의 생각을 학생들에게 가르쳐주기 위해 칠판에다 원을 하나 그렸습니다. 그 다음에는 이 원에다 가로 선을 하나 긋지요. 그러면 이 선의 위는 의식, 아래는 무의식이 됩니다. 다음에는, 우리의 모든 에너지가 나오는 곳을 표시합니다. 즉 가로 선 밑에 점을 찍는데, 이 점은 조금 전에 그린 원의 중심이기도 합니다. 아기에게는, 그 조그만 몸에서 나오지 않는 의도라고는 없어요. 말하자면 아기의 몸은 제 모든 의도를 뿜어내죠. 그래요, 삶이라고 하는 것은 이렇게 시작됩니다. 아기의 삶은 생명의 충동으로 이루어져 있어요. 그런데 아기가 자라감에 따라 마음이 모양을 갖추어나갑니다. 즉 내가 원하는 이것은 무엇인가, 어떻게 하면 이것을 손에 넣을 수 있을까…… 이런 식으로 마음이 자라는 것이지요.

그런데 원 속의 가로 선 위에는 자아가 있어요. 나는 이 자아를 조그만 사각형으로 표시하지요. 이 자아는, 우리가 중심과 동일시하는 의식의 한 측면이에요. 하지만 보세요. 자아가 우리의 중심은 아니잖아요? 자아를 나타내는 사각형은 우리 마음의 중심을 나타내는 점과는 상당히 떨어져 있지 않아요? 우리는 자아가, 우리에게서 일어나는 모든 쇼를 연출하는 줄(주도권을 행사하는 줄) 알지만, 아니에요.

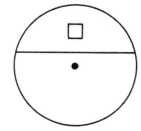

교육적인 묘기

플라톤은 어느 책에선가, 영혼은 원 같다고 했어요. 나는 이 플라톤의 생각을 학생들에게 가르쳐주기 위해 칠판에다 원을 하나 그렸습니다. 그 다음에는 이 원에다 가로 선을 하나 긋지요. 그러면 이 선의 위는 의식, 아래는 무의식이 됩니다. 다음에는, 우리의 모든 에너지가 나오는 곳을 표시합니다. 즉 가로 선 밑에 점을 찍는데, 이 점은 조금 전에 그린 원의 중심이기도 합니다.

그런데 원 속의 가로 선 위에는 자아가 있어요. 나는 이 자아를 조그만 사각형으로 표시하지요. 이 자아는, 우리가 중심과 동일시하는 의식의 한 측면이에요. 하지만 보세요. 자아가 우리의 중심은 아니잖아요? 자아를 나타내는 사각형은 우리 마음의 중심을 나타내는 점과는 상당히 떨어져 있지 않아요? 우리는 자아가, 우리에게서 일어나는 모든 쇼를 연출하는 줄(주도권을 행사하는 줄) 알지만, 아니에요.

모이어스 그럼 무엇이 이 쇼를 연출합니까?

캠벨 무엇이 쇼를 연출하는가 하는 것은, 가로 선 아래에서, 즉 무의식에서 무엇이 솟아오르느냐에 달려 있어요. 한 인간이, "쇼를 연출하는 게 나 자신이 아니구나", 이런 걸 깨닫는 시기가 바로 사춘기예요. 전혀 새로운 요구 체제가 우리의 의식 아래에서 자기 존재를 알리면서 나타나기 시작하는 거죠. 그러나 사춘기 청소년에게는 여기에 아무 지식이 없기 때문에 이것을 장악할 수 없어요. 그래서 소년들은 "나를 이렇게 충동질하는 이게 대체 무엇일까", 소녀들은 "나를 이렇게 충동질하는 이 신비로운 것은 대체 무엇일까" 하고 의아해할 뿐 어떻게 해야 할지는 전혀 모르지요.

모이어스 우리가 아기로 이 세상에 태어날 때 우리의 의식 아래에는 이미 어떤 기억이 분명히 저장되어 있다는 것이군요.

캠벨 거기에 저장되어 있는 기억이 얼마나 어마어마한가를 알면 더 놀라게 되지요. 아기는 엄마의 젖꼭지가 입술에 닿으면 무엇을 어떻게 해야 할지 압니다. 아이의 기억에는 우리가 동물에게서 볼 수 있는 붙박이 행동 체계가 있어요. 우리는 이걸 본능이라고 하지요. 이게 바로 생물학적 기반입니다. 그러나 여기에서 조금 더 지나면, 외부로부터 강제를 당할 때마다 무엇인지 거북살스럽고, 이질적이고, 두렵고, 죄의식이 느껴지는 일을 경험하게 됩니다. 바로 이 시기가 우리의 가장 까다로운 심리적 문제가 생기기 시작하는 시기인 거죠.

　신화라고 하는 것은 원래 이런 문제를 이해하게 하는 데 필요한 기본 교육 자료였어요. 오늘날의 우리 사회는 우리에게 이런 종류의 적당한 신화 교육을 베풀고 있지 못해요. 그래서 젊은이들이 이 사회 안에서 행동 통일을 하는 데 그렇게 애를 먹고 있는 거지요. 나에게는 하나의 이론이 있어요. 어떤 젊은이가 모종의 장벽에 부딪쳤을 경우에는, 거기에 해당하는 특정 신화 대응물을 통해서 해결해야 한다는 겁니다. 젊은이의 경우는, 문턱 넘기 의례와 관련된 신화 대응물을 찾아야 하는 것이지요.

모이어스 사람들은, "너 자신에게 물어보라"는 말을 곧잘 합니다. 선생님께서는 이 말의 뜻을 어떻게 푸시는지요?

캠벨 우리가 무엇이 되고 싶은지, 무엇이 될 수 있는지 막연할 때는 이웃의 충고나 영향력이 도움이 되기는 하겠지요. 나는, 엄격하고 권위주의적인 사회 상황에서 자라난 사람일수록 자기 자신을 그만큼 모르는 상태로 살 수 있다고 생각해요.

모이어스 늘, "이것을 하라, 저것을 하라"는 소리를 들으면서 자랐기 때문입니까?

캠벨 지금 우리가 그래요. 지금 우리가 그런 소리를 들으면서 살고 있어요. 군대 생활을 하고 있는 거죠. 바로 우리 사회에서 이런 일이 일어나고 있는 겁니다. 학교에 다니는 아이들은 늘 명령과 지시를 받으면서 살지요. 아이들이 달력을 보면서 휴일을 손꼽아 기다리는 것은 휴일이 되어야 저 자신에게로 돌아갈 수 있기 때문입니다.

모이어스 '자기'에는 우리가 잘 아는 '자기'와 우리가 잘 모르는 또 하나의 '자기', 즉 진짜 '자기'가 있을 수 있겠는데요. 신화는 어떻게 하면 이 진짜 '자기'를 만날 수 있다고 가르칩니까?

캠벨 신화가 암시하는 첫째 방법은 신화 자체, 또는 영적인 지도자나 스승을 따르라고 가르칩니다. 신화나 영적인 지도자나 스승은 알고 있을 테니까요. 이것은 운동선수가 코치를 찾아가는 것이나 마찬가집니다. 좋은 코치는 선수에게, 팔은 어떻게 움직여야 한다, 다리는 어떻게 움직여야 한다는 등의 구체적인 지시는 하지 않아요. 좋은 코치는 선수가 달리는 것을 가만히 보고 있다가 선수의 천성적인 동작 양식만 조금 수정해줍니다. 좋은 스승은 제자가 하는 양을 가만히 보면서 그 제자에게 무엇이 가능한가를 알아냅니다. 좋은 스승은 충고를 할 뿐 명령은 하지 않습니다. "나는 이렇게 했다, 그러니까 너도 이렇게 해야 한다"는 식의 명령은 제자들에게 도움이 안 됩니다. 예술가들도 제자를 이런 식으로 가르칩니다. 그렇다고 해서 가만히 있는 게 좋은 스승이 되게 한다는 뜻은 아닙니다. 이따금씩 말을 해줌으로써 실마리가 될 만한 것을 던져주어야 합니다. 만일에 그런 말을 들려줄 스승이 없으면 스스로 창안한 방법으로 처음부터 다시 시작해야 합니다. 즉 자기에게 어울리는 바퀴를 발명해야 하는 것이지요.

또 하나 좋은 방법은, 자기가 다루고 있는 문제와 같은 것을 다루고 있다 싶은 책을 이용해서 배우는 겁니다. 책 역시 실마리를 던져줄 수 있습니다. 나는 주로 제임스 조이스나 토마스 만 같은 사람들의 책을 통해서 배웠어요. 이 두 사람은 기초적인 신화 테마를, 현대 젊은이들이 경험하는 개인적인 문제, 어려움, 깨달음, 관심의 해석에다 응용하고 있으니까요. 이러한 문제의 본질을 잘 알고 있는 소설가의 작품에서 신화 모티프를 선택해서 길잡이로 삼는 것도 좋겠지요.

모이어스 저를 곤혹스럽게 하는 게 바로 그겁니다. 우리가 운이 좋아서, 신들이나 뮤즈들이 우리에게 미소라도 보내면, 우리의 상상력을 자극해서 그런 영적인 여행을 떠나게 하는 분이 나타나기야 하겠지요. 선생님 시대에는 조이스와 만이 그런 사람들이었습니다. 그러나 저희 시대에는 그게 영화가 아닌가 싶은 겁니다. 영화도 영웅 신화를 창조합니까? 선생님께서 보시기에, 가령 〈스타워즈〉 같은 영화가, 영웅 모델을 바라는 우리의 희망을 성취시켜줄 것 같습니까?

캠벨 나도, 젊은이들이 조지 루카스의 영화에 나오는 '포스〔氣〕'니, '다크 사이드(부정적인 측면)'이니 하는 말을 쓰는 걸 봤어요. 그런 걸 보면 이런 용어가 젊은이들의 어떤 부분을 건드린 것 같더군요. 그렇다면 이건 상당히 건전한 가르침이라고 할 수 있겠지요.

모이어스 〈스타워즈〉가 성공을 거둔 까닭이 어느 정도 거기에 있지 않을까 합니다만, 그 정도로 볼 만한 영화는 제작의 가치 측면에서 나온 게 아니라는 생각이 듭니다. 그러니까 일반인들에게 선악이 쾅 부딪치는 선명한 이미지가 필요해진 즈음에 거기에 부응하는 어떤 정신이 작용했기 때문이라는 것입니다. 말하자면 대중은 이상주의로 돌아가고 싶다는 생각에서, '자기 중심'이 아닌, '자기 방기(自己 放棄)'를 바탕으로 삼는 로맨스를 하나 보고 싶어하고 있었던 겁니다.

캠벨 악의 세력을 이 지구상에 있는 특정 국가와 동일시하지 않고 있다는 것은 추상적인 세력의 존재를 인정한다는 것을 의미합니다. 이런 정신의 바탕에서 만들어졌기 때문에 이 영화는 특정한 역사적 상황 대신 하나의 원리를 제시하고 있는 겁니다. 그러자면 스토리는 특정 국가 대 국가의 갈등이 아닌, 그 원리가 작용하는 이치를 다루어야 합니다. 〈스타워즈〉의 등장인물들이 쓰고 있는 가면은 현대인의 마음속에 존재하는 진짜 괴물 같은 힘을 상징합니다. 다스 베이더의 가면이 벗겨졌을 때, 우리에게는 아직 완전한 개인으로 발달하지 못한 미숙한 인간이 보였지요? 말하자면 분화가 다 되지 않아 어쩐지 낯설고, 불쌍해 보이는 얼굴이었던 것입니다.

모이어스 그것은 무엇을 의미합니까?

캠벨 다스 베이더는 자기 인간성을 완전히 발달시키지 못했던 거지요. 그는 로봇입니다. 그는 자기의 뜻에 따라 사는 게 아니라, 자기에게 강요되어 있는 조직의 뜻에 따라 사는 관료였던 겁니다. 이것이 바로 우리가 직면하고 있는, 우리 삶에 대한 위협입니다. 우리는 우리 자신에게 이런 질문을 던져보아야 합니다. 이 조직은 우리를 식물인간으로 만들어, 우리로 하여금 우리의 인간성을 부정하게 하고 있는 것은 아닌가? 이 조직이 과연 우리 인류의 목적을 이루게 할 수 있을 것인가? 우리는 이 조직과 어떻게 관계되어 있는가? 이 조직을 더 이상 섬기지 않을 도리가 없게 되어 있는 것은 아닌가…….

우리 생각의 체계에 맞게 이 조직을 바꾸고자 하는 것은 헛수고입니다. 이 조직의 배후에 작용하는 역사적인 힘은, 그 정도의 행동은 의미도 없을 만큼 거대합니다. 그렇다면 우리는 어떻게 해야 하지요? 우리가 해야 할 일은 인간으로서 우리가 속한 시대의 역사를 사는 법을 익히는 일입니다. 이것은 대단히 중요한 일입니다만, 우리에게 얼마든지 가능한 일이기도 하지요.

모이어스 어떤 방법으로요?

캠벨 우리의 이상을 움켜 안고, 루크 스카이워커처럼, 조직이 가해오는 비인간적인 압제에 저항함으로써요.

모이어스 〈스타워즈〉를 보면 마지막의 싸움이 벌어지는 절정에서 스카이워커의 귀에, "컴퓨터를 끄고, 기계를 끄고 너의 느낌에 따라 너의 마음이 가는 대로 하라"는 벤 케노비의 음성이 들리지요? 스카이워커는 그가 시키는 대로 하고, 결국 이 싸움에서 승리를 거둡니다. 그러면 관중은 박수를 치면서 환호하지요. 저의 두 아들이 〈스타워즈〉에 열중해 있는 것을 가만히 보고 있자니, 극장에서 관객이 보이는 것과 똑같은 반응을 보이더군요.

캠벨 아시겠지만 그 영화는 우리에게 말을 걸고 있어요. 젊은이들 사이에서 통하는 언어로 우리에게 말을 거는 겁니다. 이건 중요해요. 너는 가슴으로 사는 사람, 인간성을 섬기는 사람이겠느냐, 아니면 '음험한 세력'이 요구하는 대로 하며 사는 사람이겠느냐, 이렇게 묻고 있는 겁니다. 물론 가슴으로 사는 사람이어야 하지요. 생명이 있는 곳은 가슴이니까요. 벤 케노비가, "포스가 너와 함께 할지어다"라고 말할 때 그가 말하는 '포스'는 프로그램된 정치적 힘이 아니라, 우리 생명의 힘, 생명의 에너지인 겁니다.

모이어스 '포스'의 정의(定義)가 저에게는 다소 생소한데요? 벤 케노비는, "'포스'

〈스타워즈〉의 다스 베이더
〈스타워즈〉의 등장인물들이 쓰고 있는 가면은 현대인의 마음속에 존재하는 진짜 괴물스러운 힘을 상징합니다. 다스 베이더의 가면이 벗겨졌을 때, 우리에게는 아직 완전한 개인으로 발달하지 못한 미숙한 인간이 보였지요……. 다스 베이더는 자기 인간성을 완전히 발달시키지 못했던 거지요. 그는 로봇입니다. 그는 자기의 뜻에 따라 사는 게 아니라, 자기에게 강요되어 있는 조직의 뜻에 따라 사는 관료였던 겁니다.

란, 살아 있는 만물이 지어내는 에너지 장(場)을 말한다. 포스는 우리를 감싸고 있고, 포스는 우리를 관류한다. 이 우주를 하나로 묶고 있는 것이 바로 이 포스이다"라고 말합니다. 《천의 얼굴을 가진 영웅》에서도, 인류의 성소(聖所), '세계의 배꼽', 창조의 순간에 작용하는 힘을 설명한 부분에서 같은 내용을 읽었습니다.

캠벨 물론 그렇지요. '포스'는 우리의 안에서 움직입니다. 그러나 제국(帝國)의 '포스'는 정복하고 주인이 되자는 의도를 바탕으로 깔고 있습니다. 〈스타워즈〉는 단순한 도덕적 드라마가 아닙니다. 이 영화는 인간의 행동을 통해 성취되거나, 부서지거나, 억압되는 생명의 힘을 다루고 있으니까요.

모이어스 "새 옷을 입고 있기는 하지만, 이것은 옛날 옛날 한 옛날의 이야기로구나……", 이게 바로 제가 〈스타워즈〉를 처음 보았을 때 한 생각입니다. 영웅이 모험의 소명을 받고, 여행을 떠나 시련을 겪고 위기를 극복하고, 마침내 승리를 얻은 뒤 사회의 홍익이 될 만한 것을 가지고 돌아온다…….

캠벨 루카스는 표준 신화 이미지를 사용했던 거지요. 주인공의 길잡이가 되는 노인은 일본 검도의 고수를 상기시키더군요. 나는 이런 사람을 몇 아는데, 벤 케노비에게서 이런 사람들의 이미지를 읽을 수 있었어요.

모이어스 검도의 고수가 어떻길래요?

캠벨 검도에 관한 전문가입니다. 동양의 무술 교육은 미국 체육관에서 만나게 되는 체육 교육과는 전혀 다릅니다. 그들은 무술 교육에 육체적인 기술만 다루는 게 아니라 고도로 심리학적인 기술을 함께 다룹니다. 〈스타워즈〉의 등장인물들에게서 나는 그런 것을 느꼈어요.

모이어스 주인공이, 갑자기 나타난 낯선 사람에게 도움을 받는 것도 신화적이더군요.

캠벨 낯선 사람은 주인공에게 물리적인 것만 주는 것이 아니라, 심리적인 의지와 심리적인 중심 같은 것까지 가르치지요. 이 이미지의 참여는 주인공의 관념 체계를 훨씬 넘는 데까지 미칩니다. 즉 비로소, 거기에서 벌어지는 사건과 주인공이 하나가 되는 것이지요.

모이어스 저에게 인상적이었던 장면은, 주인공들이 쓰레기통 같은 데 들어가 있는
장면입니다. 벽이 자꾸만 좁혀져 들어오지요. 저는 그걸 보면서, "쓰레기통이 어
째 요나를 삼켰던 고래 뱃속 같구나", 생각했습니다.

캠벨 그들이 들어가 있었던 곳이 바로 고래의 뱃속이랍니다.

요나와 고래
고래 뱃속에 들어가는 요나 이야기는 세계 전역
에서 볼 수 있는 신화 테마의 본 같은 겁니다.
물고기가 삼키는 바람에 영웅이 물고기의 뱃속
으로 들어갔다가, 들어갈 때와 전혀 다른 모습
으로, 다시 말해서 변한 모습으로 나오는 이야
기는 세계 어디에서나 접할 수 있어요. 심리학
적으로 설명하자면, 고래는 우리의 무의식에 갇
혀 있는 생명의 힘을 상징합니다. 은유적인 의
미에서 물은 무의식이고, 수생동물은 생명, 혹
은 무의식의 에너지입니다. 고래가 나타났다는
상황은 이 무의식이 의식적인 인격을 압도하고
힘을 얻은 상태를 만들지요. 즉 이때부터는 무
의식이 의식을 극복하고 의식을 통제하려고 합
니다.

모이어스 배의 신화학적 의미는 무엇입니까?

캠벨 소화 작용이 일어나는 곳, 즉 새로운 에너지가 만들어지는 뱃속은 어두운 곳이에요. 고래 뱃속에 들어가는 요나 이야기는 세계 전역에서 볼 수 있는 신화 테마의 본 같은 겁니다. 물고기가 삼키는 바람에 영웅이 물고기의 뱃속으로 들어갔다가, 들어갈 때와 전혀 다른 모습으로, 다시 말해서 변한 모습으로 나오는 이야기는 세계 어디에서나 접할 수 있어요.

모이어스 왜 영웅은 이런 걸 경험해야 합니까?

캠벨 어둠(저승)으로 내려가는 것을 상징하는 것이지요. 심리학적으로 설명하자면, 고래는 우리의 무의식에 갇혀 있는 생명의 힘을 상징합니다. 은유적인 의미에서 물은 무의식이고, 수생동물은 생명, 혹은 무의식의 에너지입니다. 고래가 나타났다는 상황은 이 무의식이 의식적인 인격을 압도하고 힘을 얻은 상태를 만들지요. 즉 이때부터는 무의식이 의식을 극복하고 의식을 통제하려고 합니다.

이런 종류의 모험의 첫째 단계에서 영웅은 기왕에 살던, 자기에게 버릇 들어 있는 곳, 일정한 수준의 힘을 행사하던 곳을 떠나 한 세계와 다른 세계 사이의 문턱에 이릅니다. 이 문턱이 말하자면 호수나 바다의 가장자리이지요. 이 문턱에서 심연의 괴물이 영웅을 기다립니다. 여기에서부터 두 가능성이 생깁니다. 요나 이야기 같은 유형의 모티프에서 고래는 영웅을 삼키지만, 영웅은 고래의 뱃속이라는 심연에서 되살아나옵니다. 즉 죽음과 부활의 테마가 변형된 것이라고 볼 수 있지요. 바로 여기에서 의식적인 인격은 통제 불가능한 무의식적인 에너지의 충전을 받습니다. 여기에서부터 영웅은 시련을 겪지 않으면 안 됩니다. 시련을 겪으면서 무서운 밤바다를 여행해야 합니다. 이 무서운 밤바다 여행에서 이 어둠의 에너지를 극복할 방법을 깨닫게 되면 마침내 새 생명으로 부활하는 것이지요.

또 하나의 유형에서, 영웅은 어둠의 힘과 만날 경우 그것을 죽여버립니다. 용을 죽이는 영웅 지그프리트 이야기, 역시 용을 죽이는 영웅 성 게오르기우스 이야기가 바로 이런 유형에 속하지요. 지그프리트는, 용의 힘을 자기 힘으로 만들기 위해서는 용의 피를 마셔야 했지요. 그래서 지그프리트는 용을 죽인 즉시 그 피를 마십니다. 그러자 어디에선가 자연의 노래가 들리지요. 이로써 지그프리트는 자기의 인간성을 초극하고 자연의 힘과 재결합합니다. 바로 이 자연의 힘이야말로 우리 생명의 힘이요, 우리의 마음이 우리를 인도할 궁극적인 목표인 것이지요.

우리 의식이라고 하는 것은 말이지요. 사고를 하기는 하되 가게를 운영하는 것처럼 사고를 해요. 하지만 의식은 우리 인간 존재의 부수적인 기관일 뿐이에요. 그러므로 이 의식이 우리의 존재를 통제하게 하면 안 됩니다. 의식은 기가 한풀 꺾인 상태에서 우리 인간성을 섬겨야 하는 존재이지, 우리의 주인 노릇을 해도 좋은 존재는 아닌 것이지요. 의식이 통제하게 될 때 〈스타워즈〉의 다스 베이더 같은 인간이 생깁니다. 이런 인간은 의식적이고 의도적인 것만 편들지요.

모이어스 말하자면 어둠의 이미지이군요.

캠벨 그래요. 괴테의 《파우스트》에서는 메피스토펠리스로 상징되는 인물이지요.

모이어스 그런데 누군가가 제게, "그래, 조지 루카스의 상상력도 좋고, 조셉 캠벨의 신화학도 좋아. 하지만 그게 내 인생하고 무슨 상관이 있어?", 이런 말을 합니다.

캠벨 내가 장담하거니와, 상관이 있어요. 이걸 깨닫지 못하면 그런 말을 한 사람도 다스 베이더 같은 사람이 될 가능성이 있어요. 구체적인 프로그램만 옳다고 주장하는 사람, 자기 가슴의 소리에는 귀를 기울이지 않는 사람, 이런 사람에게는 정신분열증적 해리(解離)의 위험이 있어요. 자기 중심에서 이탈해 있는 사람이거든요. 삶을 위한 프로그램에 맞게 자신의 삶을 조정하고 있다고 하더라도, 우리의 육체가 관심을 두는 것은 그런 프로그램이 아니기 때문이에요. 이 세상에는 자기 내면의 소리에 귀를 기울이지 않는 사람이 너무 많아요. 이 세상에는, 무엇을 해야 할 것인지, 어떻게 행동해야 할 것인지, 삶의 가치를 어디에 두어야 할 것인지를 남의 말에 따라 결정하는 사람이 너무 많아요.

모이어스 인간 존재에 대한 선생님의 시각에서 보실 때, 진리와 환상의 갈등 너머에, 우리 삶을 예전의 그 통합의 상태로 되돌리게 하는 지혜의 항구가 있다는 인식에 이르는 일이 가능할는지요? 새로운 신화의 모델을 개발하는 것도 가능할까요?

캠벨 그게 이미 여기에, 종교에 있지 않아요? 모든 종교는 그것의 시대에는 진리였어요. 만일에 종교가 지닌 진리의 측면을 인식하고, 여기 세속에 적용되고 있는 것을 분리시킬 수 있다면, 다시 말해서 세속에 적용되고 있는 종교에서 알맹이만 따로 떼어내어 볼 수 있다면 얼마든지 가능하고 말고요.

　우리도 바로 이 자리에서 이야기하지 않았나요? 영적으로 우리를 지탱하는 것을 위하여 육체적 욕망과 공포를 희생시키는 일…… 바로 이거 아닙니까? 우리가 살고 있는 차원에서, 육체가 우리의 깊디깊은 삶의 정체를 깨달아내고, 그것을 표현하는 것을 본 적이 있습니까? 우리는 조만간 무엇이, 이 이승의 삶이라는 꽃을 잘 가꾸는가를 알아내어 그것에 헌신해야 합니다.

모이어스 '제1 원동력[造物主]'이 아닌, '최고 원동력'을 찾아내어야 하는 것이군요?

캠벨 글쎄요, 나는 '내적(內的) 원동력'이라고 하는 게 나을 것 같군요. '최고'는 저 위에 있지만, 그 위에는 아무것도 없다는 걸 잘 알잖아요? 저 위에 있는 늙은이는 바람에 날려가고 없어요. 우리는 우리 안에 있는 '포스'를 찾아야 합니다. 동양의 영적인 스승들이 제자들에게 자신 있게 "네 안에 있으니까 가서 찾아라"라고 하는 까닭이 여기에 있어요.

모이어스 하지만 이 새로운 진실의 도전에 맞서고, 자기 삶을 여기에다 맞추어낼 수 있는 사람은 극소수 아니겠습니까?

캠벨 천만에요! 그렇지가 않아요. 스승이나 지도자가 될 수 있는 사람이야 소수겠지요. 그러나 내가 말한 것에 반응하는 건 누구든지 할 수 있어요. 아이가 위험에 처할 경우, 위험을 무릅쓰고 달려나가 아이를 구할 수 있는 잠재력은 누구에게나 있지요? 이와 같아요. 이런 능력은 우리 안에 있어요. 나날의 경제적 관심과 육신의 안락에 갇히지 않는, 진짜 삶의 가치를 인식할 수 있는 사람이면 누구에게든 이런 능력이 있어요.

모이어스 소년 시절에 《원탁의 기사》를 읽었는데요. 문득 저도 영웅이 될 수 있겠다 싶더군요. 정말 집을 떠나 용과 싸우고 싶었습니다. 어둠의 숲으로 들어가 악의 세력을 무찌르고 싶었습니다. 신화가 오클라호마주(州)의 농투성이 아들을 꼬드겨 영웅이 되고 싶어하게 만들었는데, 선생님께서는 이 점을 어떻게 생각하십니까?

캠벨 신화에는 개인이 지닌 완전성과 무한한 힘의 가능성을 깨닫게 하고 그 세계를 날빛 아래로 드러내는 힘이 있어요. 괴물을 죽인다는 것은 우리 안에 있는 어둠을 죽인다는 것입니다. 신화는 우리를 사로잡되, 우리 심층에 있는 것을 거머쥡니다. 내가 인디언 이야기를 읽고 그랬듯이 모이어스 씨도 그랬군요. 그런데 나이를 먹으면 먹을수록 신화는 우리에게 그만큼 더 수다스러워집니다. 종교 관념이나 신화 관념을 진지하게 다룬 적이 있는 사람들은, 우리는 그런 것을 어린아이의 단계인 제1 단계에서 배운다고 하지요. 그러나 그 단계는 무궁무진합니다. 각 단계마다 신화가 드러내는 계시 역시 무궁무진합니다.

모이어스 어떻게 하면 우리 안에 있는 괴물을 죽일 수 있습니까? 우리 개인이 반드시 해야 하는, 선생님의 이른바 '드높은 영혼의 모험'이란 무엇입니까?

캠벨 내가 일반적으로 학생들에게 내리는 처방은 "그대의 천복을 따르라"는 겁니다. 천복을 찾아내되, 천복 따르는 것을 절대로 두려워하면 안 됩니다.

모이어스 우리의 일입니까, 삶입니까?

캠벨 지금 하고 있는 일이, 좋아서 선택한 일이라면 바로 그겁니다. 만일에, "아니, 내가 그걸 어떻게 할 수 있어?", 이렇게 생각한다면 이게 바로 우리 안에 갇혀 있는 용입니다. "안 돼, 나는 작가가 될 수 없을 거야"라든지 "나는 아무개가 하는 일은 도저히 할 수 없을 거야", 이런다면 이게 바로 우리 안에 갇혀 있는 용입니다.

모이어스 그렇다면, 프로메테우스나 예수 같은 이들과는 달리, 우리는 세상을 구하기 위해 여행을 떠나는 게 아니고 우리 자신을 위해 여행을 떠나는 게 되지 않겠습니까?

캠벨 우리 자신을 구하면 세상도 구원됩니다. 생명력이 있는 인간의 영향력이 다른 사람들에게 생명을 부여한다는 것은 확실합니다. 영혼이 없는 세계는 황무지입니다. 사람들에게는 무엇 무엇을 바꾸고, 법을 바꾸고 하다 보면 세상이 변할 것이라는 생각이 있는데, 천만에요! 어떤 세상이든지 구체적으로 존재하는 세상은 나름대로 유효합니다. 우리가 해야 하는 일은 여기에 생명을 부여하는 일입니다. 생명을 부여하기 위해서는 그 생명이 우리 안 어디에서 나왔는가를 알아내어야 합니다. 연후에 우리 자신의 튼튼한 삶을 사는 겁니다.

모이어스 여행을 떠나고, 우리 심층으로 내려가고, 용을 죽이는 이 일……. 반드시 혼자 해야 합니까?

캠벨 도와주는 사람이 있으면 함께라도 좋지요. 그러나 궁극적으로 말해서, 마지막 일, 가장 중요한 일은 역시 혼자 해야 합니다. 심리학적으로 말하자면, 용은 다른 것이 아니라 자아에 속박된 '자기'입니다. 우리는 우리의 용 우리에 갇혀 있어요. 분석 심리학은 용을 쳐부수고 무너뜨림으로써 우리를 더 넓은 관계의 마당으로 이끌어내는 것을 목표로 합니다. 궁극적인 용은 우리 안에 있어요. 우리를 엄중히 감시하고 있는 우리의 자아, 이게 바로 용입니다.

모이어스 우리의 자아는 무엇입니까?

캠벨 우리가 욕망하는 것, 우리가 믿으려 하는 것, 우리가 다스릴 수 있다고 생각하는 것, 우리가 사랑하려는 것, 우리를 옥죄고 있다고 생각되는 것……. 이게 바로 자아랍니다. 이건 아주 조그만 것일 수 있는데도, 어떨 때는 우리를 아주 꼼짝 못하게 합니다. 이웃의 말에 따라 행동하다 보면 조만간 꼼짝 못하게 되는 상황이 옵니다. 이 경우 이웃이 바로 우리의 내면에 비치는 용일 수 있어요.

우리 서구 문화권에서는, 용은 탐욕을 상징합니다. 그러나 중국의 용은 달라요.

**〈성 게오르기우스와 용〉,
파울로 우첼로, 1460년**
심리학적으로 말하자면, 용은 다른
것이 아니라 자아에 속박된 '자기'
입니다. 우리는 우리의 용 우리에
갇혀 있어요. 분석 심리학은 용을
쳐부수고 무너뜨림으로써 우리를
더 넓은 관계의 마당으로 이끌어내
는 것을 목표로 합니다. 궁극적인
용은 우리 안에 있어요. 우리를 엄
중히 감시하고 있는 우리의 자아,
이게 바로 용입니다.

중국의 용은 늪의 생명력인데, 때가 되면 괴성을 지르면서 하늘로 날아오릅니다. 인간에게 최상의 선물이라고 할 수 있는 것은 물인데, 용은 바로 이 물을 주재하는 아주 대단히 상서로운 존재이지요. 그러나 서구 이야기에 나오는 용은 뭐든지 모아 자기 안에 가두려고 합니다. 용은 자기의 암굴(岩窟)에서 금 덩어리, 혹은 잡혀온 처녀 같은 것을 지키기도 합니다. 자기가 지키고 있는 것이 어디에 소용이 될는지도 모르고 그저 지키기만 하는 거지요. 사람들 중에도 그런 사람이 있지요? 우리는 이런 사람을 자린고비라고 부릅니다. 이들에게서는 나오는 삶이 없어요. 주는 삶이 없어요. 그저 남에게 빌붙어 돌면서도 죽자고 자기 삶의 방식에만 매달립니다.

융 박사에게, 자기야말로 절해고도에 갇힌, 세상에서 가장 외로운 사람이라면서 한 여자가 찾아옵니다. 융 박사는 얼마나 외로운지 그림으로 그려보라고 합니다. 그러자 여자는, 으스스한 바닷가에 허리 아래로는 바위에 묻혀버린 모습으로 자신을 그려냅니다. 바람 부는 해변에서 머리카락을 흩날리고 있는 이 여자는 자기 삶의 황금, 자기 삶의 기쁨은 모조리 그 바위에다 가두고 있었지요. 융 박사는 몇 가지 충고를 해주고 나서 다시 그림을 그려보라고 했어요.

그랬더니 이번에는, 찬란한 빛줄기가 바위를 부수자 황금빛 원반이 솟아오르는 그림을 그리더랍니다. 두 번째 그림에서는, 황금은 더 이상 바위 속에 갇혀 있지 않았지요. 바위의 표면에는 심지어 금가루가 여기저기에 묻어 있기도 합니다. 융 박사는 면담의 과정에서 이 금가루의 정체를 알게 됩니다. 이 여자의 친구들이었지요. 그러니까 이 여자에게는 친구가 있었어요. 자기 자신을 자기만의 조그만 방, 조그만 삶 속에 가두고 있었지만 친구가 있기는 있었던 모양입니다. 그러니까 자기 스스로 자기 삶을 가두고 있었다는 것을 깨닫는 순간 이 여자는 자기의 용을 죽인 것이지요.

모이어스 저는 테세우스와 아리아드네 신화에 대한 선생님의 해석을 좋아합니다. 테세우스는 아리아드네에게, "미궁에서 나오는 방법만 가르쳐주면 영원히 사랑하리라" 하고 말합니다. 그래서 아리아드네는 테세우스에게 실타래를 줍니다. 테세우스는 미궁으로 들어갈 때 이 실타래의 실을 풀었다가 그 실을 따라 무사히 미궁을 빠져나옵니다. 선생님께서는, "그가 가진 것이라고는 실밖에 없었다"고 하셨지요. 우리에게 필요한 것도 그것뿐인 것 같은데요.

캠벨 그래요. 우리에게 필요한 것은 아리아드네의 실뿐이지요.

모이어스 우리에게 필요한 것은 실뿐인데도, 우리는 우리를 구해줄 재물, 우리를 구해줄 권력, 우리를 구해줄 사상(思想)을 찾아 엉뚱한 곳을 헤매지요.

캠벨 그 실이라는 게 찾기가 쉬운 게 아닙니다. 그러니까 실을 찾는 데 필요한 실마리가 될 만한 것을 가르쳐줄 사람이 옆에 있으면 좋은 거지요. 선생님 소리 듣는 사람들이 해야 하는 일은 사람들이 이 아리아드네의 실을 찾을 수 있게 도와주는 일입니다.

모이어스 다른 영웅들처럼, 석가 역시 진리를 바로 가르쳐주었던 것이 아니라 진리에 이르는 길을 가르쳐주었지요?

캠벨 당연하지요. 우리가 가야 하는 길을 석가가 가야 하는 것은 아니니까요. 석가는 가령, 어떻게 하면 특정 대상에 대한 공포를 없앨 수 있는지를 정확하게 가르쳐주고는 했지요. 수련하기를 가르치는 스승도 있습니다만, 글쎄요, 수련으로는 될 것 같지 않군요. 스승이 할 수 있는 것은 암시입니다. 스승 되는 사람은 등대와 같지요. "이 너머에는 암초가 있으니까 키를 똑바로 잡아라, 저 너머에는 해협이 있다", 이렇게 가르치는 등대와 같지요.

젊은 사람의 삶에서 가장 중요한 것은 어떤 가능성을 암시하는 '본'을 만나는 일입니다. 니체는, "인간은 병든 동물이다"라고 했지요. 인간은, 그 병을 어떻게 치료해야 좋을지를 모르는 동물입니다. 마음에는 많은 가능성이 있습니다만, 우리에게 필요한 것은 하나의 삶입니다. 도대체 이것을 어떻게 할 것인가……. 살아 있는 신화는 우리에게 우리 시대에 알맞은 본을 제시합니다.

모이어스 오늘날 우리에게는, 본이 너무 다양하게 많이 있습니다. 많은 사람이 그 많은 본 중에서 하나를 고르다가 결국 자기가 누구인지도 모르는 채 살다 갑니다.

캠벨 직업을 선택할 때 하나의 본을 선택하면 곧 거기에 적응되어 나가지요? 그러다 나이를 좀 먹어 중년을 넘기면 사람에게 직업이 어떤 의미를 지니는지도 알게 되지요. 내가 어디에 가건 사람들은 내가 교수라는 것을 압니다. 내가 어떤 방법을 쓰고 있는지, 어디에 초점을 맞추고 보는지는 나도 모릅니다만, 하여튼 나도 교수와 기술자와 상인이 함께 있으면 교수를 골라낼 줄 압니다. 우리가 삶의 모습에 의해 다듬어지기 때문일 겁니다.

모이어스 《아더왕 이야기》에는 아주 재미있는 이미지가 나옵니다. 원탁의 기사들이 어둠의 숲으로 성배를 찾으러 나갈 즈음 화자(話者)는 이렇게 말합니다.

"그들은 무리 지어 숲으로 들어가는 것을 부끄럽게 여겼다. 그래서 각자 나뉜 채 자기가 선택한 지점에서 숲으로 들어갔다."

선생님께서는 이것을, 개체로서의 삶을 소중히 여기는 서구 특유의 발상이라고 해석하셨습니다. 개체로서의 삶을 소중히 여기기 때문에 혼자 어둠과 맞서는 것이라고요.

캠벨 13세기판 《성배를 찾아서》를 읽을 당시 나에게 깊은 인상을 준 것은, 이것이 바로 서구인의 독특한 정신적 과녁이자 이상의 축소판이라는 느낌을 받았기 때문입니다. 말하자면 서구인들은 '나' 안에 잠재해 있는 삶의 과녁이자 이상을 살지, 절대로 남의 안에 있는 가능성을 살지 않는다는 것입니다.

나는 이것이 위대한 서구적 진실이라고 믿어요. 우리가 각기 나름대로 독특한 존재이기 때문에, 우리가 만일 세상을 향해 무엇인가를 줄 수 있을 때도, 주어지는 것은 어느 누구의 것도 아닌, 바로 우리 개개의 경험과 우리 개개인이 지닌 잠재력의 발현이 되는 겁니다. 그러나 동양의 전통적인 사회, 거의 모든 전통 사회를 보면 개인은 기계로 찍어낸 과자 같아요. 이런 사회 구성원의 의무는 정확한 용어로 정확하게 정의되어 부과된 것이기 때문에 여기에서 벗어날 도리가 없지요.

영적인 문제의 도움을 받으러 스승을 찾아갈 경우, 이 스승은 그 제자가 전통적인 길 어디쯤에 와 있는지, 다음에는 어디로 가야 할지, 거기에 가려면 어떻게 해야 할지도 압니다. 그러면 스승은 이 제자에게 무엇을 주는고 하니, 바로 자기가 구상한 바를 일러줍니다. 그러니 제자가 스승 비슷하게 될 수밖에요? 서구의 교수 방법은 이와 판이하게 다릅니다. 우리는 학생들에게 그들 나름대로 구상하게 하고 그렇게 구상한 방향으로 발전하도록 인도해주지요. 그러니까 학생은 자기 나름의 자기 길을 찾아야 하지요. 그러니까 그 길은, 자기만의 독특한 경험을 향한 잠재력, 다른 사람은 체험해보지 못한 것, 다른 사람에 의해서는 체험될 수 없는 것일 수밖에 없지요.

모이어스 "그대는 그대의 운명에 깨어 있는가"라고 물은 햄릿의 문제가 여기에 있군요?

캠벨 햄릿의 문제는 자기의 운명에 깨어 있지 못했다는 거지요. 햄릿은 운명을, 너무 커서 도저히 다룰 수 없는 것이라고 생각했어요. 그러니까 운명이 햄릿을 다스려버렸던 거지요. 이런 일은 누구에게든 일어날 수 있어요.

모이어스 신화의 어떤 이야기가 죽음을 이해하는 데 도움을 줄 수 있겠습니까?

캠벨 죽음을 이해할 수는 없어요. 죽음과 화해하는 법을 배워야 하는 것이지요.

십자가에 달려 죽으면서까지 인간 종의 모습을 하고 있었던 그리스도 이야기가 죽음을 수용하는 데 필요한 교과서가 될 것 같군요. 오이디푸스와 스핑크스 이야기 역시 도움을 주겠어요. 오이디푸스 이야기에 나오는 스핑크스는 이집트의 스핑크스가 아니에요. 단지 새의 날개, 짐승의 몸, 여자의 가슴, 목, 얼굴로 이루어진 여성적인 존재일 뿐이지요. 모든 인간의 운명을 상징하고 있는 듯한 이 스핑크스는 온 땅에 전염병을 보내고는, 영웅이 자기에게 와서 자기가 내는 수수께끼를 풀어야 그 전염병을 거두겠다고 하지요. 수수께끼가 무엇인고 하니, "처음에는 네 다리로 걷고, 다음에는 두 다리로 걷고, 다음에는 세 다리로 걷는 것이 무엇이냐"는 겁니다. 답은 '인간'이지요. 아기는 바닥을 기니까 네 다리이고, 성인은 두 발로 걸으니까 두 다리, 노인은 지팡이를 짚으니까 세 다리가 되는 겁니다.

스핑크스의 수수께끼는 인간이 사는 한살이(유아기를 보내고, 성인이 되고, 나이를 먹고는 세상을 떠나는)의 이미지입니다. 우리가 두려워하지 않으면서 죽음을 직면하고 스핑크스의 수수께끼를 받아들일 때, 죽음은 더 이상 우리를 괴롭히지 못할 뿐 아니라 스핑크스의 저주도 풀리는 것입니다. 죽음의 공포를 극복하면 인생은 전처럼 다시 즐거워집니다. 죽음을 받아들여야, 삶의 반대 개념으로서의 죽음을 받아들이는 것이 아니라 삶의 한 측면으로서의 죽음을 받아들여야, 우리는 무조건적인 긍정을 체험할 수 있습니다. 삶이라고 하는 것은 어차피 죽음으로, 죽음의 순간에 끝나는 법입니다. 공포를 정복하면 용기 있는 삶의 길이 열리지요. 모든 영웅이 경험하는 모험 중 아주 중요한 통과의례는 바로 공포의 극복입니다. 공포가 극복되어야 비로소 영웅적인 업적의 성취가 있는 거지요.

어릴 때 읽은 인디언 이야기에서 참 인상적인 대목이 기억나는군요. 커스터 장군의 부하들이 쏘는 총탄의 소나기 속을 뚫고 들어가던 용감한 인디언들이 뭐라고 했는지 아십니까? "죽기에 좋은 날이다!", 이겁니다. 이게 그들의 구호(口號)였지요. 죽기에 마침 좋은 날이라고 생각하는 인디언에게 삶에의 집착이 있을 리 없지요. 이게 바로 신화가 전하는 대단히 중요한 메시지라고 할 수 있어요. 나 자신을 잘 알기 때문에 하는 말입니다만, 지금 내가 지니고 있는 이 모습은 '나'라는 존재의 궁극적인 모습이 아니에요. 우리는 우리가 이미 성취한 자기성(自己性)을 끊임없이 버리지 않으면 안 됩니다.

모이어스 조금 전에 하신 말씀을 예를 들어가면서 좀 자세하게 해주시지요.

캠벨 그렇게 하지요. 고대 영국의 기사 거웨인과 녹기사(綠騎士) 이야기는 꽤 유명하지요. 어느 날 초록색 거인이 초록색 말을 탄 채 아더왕 궁전의 정찬당(正餐堂)으로 들어와서 이렇게 외칩니다.

"여기 있는 자들에게 도전하는 바다! 여기 내가 들고 있는 거대한 전부(戰斧)로 내 목을 칠 자가 있으면 쳐보아라! 내 목을 치고는 1년 뒤의 바로 이 날짜에 녹교회(綠敎會)로 나를 찾아오라! 그러면 내가 목을 쳐주리라!"

그 정찬당에 있는 기사들 중 이 끔찍한 제안을 받아들일 만한 용기를 지닌 사람은 거웨인 기사밖에 없었어요. 기사 거웨인이 자리에서 벌떡 일어나자 녹기사는 말에서 내려 기사 거웨인에게 전투용 도끼를 넘겨주고는 목을 늘입니다. 거웨인은 그 도끼를 받아들고 단번에 그의 목을 쳐버리지요. 녹기사는 일어나 먼저 제 목을 집어들고, 다음으로는 거웨인에게 도끼를 받아든 뒤 말에 오릅니다. 말을 타고 정찬당을 나가면서 그는 얼이 빠져 있는 거웨인에게 소리칩니다.

"그럼 내년 이맘때 만나자!"

그해가 다 가도록 모든 기사들은 상전 받들 듯 거웨인을 받들어 모십니다. 그런데 이윽고 그날이 옵니다. 거웨인은 약속된 날짜를 두어 주일 앞두고, 녹기사와의 약속을 지키기 위해 녹교회를 찾아 길을 떠납니다. 약속된 날짜를 사흘 앞둔 어느 날, 산 속을 헤매는 거웨인 앞에 사냥꾼의 오두막이 하나 나타납니다. 거웨인이 문을 두드리자 아주 친절하고 인정 있어 보이는 사냥꾼이 나옵니다. 거웨인은 녹 교회로 가는 길을 묻지요. 그러자 사냥꾼은 이렇게 말합니다.

"녹교회는 여기에서 불과 몇백 야드밖에 안 떨어져 있으니 다 온 것이나 다름없 어요. 그러니까 들어와서 우리집에 묵으세요. 우리도 적적하던 참이어서 그대와 함께 지내면 좋겠소. 약속한 날이 되면, 바로 코앞에 있으니까, 녹기산가 뭔가 하 는 친구가 나타날 겁니다."

거웨인은 그러마고 하지요. 그런데 바로 그날 밤에 사냥꾼이 거웨인에게 이런 말을 합니다. "내일 아침 일찍 나는 사냥을 나가야 하오. 저녁나절이면 돌아옵니 다. 그대도 사냥이라도 좀 하는 게 어떻겠소? 저녁에 우리가 사냥한 것을 서로 바 꿉시다. 나는 내일 사냥한 것을 그대에게 다 드릴 테니까 그대도 내일 사냥한 것 을 내게 다 주시오."

이 말 끝에 둘은 웃습니다. 거웨인도 거절할 까닭이 없어서 그러마고 하지요. 둘은 그래서 일찍 잠자리에 듭니다.

이른 아침 사냥꾼은 거웨인이 잠을 자고 있을 동안 사냥을 나가버립니다. 그런 데 거웨인의 방으로 사냥꾼의 아름다운 아내가 들어와 턱을 간질여 거웨인을 깨 우고는 자꾸만 유혹합니다. 하지만 거웨인은 아더왕의 기사가 아닙니까? 아더왕 의 기사가, 자기에게 그렇게 잘해준 사냥꾼을 배신할 수는 없는 일이지요. 그래서 거웨인은 완강하게 거절합니다. 그러나 사냥꾼의 아내 역시 끈질기게 유혹합니 다. 유혹이 하릴없게 되자 여자는 이렇게 말합니다.

"정 안 된다니 할 수 없지요. 하지만 입 한 번만 맞추게 해주세요."

아무리 거웨인이지만 그것까지 거절한다면 인사가 아닐 것 같아 그렇게 하라고 합니다. 여자는 거웨인에게 뜨겁게 입을 맞춥니다. 이것뿐입니다.

그날 밤 사냥꾼은 조그만 짐승을 수도 없이 잡아가지고 와 마루 바닥에다 내려놓습니다. 그러니까 이게 다 거웨인의 것인 셈이지요. 거웨인은 사냥꾼에게 뜨겁게 입을 맞춥니다. 둘은 박장대소합니다. 이것뿐입니다.

다음날 아침에 사냥꾼이 또 사냥하러 떠나자 아내는 다시 거웨인의 방으로 들어와, 전날보다 더 집요하게 거웨인을 유혹합니다. 그러나 거웨인이 거절하자, 이 유혹은 겨우 두 번의 입맞춤으로 끝납니다. 밤이 되자 사냥꾼은 전날의 반 수 정도 되는 짐승을 잡아가지고 와서 거웨인에게 바칩니다. 거웨인은 짐승 대신 두 번의 입맞춤을 선물하고, 둘은 또 박장대소하고……. 이것뿐입니다.

사흘째 되는 날 아침, 사냥꾼이 사냥하러 떠난 뒤에 사냥꾼의 아내가 또 찾아옵니다. 거웨인은 그날 밤만 지나면 죽을 사람입니다. 그래서 사냥꾼의 아름다운 부인의 손에 기사의 명예가 훼손당하지 않도록, 삶의 마지막 순간을 기사답게 보내기 위해 마음을 다잡습니다. 결국 이 세 번째의 유혹도 세 번의 입맞춤만으로 끝납니다. 이렇게 되자 사냥꾼의 아내는 가터(양말 대님)를 주면서 이렇게 말합니다.

"내 사랑의 정표이니 부디 받아주세요. 이 가터에는 마력이 있어서 위험에서 그대를 보호해줄 것입니다."

거웨인은 가터를 받습니다. 이윽고 밤이 되자 사냥꾼이 돌아옵니다. 사냥꾼의 그날 실적은 냄새가 고약한 여우 한 마리뿐입니다. 사냥꾼은 여우를 거웨인에게 주는 대신 세 번의 입맞춤을 받습니다. 그러나 거웨인은, 가터만은 내어놓지 않습니다.

자, 이 젊은 기사 거웨인이 어떤 시험을 당하고 있는지 알겠지요? 석가가 당한 것과 똑같은 시험입니다. 즉 욕망과 죽음의 공포로부터 시험을 당하고 있는 겁니다. 거웨인은 자신이 자기의 믿음과, 모험의 위험한 정도에 걸맞을 만큼 용기 있는 젊은이임을 보여줍니다. 그런데 여기에서 가터가 걸립니다. 거웨인은 가터를 내어놓지 못합니다.

거웨인은 녹교회로 갑니다. 안에서 녹기사는 도끼를 갈고 있었던 모양이지요. 스윽사악, 스윽사악 소리가 밖에까지 들려옵니다. 거웨인이 들어가자 녹기사가 명합니다.

"이 돌 위에다 목을 늘여라!"

거웨인이 그렇게 하지 녹기사는 도끼를 들고 내리찍으려 하다가 손을 멈추고는 다시 주문합니다.

"안 되겠다, 조금 더 늘여라!"

거웨인이 목을 조금 더 늘이자 녹기사는 도끼를 들었다가 또 손을 멈추고는 주문합니다.

"조금 더!"

거웨인은 목을 한껏 늘입니다. 녹기사는 도끼로 내려찍습니다. 그러나 거웨인의 목은 잘리지 않습니다. 상처만 조금 났을 뿐.

그제야 녹기사는 사냥꾼인 본 모습을 드러내고는 거웨인에게 짤막하게 말합니다.

"그 상처는 가터 값이오."

이것은 영국의 가터 훈장(勳章)의 기원 전설이기도 합니다.

모이어스 도덕성이 강조되고 있는 겁니까?

캠벨 도덕성이라는 것은 충성, 절제, 용기와 함께 기사들이 으뜸으로 치는 덕목입니다. 이 경우의 충성에는 두 단계로 헌신하는 방법이 있습니다. 첫째는 모험을 선택했다는 것 자체가 하나의 헌신입니다. 이것은 기사단의 이상에 대한 두 번째의 헌신이기도 하지요. 그런데 거웨인의 행동에 약간의 문제가 생깁니다. 바로 이런 문제가 거웨인을, 석가의 반대쪽으로 가게 합니다. 석가는 사회적인 의무의 신에게서 사성 계급(四姓階級)에 어울리는 의무를 수행하라는 요구를 받습니다. 그러나 석가는 이것을 거절하는데, 바로 그날 밤에 석가는 깨달음을 얻고 윤회를 벗어납니다.

그러나 거웨인이나 오디세우스는 유럽인입니다. 오디세우스는 세속의 진실에 머물기 위해 태양신의 섬을 떠나 아내 페넬로페에게로 돌아옵니다. 그러니까 오디세우스는 이승의 삶의 가치에서 해탈하는 것이 아니라 이승의 삶의 가치에 충실하는 방법을 받아들입니다. 거웨인의 이야기에서 볼 수 있듯이 석가가 취한 방법을 택하건 거웨인이 취한 방법을 택하건 욕망과 공포라는 이 무서운 계곡을 벗어나야 성취의 길이 열리게 되어 있어요.

그 다음에, 석가에 가깝다기보다는 거웨인에게 가까우면서도 속세의 삶의 가치에 충실하는 방법이 《짜라투스트라는 이렇게 말했다》에서 니체가 쓰는 방법입니다. 니체는 이 책에서 일종의 우화 수법으로 이른바 '영혼의 세 가지 변모'에 관한 이야기를 합니다. 그 첫번째가 낙타의 변모, 즉 어린아이와 소년의 변모입니다.

낙타는 무릎을 꿇고, "내게 짐을 실으라"고 말합니다. 책임 있는 삶을 살기 위해서는 사회가 요구하는 교육과 수업을 받아야 하는 복종의 시절이 있는 법입니다. 낙타가 무릎을 꿇는 것은 바로 이것을 말합니다.

짐이 실리면 낙타는 일어나 비틀거리면서 광야로 나가는데, 낙타는 여기에서 사자로 변모합니다. 등짐이 무거우면 무거울수록 사자의 힘은 그만큼 강해집니다. 이 사자가 해야 하는 일은 용을 죽이는 일인데, 용의 이름은 '그대의 미래'입니다. 이 괴물의 비늘이라는 비늘에는 하나도 빠짐없이 '그대의 미래'라는 글자가 새겨져 있지요. 그 중에는 4천 년 전에 씌어진 것도 있고 바로 오늘 아침에 씌어진 것도 있습니다. 낙타, 즉 아이는 '그대의 미래'에 사로잡혀 있는 반면에, 사자, 즉 청년은 이것을 벗어던지기 때문에 깨달음에 이를 수 있는 것입니다.

그런데 용이 완전히 제압되면, 다시 말해서 '그대의 미래'가 완전히 극복되면 사자는 다시 그 사나운 본성을 버리고 아이로 변모합니다. 흡사 굴대를 떠난 바퀴처럼 말이지요. 이제 이 아이에게는 복종해야 할 법이 없습니다. 역사적인 필요에서 제정된 법률도 없고, 지역 사회를 위해 제정된 법률도 없습니다. 들꽃처럼, 그저 충동에 따라 살기만 하면 되는 것이지요.

모이어스 그러면 에덴 동산으로 돌아가게 되는 겁니까?

캠벨 인류가 타락하기 이전의 에덴 동산으로 돌아가게 되는 거지요.

모이어스 어린아이가 버려야 할 '그대의 미래'는 대체 무엇인지요?

캠벨 아이의 자기 성취를 방해하는 것이면 모두 다 아이가 버려야 할 '그대의 미래'이지요. 낙타에게 '그대의 미래'는, 낙타를 순치(馴致)하는 수많은 '강제(must)'인 겁니다. 낙타는 이 순치를 통하여 인류의 동물에서 문명화한 인류의 동물로 변모합니다. 그러나 청년기는 자기 발견의 시대, 사자로 변모하는 시기입니다. 이 청년기에는 법률이 적용되기는 하되, 강압적인 '그대의 미래'에 복종시키는 방향으로 적용되는 것이 아니라 삶의 의지를 갖게 하는 방향으로 적용됩니다.

　예술가를 지망하는 진지한 학생들은 바로 이것을 인식할 수 있어야 합니다. 우리는 예술을 공부하고 예술의 기법을 배우러 가서 스승이 강요하는 것만 열심히 좇곤 하지요. 그러다 보면 기법을 쓰기는 쓰되 스승이 시키는 대로 쓸 것이 아니라, 한번 자기 식으로 써보고 싶을 때가 오지요. 이게 바로 사자의 행위가 시작되는 시기입니다. 이때가 되면 학생은 스승에게서 배운 모든 기법을 버립니다. 자기에게 완전히 동화되었기 때문인 것이지요. 바로 이때부터 예술가로서의 홀로 서기가 시작됩니다. 이때 이 신출내기 예술가가 지니는 순수는 바로 예술가의 순수입니다. 변용된 순수이기 때문에, 이것은 아이의 순수와는 다른 것이지요. 이때부터 신출내기 예술가가 하는 행동은 예술의 기법을 습득하지 못한 사람들이 하는 행동과는 다릅니다.

모이어스 때가 온다고 하시는데, 아이들은 그때가 왔다는 걸 어떻게 압니까? 가령 고대 사회 같으면 아이들은 통과의례를 통하여 자기 때가 왔다는 걸 알았습니다. 통과의례라는 것이 있었기 때문에 아이는, "나는 이제 아이가 아니다. 나는 이제 다른 사람의 그늘에 있는 것이 아니니까 홀로 서자", 이렇게 말할 수 있는 때가 있었습니다. 그러나 우리 사회에는 그런 의례가 없기 때문에, 아버지가 아들에게 분명하게, "너는 이제 어른이 되었다"고 하는 순간이 없습니다. 오늘날에 그런 통과의례는 어디에 있습니까?

캠벨 나도 답을 마련하고 있지 않아요. 아이에게 맡기는 수밖에 없겠지요. 맡겨서 홀로 서기에 충분한 힘이 있게 되었다는 걸 스스로 깨닫게 하는 수밖에 없겠지요. 새끼 새는 자기가 날 수 있을 때가 되었다는 걸 압니다. 우리집에 새 둥우리가 있었어요. 그래서 아침 식사를 하면서 새들을 유심히 관찰하고는 했지요. 우리집에서 새끼를 낳고 길러나간 새가 꽤 됩니다. 그런데 새끼 새들은 날 때가 되었다는 것을 알고 실제로 나는 데 틀림이 없어요. 새끼 새들은 나뭇가지에 앉아 나는 방법을 연습하고는 날아갑니다. 내 생각에는, 사람에게도 안에는 이런 것이 있지 싶어요.

예술 학교 다니는 학생들을 보고 알게 된 게 한 가지 있어요. 어쩌면 이 이야기가 대답 대신이 될지도 모르겠네요. 예술 학교 학생들에게는, 스승이 무엇을 가르치고자 하는가를 알게 되는 순간이 있어요. 바로 이 순간이 스승이 가르치고자 하는 기법을 모두 자기 것으로 동화시킨 순간, 날 준비가 된 순간이지요. 상당수의 예술가는 제자에게 이런 식의 홀로 날기를 허락합니다. 많은 예술가가 실제로 그 홀로 날기를 보려고 제자를 가르치고요. 그러나 개중에는 날 준비가 끝났는데도 제자를 계속해서 학교에 잡아두는 스승도 있어요. 이렇게 되면 제자는 아주 다루기 까다롭게 되어가면서 결국은 스승을 험담하게 되지요. 이건 전적으로 스승의 잘못입니다. 스승 소리를 듣는 사람은 마땅히, 제자에게 날 준비가 되어 있는지 여부를 먼저 알고 때가 되면 날게 해주어야 합니다. 내 경험에 따르면 다른 계통의 학생들도 대개 자기에게 때가 오면 그때를 알아차립니다.

모이어스 "주님, 가야 할 때가 되면 일러주소서"라는 옛날 기도문이 있는데요, 글쎄요, 우리가 그때를 알 수 있을까요?

캠벨 부모들이 안고 있는 문제 중 하나가 바로 그겁니다. 내가 아는 한 부모 노릇은 정말 하기 힘든 거죠. 우리 부모님은 집안일을 꾸리다가 어느 시점에선가 당신네 의견을 포기하시더군요. 그때 나는 부모님이 참 고마웠지요.

아버지는 사업가였어요. 물론 우리 아버지 역시 내가 자기 일을 이어 받아주었으면 싶었겠지요. 실제로 나는 아버지의 일을 도와봤는데, 두 달 만에, '이건 내가 할 수 있는 게 아니구나' 싶대요. 아버지도 순순히 놓아주십디다. 밖으로 나가 홀로 날기를 해야 할 즈음에는 이렇게 시험을 당해보는 시기도 있습디다.

모이어스 신화가 우리에게 그때를 알려주기도 하는 것으로 알고 있습니다만.

캠벨 신화는 처방까지 해주지요. 가령 신화는 우리에게, 나이 몇 살에는 어른이 되어야 한다는 것까지 가르쳐줍니다. 나이라고 하는 것은, 우리에게 어떤 일이 일어날 것인가를 짐작케 해주는 좋은 기준이 되기는 합니다. 그러나 여기에는 개인차가 엄청나게 납니다. 사람들 중에는 대기만성형이 있어서 아주 늦게야 빛을 보는 사람들도 있지요. 그러니까 우리는 자기가 어디에 와 있는가를 느낄 수 있어야 합니다. 우리가 살아야 하는 삶은 딱 하나뿐입니다. 주의를 기울이는 수밖에 없지요.

모이어스 행복에 대해서 신화는 뭐라고 하고 있습니까? 제가 만일에 젊은 사람이고, 젊기 때문에 행복해지기를 원한다면 신화는 이 경우 저에게 어떤 말을 합니까?

캠벨 행복을 찾으려면, 행복하다고 느껴지는 순간을 잘 관찰하고 그것을 기억해두어야 합니다. 내가 여기에서 '행복'하다고 하는 것은, 들떠서 행복한 상태, 흥분해서 행복한 상태를 말하는 게 아닙니다. 진짜 행복한 상태, 그윽한 행복의 상태를 말합니다. 이렇게 행복을 관찰하는 데는 약간의 자기 분석 기술이 필요합니다. 무엇이 나를 행복하게 하는가? 이 질문에 대한 답이 나오면, 남이 뭐라고 하건 거기에 머물면 되는 겁니다. 내 식으로 말하자면, '천복을 좇으면 되는' 겁니다.

모이어스 신화는 무엇이 우리를 행복하게 만든다고 말합니까?

캠벨 아무리 신화라도 우리를 행복하게 하는 것이 무엇인가에 대해서는 말하지 않습니다. 행복을 좇기 시작하면 어떤 일이 생기는지, 행복을 좇는 데 장애물이 되는 것이 무엇인가를 일러줄 뿐이지요.

예를 하나 듭시다. 아메리카 인디언 민화에는 내가 '구혼의 거절'이라고 이르는 모티프가 자주 나옵니다. 아주 아름답고 매력적인 처녀가 있는데, 이 처녀는 구혼하는 젊은이마다 거절을 해요. 자기를 수용할 만한 사람이 못 된다는 이유에서이지요. 그러자 뱀이 나타납니다. 처녀가 병적일 경우에는 큰 호수의 왕뱀이 직접 나타납니다. 결국 처녀는 구혼자들을 차례로 거절함으로써 그만큼 자신을 드높입니다. 그러나 드높이면 드높일수록 그만큼 위험도 커집니다. 문제는, 콧대 높은 것도 좋지만 그 콧대보다 더 높은 시험의 위험을 감당할 수 있느냐 하는 것이지요.

인디언 민화의 모티프 중에는 어머니와 두 아들 모티프도 있습니다. 어머니는 두 아들에게, "집 주위에서 놀되 절대로 북쪽으로는 가지 말아라" 하고 당부합니다. 아이들은 물론 북쪽으로 가지요. 여기에서 모험이 시작됩니다.

모이어스 요점이 무엇입니까?

캠벨 구혼을 거절하는 순간에, 어머니가 정해준 범위를 넘어서는 순간에, 모험이 시작된다는 겁니다. 이로써 주인공은 자기가 전혀 보호를 받을 수 없는 땅으로 발을 내딛습니다. 바야흐로 소설이 시작되는 것이지요. 그런데 어머니가 정해준 범위를 넘어서지 않으면, 기존의 질서를 부수지 않으면, 기존의 법을 어기지 않으면 창조적인 행위는 이루어지지 않습니다.

구혼을 거절하는 민담의 모티프 중 이로쿼이즈 인디언의 이야기를 한 토막 소개하지요. 한 처녀가 마을 가에 있는 오두막에 어머니와 함께 삽니다. 처녀는 아름답습니다만, 어찌나 자존심이 강한지 나타나는 신랑감이 많은데도 성에 찬다는 말을 도무지 하지 않습니다. 어머니는 이런 딸을 몹시 못마땅하게 여기지요.

어느 날 모녀가 마을에서 멀리 떨어진 곳으로 땔나무를 하러 가서 나무를 줍고 있는데, 이상한 어둠이 이들 위로 내리지요. 물론 밤의 어둠은 아닙니다. 이런 어둠은 마술사들의 조화(造化)이기가 쉽지요. 어머니가 딸에게 말합니다.

"나무를 주워 여기에 오두막을 하나 짓고 밤을 지새도록 하자."

그래서 모녀는 나무를 얽어 어설프게나마 오두막을 하나 짓고는 그 안에 들어가 저녁을 해먹습니다. 어머니는 식곤증을 느꼈던지 먼저 잠이 듭니다. 혼자 남아 있던 딸은 인기척에 고개를 돌리고는 깜짝 놀랍니다. 이목구비가 아주 준수한 젊은이 하나가 서 있었기 때문입니다. 허리에 '웜품〔貝殼〕' 구슬 띠를 두르고 머리에는 귀한 깃털을 꽂은 것으로 봐서 그 젊은이는 예사 젊은이가 아닙니다. 게다가 굉장한 미남이었지요. 젊은이는 처녀에게 "그대와 혼인하러 왔으니 대답을 해주시오" 하고 말합니다.

그러자 처녀는, "어머니와 상의해봐야 한다"고 응수합니다. 이윽고 어머니가 잠을 깨자 처녀는 어머니와 상의합니다만, 어머니는 그 자리에서 응낙합니다. 어머니가 응낙하자 젊은이는 장모 될 사람에게 웜품 구슬 띠를 선사함으로써 자기가 그 청혼을 얼마나 무겁게 여기는지 보여주고는, 처녀에게 "오늘밤에 당장 우리 집으로 갑시다" 하고 말합니다. 처녀는 따라나서지요. 따라나서면서 처녀는, 세상에 이만한 청년이 없을 게다, 이런 생각을 합니다. 따라서 처녀는 자기가 뭐나 된 듯하지요.

모이어스 만약에 처녀가 일상적인 삶의 공간인 마을의 구혼자에게 싫다고 하지 않았다면요?

캠벨 처녀는 그런 모험을 할 필요가 없게 되지요. 이제부터 처녀가 하는 모험은 참으로 기이합니다. 처녀는 청년을 따라 청년의 집으로 들어갑니다. 그리고 둘은 이틀 밤을 함께 지냅니다. 그런데 사흘째 되는 날 젊은이가 아내에게, "오늘은 사냥하러 나가야 하오" 하고는 집을 떠납니다. 그런데 남편이 문을 닫고 나간 뒤에 아내는 밖에서 들려오는 이상한 소리를 듣습니다. 그러나 아내는 문을 열어보지 않습니다.

아내가 하루를 집안에서 보내는데, 밤이 될 무렵이 되니 아침에 들리던 소리가 문 밖에서 또 들리기 시작합니다. 아내가 이상하게 여기고 문 앞으로 다가가는데, 문이 텅 열리면서 굵은 뱀 한 마리가 혀를 날름거리며 기어 들어와서는 여자의 무릎에 머리를 내려놓으면서 "내 머리에서 이(蝨)를 좀 잡아주시오", 이럽니다. 여자가 뱀 대가리의 비늘을 헤쳐보니 별별 벌레가 다 들어 있었다지요. 여자가 이걸 말끔히 잡아주니 뱀은 문을 밀고 밖으로 나갑니다. 뱀이 나간 지 얼마 안 되어 다시 문이 열리면서 예의 그 잘생긴 신랑이 들어옵니다. 신랑은 들어오자마자, "아까 내가 그런 모습으로 들어와서 몹시 겁이 났지?" 하고 묻지만, 아내는 "전혀 무섭지 않았어요" 하고 대답합니다.

다음날 신랑이 사냥하러 나간 동안 아내는 땔나무를 하러 밖으로 나갑니다. 그런데 여자는 바위 위에 똬리를 틀고 있는 뱀을 봅니다. 뱀은 한두 마리가 아닙니다. 여자는 기이한 느낌이 들면서 나무할 생각이 없어져 집으로 돌아와버리지요.

그날 밤에 또 뱀이 들어왔다가 나가자 신랑이 들어옵니다. 사흘째 되는 날 신랑이 나갔을 때 여자는 그 집에서 도망치기로 마음먹지요. 여자는 집을 나와 숲 속을 헤매다가 잠깐 한 군데에 서서 생각에 잠기는데, 문득 어디에선가 사람의 음성이 들리지요. 돌아보니 조그만 노인이 하나 여자를 보면서 이런 말을 합니다.

"색시, 큰일을 만났군 그래. 색시의 신랑은 외아들이 아니라 7형제 중 하나야. 이 7형제는 모두 마법사인데, 마법사들은 심장이 몸속에 있지를 않아. 집으로 돌아가 신랑 침대 밑을 봐. 그럼 심장 일곱 개가 든 바구니가 있을 테니까."

이건 전형적인 샤먼 모티프입니다. 심장이 몸속에 있지 않기 때문에 힘으로는 마법사를 죽일 수 없지요. 그러니까 마법사를 죽이려면 심장을 찾아내어 심장을 죽여야 하는 것이지요.

여자는 집으로 돌아와 심장 바구니를 찾아내어 다시 도망치는데, 어디에선가, "이봐, 이봐" 하는 소리가 들립니다. 물론 신랑인 마법사의 목소립니다. 여자가 뒤도 안 돌아보고 도망치자 신랑이 뒤에서 고함을 지릅니다.

"여기에서 도망칠 수 있을 줄 아는 모양이지만 어림도 없다!"

그 말을 듣는 순간 여자는 현기증을 느낍니다. 그런데 어디에선가, "내가 너를 도와주마", 이런 소리가 들립니다. 그 작은 노인의 목소리이지요. 여자는 작은 노인이 내미는 손을 잡고 노인에게 몸을 맡겨버립니다. 그런데 노인이 끄는 대로 따라나오고 보니 물 밖입니다. 여자는 그러니까 자기가 그동안 물 속에 있는 줄도 모르고 있었던 거지요.

여자가 물 속에 있었다는 것은, 결혼을 통하여 여자가 합리적·의식적인 세계에서 무의식의 강박 충동의 세계로 들어가 있었다는 뜻이에요. 민담에 자주 등장하는 수중 여행 모티프는 거의 다 이런 상태를 상징적으로 보여주지요. 결국 개성이, 의지로 통제가 가능한 영역에서 초개성적인 충동의 영역으로 함몰된 상태를 말합니다. 이런 것은 개인에 따라 통제가 가능한 경우도 있고 그렇지 못한 경우도 있어요.

노인의 손을 잡고 물 밖으로 나온 여자는, 물가에 서 있는 그 노인과 똑같은 수많은 노인에게 둘러싸여 있다는 걸 깨닫게 됩니다. 이들은 천상계(天上界)의 권능자인 천둥의 신들입니다. 여자는 물 밖으로 나오기는 했지만, 이 물 밖 역시 인간 세상은 아닙니다. 여자는 수많은 구혼자를 거절함으로써 초월적인 세계로 들어와 있는데, 물 밖 역시 여전히 초월적인 세계이기는 마찬가집니다. 이제부터 여자가 해야 하는 일은 자기 힘의 부정적인 측면을 무시하고 긍정적인 측면을 이용하는 것입니다.

이 이로쿼이즈 인디언의 이야기는 꽤 깁니다. 간단하게 말하면, 여자가 천상계

의 권능자들을 섬기다가, 이들을 이용하여 심연의 부정적인 권능자들을 쳐부수고
는 소낙비를 타고 어머니가 사는 집으로 돌아오는 것으로 이야기는 끝납니다.

모이어스 선생님께서는 학생들에게 천복을 좇아라, 삶의 기회를 잡아라, 자기가 하
고 싶은 일에 몰두하라고 가르치신다는데, 혹시 이 신화를 들려주시면서, 모험이
라는 것은 그 자체가 곧 모험에 대한 보답이다, 이렇게 가르치시는지요?

캠벨 아무렴요. 모험 자체가 모험에 대한 보답이고 말고요. 하지만 모험이라는 것은
위험해요. 모험에는 긍정적인 가능성도 있고 부정적인 가능성도 있는데, 둘 다 우
리가 마음대로 통제할 수 있는 것은 아니에요. 우리는 어머니나 아버지의 길이 아
닌 우리의 길을 좇고 있어요. 따라서 우리는 부모의 보호에서 벗어나, 우리가 아
는 것보다 훨씬 강한 권능자들의 땅으로 들어가고 있는 셈이지요. 조금 전에 내가
소개한 것 같은 원형적인 이야기가 이런 모험의 앞에서 우리를 기다리고 있는 게
과연 무엇인가를 아는 데 약간 도움이 될 수 있을 거예요. 우리에게 맡겨진 역할
을 가볍게 생각하거나 무시하는 일은 악마와 결혼하는 것만큼이나 위험한 일이지

요. 그러나 희망도 있어요. 우리를 부름으로써, 우리에게 구원의 손길을 던짐으로써, 여행을 상상 밖의 영광으로 승화시키는 노인은 도처에 있으니까요.

모이어스 그런 여행을 떠나지 않고 집에 가만히 있으면, 어머니의 자궁 속에 가만히 들어앉아 있을 수 있으면 좋을 텐데요.

캠벨 좋기는 하겠지요. 그러나 그러면, 자기 나름의 모험에서 공급되는 삶의 에너지가 없기 때문에 생명은 곧 말라버려요. 그런데 나는, 처음부터 끝까지 남이 통제하고 남이 보살피는 가운데 청춘을 보낸 한 친구를 알게 되면서, 사귀게 되면서 참으로 놀라운 경험을 했습니다. 내 친구는 티베트인입니다. 이 친구는 어릴 때, 17세기부터 계속해서 환생(還生)하는 어느 선정보살(禪定菩薩)의 화신(化身)인 것으로 정해졌습니다.

　이렇게 정해진 그는 네 살 무렵부터 수도원이라고 할 수 있는 포달라궁(宮)으로 들어갔습니다. 여기에 일단 들어가면 자기 생각대로는 아무 짓도 못합니다. 무엇을 원하느냐는 질문도 받아보지 못해요. 오로지 계율을 지키고 공부하고 스승이 시키는 대로 해야 합니다. 그러니까 그의 인생은 모조리 티베트 불교 수도원의 의례적(儀禮的) 절차에 따라 결정됩니다. 이렇게 해서 활불(活佛)이 되면, 영적인 발전이 있을 때마다 궁에서 그 단계에 해당하는 의식이 베풀어집니다. 말하자면 그의 개인적인 삶은 곧 원형적인 여행으로 번역되는 것이지요. 겉으로 보면 전혀 개인적인 존재를 즐기지 못하는 것 같은 게 당연합니다. 그러나 안으로는 신에 버금가는 원형적인 삶의 심오한 영적 차원을 사는 것이지요.

　그런데 1959년에 이러한 삶이 끝장났습니다. 라사에 있는 중국 공산군 기지가 달라이 라마의 하안궁(夏安宮)을 포격하면서 티베트 불교도에 대한 학살이 시작된 것입니다. 라사 근방에는 수도원이 많습니다. 그 중에는 수도승 수가 6천이 넘는 곳도 있습니다만, 깡그리 부서지고 수도승들은 죽임을 당하거나 고문을 당했습니다. 상당수는 수백 명의 피난민들에 묻어 사람이 범접할 수 없는 저 험한 히말라야를 넘어 인도로 피신했습니다. 별로 알려지지 않은 끔찍한 이야기입니다. 결국 이들은 인도에 이르렀습니다. 인도는 제 나라 국민도 겨우 먹여 살리고 있는 나라 아닙니까? 그런데 이 피난민 중에 달라이 라마가 있었습니다. 지금은 부서지고 없는 그 수도원의 고위 수도승들도 거기에 와 있었습니다. 이들은 여기에서, 티베트 불교는 끝났다는 결론에 이릅니다. 내 친구와, 피난에 성공한 젊은 수도승들은 주위 사람들에게서 불교에 몸을 바치겠다고 했던 맹세는 과거지사로 돌리라는 충고를 받았습니다. 말하자면 수도승 노릇을 계속하든지, 아니면 수도원적인 삶을 그만두고 현대를 사는 속인에게 필요하고 가능한 대로 삶의 모습을 다시 빚든지 둘 중 하나를 선택해야 할 계제에 이르렀던 것이지요.

내 친구는 후자를 택했답니다. 물론 그 길이 얼마나 험난한지, 얼마나 험한 배고픔의 고통을 당해야 하는지는 전혀 이해하지 못하고 말이지요. 친구는 호된 고난을 당했습니다만, 그런 역경에도 성자(聖者)로서의 의지와 품격은 끝내 잃지 않았어요. 결국 어떤 것도 그의 무릎을 꿇리지 못했던 것이지요. 나는 이분을 안 이래 근 10년 동안 함께 일을 해왔습니다만, 이분은 지난날에 대해서는 절대로 말을 하는 법이 없습니다. 중국을 비난하는 일도 없고 자기를 홀대했던 서구를 섭섭하게 여기는 일도 없습니다. 국가에 대한 것뿐이 아닙니다. 달라이 라마에게서는 원망이나 미움과 관계가 있는 말은 한마디도 들을 수 없습니다. 달라이 라마와 그 교파의 구성원들은 무서운 격동기, 무서운 폭력의 희생자들인데도, 증오의 감정이 없어요. 나는 그들에게서 종교가 무엇인가를 배웠어요. 오늘날에 살아 있는 참 종교가 거기에 있었던 겁니다.

모이어스 원수를 사랑하는 것이군요.

캠벨 바로 우리 운명을 빚는 도구이기 때문에 원수를 사랑하는 것이지요.

모이어스 대단히 짧은 기간에 한 집안의 두 아들을 죽게 하고, 그러고도 모자라는지 슬픔에 잠긴 집안이 연달아 시련을 겪게 하는 하느님에 대해 신화는 무엇이라고 말하고 있습니까? 문득 젊은 시절의 석가가 생각납니다. 그는 늙어 꼬부라진 노인을 보고, "산 자에게는 반드시 늙음이 오니, 태어남이 원망스럽다"고 했지요. 신화는 고통에 관해서 뭐라고 합니까?

캠벨 석가 이야기를 하시니 석가의 예화를 들기로 하지요. 석가의 어린 시절 이야깁니다. 그는 왕자로 태어났어요. 그가 태어날 즈음 한 예언자가 그의 아버지에게, 장차 태어날 아기는 자라서 세계의 통치자, 혹은 세계의 대 스승이 될 것이라고 예언했지요. 좋은 아버지였던 왕은 왕이라는 직분을 대단히 만족스럽게 여기고 있었지요. 그에게 소원이 하나 더 있다면, 자기 아들이 만인의 대 스승이 되었으면 하는 것이었지요. 그래서 그는 특별히 궁전을 하나 마련하고 여기에서 왕자를 키웠어요. 말하자면 이 왕자에게는 세상의 추한 꼴을 하나도 보이지 않을 생각이었던 거지요. 세상의 추한 꼴을 보면 왕자가 장차 할 터인 명상에 방해가 될 테니까요. 그래서 왕은 아름다운 여자들을 그 궁에 배치하여 순번을 돌아가면서 음악도 연주하고 왕자도 돌보게 합니다. 이렇게 자라 왕자는 어느덧 늠름한 청년이 됩니다. 어느 날 청년 왕자는 가까운 친구이기도 한 자기 전용마차의 어자(御者)에게 이런 말을 합니다.

"성 밖으로 나가 사람들이 어떻게 사는지 보고 싶구나."

이 말을 전해들은 부왕(父王)은 왕자가 볼 마을을 아름답게 꾸며 왕자로 하여금 세상 삶의 고통스러운 구석, 비참한 구석은 하나도 볼 수 없게 했습니다. 그러나 하늘의 신들은, 부왕의 계획이 필경은 아들을 망치게 할 것이라고 생각했습니다.

그래서, 여러 신 중 한 신이 왕자가 마차를 타고 지나갈 마을, 부왕이 깨끗이 꾸며놓은 마을에 꼬부라진 노인의 모습으로 나타납니다.

"저것은 무엇이냐?"

왕자가 노인을 보고는 어자에게 묻습니다. 그러자 어자가 대답합니다.

"노인입니다. 나이를 먹어서 그렇습니다."

"그럼 모든 사람이 다 나이를 먹는단 말이냐?"

"그렇습니다."

"그렇다면 삶이라고 하는 것도 별것 아니구나."

노인의 모습에서 정신적인 상처를 입은 왕자는 기분이 좋지 않았던지, 어자에게 궁전으로 돌아가자고 합니다.

그로부터 얼마 뒤 왕자는 다시 마을로 나왔는데, 이 두 번째 나들이에서는 병든 사람을 보았어요. 찌들 대로 찌들고, 허약해질 대로 허약해진 병자는 한숨을 쉬고 있었지요. 왕자는 다시 어자에게, 그 사람이 한숨을 쉬는 까닭이 무엇이냐고 물었습니다. 어자에게 대답을 들은 그는 다시 마차를 돌리게 하고는 궁전으로 돌아가 버렸어요.

세 번째 나들이에서 왕자는 시체를 보게 됩니다. 왕자가, 저것은 무엇이냐고 묻자 어자가 대답합니다.

"저것은 죽음이라고 하는 것입니다."

그러자 왕자가 말합니다.

"돌아가자. 돌아가서 삶을 부수는 이 늙음과 병과 죽음에서 놓여날 방법을 찾아보아야겠다."

네 번째 나들이에서 왕자는 탁발승(托鉢僧)을 보고는 어자에게 묻습니다.

"저건 무엇 하는 사람이냐?"

"거룩한 분입니다. 저분은 이 세상의 삶을 등졌기 때문에 욕망도 공포도 모르고 사는 사람입니다."

그 말을 들은 왕자는 돌아오면서 자기도 아버지의 궁전을 떠나 삶의 고통에서 놓여나는 길을 찾아보겠다고 결심합니다.

모이어스 모든 신화가, 고통은 삶의 본질적인 한 부분이라고 말합니까? 고통에서 놓여날 방법은 없다고 합니까?

캠벨 살면서도 고통을 당하지 않을 수 있다고 하는 신화는 읽어본 적이 없어요. 신화는 우리에게, 어떻게 하면 그 고통을 직면하고, 이겨내고, 다른 것으로 변용시킬 수 있는가를 가르칩니다. 그러나 고통이 없는 인생, 고통이 있어서는 안 되는 인생에 대해서는 말하고 있지 않아요.

부처가 된 석가는 고통에서 헤어날 길이 있다고 주장합니다. 그가 말하는 피난처가 바로 니르바나(涅槃)인데, 이 열반은 천국 같은 어떤 '곳'이 아니라, 욕망과 고통을 해탈한 마음의 심리적 상태를 말하지요.

모이어스 그렇게 해탈하면 우리의 삶이…….

캠벨 조화롭고, 중심이 온전하고, 확신으로 가득 차게 된다는 것이지요.

모이어스 고통도 해소되는 것인가요?

캠벨 그렇고 말고요. 부처는 보살 이야기를 하고 있는데, 이 보살이란 영생의 진리를 깨달았으면서도 자진해서 이 세상에 내려와 기꺼이, 그리고 즐겁게 이 세상의 슬픔에 참여하는 자를 말합니다. 중요한 것은 고통을 경험하는 데 그치는 것이 아니고, 자비로운 마음으로 남의 고통에 참여한다는 것입니다. '자비'라고 하는 것은, 인간성이 지니는 자기 중심적인 수성(獸性)에서 깨어날 때 생기는 것입니다. '자비(慈悲)'라는 말은 '더불어 슬퍼한다'는 뜻입니다.

모이어스 자비가 고통을 해소시킨다고 하시는 것은 아니겠지요?

캠벨 물론 자비는 고통을 해소시킵니다. 고통이라고 하는 것이 곧 삶이라는 인식을 통해서, 그래요……. 해소시킵니다.

모이어스 삶은 어차피 고통과 더불어 살게 되어 있는 것인데도요?

캠벨 '고통과 더불어'라고 할 게 아니라 '특정한 고통과 더불어'라고 해야겠지요. 그러나 우리는 그 고통을 없앨 수는 없어요. 이 세상 누가 고통을 끊어보았답니까? 언제, 어디에서 그런 삶을 살아보았답니까?

나는 몇 년 동안이나, 청춘 시절에 당한 불상사 때문에 극심한 육체적 고통을 당하면서 살아가던 어떤 여자에게서 희한한 경험을 한 적이 있어요. 이 여자는 기독교 가정에서 자라났기 때문에 자기의 고통은 기왕에 지은 죄에 대한 징벌, 혹은 장차 지을 죄를 경계하는 하느님의 뜻이라고 생각했습니다. 이런 생각은 결국 이 여자에게 정신적인 고통까지 안겼지요. 그래서 나는 그녀에게 이런 말을 해주었어요.

"고통에서 놓여나고 싶거든 고통이 곧 삶이라는 것을 부정하지 말고 용감하게 인정하세요. 우리는 오로지 고통을 통해서만 고상한 존재가 될 수 있답니다."

나는 이 말을 하고는 약간 창피한 느낌에 시달리면서 속으로, "진짜 고통을 겪고 있는 이 사람에게 이 따위 말을 하는 나는 도대체 어떤 인간인가? 나라는 인간에게 고통의 기억이라고는 고작 치통의 기억밖에는 없지 않은가!", 이런 생각을 했지요. 그런데 나의 말을 듣고 이 여자는 정말 고통을 자기 삶의 스승으로 인정하게 되었고, 이어서 그것을 확신하게 되면서 바로 그 순간에 세상이 완전히 달라지는 걸 경험했다고 합니다. 아주 오래 된 이야깁니다만, 나는 아직도 이 여자와 교분을 가지고 있는데, 그때와는 아주 완전히 다른 사람이 되어 있어요.

모이어스 깨달음의 순간이 있었던 것이군요?

캠벨 그래요. 내 눈으로 확실히 봤어요.

모이어스 선생님의 이른바 신화학적인 깨달음이었습니까?

캠벨 설명하기가 약간 까다롭기는 하지만 그렇다고 할 수 있어요. 나는 그 여자에게, 고통의 원인은 당신에게 있다, 당신이 그 고통을 비롯되게 했다, 이런 믿음을 갖게 했어요. 니체에게 아주 중요한 개념이 있지요. '아모르 파티(Amor fati)'라는 건데, '운명에의 사랑'이라는 뜻입니다. 운명이 곧 우리 삶이니 사랑하라는 겁니다. 그가 말했듯, 우리가 우리 삶의 어떤 한 측면에 대해서만이라도 아니라고 할 수 있으면 만사는 해결됩니다. 더구나 우리가 처한 상황이 어려우면 어려울수록, 우리에게 동화시키기가 까다로우면 까다로울수록 이것을 성취한 인간은 그만큼 더 위대해지는 거랍니다. 믿어지지 않겠지만 우리가 삼켜버리는 악마가 그런 우리에게 권능을 부여합니다. 삶의 고통이 크면 클수록 돌아오는 상(賞) 또한 그만큼 큽니다.

앞에서 말한 내 여자 친구는 늘, "하느님이 나를 이렇게 만들었구나", 이렇게 생각했어요. 그래서 나는 이렇게 말해준 겁니다.

"천만에, 당신이 그렇게 만든 것이다. 왜냐하면 설사 하느님이 그렇게 했다고 하더라도 그 하느님은 당신 안에 있는 하느님이기 때문이다. 당신 자신이 바로 당신의 창조주라는 것을 잊으면 안 된다. 그렇기 때문에 이런 일이 생기게 한 것이 당신의 내부 어디쯤인지 알아야 한다. 이걸 알아내면 당신은 이것과 함께 살 수 있는 것은 물론이고 심지어는 당신 삶의 일부로 즐기면서 사는 것도 가능하다."

모이어스 그게 싫으면 살지 않는 수밖에 없겠군요.

캠벨 부처는 "인생은 고해(苦海)"라고 했고, 조이스는 "인생이라는 게 우리가 이 세상에 흔적을 남겨야 할 만큼 가치 있는 것인가", 이런 질문을 던졌어요.

모이어스 "나는, 내가 이 세상에 태어나겠다고 해서 태어난 것이 아니다. 어머니와 아버지가 나를 대신해서 선택한 것뿐이다", 이렇게 말하는 젊은이들이 있는데요?

캠벨 프로이트는 우리 삶이 오점(汚點)투성이인 것은 다 부모 탓이라고 했고, 마르크스는 우리 삶이 이렇게 열악한 것은 우리 사회의 상류 계급 탓이라고 했어요. 하지만 탓해야 할 것은 우리 자신밖에 없어요. '카르마(業)'라고 하는 인도의 개념이 이 문제를 해결하는 데 아마 도움을 줄 겁니다. 이 개념 풀이에 따르면, 우리 삶은 우리가 지은 업의 열매라는 겁니다. 그러니까 우리 자신밖에는 탓할 것이 없는 것이지요.

모이어스 그러면 우연지사(偶然之事)는 어쩌고요? 술 취한 운전자가 모퉁이를 돌다가 내 차를 들이받을 경우에는 어쩌고요? 그건 우리 과실과는 상관이 없지 않습니까? 대체 우리가 무엇을 잘못했기에 이런 일을 당하게 되는 겁니까?

캠벨 그런 관점에서 본다면, 이 세상에서 일어나는 일이 우연지사가 아닌 게 어디 있어요? 이것은 우연을 받아들이는 자세가 되어 있느냐 여부와 관련되는 문젭니다. 삶의 궁극적인 배경은 우연입니다. 가령 우리 부모가 서로 눈이 맞는 것부터가 우연이지요! 우연, 혹은 인연이라고 합시다. 깨달음이라고 하는 것도 이걸 통해서 와요. 중요한 것은 이걸 탓하거나 이걸 설명하려고 하지 말고 여기에서 생기(生起)하는 삶과 대결하는 겁니다. 어디에선가 전쟁이 터지면 젊은이들은 징집을 당하겠지요. 그러면 바로 이 우연지사와 함께 5~6년은 좋이 썩어야 하겠지요. 이런 경우에 내가 충고해주고 싶은 것은, 징집당했다고 여기지 말고, 자발적으로 참여한 것으로 '여기라'는 겁니다. 이렇게 하면 우리 의지의 참여를 유도하는 것도 가능해집니다.

모이어스 모든 신화 속의 여행을 보면 궁극적인 겨냥, 모든 사람이 이르고 싶어하는 곳이 있습니다. 부처에게는 니르바나일 것이고, 예수에게는 평화일 것이며 일반인에게는 방이 아주 많은 저택이겠지요. 그런 곳을 찾는 것……. 이것도 영웅 여행의 한 전형적인 모티프라고 할 수 있는지요?

캠벨 우리가 이르러야 할 궁극적인 목적지는 바로 우리 안에 있어요. 운동 경기를 보면서 내가 조금 깨달은 게 있습니다. 정점에 이르러 있는 운동 선수는 내부에 정점(靜點)을 하나 지니고 있어요. 그의 움직임은 바로 이 정점에서 생겨납니다. 움직임의 장(場)에서 뛰고 있는 한, 운동 선수는 제대로 기량을 발휘할 수 없어요. 내 아내는 춤꾼인데요. 내가 물어보니까 춤의 세계에도 그런 게 있다고 하더군요. 우리 안에 정점이 있다는 건 거의 확인이 된 셈입니다. 우리는 이 정점을 찾아내어 우리 의지로 장악해야 합니다. 이 중심을 잃으면 긴장이 생기고 긴장이 생기면 우리의 주의는 분산됩니다.

부처가 말한 니르바나는 바로 이러한 종류의 평화의 중심점입니다. 불교는 대단히 심리적인 종교이지요. 불교는 바로 고통이라는 심리적인 문제에서 시작됩니다. 인생은 슬픈 것이라고 하는 데서 출발합니다. 그러나 이러한 고통과 슬픔으로부터의 탈출구가 있는데, 이게 바로 니르바나입니다. 니르바나는 우리 마음, 혹은 의식의 어떤 상태를 말하는 것이지 천당처럼 어떤 '곳'을 지칭하는 것이 아닙니다.

그러니까 니르바나는 인생이라는 소용돌이 바로 그 안에 있는 것이지 밖에 있는 것이 아닙니다. 이러한 니르바나 상태는, 욕망이나 공포나 사회적인 인연에 쫓기면서 살지 않게 될 때, 자기 안에서 내적인 평화의 중심을 발견하고 그것을 선택하는 행위를 통해 달성될 수 있는 것입니다. 이 중심에서 나온 자발적인 행위, 이것이 바로 보살의 길, 말하자면 이 세상의 슬픔에 기꺼이 참여하는 삶인 것이지요. 여기에 이르면 우리는 어떤 것에 붙잡힌 상태를 벗어납니다. 욕망, 공포, 의무 같은, 우리를 붙잡는 것에서 우리가 바로 우리 자신을 풀어놓았기 때문입니다. 이런 것을 성취한 사람, 이것이 바로 이 세상의 통치자입니다.

티베트 불교화에는 이른바 '됨'의 바퀴[轉輪]를 나타낸, 대단히 오묘한 그림이 있어요. 수도원의 법당에서는 이 그림을 볼 수 없어요. 이 그림은 외벽에 있으니까요. 외벽에 있는 까닭은 이 그림이, 사신(死神)의 공포에서 놓여나지 못한 세상의 이미지를 그리고 있기 때문이지요. 이 그림에 있는 여섯 가지 환생의 영역[六道]은 끊임없이 돌고 있는 바퀴의 여섯 바퀴 살로 나타나 있어요.

첫째 영역은 짐승의 삶이 있는 곳[축생계 畜生界], 둘째 영역은 사람의 삶이 있는 곳[인간계 人間界], 셋째 영역은 천상계 신들의 삶이 있는 곳[천상계 天上界], 넷째 영역은 지옥에서 벌을 받는 영혼의 삶이 있는 곳[지옥계 地獄界]입니다. 다섯째 영역은 호전적인 귀신의 삶이 있는 곳, 신들과 맞서는 티탄[巨神] 같은 귀신들의 삶이 있는 곳[수라계 修羅界]이고, 여섯째 영역은 굶주린 귀신들의 삶이 있는 곳[아귀계 餓鬼界]입니다. 이들의 영혼에는, 애착과 집착과 기대로 가득한 타인에 대한 사랑이 남아 있습니다. 아귀는 배는 불룩하고, 입은 뾰족하지요. 그러나 이 육도의 각 영역 한가운데에는 부처가 있습니다. 이 부처는 깨달음과 해탈의 가능성을 상징하지요.

이 바퀴의 굴대에는 세 마리의 상징적인 동물, 즉 돼지, 닭, 뱀이 있습니다. 바로 이 세 종류의 짐승, 즉 미욱스러움과 욕망과 악의를 상징하는 이 세 짐승은 이 바퀴를 돌리는 힘입니다. 이 바퀴의 테는, 굴대에서 바퀴를 굴리는 세 마리 짐승의 손아귀에 의식이 잡혀 있는 사람, 죽음의 공포에서 헤어나지 못하는 사람의 한계를 상징합니다. 중심에 굴대와 소위 '삼독(三毒)'〔貪·瞋·癡〕의 주위에는 어둠으로 내려가는 인간의 영혼, 깨달음으로 오르는 인간의 영혼이 있지요.

모이어스 깨달음이라는 건 무엇입니까?

캠벨 깨달음이란, 만물을 통해 영원성의 찬연함을 인식하는 일이지요. 이 만물이라는 것은 이승에서는 선한 것으로 판별될 수도 있고 악한 것으로 판별될 수도 있는 것인데, 바로 그 이면을 꿰뚫어보아 버리는 것이지요. 여기에 이르면 속세적 욕망이나, 잃는 것에 대한 두려움에서 완전히 놓여납니다. 예수는, "비판을 받지 않으려거든 남을 비판하지 말라"고 합니다. 블레이크는, "지각의 문전이 깨끗하면 만물이 그 자체로 영원하다는 것을 보아낼 수 있다"고 씁니다.

모이어스 대단히 힘든 여행이겠군요.

캠벨 '천국행' 여행이기도 하지요.

모이어스 성자나 스님들이나 할 수 있는 것 아닙니까?

캠벨 아니지요. 예술가들도 할 수 있어요. 진정한 예술가는, 조이스의 이른바 만물의 '광휘'를, 그 자체가 가진 진리의 드러냄으로 인식하고 해석할 줄 아는 사람입니다.

모이어스 그런데 그런 희한한 재능이 보통 사람에게는 없지 않습니까?

캠벨 나는 보통 사람이라는 게 있다는 사실 자체도 믿지 않아요. 사람은 다 삶의 경험에서 기쁨을 느끼는 나름의 방법을 지니고 있습니다. 그러니까 사람은 마땅히 그것을 인식하고 그것을 계발하고, 그것과 사귀어야 합니다. 나는 사람들에게 보통 사람이라는 소리를 들으면 거북해지곤 하는데, 그 까닭은 내가 보통 사람, 보통 여자, 보통 아이 같은 걸 도무지 만나본 적이 없기 때문입니다.

모이어스 이런 깨달음에 이르는 방법은 예술뿐인가요?

캠벨 내가 추천하고 싶은 두 방법이 종교와 예술을 통해 이르는 방법입니다. 삼엄한 철학으로는 이를 수 있을 것 같지 않아요. 학문이라는 것은 개념이 정교하게 얽힌 숲 같은 것이니까요. 그러나 타인에게 자비의 문을 열고 온 가슴으로 사는 삶은 누구에게나 가능하지요.

모이어스 결국 깨달음의 경험은 성자나 예술가에게만 가능한 게 아니고 우리 모두에게 가능한 것이군요. 하지만 깨달음이라는 것은 우리의 잠재력에 지나지 않습니다. 이 잠재력은 기억이라는 튼튼한 금고 안에 들어 있는 것이고요. 어떻게 하면 이걸 열 수 있습니까?

캠벨 다른 이의 도움을 받으면 열 수 있지요. 가까운 친구, 혹은 훌륭한 스승의 도움을 받을 수 있으면 좋겠지요. 이런 깨달음을 촉발하는 자극은 사람에게서 나올 수도 있고, 교통사고 같은 것으로 당하는 충격을 통해서도 나올 수 있어요. 하지만 그것은 역시 깨달음의 문제를 다룬 책에서 나온다고 해야겠지요. 내 경우, 대부분은 책에서 나옵디다. 정말 많은 선생님을 만나는 은혜도 누리기는 했지만요.

모이어스 선생님 책을 읽을 때마다 저는 이런 생각을 합니다.

"이것 봐, 모이어스, 신화가 무엇이기에? 너를 고목의 가지 위에다 올려놓은 것밖에 더 돼? 너는 산 자들의 모듬살이에 속해 있어. 이 모듬살이는 네가 이 세상이 오기 훨씬 전부터 여기에 있었고, 네가 가버리고 난 뒤에도 오래오래 이곳에 있을 것이야. 그 모듬살이라는 게 너를 길러주고 너를 보호해주지 않았어? 그러니 이번에는 네가 그걸 길러주고 보호해주어야 하지 않겠어? 그런데 신화라니!"

캠벨 단언하거니와 신화는 우리 삶의 훌륭한 의지가지 같은 것이었어요. 내 삶으로 쏟아져 들어온 이런 종류의 지혜가 우리 삶에 일으켜놓은 기적은 정말 대단한 거랍니다.

모이어스 하지만 사람들은 묻습니다. 신화는 결국 거짓말이 아니냐고요?

캠벨 아니에요. 신화는 거짓말이 아니에요. 신화는 시, 신화는 메타포일 뿐이에요. 신화가 궁극적 진리에 버금가는 진리라는 말은 신화를 정말 잘 나타낸 말입니다. 이게 왜 '버금'이냐 하면, 궁극적인 것은 결국 언어로 드러날 수 없기 때문입니다. 그러므로 언어로 드러난 진리 중에는 으뜸이라는 뜻이지요. 신화의 진리는 말씀 너머, 이미지 너머, 불교에서 말하는 전륜의 테 밖에 있어요. 신화는 우리의 마음을 이 테 밖으로 보냅니다. 이 테의 밖에 있는 것은 앎의 대상은 될망정 드러냄의 대상은 되지 않습니다. 그래서 이것이 궁극적 진리에 버금가는 진리인 것이지요.

신화 자체의 신비와 우리 자체의 신비를 알고 체험하면서 사는 것은 대단히 중요한 일입니다. 이런 앎과 체험은 우리 삶에 광휘를, 새로운 조화를, 새로운 빛을 더합니다. 신화의 문맥에서 생각하면 우리로서는 도저히 피할 수 없는 눈물과도 화해할 수 있게 됩니다. 이렇게 되면 겉보기에는 부정적인 것 같은 우리 삶의 순간과 삶의 측면에서도 긍정적인 가치를 읽어낼 수 있게 됩니다. 가장 중요한 문제는 우리 삶의 모험을 진심으로 반길 수 있느냐, 없느냐 하는 것이지요.

모이어스 모험이라면 영웅의 모험 말씀이신지요?

캠벨 그래요. 영웅의 모험, 즉 살아 있음의 모험이지요.

고대의 여신

〈시부와 누트를 분리시키는 슈〉

나는 이따금씩, 결국 신화라고 하는 것은 어머니 이미지가 승화된 것이 아닐까 하는 생각을 한답니다.
우리는 '어머니 대지'라는 말을 곧잘 쓰지요? 이집트에는 '어머니 하늘'이라는 이미지가 있어요.
여신 누트가 바로 어머니 하늘입니다. 이 누트는 하늘로 그려지지요.

6. 조화여신(造化女神)의 은혜

우주의 어머니인 위대한 여신의 신화는 우리에게 이 세상 만물을 자비로 대할 것을 요구합니다.
이 땅이 곧 여신의 몸이니 이 땅 자체의 신성도 섬겨주기를 요구합니다.

모이어스 주기도문은 "하늘에 계신 우리 아버지……"로 시작됩니다. 왜 '하늘에 계신 우리 어머니'가 아닙니까?

캠벨 이건 대단히 상징적인 이미지입니다. 모든 종교 이미지와 신화 이미지는 우리 의식의 차원, 인간 정신에 잠재해 있는 경험의 장(場)입니다. 바로 이러한 이미지가 존재의 바탕자리의 신비에 대한 명상 상태와 비슷한 자세와 경험을 촉발합니다. 어머니가 양친 중의 으뜸자리에 속하고, 삶의 근원인 종교 체계도 있었어요. 어머니는 아버지보다 자식과 더 가까이 있는 분입니다. 까닭이야 간단하지요. 우리는 어머니의 몸에서 태어났고, 어린 시절의 경험을 어머니와 함께 했으니까요. 그래서 나는 이따금씩, 결국 신화라고 하는 것은 어머니 이미지가 승화된 것이 아닐까 하는 생각을 한답니다. 우리는 '어머니 대지'라는 말을 곧잘 쓰지요? 이집트에는 '어머니 하늘'이라는 이미지가 있어요. 여신 누트가 바로 어머니 하늘입니다. 이 누트는 하늘로 그려지지요.

모이어스 저도 이집트의 어느 신전에서 누트의 이미지를 본 순간 거기에 사로잡히고 말았습니다.

캠벨 그래요, 나도 그 신전에 가본 적이 있어요.

모이어스 놀랍게도 그 이미지에는, 외경과 감각적인 느낌을 동시에 유발하는 묘한 힘이 있더군요.

캠벨 여신이라는 관념은, 우리는 어머니에게서 태어났다, 아버지는 우리에게 생소할지도 모른다, 혹은 아버지는 오래전에 세상을 떠났다는 관념과 관계가 있어요. 서사시를 보면 영웅이 태어날 당시 아버지는 이미 세상을 떠났거나, 먼 곳에 사는 경우가 많지요. 그래서 영웅은 아버지를 찾아 떠나는 거지요.

육화(肉化)한 신이라고 할 수 있는 예수 이야기만 해도 그렇지요. 예수의 아버지는 하늘에 있는 아버지입니다. 적어도 상징적인 문맥에서는 그렇지요. 십자가로 다가감으로써 예수는 어머니를 이 땅에다 남겨두고 아버지에게로 가는 것입니다. 대지를 상징하는 십자가는 어머니 상징이기도 합니다. 따라서 십자가 위에서 예수는 어머니에게서 얻은 자기 육신을 남기고 궁극적이고 초월적인 신비의 근원인 아버지에게로 갑니다.

모이어스 오랜 세월이 지나도록 이 아버지 탐색의 모티프는 우리에게 어떤 영향을 미쳐 왔습니까?

캠벨 아버지 탐색은 신화에서 가장 중요한 주제를 이루지요. 영웅의 한살이와 관련이 있는 옛 이야기에서, 주인공 아이가 어머니에게 "어머니, 아버지는 어디에 계시지요?" 하고 묻는 순간 이 모티프가 등장하게 됩니다. 대개의 경우 어머니는, "오냐, 너의 아버지는 모모한 데 계신단다", 이렇게 대답합니다. 그러면 아이는 아버지를 찾으러 떠나지요.

《오디세이아》에서 오디세우스의 아들 텔레마코스는 아버지 오디세우스가 트로이아 전선으로 원정을 떠날 때 갓난아기였어요. 그런데 이 전쟁이 자그마치 10년 동안이나 계속된데다 오디세우스가 귀로에 지중해 어디쯤 되는 신화적 세계에서 근 10년을 방황했기 때문에 아들의 나이는 스무 살이 되어 있었지요. 그런데 아테나 여신이 스무 살의 헌헌장부가 된 텔레마코스에게 나타나, "네 아버지를 찾으러 떠나거라" 하고 말합니다. 그러나 아버지가 어디에 있는지 텔레마코스가 알 리 없지요. 그래서 네스토르를 찾아가 묻습니다. "우리 아버지가 어디에 계실 거라고 생각하십니까?" 하고요. 그러자 네스토르는 "프로테우스를 찾아가 물어보아라" 하고 대답합니다. 이로써 텔레마코스는 아버지 탐색을 시작하지요.

모이어스 〈스타워즈〉를 보면 루크 스카이워커가 동료에게, "나도 아버지가 누군지 알았으면 좋겠다"고 말합니다. 이 아버지 탐색의 이미지는 굉장히 강력한 것 같은 데요……. 그런데 왜 어머니 탐색은 없습니까?

캠벨 어머니는 '여기'에 있으니까요. 어머니는 아들을 낳고, 돌보고, 아버지를 찾으러 떠날 나이가 될 때까지 아들을 가르칩니다.

　그런데 아버지를 찾는다는 것은, 우리의 개성과 운명을 찾는 것과 밀접한 관계가 있어요. 개성은 아버지에게서 물려받고, 몸과 때로 마음은 어머니에게서 물려받는다는 말이 있어요. 그런데 그 개성이라는 게 신비로운 겁니다. 개성이라는 것은 곧 우리의 운명이니까요. 그러니까 아버지 탐색으로 상징되는 이 운명의 탐색을 떠나는 거지요.

모이어스 아버지를 찾게 되는 날 곧 자기 자신을 찾게 되는 것인가요?

캠벨 영어에는 '아버지와 화해(atonement)'라는 말이 있어요. 그런데 이 화해는 곧 '하나 되기(at-one-ment)'랍니다. 예수가 나이 열 두어 살 때 예루살렘에서 실종되는 이야기 기억하지요? 예수의 부모는 사방을 찾아 헤매다가 마침내 성전에서 율법 박사들과 대화를 나누고 있는 예수를 찾아냅니다. 그때 부모는 그에게 묻지요?

　"왜 이렇게 우리를 떠났더냐? 왜 우리에게 두려움과 근심을 끼쳤더냐?"

　그러자 예수가 대답하지요.

"내가 내 아버지 일을 하리라는 것도 모르셨던가요?"

이런 대답을 했을 때 예수는 열두 살입니다. 이 나이가 바로 입문 의례를 통해 사춘기의 문턱에 들어서는 나이, 자기의 정체를 어렴풋이 알게 되는 나이입니다.

모이어스 고대 사회는 여신상, 위대한 여신, 어머니 대지 같은 여신 이미지를 섬기지 않았습니까? 그런데 어떻게 이렇게 아버지 탐색이라는 모티프가 중요한 모티프로 떠오릅니까?

캠벨 여신 숭배는 주로 농경 문화, 농경 사회와 밀접한 관계를 맺고 있어요. 즉 대지와 아주 밀접합니다. 대지가 식물을 낳듯 인류의 여성은 인간을 낳지요. 대지가 그 식물을 기르듯 인류의 여성도 인간을 기릅니다. 따라서 여성이 지니는 마력은 대지가 지니는 마력과 같은 것이지요. 따라서 그 둘은 상호 관계 아래에 있어요. 그래서 만물을 낳고 그리는 에너지의 화신은 당연히 여성의 모습을 지니지요. 여신이 가장 중요한 신화 이미지가 되는 곳은 고대의 메소포타미아 문화권, 이집트의 나일강 문화권 같은 고대의 농경 문화권입니다.

우리는 고대 유럽의 신석기 시대 조상(彫像)을 무수히 발굴했지요. 다 여신상입니다. 남성상은 거의 전무한 상태입니다. 황소나 멧돼지나 염소 같은 동물은 남성적인 힘의 상징이지만, 이것을 시각화한 일은 별로 없어요. 시각화된 이미지는 오로지 여신 이미지뿐입니다.

여신이 창조신일 때 이 여신의 몸은 곧 우주가 됩니다. 이 여신은 바로 우주와 동일시됩니다. 우리가 이집트 신전에서 본 여신 누트의 상이 바로 이런 여신입니다. 누트 여신은 삶을 송두리째 감싸안는 거대한 하늘입니다.

모이어스 여신이 태양을 삼켜버리는 이미지도 있습니다. 기억하시는지요?

캠벨 서쪽에서 태양을 삼켰다가 동쪽에서는 다시 낳지요. 이건 태양이 밤에 여신의 몸을 관통했다는 뜻이지요.

모이어스 그렇다면 우주의 신비를 설명하려는 사람들이 여성의 이미지를 보고는 자기네 삶의 모습을 설명하는 것은 자연스럽지 않습니까?

캠벨 자연스럽다마다요. 그러나 철학적인 관점으로 옮겨가면 여성은 '마야'를 상징하게 됩니다. 바로 인도의 여신 숭배 종교에서 이런 일이 일어나고 있지요. 인도에는 아직까지도 여신의 상징성이 두드러집니다. 여성은, 칸트 철학의 입장에서 우리가 '감각의 형상'이라고 부르는 것을 표상합니다. 여성은 시공 그 자체인데, 이 여성 너머에 있는 신비는 곧 한 쌍의 대극(對極)을 초월하는 신비인 것입니다. 이 신비의 형상에 이르면, 그것은 남성도 아니요, 여성도 아닙니다 존재하는 것도 아니고 존재하지 않는 것도 아닙니다. 그러나 '만물'은 이 안에 있지요. 그래서 여성은 그 여성이 낳는 자식이기도 한 것입니다. 그러니까 우리가 생각할 수 있는 모든 것, 우리가 볼 수 있는 모든 것은 여신이 낳은 것입니다.

나는 언젠가 원형질(原形質)에 관한 참으로 놀라운 과학 영화를 본 적이 있어요. 나는 이 영화를 하나의 계시로 기억합니다. 원형질은 늘 움직입니다. 흐르는 것이지요. 원형질은 이리저리 흐르는 것 같은데도 실은 형상을 빚지요. 원형질은 어떤 형상을 빚어낼 잠재력을 지니고 있어요. 이 영화를 본 것은 북부 캘리포니아에서였는데 그날 자동차를 몰고 빅 수 해변을 오면서 문득, 눈에 보이는 것이 다 원형질 같았어요. 황소가 풀을 먹는 광경도 황소 모양의 원형질이 풀 모양의 원형질을 먹는 것 같았고, 새가 물고기를 잡아먹는 광경도 새 모양의 원형질이 물고기 모양의 원형질을 먹는 것 같았어요. 많은 사람에게, 만물의 근원으로서의 이런 놀라운 심연 체험이 있을 겁니다. 그런데 각각의 형상은 모두 나름의 의도와 가능성을 지닙니다. 바로 여기에서 의미가 생기는 것입니다. 그러니까 원형질 자체에 의미가 있는 것은 아니지요.

모이어스 조금 전에 말씀하신 인도 이야기를 좀더 듣고 싶습니다만. 인도 사람들은 생명을 태동시키는 것, 만물의 에너지가 되는 것을 모두 대지라고 믿는다면서요? 선생님께서는 《우파니샤드》에서 다음과 같은 구절을 인용하신 적이 있습니다.

▶ 영웅의 탄생 이미지
▼ 만물을 생성시키는 올빼미 여신

여성은, 칸트 철학의 입장에서 우리가 '감각의 형상'이라고 부
르는 것을 표상합니다. 여성은 시공 그 자체인데, 이 여성 너머
에 있는 신비는 곧 한 쌍의 대극(對極)을 초월하는 신비인 것
입니다. 이 신비의 형상에 이르면, 그것은 남성도 아니요, 여성
도 아닙니다. 존재하는 것도 아니고 존재하지 않는 것도 아닙
니다. 그러나 '만물'은 이 안에 있지요. 그래서 여성은 그 여성
이 낳는 자식이기도 한 것입니다.

"그대는 검푸른 새, 붉은 눈의 초록 앵무새. 그대에게는 그대 아들이 그렇듯 빛이 있다. 그대는 계절이자 바다이다. 시작이 없는 그대는 우주에 내재한다. 바로 거기에서 만물이 비롯된다."

바로 이것입니까? 우리와 대지가 다르지 않다는? 그러나 이 관념이 과학적 발견의 무게에 짓눌려 압사하는 것은 불가피하게 되지 않았습니까? 우리는 과학의 도움으로, 식물은 사람이 썩은 데서 나오는 것이 아니라 씨앗과 토양과 태양의 율법에 맞게 나와서 자란다는 것을 알게 되지 않았습니까? 뉴턴이 신화를 죽인 것은 아닙니까?

캠벨 나는 신화가 돌아오고 있다고 믿어요. 요즘의 젊은 과학자들은 형상을 낳는 장(場)이라는 뜻으로 '형태 발생의 장'이라는 말을 쓰고 있지 않던가요? 이것이 바로 여신입니다. 바로 형상을 낳는 장입니다.

모이어스 그게 우리에게 어떤 의미가 있습니까?

캠벨 우리 삶의 근원이 무엇인지, 우리 몸, 우리 육체의 형상과 이 만물을 짓는 에너지가 어떤 관계를 맺고 있는가를 알아내어야 한다는 겁니다. 에너지가 없는 몸은 살아 있을 수가 없지 않아요? 그래서 우리는 우리 삶에서, 무엇이 몸에서 나오는 삶이고, 무엇이 에너지와 의식에서 나오는 삶인가를 느끼고 있지 않아요?

인도에서 가장 흔히 볼 수 있는 궁극의 상징은, 인도 사람들이 '링감'이라고 부르는 팔루스(男根) 상징이, 인도 사람들이 '요니'라고 부르는 여신의 질(膣) 속을 뚫고 들어가 신을 생성시키는 형상입니다. 이 상징을 가만히 보고 있으면 만물이 생성되는 순간을 명상할 수 있게 됩니다. 생명의 생성에 관한 신비는 바로 이 형상을 통하여 상징적으로 정관할 수 있게 되어 있지요.

인도의 성적 신비는, 세계 대부분의 문화권에서 그렇듯 신성한 신비에 속합니다. 생명 창조의 신비인 것이지요. 아기를 생성시키는 행위는 우주적인 행위입니다. 따라서 신성한 것으로 이해되어야 하지요. 따라서 생명의 에너지가 시공의 장으로 분사되는 이 신비를 가장 직접적으로 보여주는 것이 바로 이 링감과 요니의 상징, 곧 창조적으로 결합된 남성과 여성인 것입니다.

모이어스 '하늘에 계신 우리 아버지'라는 말 대신에 '하늘에 계신 우리 어머니'라고 기도하는 것은 우리에게 어떤 의미를 지닙니까? 이렇게 하면 우리는 심리적으로 어떻게 달라집니까?

캠벨 그때의 심리적 달라짐은 우리 문화의 성격을 바꾸어버릴 만하지요. 가령 기본적인 우리의 문화는 큰 강가의 골짜기에서 태동합니다. 나일강이 그렇고, 티그리스, 유프라테스강이 그렇고 인더스강, 후일의 갠지스강이 그렇습니다. 그 강가의 골짜기는 바로 여신의 세계입니다. 강의 이름인 갠지스(강가)는 곧 여신의 이름입니다.

그런데 이러한 문화가 침략을 당합니다. 이러한 외침은 기원전 4천 년기(千年紀)에 심각한 위기를 조성하면서 세월이 흐를수록 더욱 격렬해집니다. 농경 문화권에 대한 외침의 세력은 북에서 밀려들고 남에서 밀려들어와 거대한 도시들을 하룻밤 사이에 쓸어버립니다.

〈창세기〉에서, 야곱의 일족이 세겜 성을 쓸어버리는 걸 보세요. 세겜 성은 난데없이 나타난 이 유목민들에 의해 하룻밤 사이에 깨끗이 사라집니다. 셈족 침략자들은 양이나 염소를 치는 유목민이고, 인구계(印歐系) 민족은 가축을 칩니다. 두 민족은 원래 수렵 민족입니다. 그래서 이들의 문화는 다분히 동물 지향적이지요. 수렵민은 죽이는 민족입니다. 유목민도 죽이는 민족입니다. 왜냐? 이들은 끊임없이 움직이면서 만나는 문화는 모조리 정복해버리기 때문입니다. 바로 이런 침략적인 민족에서 제우스나 야훼같이 벼락을 주무기로 쓰는 호전적인 신들이 나오는 겁니다.

모이어스 남근과 풍요의 상징 대신 칼과 죽음을 상징으로 삼는군요?

캠벨 암요, 등식이 될 수 있겠군요.

모이어스 선생님께서는 이렇게 해서 모신(母神) 티아마트가 무너진다고 쓰신 적이 있습니다.

캠벨 여기에서는 원형적인 사례로 삼아도 좋겠어요.

모이어스 선생님께서는 이것을 인류 역사의 결정적인 순간이라고 하셨습니다.

캠벨 그래요. 자, 셈족이 모신 신앙(母神信仰) 체계를 지닌 농경 문화권을 침략함으로써 남성 위주의 신화가 두드러지게 됩니다. 이렇게 되자 모신은 자꾸만 뒤로 물러나면서 급기야는 조모신(祖母神)이 되는 것이지요. 이즈음이 바로 바빌론이 융성하던 시기입니다. 바빌론의 고대 도시에는 나름의 수호신, 혹은 수호 여신이 있었어요. 제국주의 나라의 국민의 특징은 침략한 나라의 지역 신을 우주의 어정쩡한 촌뜨기로 만들어버린다는 거예요. 이렇게 하자면 먼저 거기에 있던 신과 여신을 없애버려야겠지요. 바빌론에서 남신(男神) 마르둑이 득세하기 전에 있던 신은 '만물의 어머니 여신'이었어요. 이 이야기는 천상의 남신들이 회의를 하는 데서 시작됩니다. 이즈음의 신들은 모두 별이지요. 이들이 회의를 하는 까닭은 마르둑 신의 조모(祖母)되는 티아마트 여신이 온다는 소문이 있었기 때문입니다. 티아마트 여신은 마르지 않는 생명의 근원인 '심연'입니다. 그런 티아마트 여신이 거대한 물고기, 혹은 용의 모습으로 나타난다는데, 어느 용기 있는 신이 나가 이 조모신을 맞겠느냐, 이것을 정하기 위해 회의가 열린 겁니다. 이만한 용기가 있는 신이면 최고신이 되는 참입니다.

그런데 바빌론의 신 마르둑이 나갑니다. 마르둑은 티아마트 여신이 입을 여는 순간 그 목구멍을 통해 바람을 불어넣습니다. 그러자 티아마트 여신의 배가 터집니다. 이렇게 되자 마르둑은 이 여신의 몸을 토막내어 땅과 하늘을 만듭니다. 원초적인 존재의 몸을 잘라 우주를 빚는다는 이야기는 조금씩 모습이 다를 뿐 세계 어디에서나 볼 수 있는 모티프입니다. 인도의 경우, 이렇게 몸이 토막나는 신은 그림자가 곧 우주인 푸루샤입니다.

그런데 태고의 모신 신화에 나오는 모신들은, 누가 어떻게 하고 자시고 할 것도 없이 원래 우주의 모습으로 존재하던 여신들입니다. 따라서 마르둑 신의 위대한 창조적 행위는 사실 불필요한 행위입니다. 그 조모신의 몸을 잘라 우주를 만들 필요가 없었던 거지요. 왜, 그 조모신 자체가 우주였기 때문이지요. 그러나 남성 위주의 신화는 남신을 불러들여 창조신의 자리를 차지하게 합니다.

모이어스 여신에 대한 관심이 정치적으로 벼락 출세한 아들에게로 옮아가는 것이군요.

캠벨 바빌론의 남성 실권자에 대한 관심으로 옮아가게 하는 장치이지요.

모이어스 따라서 여가장제(女家長制) 사회는 물러서기 시작하는군요?

캠벨 기원전 1750년경인데, 아주 끝나지요.

모이어스 오늘날 여신의 정신은 자그마치 5천 년 동안이나 망명 생활을 하고 있다고 주장하는 여성들이 있는데요?

캠벨 5천 년까지나? 그렇게 길게 잡을 필요는 없어요. 그 정신은, 지중해의 헬레니즘이 꽃필 때도 득세했고, 그 뒤에 로마 카톨릭 교회의 성처녀와 함께 컴백했다고 봐야지요. 여신의 신화 전통이, 12세기, 13세기의 프랑스 성당에서만큼 화려하고 아름답게 꽃핀 적은 없을 거예요. 이 개화기에 여신은 모두 '노트르담(성모)'이라는 이름으로 불렸지요.

모이어스 하지만 이런 모티프와 테마는 여성을 몰아낸 남성(즉 사제)의 손에서 요리되지 않았습니까? 신자들에게는 이런 형상이 어떠한 의미가 있었는지 모르겠지만, 남성은 자기네 목적에 따라 그 이미지를 남성의 이미지 안에다 두지 않았습니까?

캠벨 그런 관점에서 볼 수도 있기는 합니다만, 나는 그게 약간 지나치다고 봅니다. 왜냐? 남성만 성자 노릇을 한 것은 아니기 때문입니다. 위대한 성녀도 있었기 때문입니다. 빈겐의 힐데가르데는 인노켄테우스 3세에 견주어질 정도의 성녀였어요. 아낀뗀느의 엘레아노르……. 글쎄요, 이 성녀에 비길 만한 남성이 중세에 있었던 것 같지 않군요. 과거를 돌아보아도 여성의 상황은 여러 모로 보아 그렇게 나쁜 것만은 아니었던 것 같아요.

모이어스 그러나 성녀가 많았다고 해도 교황이 된 여성은 없지 않습니까?

캠벨 교황 되는 거요? 그거 정말 아무것도 아닌 겁니다. 그것은 사무직(事務職)일 따름이에요. 교황이 되어본 남성은 많아도 그리스도의 어머니가 되어본 남성은 없잖아요. 서로 맡는 역할이 따로 있는 겁니다. 여성을 보호하는 것, 그때는 그게 남성이 이루어야 할 가장 중요한 역할이었습니다.

모이어스 거기에서 가부장 관념이 자라나지 않겠습니까?

캠벨 여성은 전리품이었어요. 상품과 같은 겁니다. 한 성이 함락되면 여성은 모두 겁탈을 당했어요.

모이어스 선생님께서 인용하신 성경 구절을 보니 윤리적인 모순이 느껴지더군요. 살인하지 말되, 이방에서가 아니거든 남의 아내를 꾀지도 말라는 겁니다. 정 꾀어야겠거든 남자는 모두 칼로 죽이고 여자를 전리품으로 데리고 오라는 겁니다.《구약성서》의 〈출애굽기〉에서 인용하신 겁니다.

캠벨 〈신명기〉예요. 정말 무서운 구절이지요.

모이어스 성서에서는 여자를 어떻게 말하고 있습니까?

캠벨 〈신명기〉에는 여자에 관한 구절이 더 있습니다. 히브리인은 이방인에 관한 한 사정이 없지요. 그러나 위에서 재인용한 구절은, 사회 위주의 신화 체계 전통 중에서도 극단에 속하는 언명이지요. 말하자면 사랑과 자비는 무리 내적으로, 무력과 비방은 무리 외적으로 투사하라는 겁니다. 그러니까 자비는 '우리의 무리'를 위하여 남겨두라는 겁니다. 〈신명기〉에는 무리 밖의 이방인들을 어떻게 하라는 게 자세하게 나와 있지요.

　그러나 오늘날 이 지구에는 무리 외적인 이방인이라는 게 더 이상 있지 않아요.

오늘날의 종교에서 중요한 것은 전 인류 사회를 향하여 그런 자비를 베풀어야 한다는 겁니다. 그러나 한 민족이 다른 민족을 공격하면 어떤 일이 일어납니까? 이건 지금의 인류가 장래에 만나야 하는 문제이기도 합니다. 공격이라는 것은 자연적인 본능입니다. 이건 생물학적 사실이지요. 성서 시대에 히브리인들은 다른 민족을 공격할 때마다 예외 없이 여신들을 쓸어버립니다. 《구약성서》에 언급되어 있는 것을 보면 가나안 여신은 '혐오감' 바로 그 자첩니다.

가령 〈열왕기〉에 나타난 시대에는 두 가지 중요한 숭배의 대상이 있었습니다. 많은 히브리 왕들은 산정(山頂)을 숭배했다고 해서 《구약성서》에서 타매를 당합니다. 산정은 여신의 상징이지 다른 것이 아닙니다. 히브리인들은 여신에 대해 굉장히 강한 악감정을 가지고 있습니다만, 이것은 인구계(印歐系) 신화 체계에서는 볼 수 없는 일입니다. 인구계 신화를 보면 제우스는 여신들과 '결혼'합니다. 이로써 이 양자는 함께 신 노릇을 하는 겁니다. 성서에서 볼 수 있는 극단적인 예로서, 우리 서구인들의 여성 경시 풍조는 다분히 성서적 사고의 산물일 겁니다.

모이어스 여성을 남성으로 대치시켜 놓으면, 전혀 다른 심리적·문화적 편견이 작용하게 되는 거지요?

캠벨 바로 그겁니다. 여기에서 세 가지 상황을 상정할 수 있어요. 첫째, 여신의 시대이던 태곳적에는 남신이 별로 두각을 나타내지 못했어요. 그 다음에 그 반대 현상이 생기면서 그 지위가 역전되어버립니다. 그러다 마지막으로 고전 시대 상황입니다만, 남녀가 상호 작용하는 시대가 옵니다. 인도가 그 좋은 예이지요.

모이어스 어디에서 그런 현상이 보입니까?

캠벨 인구인(印歐人)의 자세에서 비롯됩니다. 인구인은 여성 원리를 완전히 과소평가하지는 않거든요.

모이어스 처녀 수태는 어떻습니까? 돌연 하느님의 일을 대신하는, 순결과 순수의 상징인 여신이 나타납니다.

캠벨 서구의 종교 사상에서 이것은 대단히 흥미로운 발전입니다. 《구약성서》를 보면 하느님은 여신의 도움을 전혀 받지 않고 세상을 창조합니다. 그런데 〈잠언〉에 이르면 지혜의 여신 소피아가 등장합니다. 이 소피아는, 하느님이 천지를 창조하실 때 자기가 거기에 있었는데, 자기는 하느님의 크나큰 기쁨이었다고 노래합니다. 그러나 히브리 전통에서 하느님의 '아들'이라는 관념은 대단히 혐오스러운 관념입니다. 그래서 아예 고려의 대상도 되지 못합니다. 하느님의 아들로서의 메시아도 진짜 하느님의 아들은 아닙니다. 메시아는 그 성격으로 보아, 존귀한 정도로

**〈레다와 백조〉,
일 박치아카(1494~1557)**
히브리인들은 여신에 대해 굉장히 강한 악감정을 가지고 있습니다만, 이것은 인구계(印歐系) 신화 체계에서는 볼 수 없는 일입니다. 인구계 신화를 보면 제우스는 여신들과 '결혼'합니다. 이로써 이 양자는 함께 신 노릇을 하는 겁니다.

보아, 하느님의 아들과 '비슷한' 가치를 지닐 뿐입니다. 나는 히브리 전통에는 처녀 수태 관념도 없는 것으로 확신해요. 그러니까 처녀 수태 관념은 그리스 전통에서 기독교로 흘러들어 왔습니다. 사복음서를 읽어보세요. 처녀 수태가 언급된 복음서는 〈누가복음〉뿐입니다. 누가는 그리스인이에요.

모이어스 그리스 전통에 처녀 수태 이미지나 신화, 혹은 전설이 있습니까?

캠벨 있고 말고요. 레다는 백조를 통해서 수태하고 페르세포네는 뱀을 통해서 수태합니다. 뿐입니까? 이곳저곳을 뒤지면 얼마든지 있어요.

모이어스 그렇다면 베들레헴에서는 생소한 관념이었겠군요? 하지만 처녀 수태는 무엇을 의미하는 겁니까?

캠벨 그 질문에 대한 해답은 정신의 발전 단계를 나타내는 인도의 관념 체계를 소개하는 것으로 대신하지요. 인도에는, 척추에 있는 정신의 중심 체계 일곱 가지가 있어요. 이 체계는 바로 관심과 의식과 행동의 심리적 차원을 상징합니다. 첫째 중심은 직장(直腸)에 있습니다. 이것은 기본적인 생명 유지의 기능인 보양(保養)을 상징하지요. 여기에서 비롯되는 본능적 충동은 뱀으로 상징됩니다. 먹으면서, 먹으면서, 끝없이 먹어대면서 움직이는 식도(食道)를 나타내는 것이지요. 끊임없이 먹지 않으면 우리는 지금 이 자리에 있을 수 없어요. 그리고 우리가 먹는 것은 조금 전까지만 해도 살아 있던 생명입니다. 이것은 음식과 먹는 일이 지닌 성찬 의례적 신비입니다. 그러나 우리는 먹기 위해서 자리에 앉을 때는 이런 것을 별로 의식하지 못하지요. 먹기 전에 감사 기도를 하는 사람이 있다면, 그 사람은 우리에게 음식을 준, 성서에서 나온 이에게 기도를 합니다. 그러나 신화를 보면 사람들은 먹기 위해 자리에 앉을 때마다 기꺼이 희생됨으로써 우리의 먹거리가 되어준 그 동물에게 감사를 드리는 것으로 되어 있지요. 《우파니샤드》에는 참으로 아름다운 구절이 있어요.

"아, 놀라워라, 아, 놀라워라, 아, 놀라워라! 나는 먹거리이다, 나는 먹거리이

다, 나는 먹거리이다, 나는 먹거리를 먹는 자이다, 나는 먹거리를 먹는 자이다, 나는 먹거리를 먹는 자이다!"

오늘날 우리는 우리 자신을 이렇게 생각하지 않지요. 자기 삶에 집착한 나머지 남의 먹거리가 되어주지 않는 것도 삶을 거부하는 굉장히 부정적인 사고방식이지요. 그렇게 하면 생명의 흐름이 끊겨버립니다. 이 흐름을 타는 것은 매우 신비스러운 체험입니다. 그래서, 자기를 희생함으로써 먹거리가 된 동물에게 감사 기도를 드릴 수 있는 것입니다. 우리도 언젠가는 우리 자신을 주어야 할 거예요.

모이어스 우리가 곧 자연이고 자연이 곧 우리라는 것이군요.

캠벨 그렇지요. 그런데 인도의 영적 발전 단계에서 정신의 두 번째 중심은 성기(性器)로 상징됩니다. 성기는 곧 생식의 충동을 실현하지요. 세 번째 중심은 배꼽 높이입니다. 이곳은 의지력의 중심이기도 하지요. 이 의지력은 긍정적으로 작용하면 자기 통제와 자기 성취가 됩니다만, 부정적으로 작용하면 정복, 파괴가 됩니다. 이것이 바로 세 번째의, 공격적인 기능입니다.

인도 심리 체계의 상징성에서 보았듯 첫번째 기능인 보양은 동물의 본능입니다. 두 번째 기능인 생식 역시 동물의 본능입니다. 세 번째의 기능인 의지력 역시 그 부정적인 기능을 보면 동물의 본능과 다를 바가 없어요. 그래서 이 세 중심은 상징적으로 골반과 가까이 있습니다.

그 다음 네 번째의 중심은 가슴 가까이 있어요. 이 중심은 자비로운 마음 쪽으로 열려 있지요. 바로 여기에 이르면 우리는 동물적인 행동의 장에서 나와 인간적이고 영적인 장으로 들어갑니다.

이 네 중심에는 각각 상징적인 형상이 투사되어 있어요. 가령 첫번째 중심, 즉 가장 아래쪽에 있는 중심의 상징은 링감과 요니, 즉 결합되어 있는 남성과 여성입니다. 그런데 네 번째의, 가슴 가까이 있는 중심의 상징도 링감과 요니, 즉 결합되어 있는 남성과 여성입니다. 그러나 여기에서 링감과 요니는 처녀 수태를 상징하는 금빛으로 그려집니다. 따라서 동물적인 인간에게서 영적인 인간이 탄생한다는 암시가 깃들여 있지요.

모이어스 언제 그런 일이 생깁니까?

캠벨 우리 가슴 가까이 있는 중심을 깨닫고 자비를 실천할 때, 곧 함께 슬퍼할 수 있을 때, 다른 사람의 고통에 참여할 수 있을 때 생깁니다. 바로 이 중심에서 인간성이 비롯됩니다. 종교적인 명상도 바로 이 중심에서 이루어집니다.

모이어스 인간성이 비롯되는 곳이라고 하셨습니까? 그러나 많은 이야기는 신들이 탄생할 때 인간성이 비롯된다고 하지 않습니까? 처녀 수태……. 여기에서 탄생하는 것은 신이지 않습니까?

캠벨 모이어스 씨, 누가 신인지 아세요? '우리'가 곧 신이에요. 이 모든 신화의 상징이 수다스럽게 말하는 게 바로 이것이라고요. '거기'에 매달려, 모든 것은 '거기'에만 있는 것을 생각할 수 있어요. 그렇게 생각하기 때문에 예수를 생각하면 '거기'에서 그가 받은 고통을 떠올리고는 하는 것이지요. 하지만 고통은 우리 안에서 일어났던 거예요. 우리가 영적으로 거듭나 보았던가요? 우리가 언제 동물의 근성을 죽이고 자비로운 인간으로 화신해본 적이 있던가요?

모이어스 그게 처녀와 무슨 관계가 있습니까?

캠벨 처녀가 낳은 것은 정신이에요. 그건 영적인 탄생을 말하는 거지요. 처녀는 귀로 들어간 말씀으로 잉태를 한 거예요.

모이어스 말씀이 빛줄기로 들어갔다는 것이군요.

캠벨 그렇지요. 석가도 같은 의미에서, 어머니의 가슴 차크라에서 태어났다는 이야기가 있어요.

모이어스 '차크라'가 무슨 뜻이지요?

캠벨 가슴 '차크라'라고 하는 것은 가슴과 관련된 상징적 중심이지요. 차크라는 '원', 혹은 '영역'이라는 뜻이지요.

◀ 〈수태 고지와 아기 예수〉, 앙트완 드포르, 약 1505년
▼ 부처 일대기를 그린 그림 일부, 인도의 필사본 표지

처녀 수태는 가슴에 자비가 깃들이게 되는 것을 상징합니다. 즉
짐승 수준의 인간에게 영적인 인간이 수태되는 겁니다. 영성(靈
性)의 탄생이지요. 처녀는 귀로 들어간 말씀으로 잉태를 한 거예
요. 석가도 같은 의미에서, 어머니의 가슴 차크라에서 태어났다는
이야기가 있어요.

모이어스 그러니까 석가는…….

캠벨 석가는 어머니의 옆구리로 나왔답니다. 이 역시 상징적인 탄생입니다. 결국 석가는 물리적인 의미에서 어머니 옆구리를 가르고 나왔다는 것이 아니라 상징적으로 그랬다는 겁니다.

모이어스 하지만 예수는 선생님이나 저처럼 태어나지 않았습니까?

캠벨 그렇지요만, 처녀의 몸에서 태어났어요. 그런데, 로마 카톨릭 교리에 따르면 마리아의 처녀성은 복원되었어요. 그러니까 마리아에게는 육체적으로는 아무 일도 없었던 겁니다. 이것은 무슨 뜻이겠어요? 예수는 영적으로 태어난 것이지 육체적으로 태어난 것이 아니라는 뜻이에요. 그러니까 영웅이나 반신(半神)은 자비로움이 육화된 존재로 태어나지, 성적인 욕망의 소산, 혹은 종의 보존을 위한 소산은 아니라는 겁니다.

　이건 어떤 의미에서는 두 번째 탄생이에요. 두 번째 태어남이란, 중심인 가슴에서 우러나오는 삶을 살기 시작한다는 뜻입니다. 가슴 아래쪽에 있는 세 차크라는 바로 우리가 초극해야 할 대상입니다. 우리가 초극할 수 있을 때 그것은 비로소 우리 가슴을 섬기는 종이 됩니다.

모이어스 구세주 아기의 어머니로서의 마돈나 이미지를 다른 고대의 이미지에서도 찾아볼 수 있습니까?

캠벨 마돈나의 고대 이미지는 바로 호루스에게 젖을 먹이는 이시스랍니다.

모이어스 이시스 이야기가 궁금합니다.

캠벨 좀 복잡해요. 이런 이야기라는 게 다 복잡하게 마련이기는 하지만…….

　이시스 여신과 오시리스 신은, 누트 여신의 몸에서 태어난 쌍둥이 남매입니다. 누트 여신의 자식으로는 이들 밑으로 세트 신과 넵튀스 여신이 있어요. 그런데 어느 날 오시리스가 그만 넵튀스와 자게 됩니다. 넵튀스 여신을 이시스 여신으로 잘못 알고 말이지요. 이날 밤의 춘사(椿事)로 넵튀스 여신에게서 아누비스 신이 태어납니다. 그러니까 아누비스는 오시리스의 맏아들인 것이지요. 그런데 세트가 이 일을 알고는 자기 형인 오시리스를 죽이려고 합니다.

세트는 은밀하게 오시리스의 몸길이를 재고는 그 몸에 딱 맞는, 아주 아름다운 관(棺)을 하나 만듭니다. 그러고는 어느 날 밤 신들의 밤 잔치에 이 관을 가지고 가서는, 몸의 길이가 관의 길이와 가장 잘 맞는 신에게 관을 선사하겠다고 말합니다. 잔치 마당에 와 있던 신들은 앞을 다투어 관 속으로 들어가 누워봅니다만 잘 맞지 않습니다. 그런데 오시리스가 들어가자 관 길이와 오시리스의 키는 희한

이시스의 젖을 빠는 호루스
마돈나의 고대 이미지는 바로 호루스에게 젖을 먹이는 이시스랍니다.

하게 딱 들어맞습니다. 오시리스의 몸길이에 딱 맞게 만들었으니 그럴 수밖에요. 그런데 오시리스가 들어가는 순간 난데없이 일흔두 명의 경호병들이 우르르 몰려나와 관의 뚜껑을 닫고는, 실한 밧줄로 관을 꽁꽁 동여맨 뒤 나일강에다 버립니다.

우리가 여기에서 만나는 게 바로 신의 죽음입니다. 그러나 이야기의 흐름으로 보아 아직 주신(主神)이 죽을 계제는 아니지요. 그래서 우리는 자연스럽게 이 신이 부활할 것임을 예측합니다.

오시리스의 죽음은 나일강의 연례적인 범람과 상징적인 연관성이 있습니다. 이집트의 땅은 바로 이 나일강의 범람을 통해 한 해 농사를 지을 수 있을 만큼 비옥해집니다. 그러니까 오시리스는 자기의 시체를 썩힘으로써 그 땅 사람들을 먹여 살린다는 의미를 지니는 것이지요. 오시리스는 나일강에 뜬 채 계속해서 흘러가 이윽고 시리아 땅에 닿습니다. 그런데 오시리스의 관이 시리아 해변에 닿는 순간 그 자리에서 향기가 대단히 좋고 모양 또한 굉장히 아름다운 나무가 한 그루 자라나면서 오시리스의 관을 그 둥치 속으로 동화시켜버립니다. 이와 때를 같이 해서 시리아 왕비는 아들을 낳습니다. 아들이 태어나자 시리아 왕은 새 왕궁을 짓고 싶어합니다. 왕은 어느 해변에 향기가 대단히 좋은 나무가 있다는 소문을 듣고는 그 나무를 베어다 왕궁 대전(大殿)의 중앙 기둥으로 쓰게 합니다.

한편, 지아비 오시리스 신을 잃은 이시스는 눈물로 세월을 보내다가 그의 시신을 찾으러 가기로 결심하고는 길을 떠납니다. 신의 배우자가 그 신을 찾으러 떠나는 이 테마는 이 당시의 신화에는 아주 많이 나타나는 테마입니다. 말하자면 사라진 지아비, 혹은 애인을 찾으러 가는 여신이, 정절(貞節) 지키기와 명계 하강(冥界下降)의 시련을 통하여 지아비, 혹은 애인을 구원하게 되는 식입니다.

이시스 여신은 온 세상을 떠돈 끝에 시리아 땅으로 들어와 궁전 대전에 있다는, 향내 나는 기둥 이야기를 듣습니다. 이시스는 그 기둥이 아무래도 오시리스와 무슨 관계가 있을 것 같은 예감이 들어, 새로 태어난 왕자의 유모 노릇을 자원합니다. 이시스 여신은 유모 자리를 얻어 이 왕자를 양육하지요. 비록 유모 일을 하고 있다고는 하나 이시스 여신은 어쨌든 여신이 아닙니까? 여신의 근본을 숨기는 데도 한도가 있지요. 여신은 왕자가 마음에 들었던 나머지, 불사(不死)의 권능을 내리려고 왕자를 불 속에다 넣습니다. 그래야 필멸의 팔자를 타고난 육신을 태워버릴 수 있지요. 물론 여신에게는 불길로부터 왕자의 목숨을 지킬 힘이 있지요. 매일 밤 여신은 왕자를 불길 속에 던져넣고는 자신은 제비로 둔갑하여, 지아비 오시리스가 갇혀 있는 왕궁 대전의 기둥을 날아서 맴돕니다.

그러던 어느 날 밤 왕자의 어머니가 방으로 들어왔다가 자기 아들이 불길 속에 들어 앉아 있는 걸 보고는 기겁한 나머지 비명을 지르지요. 왕자의 어머니가 비명을 지르는 순간 이시스 여신의 마력은 효력을 잃게 됩니다. 하여튼 왕자는, 비명 소리를 듣고 달려온 경호병들 손에 불길 속에서 밖으로 나옵니다. 그동안 제비가 되어 궁정 대전의 기둥을 맴돌던 이시스 여신이 유모의 모습을 되찾고 안으로 들어왔다가 사정이 그렇게 된 것을 압니다. 이시스 여신은 왕비에게 자기의 정체와 그간의 사정을 설명하고는 마침 옆에 와 있던 왕에게 청을 넣습니다.

"저 기둥 속에 갇힌 이는 내 지아비이니 집으로 모셔갈 수 있도록 허락해주오."

그러자 왕이 선선히 대답합니다.

"마땅히 그래야지요."

왕은 경호병들에게 명하여 그 대전의 기둥을 뽑아 이시스 여신에게 넘겨줍니다. 이시스 여신은 경호병들의 도움을 받아, 왕이 특별히 내어준 배에다 그 기둥을 싣지요.

나일강으로 돌아오는 도중 이시스 여신은 기둥에서 관을 뽑아내고 뚜껑을 연다음, 죽은 지아비의 몸 위에 자기 몸을 싣고는 이로써 수태하게 됩니다. 이것은 고대 신화에서는 다양한 상징적 형태로 자주 나타나는 테마입니다. 이름하자면

'죽음으로부터 나오는 생명'의 테마라고 할 수 있지요. 이윽고 나일강으로 돌아온 이시스 신은 파피루스 숲에서 아기, 곧 호루스를 낳습니다. 앞에서 잠깐 언급했습니다만, 이것이 바로 후일에 성모의 모델이 된, 신의 아들을 잉태하고 낳은 여신의 이미지인 것이지요.

모이어스 그러면 제비는 후일에는 비둘기가 되겠군요.

캠벨 그렇지요. 하늘을 나는 비둘기는 영혼을 상징하는 아주 보편적인 이미지이지요. 기독교에서도 역시 성령의 상징이 됩니다.

모이어스 성모 이미지와 관련된 상징이겠군요?

캠벨 성령으로 잉태한 어머니와 관련된 상징이지요. 하지만 이시스 이야기는 조금 더 계속됩니다. 투기 잘하는 세트는, 이시스 여신이 시리아에 가 있는 동안 오시리스의 보좌를 대신 차지하고 있지요. 그러나 그 보좌에 앉을 자격을 제대로 얻으려면, 세트는 이시스 여신과 혼인하지 않으면 안 됩니다. 이집트의 성화(聖畵)를 보면 항상 그 보좌를 차지할 자격이 있는 신은 이시스 여신인 것으로 그려지지요. 파라오가 앉는 보좌가 바로 이시스 여신입니다. 그러니까 파라오는 어머니의 무릎에 앉는 어린아이 자격으로 그 보좌에 앉는 것이지요. 샤르트르 대성당을 보면 서쪽 측면이 성모의 이미지로 빚어진 보좌로 이루어져 있습니다. 그러니까 아기 예수는 바로 이 보좌에 앉아, 세상의 왕으로서 세상을 축복하는 겁니다. 따라서 이 이미지는 고대 이집트로부터 우리에게로 계승된 것임이 거의 틀림이 없지요. 그러니까 초기 기독교의 교부(敎父)들과 예술가들은 그 이미지를 이집트로부터 의도적으로 차용한 겁니다.

모이어스 기독교 교부들이 이시스의 이미지를 차용했다니요?

캠벨 정확하게 그렇지요. 그들 스스로 그렇게 고백하고 있어요. 당시의 책에는, "옛날에는 신화의 이미지에 지나지 않았던 이러한 형상이 이제 이렇듯 우리 구세주 안에서 되살아난다"는 구절이 있어요. 여기에서 신화의 이미지라고 하는 것은 죽

〈아문 라의 좌상〉
파라오가 앉는 보좌가 바로 이시스 여
신입니다. 그러니까 파라오는 어머니
의 무릎에 앉는 어린아이 자격으로 그
보좌에 앉는 것이지요. 샤르트르 대성
당을 보면 서쪽 측면이 성모의 이미지
로 빚어진 보좌로 이루어져 있습니다.
그러니까 아기 예수는 바로 이 보좌에
앉아, 세상의 왕으로서 세상을 축복하
는 겁니다. 따라서 이 이미지는 고대
이집트로부터 우리에게로 계승된 것
임이 거의 틀림이 없지요.

음과 재생을 경험하는 신들, 가령 아티스, 아도니스, 길가메시, 오시리스 등의 이미지를 의미합니다. 신의 죽음과 재생 이미지는 어느 문화권의 신화에서도 볼 수 있는 아주 흔한 이미지입니다. 흔히 이런 이미지는, 달마다 죽음을 맞았다가는 재생하는 달의 이미지와 관련된 형태로 나타나고는 하지요. 달이 죽음을 맞기 때문에 세상의 밤은 이틀 밤 동안, 혹은 사흘 밤 동안 암흑 천지가 됩니다. 생각해보세요. 그리스도 역시 이틀 밤, 혹은 사흘 밤 동안 무덤에 있지 않았던가요?

예수가 태어난 날짜가 정확하게 언제인지는 아무도 모릅니다. 그러나 우리는 대개 이 날짜를 12월 25일로 잡고 있지요. 12월 25일은 동지(冬至) 전후, 그러니까 그동안 자꾸만 길어지던 밤이 짧아지면서 낮이 길어지기 시작하는 날이지요. 말하자면 빛이 부활하는 날입니다. 이날은 바로 페르샤의 빛의 신 미트라의 생일이기도 합니다. 미트라는 곧 태양의 신이지요.

모이어스 이것은 무엇을 의미합니까?

캠벨 우리 삶과 우리 생각의 죽음과 부활을 의미합니다. 즉 과거의 죽음과 미래를 향한 부활, 곧 수성(獸性)의 죽음과 영혼으로서의 부활을 의미하는 것이지요. 죽음과 재생의 상징을 보면 이 점은 아주 선명하게 드러나지요.

모이어스 이시스가 이런 말을 한 것으로 기억합니다.

"나는 만물의 자연모(自然母)인 여신이다. 나는 만물의 연인이자 지배자이다. 나는 지옥에 있는 여신들, 천상에 있는 으뜸자리 여신들을 힘으로 다스린다. 그래서 나는 홀로, 오로지 한 형상을 통하여, 이 세상의 모든 신과 여신으로 현현한다."

그래서 이시스는 이런 말을 할 수 있는 것이군요?

캠벨 이시스의 그런 발언은 비교적 후대의 해석에서 나온 겁니다. 구체적으로 말하자면 2세기에 아풀레이우스가 쓴 《황금 나귀》에 그런 발언이 등장하지요. 《황금 나귀》는 인류 역사상 최고(最古)의 소설 중 하납니다. 이 책의 주인공은 탐욕을 부리다가 그만 나귀가 되고 말지요. 이시스 여신의 은혜를 입어 본 모습을 되찾는 구원을 얻으려면, 주인공은 일련의 험한 고통과 능멸의 시련을 겪지 않으면 안 됩니다.

그런데 나귀가 온갖 시련을 겪고 있는 참에 이시스 여신이 한 송이 장미(탐욕이 아니라, 신들의 사랑을 상징하는)를 손에 들고 나타납니다. 나귀가 된 주인공은 그 장미를 먹어버림으로써 사람의 모습을 되찾지요. 이렇게 거듭난 사람은 여느 사람이 아닌, 깨달은 사람, 곧 성인입니다. 말하자면 이 주인공은 처녀를 통한 거듭나기를 경험한 셈이지요. 결국 주인공은 처음에는 수성(獸性)을 지닌 범용한 인간이었다가 영적인 죽음의 경험을 통하여 재생하게 됩니다. 재생은, 영적으로 화신하는 고귀한 또 하나의 탄생입니다.

이 재생을 가능하게 하는 것이 바로 여신이지요. 재생은 영적인 어머니를 통해 이루어집니다. 이런 어머니가 바로 성모 교회인 파리 대성당, 샤르트르 대성당의 노트르담(성모)인 것이죠. 그리고 우리는 교회로 들어감으로써, 그리고 교회를 나섬으로써 거듭나는 겁니다.

모이어스 여기에 여성 원리 특유의 힘이 작용하는 것 같은데요?

캠벨 이 소설에는 그렇게 되어 있지만 반드시 여성 원리 특유의 힘이라고 할 필요는 없어요. 남성 원리를 통해서도 거듭날 수 있습니다. 그러나 이 상징 체계에 따르면 여성 원리는 거듭 생성시키는 힘이 됩니다.

모이어스 그래서 그리스도의 사후인 서기 431년에 소집된 에베소(에페소스) 공의회(公議會)가 마리아를 하느님의 어머니인 것으로 공포했던 거군요? 이러한 교리가 구체화된 게 이때가 처음은 아니지요?

캠벨 물론 아닙니다. 그전에도 교회 내에서 그런 문제가 자주 거론되고는 했지요. 그런데 공교롭게도 이러한 결정이 내려진 곳은, 로마 제국에서 가장 큰 디아나 여신(그리스 이름으로는 아르테미스가 되겠지요)의 신전이 있는 신전 도시입니다. 안에서 공의회가 진행될 동안 밖에서는 마리아를 찬양하는 에베소 시민들의 시위가 있었다지요. 시민들은, "여신이시다, 여신이시다, 마리아는 당연히 여신이다!", 이렇게 외쳤더랍니다.

그런데 자세히 보면 말이지요, 바로 이 시점에 카톨릭 전통 속으로 히브리의 구세주 관념과, 그리스의 구세주 관념이 흘러들어 옵니다. 말하자면, 영적인 권능과 세속적인 권능의 통합을 상징하는, 가부장제적이고 유일신적인 히브리의 구세주 관념과, 처녀신의 몸에서 태어나 한 번 죽었다가 부활하는 위대한 여신의 아들이라는 그리스의 고전적인 관념이 만나는 겁니다. 그리스는 부활하는 구세주 모티프가 굉장히 많은 곳이랍니다.

근동 아시아의 경우, 이 시간의 장으로 하강하는 신은 원래 남신이 아니고 여신이지요. 그리스도는 실제로 자비로운 여신의 역할을 함께 맡고 있어요. 그러나 성처녀가 하느님의 화신이라는 논리가 묵인되면서부터는 성처녀 자신이 인류의 구속(救贖)에 상당한 영향력을 미치게 됩니다. 이렇게 되면서부터는 성처녀의 고통이 아들인 그리스도의 고통과 동일시되는 현상이 두드러지게 됩니다. 실제로 카톨릭 교회에서는 마리아가 '공동 구세주(co-savior)'로 불리는 것으로 압니다.

모이어스 남성 원리와 여성 원리의 통합과 관계가 있는 이 수많은 이미지는 결국 어떤 의미를 지니는 것입니까? 원시 사회에서는 상당히 오랜 기간 동안 여성이 신화 이미지를 주도해왔던 것으로 압니다. 그런데 이 남성적이고 공격적이고 호전적인 이미지가 등장하다가, 이번에는 상황이 역전되어 창조와 재창조에서 여성이 다시 중요한 역할을 맡는 옛날로 되돌아가는 듯한 느낌을 받게 됩니다. 남성 원리와 여성 원리가 지니는 상대방에 대한 근본적인 동경과 어떤 관계가 있는 것입니까?

캠벨 그렇게 봐야겠지요. 하지만 이건 역사적인 문맥에서 이해하고 싶군요. 이 모신이 인도의 인더스 골짜기 건너편에서는 여왕 노릇을 겸하고 있었다는 사실은 대단히 흥미롭지요. 에게해(海)에서 인더스에 이르기까지 상당히 광대한 지역에서 이 모신 이미지가 인류를 주도하지요.

그런데 북쪽으로부터 인구인(印歐人)들이 페르시아, 인도, 그리스, 이탈리아로 내려오면서부터는 남성 위주의 신화가 태동합니다. 남성 위주의 신화가 대두되는 지역은 인구인들이 내려온 지역과 거의 일치합니다. 인도의 경우 이러한 경향은 《베다》, 그리스의 경우는 호메로스 중심의 문화 전통에 잘 나타납니다. 그런데 이로부터 약 5백 년 뒤부터 여신이 권토중래하는 경향이 나타나기 시작합니다.《우파니샤드》는 기원전 7세기에 성립되는데, 이 시기는 인도에서는 물론 에게해 문화권에서도 여신이 권토중래하는 시기와 거의 일치합니다.《우파니샤드》에 실린 이야기는《베다》시대의 남신들에게서 시작됩니다.

《베다》시대 남신들은 어느 날 하늘에서 연기 같기도 하고 안개 같기도 한 무정형(無定形)의 형상이 내려오는 걸 봅니다. 그 중 하나가 묻습니다.

"저게 대체 무엇인가?"

그런데 좌중에는 아는 신이 없어요. 그 중 한 신이 나섭니다.

"내가 가서 저것이 무엇인지 알아내리라."

이 신이 가서 연기 같기도 하고 안개 같기도 한 그 무정형 형상에게 이렇게 물어요.

"나는 불의 신 아그니다. 나는 이 세상 만물을 태워버릴 수 있다. 너는 무엇이냐?"

그런데 이 무정형의 형상에서 지푸라기 같은 것이 하나 나와 하늘거리다가 땅에 떨어집니다. 그때 무정형 형상이 말합니다.

"네가 어찌 태우는지 어디 한번 보자."

불의 신 아그니는 그걸 태우려고 해보지만 결국 하릴없게 되지요. 불의 신은 신들에게 가서 보고합니다.

"불로 아무리 태우려 해도 타지 않으니 참으로 이상한 것도 다 있다."

이번에는 바람의 신이 나서서 자기가 한번 대적해보겠다고 하고는, 그 무정형에게 다가가서 말하지요.

"나는 바람의 신 바유, 이 세상 만물을 날려버릴 수 있다. 너는 무엇이냐?"

역시 지푸라기 같은 것을 하나 떨어뜨리면서 무정형이 말합니다.

"네가 어찌 날리는지 어디 한번 보자."

바람의 신도 실패하고 말지요. 이렇게 되자 《베다》 시대의 최고신인 인드라가 무정형에 다가갑니다. 인드라가 다가가자 갑자기 연기 같기도 하고 안개 같기도 하던 그 무정형이 사라지면서 그 자리에 아름답기도 하고 신비스럽기도 한 여인이 하나 모습을 드러냅니다. 이 여인은 신들에게, 존재의 바탕이 되는 신비가 어떤 것인지 가르쳐주지요.

"그대들 남성은, 궁극적인 존재의 신비에게서 힘을 부여받았는데 조금 전에 그대들이 본 것이 바로 그것이다. 존재의 신비는 그대들에게 힘을 부여할 수도 있고 그 힘을 거두어갈 수도 있다."

이 '존재하는 만물 중에서 으뜸가는 존재'를 인도어로는 '브라만'이라고 하는데, 이건 남성 명사도, 여성 명사도 아닌 중성 명사예요. 여자를 인도어로는 '마야-샤크티-데비'라고 합니다. 이건, '생명을 주신 여신이자 형상을 주신 어머니'라는 뜻입니다. 그러니까 《우파니샤드》에서 이 여신은 바로 《베다》 시대 신들에게, 자기네가 획득한 권능과 존재의 궁극적인 근원이 어디에 있는가를 가르치는 스승으로 등장하고 있는 겁니다.

모이어스 그러니까 여성의 지혜를 상징하는군요?

캠벨 형상을 부여한 존재로서의 여성이지요. 여성은 생명에 형상을 부여했기 때문에 《베다》 시대의 남성신들이 어디에서 왔는지 알고 있었던 거지요. 이 세상 만물의 존재가 비롯된 곳은 남성과 여성이 분화되지 않은 곳, 그러니까 성(性) 너머에 있어요. 그곳은 존재와 비존재를 초월해 있어요. 그러니까 존재하는 곳인 동시에 존재하지 않는 곳입니다. 그러니까 우리의 생각과 마음의 범주를 훨씬 초월해 있는 것이지요.

모이어스 《신약성서》에는, "예수님 안에서는 남성도 없고 여성도 없다"는 참으로 멋
진 말이 있습니다. 궁극적인 의미에서는 남성도 없고 여성도 없다는 뜻이겠지요.

캠벨 당연하지요. 만일에 예수가 우리 존재의 근원이라면 우리 모두가 곧 예수의 생
각이자 마음인 것이지요. 실제로 그는 육화(肉化)한 말씀이기도 합니다.

모이어스 선생님도 그렇고 저도 그렇고 겉은 남성이지만, 실제로는 남성과 여성의
특징을 고루 지니고 있는 것이군요.

캠벨 육체라는 것이 원래 그래요. 언제 분화되는지 정확하게는 모르겠지만 우리가
태아 상태일 때는, 남성이 될 것인지 여성이 될 것인지가 정해지는 어떤 시점이
있다고 해요. 이 시점에 있을 때의 우리 육신은 남성과 여성의 잠재력을 공유하고
있는 셈이지요.

모이어스 그래서 남성과 여성은 서로를 귀하게 여기기도 하고 서로를 압박하기도
하는 것이군요.

캠벨 중국의 음양(陰陽) 이미지를 아시지요? 원 안에 검은 물고기 비슷한 형상과 흰
물고기 비슷한 형상이 서로 꼬리를 물고 있는 이미지입니다. 그런데 검은 물고기
비슷한 형상을 자세히 보면 가운데에 흰 점이 하나 있어요. 물론 흰 물고기 비슷
한 형상에도 검은 점이 하나 있고요. 바로 이 점이 있기 때문에 음양은 상호 작용
을 하는 겁니다.

우리는 어떤 경우에든, 참여하지 않으면 상호 작용을 일으킬 수 없어요. 하느님
을 '절대 타자(絶對他者)'로 보는 관념이 엉터리인 까닭이 여기에 있어요. '절대 타
자'와 나 사이에는 상호 작용이 있을 수 없지요.

모이어스 선생님께서 말씀하시는 영적인 변모 과정에서, 변모 자체는 양육과 창조
와 화합 같은 여성적인 특징이 어느 정도 개입하는가에 따라 달라지는 게 아닙니
까? 서로 겨루고 다투는 남성적 특징이 개입해서는 안 되지 않습니까? 우리가 여

기에서 다루고 있는 여성 원리의 핵심은 바로 이것이 아닐는지요?

캠벨 그래요, 어머니는 모든 자식을 고루 사랑합니다. 멍청한 자식도 사랑하고, 똑똑한 자식도 사랑하고, 말썽꾸러기도 사랑하고, 착한 자식도 사랑합니다. 어머니의 사랑에는 자식의 성격 같은 것은 전혀 문제가 안 되지요. 그래서 여성 원리는, 자식에 대한 배타적인 사랑이 아닌 포괄적인 사랑을 상징합니다. 그러나 아버지는 엄격합니다. 아버지 이미지는 사회 질서나 사회 성격과 밀접한 관계를 지닙니다. 실제로 아버지 이미지는 사회 속에서도 그런 방향으로 기능하지요. 어머니가 자식에게 본성을 부여한다면, 아버지는 자식에게 사회적인 성격을 부여합니다. 말하자면 그 사회 속에서 어떻게 기능할 것이냐를 가르치는 것이지요.

따라서 근본으로 돌아서는 경향을 보인다는 것은 곧 어머니 원리로 돌아가는 경향을 드러내고 있다는 뜻입니다. 이러한 경향이 언제 또 가부장적 원리로 되돌아갈지는 나도 모르겠어요.

왜냐, 이 땅의 모든 조직은 거대 규모화하고 있는데, 이러한 현상 자체가 남성적 기능이 두드러지기에 생기는 현상이기 때문입니다. 그래서 장차 어떤 경향이 나타날지는 예견할 수 없는 겁니다. 하지만 그 근본, 혹은 자연은 언제 돌아와도 돌아옵니다.

모이어스 그래서, "지구를 살리자"는 말이 곧 우리 자신을 살리자는 말일 수 있는 것이군요.

캠벨 그겁니다. 이 사회에서 어떤 일이 생겼으면 좋겠다고 하는 우리의 기대는 우리 인간의 정신에 어떤 변화가 와야, 이로써 사회가 전혀 새로운 경험을 할 수 있어야 이루어집니다. 여기에서 아주 중요한 질문이 제기됩니다. "우리는 우리 자신을 어떤 사회, 그 사회의 어떤 무리와 동일시하는가?" "우리는 온 세상 사람들과 함께 살아가야 하는가, 아니면 우리가 속한 특정 무리와만 함께 살아가야 하는가?", 하는 질문입니다. 미국의 건국 초에 13개 주 대표가 모였을 때 했던 생각도 바로 이것입니다. 즉 그들은 바로 그들 자신을, 특정 지역의 특정 이익을 고려하지 않는 하나의 국가로 여겼던 겁니다. 이와 비슷한 일이 지구촌이라는 차원에서 한번 일어나야 하지 않겠어요?

모이어스 남성 원리, 여성 원리, 처녀 수태, 우리의 거듭나기를 가능하게 해주는 영적인 힘……. 이런 것들을 다루다 보니 한 가지 의문이 생겨납니다. 모든 시대의 현자들은 우리에게, 영적으로 살면 바람직한 삶을 살 수 있다고 가르쳤습니다. 하지만, 우리가 곧 육(肉)인데 어떻게 영적으로 살 수 있습니까? 사도 바울은, "육의 욕망은 영에 반하고 영의 욕망은 육에 반한다"고 했습니다. 어떻게 하면 우리는 영적으로 사는 방법을 배울 수 있습니까?

캠벨 옛날에는 스승이라고 불리던 사람이 그 방법을 가르치는 일을 했어요. 즉 옛날의 스승들에게는 제자들에게 영적인 삶의 단서를 줄 의무가 있었지요. 그래서 사제들이 있었고, 의례라는 게 있었던 겁니다. 의례의 집전은 곧 신화의 '연출'입니다. 우리는 의례를 통해서만 신화적인 삶을 체험할 수 있습니다. 우리가 영적으로 사는 방법을 배우는 것은 바로 그런 체험에의 참여를 통해서만 가능합니다.

모이어스 신화에 등장하는 이야기는 실제로 영적인 삶으로 가는 길을 가르쳐주고 있습니까?

캠벨 그렇지요. 신화는 우리에게 단서를 제공하고 있어요. 신화는 우리에게 약도(略道)까지 그려주고 있어요. 우리 주위에는 이런 약도가 얼마든지 있어요. 그런데 이 약도라고 하는 게 다 같지는 않아요. 약도 중에는, 자기네 무리 안의 일만 관심을 두라고 하는 것도 있고, 자기네 종족신(種族神)만 섬기기를 요구하는 것도 있습니다. 그런가 하면 우주의 어머니인 위대한 여신의 계시가 담긴 약도는 우리에게 이 세상 만물을 자비로 대할 것을 요구합니다. 이 약도는, 이 땅이 곧 여신의 몸이니 이 땅 자체의 신성도 섬겨주기를 요구합니다.

이 세상 만물을 창조하면서 야훼는 남성을 창조하되 먼저 형상을 빚고 여기에다 생명을 부여합니다. 결국 야훼 자신은 그 형상 안에 없습니다. 그러나 여신은 다릅니다. 여신은 우리 안에도 있고 밖에도 있습니다. 우리의 몸은 곧 여신의 몸이기도 합니다. 우주와 우리가 별개가 아니라 결국은 하나라는 인식을 가능하게 해주는 것, 이것이 신화인 것입니다.

모이어스 바로 그 점 때문에 저에게는 인류의 미래가 밝아 보이지 않는 겁니다. 그리고 인류를 구원하기 위한 영웅의 여행이 우주에서 이루어지고 있다는 것도요. 그 여행은 마땅히 이 땅에서, 우리 몸 안에서, 우리 존재의 모태 안에서 이루어져야 하는 것이 아닙니까?

캠벨 그렇고 말고요. 우리가 우주로 나갈 때 가져가는 것은 바로 우리입니다. 그런데 우리가 변하지 않으면 우주도 우리를 변하게 할 수 없습니다. 그러나 우주에 관한 우리의 생각이 깨달음에 이르는 단서가 되기는 합니다. 세계 지도를 보니까 두 쪽짜리 부록이 들어 있던데요, 그걸 보니까 수많은 은하계 중에 우리 은하계가 있고 이 우리 은하계 안에 우리 태양계가 있습니다. 우리는 여기에서 지금 한창 인류가 그 신비를 캐고 있는 이 우주의 어마어마한 힘을 느끼지 않을 수 없습니다. 그 부록을 펼쳤더니, 우리가 상상도 할 수 없는 우주의 크기, 우리가 상상도 할 수 없는 우주의 역동적인 힘이 하나의 환상이 되어 펼쳐지더군요.

이 우주에는 수억 개, 수억 갑절이나 되는 열원자로(熱原子爐)가 흩어진 채 불길을 내뿜고 있어요. 이 열원자로가 바로 별인데, 우리 태양은 그런 별 중 하납니다. 그 중 많은 별은 실제로 산산조각이 나면서 우주 저편으로 흩어지는데, 지금 이 순간에도 여기에서 나오는 먼지와 가스에서 수많은 행성이 생겨나고 있습니다. 그런데 이런 일이 벌어지고 있는 아득한 우주 저편에서 끊임없이 무슨 소리가 들려온다지 않습니까? 이 초음파는 이른바 창조의 '빅뱅'이라는 대폭발의 메아리라더군요. 이런 초음파 중에는 자그마치 18억 년 전에 발생한 것도 있다는 것입니다. 18억 년 동안이나 우주를 가로질러와 이제야 우리에게 들리게 된 것이지요.

모이어스 씨, 우리는 이런 데 살고 있어요. 이게 무엇을 의미하는지 깨닫는 사람은, 이 광막한 우주의 마이크로비트에 지나지 않는 우리가 얼마나 중요한 존재인가 하는 것도 깨달을 수 있을 겁니다. 그래요. 우리와 이 광막한 우주는 하나라는 느낌을 경험할 수 있어야 합니다. 우리도 이 우주에서 벌어지는 이 엄청난 변화에 참가하고 있다는 걸 알아야 합니다.

모이어스 그런 인식과 체험이 바로 여기에서 시작되어야 한다는 것이군요.

캠벨 바로 여기에서 시작되어야 하는 것이지요.

베르너 폰 테우펜의 필사본에 그려진 음유시인
음유시인들은 사랑의 심리에 관심이 많았어요. 지금의 우리는 사랑이라는 것을 개인 대 개인의 관계라고 생각하잖아요?
음유시인들은 아마 유럽 최초로 사랑을 이런 식으로 생각했던 사람들일 거예요.

7. 사랑과 결혼 이야기

이렇듯 사랑은 눈과 눈을 통하여 마음을 얻는다. 눈과 눈은 마음의 척후병이라서 마음이
무엇을 얻으려 하는가를 샅샅이 염탐한다. 이렇듯 서로 하나가 될 때, 두 눈과 마음이 한 덩어리가
될 때, 두 눈이 본 것을 마음이 좋게 여기므로, 여기에서 온전한 사랑이 태어난다. 오로지 마음이
움직이는 데서만 태어나거나 시작될 뿐, 사랑은 다른 데서는 태어나지도 시작되지도 않는다.
두 눈이 마음에서, 두 눈과 마음이 기쁨을 누리는 덕에, 두 눈과 마음이 그리 하기를 바라는 덕에,
사랑이 태어난다. 진정한 사랑에 빠진 자는 사랑이, 가슴과 눈과 눈에서 태어난 온전한 정성임을
알기 때문에 사랑이 다름 아닌 희망임을 알기 때문에 서둘러 연인에게로 달려간다. 그러면 눈은 꽃을
피우고, 가슴은 꽃을 성숙하게 하는데, 이 성숙한 열매에서 여무는 씨앗을 우리는 사랑이라고 한다.
— 귀로 드 보르네이유

모이어스 '사랑'이라고 하면 주제의 폭이 대단히 넓습니다만, 제가 선생님께 "사랑
에 관해서 좀 이야기하는 게 좋겠습니다"라고 하면 어떻게 시작하시겠습니까?

캠벨 12세기의 음유시인들 이야기에서 시작할 테지요.

모이어스 그들이 누구입니까?

캠벨 처음에는 프로방스 귀족 중의 일부를 지칭하는 말이었는데, 나중에는 프랑스
의 다른 지역과 유럽 전역으로 확산되었지요. 독일에서는 '미네징거', 즉 연가수
(戀歌手)라고 불리지요. '미네(Minne)'는 '사랑'을 뜻하는 중세 독일어이지요.

모이어스 그렇다면 그 시대의 시인들이었겠군요?

캠벨 그렇긴 하지만, 특별한 성격을 지니는 시인들이에요. 음유시인들이 발호한 게
12세기입니다. 그런데 이 음유시인의 문화가 1209년의 이른바 알비주아파(派) 숙
청 때 프로방스에서 뿌리를 뽑힙니다. 교황 인노켄테우스 3세가, 로마 카톨릭에
반대하는 알비주아파 이단자들을 숙청하기 위해 결성한 십자군은 유럽 역사상 가

장 잔인했던 십자군으로 손꼽힙니다.

그런데 음유시인들이, 중세 성직자들의 타락에 항의하는 집단으로 결성되어 당시 득세하던 알비주아파의 마니교 계열의 이단자들과 손을 잡아요. 사실 음유시인들은 종교 운동과 별 관계가 없었어요. 사랑이라는 관념에 대한 특이한 해석이 이들의 종교 생활에 좀 복잡하게 얽혀들었다 뿐이지…….

모이어스 사랑의 해석을 다르게 했습니까?

캠벨 음유시인들은 사랑의 심리에 관심이 많았어요. 지금의 우리는 사랑이라는 것을 개인 대 개인의 관계라고 생각하잖아요? 음유시인들은 아마 유럽 최초로 사랑을 이런 식으로 생각했던 사람들일 거예요.

모이어스 그럼 그전에는 사랑의 정의가 무엇이었습니까?

캠벨 그전에는, 사랑이란 우리에게 성적 욕망을 야기하는 꼬마 신 에로스의 장난에

〈크리슈나를 꾀도록 라다에게 꽃화살을 쏘는 카마〉, 인도, 17세기
인도의 사랑의 신은 활과 화살통을 든, 덩치가 우람하고 힘이 좋은 청년이랍니다.
이 화살은 '죽음의 고통이 따르는 고뇌' '개안(開眼)' 등으로 불리지요.
이 사랑의 신이 쏜 화살에 맞으면 누구든 육체적·심리적 폭발을 경험하게 되지요.

지나지 않았지요. 그러나 음유시인들이 이해하는 사랑은 그런 게 아니었던 겁니다. 사랑에 빠지는 건 개인적인 경험인데, 에로스가 끼여든다면 그것은 개인적인 경험이 아니잖아요? 그런데 이때 사람들은 아모르의 존재를 몰랐나봐요. 하지만 음유시인들이 알기로 아모르는 개인적이었어요. 에로스적 사랑과 아가페적 사랑은 '비개인적'인 사랑이었고요.

모이어스 설명이 필요하겠는데요.

캠벨 에로스적 사랑은 생물학적 충동에서 나와요. 즉 이성(異性)에 대해 몸으로 충동을 느끼는 사랑입니다. 개인적인 요소, 개성적인 요소는 개입할 여지가 없지요.

모이어스 그러면 아가페적 사랑은 어떻습니까?

캠벨 아가페적 사랑은 이웃을 사랑하라, 하는 식의 영적인 사랑이에요. 이웃이 누구이든 전혀 상관없이 사랑해야 하니, 이것도 개인적인 것일 수 없지요.

모이어스 결국 에로스적 사랑이 충동에 따르는 것이니까 개인적인 열정이라고 할 수 없듯이, 아가페적 사랑도 사랑이라기보다는 자비에 가깝겠군요.

캠벨 그렇지요. 타인을 향해서 마음을 여는 일이니까, 에로스적 사랑이 그렇듯 이것 역시 개인적인 사랑이 못 되는 거지요.

모이어스 아가페적 사랑은 종교적인 충동이겠군요?

캠벨 그래요. 하지만 아모르적 사랑 역시 종교적 충동이 될 수 있어요. 결국 음유시인들은 아모르를 가장 고귀한 정신적 경험으로 인식하게 됩니다.

아시겠지만 에로스의 체험은 일종의 사로잡히기예요. 인도의 사랑의 신은 활과 화살통을 든, 덩치가 우람하고 힘이 좋은 청년이랍니다. 이 화살은 '죽음의 고통이 따르는 고뇌' '개안(開眼)' 등으로 불리지요. 이 사랑의 신이 쏜 화살에 맞으면 누구든 육체적·심리적 폭발을 경험하게 되지요. 그런데 이와 달리 아가페적인 사랑은 이웃을 내 몸처럼 대하듯 하는 그런 사랑입니다. 앞에서도 말했지만 이웃이 누구냐 하는 것은 아무 상관도 없는 겁니다. 누구든 이웃이기만 하면 이런 종류의

⟨비너스, 큐피드, 우신(雨神) 그리고 시간⟩, 일 브론치노(1503∼1572)
아모르적 사랑은 음유시인들이 노래하듯 눈과 눈이 만나는 데서 싹트지요.
말하자면 개인 대 개인의 사적인 경험인 겁니다.

사랑을 느껴야 하는 거지요.

여기에 견주어 아모르적 사랑은 순수하게 개인적인 성격을 지니는 사랑입니다. 이 아모르적 사랑은 음유시인들이 노래하듯 눈과 눈이 만나는 데서 싹트지요. 말하자면 개인 대 개인의 사적(私的)인 경험인 겁니다.

모이어스 선생님 책에서 눈과 눈이 만나는 사랑에 관한 음유시인들의 시를 읽은 적이 있습니다. "이렇듯 사랑은 눈과 눈을 통하여 마음을 얻는다⋯⋯.", 이렇게 시작되지요, 아마?

캠벨 이런 사랑은 교회가 주장해온 사랑과는 극과 극이지요. 이것은 개성적인 사랑, 개인적인 사랑의 경험입니다. 나는 서구를 위대하게 한 것, 다른 전통과 전혀 다른 전통을 가능하게 했던 것은 바로 이 경험이었을 거라고 생각하곤 한답니다.

모이어스 결국 사랑을 경험하겠다는 용기가 전통에 반하는, 다시 말해서 교회 전통에 반하는 자기만의 경험에 뛰어들게 했겠군요. 그런데 이게 어째서 서구 문화에 기여할 수 있었다는 것입니까?

캠벨 바로 그 용기 덕분에 서구 문화에서 개인이 중요해지는 겁니다. 다시 말해서 이런 종류의 사랑을 경험한 사람들은 남들에게서 이어받은 체험이 아닌 자기만의 체험, 그 체험에서 우러난 신념을 중요시할 수밖에요. 인간성이란 무엇인가, 인생이란 무엇인가, 가치란 무엇인가⋯⋯. 이런 문제에 대한 개인적인 체험은 획일적인 체계를 무너뜨립니다. 획일적인 체계는 기계적인 체계입니다. 기계라고 하는 것은, 같은 공장에서 나온 다른 기계와 똑같은 기능밖에는 발휘하지 못하지요. 그런데 개인주의가 대두되면서 그것이 무너지게 되는 겁니다.

모이어스 서구에서 낭만적인 사랑이 대두되는 것에 대해서 선생님께서는, '크레도에 대한 리비도의 승리'라고 하셨는데, 어떤 뜻으로 하신 말씀입니까?

캠벨 '크레도〔信經〕'는, '믿습니다'로 시작되어 '믿습니다'로 끝납니다. 교리만 믿겠다는 게 아니라 그 교리라는 것이 하느님이 만든 가르침 그대로라는 것까지 믿겠다는 겁니다. 그러니까 하느님과는 시비할 일이 없어지는 거지요. 그런데 이 교리가 이번에는 무거운 짐이 되어 개인을 짓누릅니다. 그렇다고 해서 여기에 불복할 수도 없지요. 그것은 죄악이 되니까 개인의 내적인 면에도 큰 문제를 일으킵니다.

모이어스 무슨 말씀인지 알겠습니다.

캠벨 믿으니까 고해를 해야지요. 고해를 할 때는 그동안 지은 죄를 줄줄이 꿰어냅니다. 그런데 죄악에 집착해 있으니까 신부 앞에서, "이번 주일에는 죄라고는 하나도 안 지었으니까, 신부님, 저를 축복해주세요!", 이런 말은 하게 되지 않습니다. 왜? 사람은 죄악을 생각하다 보면 정말 죄인 비슷하게 되니까요. 삶의 의지를 이렇게 짓밟아놓는 것, 이게 바로 '크레도'라는 겁니다.

모이어스 리비도는 어떻습니까?

캠벨 리비도는 삶의 충동입니다. 가슴에서 나온 것이지요.

모이어스 가슴이라면…….

캠벨 타인을 향하여 열려야 할 우리의 기관이지요. 가슴을 열고 남에게 관심을 기울일 수 있다는 게 바로 짐승들과는 다른 인간의 특질 아닙니까?

모이어스 그러니까 중세의 낭만적인 사랑은 욕망이나 열정, 혹은 일반적인 종교 감정과는 전혀 다른 것이었다는 뜻입니까?

캠벨 그래요. 잘 아시겠지만 전통 사회의 결혼 풍습을 보면, 대개의 경우 배우자는 당사자가 고르는 것이 아니고 집안이 고르게 되어 있어요. 그러니까 전혀 개인 대 개인이 아닌 거지요. 인도에는 오늘날에도 결혼 브로커들이 내는 광고가 신문에 수 줄씩이나 나옵니다. 내가 거기에서 알게 된 어느 집안 이야기인데요, 딸의 결혼 날짜가 정해졌는데도 막상 당사자는 배우자 얼굴을 본 적이 없어서, 오빠들에게 "키는 커요? 얼굴빛이 검어요? 어떻게 생겼어요?" 하고 묻는 걸 봤어요.

중세의 경우 결혼은 교회로부터 축복을 받을 수 있는 것이어야 했어요. 그러니까 음유시인들의 개인 대 개인의 사랑은 위험하기 짝이 없는 것일 수 있었지요.

모이어스 이단이었다는 겁니까?

캠벨 이단일 뿐만 아니라 간음, 정신적인 간음인 거지요. 결혼이 사회에 의해 결정되는 풍토였기 때문에 음유시인들이 말한 이른바 눈과 눈의 만남에서 오는 사랑은 대단히 높은 정신적 가치를 지녔습니다.

예를 하나 들어봅시다. 《트리스탄과 이졸데》 이야기에서 이졸데는 원래 마르크왕과 약혼이 되어 있었어요. 그런데 둘은 서로 얼굴을 본 적도 없어요. 트리스탄은 이졸데를 마르크왕의 궁전까지 데려다주는 임무를 맡지요. 이졸데의 어머니는 사랑의 묘약을 준비합니다. 이 사랑의 묘약이 있으면 결혼하기로 내정되어 있는 두 사람은 진짜 사랑에 빠지게 됩니다.

이졸데의 어머니는 이졸데의 유모에게 사랑의 묘약을 맡기지요. 그런데 유모의 관리가 허술했던 바람에 트리스탄과 이졸데가 이걸 포도주인 줄 알고 나누어 마시게 됩니다. 물론 사랑에 빠지고 말지요. 하지만 이들이 이때 처음으로 서로를 사랑하게 된 것은 아닙니다. 전부터도 서로를 은밀하게 사랑하고 있었지만 서로 의식하지 못했다뿐이지요. 그 의식하지 못했던 사랑을, 사랑의 묘약이 일깨워놓은 겁니다. 누구에게나 젊은 시절에는 이런 종류의 체험이 있었을 겁니다.

음유시인들의 관점에서 볼 때, 마르크왕과 이졸데는 비록 혼약은 되어 있다고 하더라도 서로 사랑할 자격은 없는 것이죠. 게다가 둘은 서로의 얼굴도 본 적이 없어요. 진정한 결혼은, 상대에게서 동일성을 인식하는 데서 시작되는 것입니다. 이런 결혼에서 육체적인 하나 되기는 정신적 하나 되기를 확증하는 순서에 지나지 않는 거지요. 거꾸로 말하자면, 결혼은 육체적 관심에서 시작되어 정신화하는 것이 아닙니다. 따라서 진정한 결혼은 사랑, 즉 아모르의 영적인 충돌에서부터 시작되는 겁니다.

모이어스 그리스도는 '마음으로 하는 간음'이라는 말을 했습니다. 마음으로 하는 간음이 곧 마음과 정신에서 비롯되는 영적인 화합을 깨뜨리는 것이라고요.

캠벨 마음과 마음이 주관하는 것이 아니라 사회가 주관한다는 것 자체가 벌써 영적인 화합을 깨뜨리고 들어가는 것 아닌가요? 중세 궁전의 사랑 놀음이라는 것만 해도 대단히 영적인 겁니다. 그런데도 교회의 사고방식과는 정면으로 위배되는 것이었어요. 그러고 보니 '아모르, 즉 AMOR라는 단어는 로마 카톨릭 교회를 뜻하는 로마, 즉 ROMA를 거꾸로 쓴 것이 되고 말았네요. 로마 카톨릭 교회는 성격 상 아모르적이기는커녕 정치적·사회적인 결혼도 교회적인 사고방식으로 합리화했어요. 그래서 개인적인 선택을 중요시하는, 내 식으로 말하면, 자기 천복을 좇는 움직임이 생겼던 겁니다.

물론 개인적인 사랑이라고 해서 위험이 없는 것은 아닙니다. 《트리스탄과 이졸데》이야깁니다만, 이 두 사람이 사랑의 묘약을 마신 뒤에야 유모는 그 사실을 알고는 트리스탄에게 달려가, "그대는 죽음을 마셨다"고 말합니다. 이때 트리스탄은 이졸데의 유모에게 이렇게 대답하지요.

"죽음이라니……. 이 사랑의 고통 말이오?"

〈런던 하이드 파크의 미군과 그의 애인〉, 랠프 모스, 1944년
진정한 결혼은, 상대에게서 동일성을 인식하는 데서 시작되는 것입니다. 이런 결혼에서 육체적인 하나 되기는 그 정신적 하나 되기를 확증하는 순서에 지나지 않는 거지요. 거꾸로 말하자면, 결혼은 육체적 관심에서 시작되어 정신화하는 것이 아닙니다. 따라서 진정한 결혼은 사랑, 즉 아모르의 영적인 충돌에서부터 시작되는 겁니다.

여기에서 그의 이 말이 중요합니다. 결국 사랑에는 고통이 따른다는 것이지요. 트리스탄은 이졸데에게서 진정으로 사랑을 느끼지만 이승에서 그것을 성취할 길은 없어요. 그래서 트리스탄은 이렇게 말하지요.

"죽음이라니……. 이 사랑의 고통이 죽음이라면 그것도 팔자소관이지요. 죽음이라니……. 이 사랑이 발각되었을 때 내가 받을 벌이 죽음이라면 나는 달게 받겠소. 그대가 말하는 죽음이 화염지옥에서 받게 될 영원한 벌이라고 해도 이 역시 나는 받겠소."

어마어마한 뱃심 아닙니까?

모이어스 특히 지옥을 글자 그대로 믿던 중세 카톨릭의 분위기라서 더욱 그렇습니다. 트리스탄의 이 말은 어떤 의미를 지닙니까?

캠벨 트리스탄은 자기의 사랑은 죽음보다, 고통보다, 이 세상의 어떤 것보다 귀하다는 겁니다. 이것은 삶의 고통을 대단히 대승적(大乘的)으로 바라보는 관점이지요.

모이어스 그러니까 지옥에서 영원히 벌과 저주를 받는 한이 있어도 사랑의 고통을 선택하겠다는 것 아닙니까?

캠벨 자기 천복을 따를 때는, 어떤 사람의 어떤 협박에도 두려워하지 않을 자신이 있어야 합니다. 무슨 일이 생기든지 '내' 삶과 행동은 나름의 가치를 지녀야 하는 겁니다.

모이어스 사랑을 선택하는 데도 그래야 합니까?

캠벨 사랑을 선택하는 데도 그래야 하지요.

모이어스 선생님께서는 언젠가, 천국과 지옥에 대해 이런 요지로 글을 쓰신 적이 있습니다. 천당도 그렇지만 지옥 역시 일단 가서 보면, 결국은 우리가 바라던 상태에 지나지 않을지도 모른다고요.

캠벨 내 생각이라기보다는 버나드 쇼의 생각, 더 거슬러 올라가면 단테의 생각이기도 하지요. 단테는, 지옥에서 벌을 받는 상태는 결국 지상에서 우리가 이루려 하던 상태가 영원히 계속되는 것이라고 했지요.

모이어스 트리스탄은 사랑과 천복을 원했습니다. 그래서 그는 사랑과 천복을 위해서라면 고통을 받는 것도 두려워하지 않았습니다. 그에게 지옥의 상태라고 하는 것은 결국 그가 이루려 했던 어떤 상태이겠지요.

캠벨 그래요. 윌리엄 블레이크는 그의 유명한 아포리즘 《천국과 지옥의 결혼》에서, "내가 지옥의 불길 속으로 걸어 들어가고 있을 때……. 천사는 내가 큰 고통을 받고 있는 줄 알았으리라", 이렇게 쓰고 있습니다. 지옥에 들어간 사람들에게, 천사가 아닌 사람들에게, 그 불길은 고통의 불길이 아니라 열락(悅樂)의 불길인 것이지요.

모이어스 《신곡》의 〈연옥편〉에 보면, 단테는 지옥에서 인류 역사상 유명한 연애 사건의 주인공들을 줄줄이 만나는 것으로 되어 있습니다. 단테는 헬레네도 만나고, 클레오파트라도 만나고 트리스탄도 만나지요. 그는 어떤 뜻으로 이런 글을 쓰고 있었던 것일까요?

캠벨 단테는 교회의 견해를 빌려, 이곳은 지옥이다, 그러니까 이것들은 고통을 받고 있을 것이다……. 이러고 있는 겁니다. 보세요. 단테는 바로 거기에서 당대 이탈리아에서 유명했던 연애 사건의 주인공인 파올로와 프란체스카도 만납니다. 프란체스카는 시동생인 파올로와 정분을 맺었기 때문에 지옥에 떨어졌던 것이겠지요. 그런데 단테는 무슨 사회학자처럼 프란체스카에게, "아가, 어째서 그렇게 되었느냐? 보아라, 이 꼴이 되지 않았느냐", 이렇게 묻습니다. 그러자 프란체스카가 그 내력을 잠깐 이야기하는데, 이 대목은 단테의 《신곡》 중에서도 명구로 꼽힙니다.

"저와 파올로는 정원의 나무 밑에서 기사 랜설럿과 귀네비어 이야기를 읽고 있었습니다. 이 두 주인공이 첫 입맞춤을 나누는 대목을 읽다 말고 저와 파올로는 서로를 바라보았는데, 그러고 나서는 그날 그 책을 한 줄도 더 읽지 못했습니다."

이 둘의 타락은 이렇게 해서 시작되지요.

**〈프란체스카 다리미니〉,
윌리엄 다이스(1806~1864)**
저와 파울로는 정원의 나무 밑에서 기
사 랜설럿과 귀네비어 이야기를 읽고
있었습니다. 이 두 주인공이 첫 입맞춤
을 나누는 대목을 읽다 말고 저와 파
울로는 서로를 바라보았는데, 그러고
나서는 그날 그 책을 한 줄도 더 읽지
못했습니다.

죄악으로 지탄을 받아야 마땅한 이 행위가 음유시인들에게는 절대로 지탄을 받
아서는 안 되는 아름다운 경험인 거지요. 사랑은 삶에 의미를 부여하는 것입니다.
사랑의 순간은 인생에서 고귀한 순간이지요.

모이어스 바그너는 자기 오페라 〈트리스탄과 이졸데〉에서 이런 말을 하지요?

"이 세상에 내 세상도 하나 있어야겠다. 내 세상만 가질 수 있다면 구원을 받아
도 좋고 지옥에 떨어져도 좋다."

캠벨 그래요. 바그너는 트리스탄에게 그런 말을 하게 하지요.

모이어스 "나의 사랑이 있어야겠다, 나의 인생이 있어야겠다", 이런 뜻이겠지요.

캠벨 그렇지요. "이거야말로 내 인생이다, 내 인생을 위해서라면 어떠한 고통도 달
게 견딜 수 있다", 이런 거지요.

모이어스 그러자면 용기가 필요했겠지요?

캠벨 '하지요.' 용기 없으면 생각도 못한답니다.

모이어스 '하지요'라고 현재 시제(現在時制)로 말씀하시는데요?

캠벨 그래요.

모이어스 지금도 마찬가지라는 뜻입니까?

캠벨 그럼요.

모이어스 선생님께서는 이런 사랑의 파이오니아(개척자)들에 대해서 이런 글을 쓰신 적이 있습니다.

"그들은 자기 성취의 주인이자 도구가 되고자 했다. 그런 사랑의 깨달음이야말로 우리 사회에서 이루어질 수 있는 가장 고상한 일이다. 그들은 도그마도, 정치도, 사회가 규정하는 어떤 선(善)의 당대적 개념도 좇지 않고 오로지 자기 경험으로부터만 지혜를 구하려 했다."

그러면 자기 손으로 자기만의 삶을 살고자 하는 서구식 개인주의는 이런 낭만적인 관념에서 비롯되었다고 생각하십니까?

캠벨 그렇고 말고요. 동양의 이야기에서도 이런 종류의 개인주의를 읽을 수 있기는 합니다. 그러나 동양에서는 이게 사회적 시스템이 되지 못했어요. 그런데 이게 서구 사회에서는 사랑의 이상적인 모습이 되고 있지 않습니까?

모이어스 자기 경험을 지혜의 원천으로 받아들이는, 자기 느낌의 경험에서 우러난 사랑이 그렇다는 뜻입니까?

캠벨 그럼요. 그게 바로 개인주의입니다. 서구 선진 사회는, 개인을 살아 있는 실재로 인식하고 존중하는 데서 출발합니다. 그러므로 사회의 기능은 반드시 개인을 기를 수 있어야 합니다. 결국 개인을 꽃피게 하는 것이 사회의 기능이지, 사회를 꽃피게 하는 것이 개인의 기능은 아니라는 것입니다.

모이어스 하지만 개인이 모두 나름의 사랑만 좇고 섬긴다면, 그럼 단체는 어떻게 되는 겁니까? 대학은 어떻게 되고, 회사는 어떻게 되고, 교회는 어떻게 되고, 우리 사회의 정치 기관은 어떻게 되는 것입니까? 여기에서 개인 대 사회의 긴장이 생기지 않을까요? 개인적인 직관, 개인적인 리비도, 개인적인 욕망, 개인적인 사랑,

개인적인 충동을 적절하게 조정할 어떤 장치가 있어야 하는 것 아닐까요? 이런 장치가 없다면 난장판 아니면 무정부 상태가 되는 것 아닙니까? 그러면 기관이라는 게 설 자리가 없어집니다. 선생님께서는 정말 그 결과가 어떻게 되든 상관하지 말고, 우리의 천복, 우리의 사랑을 좇아야 한다고 생각하시는 겁니까?

캠벨 그래서 우리에게 머리가 있는 겁니다. 좁은 길은, 면도날같이 좁은 길은 굉장히 위험하다는 걸 알고 있지요?

모이어스 그렇다면 우리 머리와 가슴은 한바탕 전쟁을 치르지 않겠습니까?

캠벨 전쟁을 치르면 안 되지요. 상호 부조해야 합니다. 머리는 참가하고 가슴은 귀를 기울여야 하는 겁니다.

모이어스 가슴이 앞설 때도 있지 않겠습니까?

캠벨 그러면 더할 나위없이 바람직하겠지요. 여기에서 잠깐 중세 기사가 섬기던 다섯 가지 미덕을 소개할 필요가 있겠군요. 첫째는 절제, 둘째는 용기, 셋째는 사랑, 넷째는 충성, 그리고 다섯째는 예의 바름입니다. 예의 바름이라는 것은 우리가 사는 사회에서 단정하게 처신하기를 이르는 겁니다.

모이어스 그러니까 사랑은 홀로 다니는 것이 아니라 그런 미덕과 동행해야 한다는 뜻이군요?

캠벨 그게 바로 다섯 가지 미덕의 기능 중 하납니다. 어떤 사회가 어지러워지는 것은 다섯 기능 중 하나의 기능이 전체적인 질서를 섬기지 못하고 한 사회를 지배해 버리기 때문입니다. 사람들이 교회 조직의 권위에 몹시 염증을 느끼고 강력하게 반발하고 나서기는 했지만, 그래도 중세 사람들은 자기네가 참여하고 있는 사회를 대단히 존중했어요. 모든 것은 규칙에 따라서 결정되었지요. 가령 두 기사가 격투를 할 경우가 그렇습니다. 그들은 목숨을 걸고 싸우기는 할망정 규칙을 어기지는 않았어요. 이러한 예의 바름은 우리가 유념해야 할 미덕입니다.

모이어스 법이 정하는 규칙을 말씀하시는 겁니까? 사랑의 규칙을 말씀하시는 겁니까? 아니면 간통의 규제 장치를 말씀하시는 겁니까? 가령 선생님의 눈이 남의 아내의 눈과 맞았다고 칩시다. 선생님이 중세를 사셨다면 어떤 반응을 보이시겠습니까?

캠벨 궁정풍(宮廷風) 사랑 놀음이라는 게 그렇게 시작됩니다. 하지만 이름은 사랑 놀음이지만 거기에는 규칙이 있었어요. 그래서 사랑 놀음도 규칙에 입각해서 이루어졌어요. 말하자면 그들에게도 나름의 규칙이 있었던 겁니다. 물론 교회가 정한 규칙과 다르기는 합니다만, 그들에게는 사랑 놀음을 삶과 사회에 조화시키는 규칙이 있었어요. 그러니까 어떤 종류의 사랑 놀음이든, 의무와 권리를 규정하는 규칙의 체계를 따랐던 겁니다. 기술이 만사를 형통케 한다는 말이 있지요? 사랑의 기술도 마찬가집니다. 우리야 이 방면에는 더할 나위없는 촌뜨기들이지만, 규칙을 알면 이 방면의 선수가 되는 것도 가능하겠지요. 규칙이 촌뜨기들의 표현을 웅변적이게 하고 우아하게 했을 테니까요.

모이어스 그러니까 바야흐로 기사 시대가 낭만적인 사랑의 시대로 발전하는군요?

캠벨 둘은 같은 게 아닐까 싶군요. 그 시대가 수월찮게 야만적이었던 걸 감안하면 참 별 일도 다 있었다 싶지요? 그 시대에는 중앙 통제 기능이 있는 법이 없었어요. 개개인에게는 개개인 나름의 삶의 규칙이 있었지요. 물론 이 규칙이 타인의 손에 짓밟히는 일 또한 다반사이기는 했지요. 그러나 그런 야만적인 시대에 문명을 지향하는 힘이 있었어요. 중요한 것은 이 힘이 여성의 손에서 나왔다는 겁니다. 왜? 사랑 놀음의 주도권을 쥐고 규칙을 만들고 허무는 권리가 여성에게 있었기 때문이지요. 남성은 여성의 요구에 따라 놀아나는 정도의 역할밖에는 하지 못했습니다.

모이어스 아니, 그 시대에 어떻게 여자가 주도권을 잡을 수가 있었습니까?

캠벨 만일에 한 남성이 한 여성을 바랄 경우 여성은 바로 기선을 잡아버립니다. 여성이 자기 몸을 기꺼이 내어놓는 걸 기술적인 용어로는 '메르시(merci〔慈悲〕)'라고 하지요. 여자가 남자에게 '메르시'를 베푸는 겁니다. 만일에 여자가 남자에게 '메르시'를 베풀어 한 주일에 한 번 꼴로 목 뒤에다 입맞추는 걸 허용하면 그건 무슨 짓을 해도 좋다는 뜻입니다. 그런데 이렇게 여성이 베풀 수 있는 '메르시'는, 여성이 그 후보자의 격(格)을 어느 정도로 평가하는가에 따라 달라집니다.

모이어스 그러니까 남성이든 여성이든 이 묵시적인 규칙 안에서 행동했군요.

캠벨 그렇지요. 그런데 여기에 필수적인 조건이 있어요. 신사적이어야 한다는 것, 즉 사랑을 수용할 만한 다정한 가슴이 있어야 한다는 겁니다. 그러니까 욕망은 절대로 들어설 자리가 없는 거지요. 그래서 여성은 자기를 좋아하는 남성에게 사랑을 수용할 만한 가슴이 있는지, 사랑의 상대가 될 자격이 있는지 여부를 끊임없이 시험하는 거지요.

　여기에서 우리가 유념해야 할 것은 이러한 사랑 놀음을 벌인 여성의 대부분이 귀부인이었다는 점입니다. 귀부인들은 상냥하면서도 경쟁심이 대단히 강합니다. 즉 다정하면서도 대단히 잔혹할 수 있지요. 글쎄요, 요즘에도 남성에게 사랑을 수용할 만한 다정스러운 가슴이 있는지 여부를 시험하는 여성들이 있는지는 나도 모르겠군요.

모이어스 사랑을 수용할 만한 다정한 가슴이라고 하시는데, 정확히 무슨 뜻입니까?

캠벨 사랑을 수용할 만한 다정한 가슴은 곧 '자비'를 수용할 만한 마음인 것이지요.

모이어스 어떤 의미에서의 '자비'를 수용하는데요?

캠벨 함께 고통을 받는다는 의미지요. 'passion'은 곧 고통인데 이걸 '함께(com-)' 하는 것이 곧 '자비(compassion)'인 것이지요. 독일어가 자비의 의미를 가장 확연하게 표현합니다. 독일어로 자비는 '미틀라이트(mitleid)'라고 하는데, '미트(mit)'는 '함께'라는 뜻이고, '라이트(leid)'는 '고통', 혹은 '슬픔'이라는 뜻입니다. 그러니까 여성은, 이 남자가 자기와 사랑의 고통을 함께 할 수 있는가, 하는 것을 테스트한 겁니다. 그러므로 중세의 사랑 놀음은 욕정의 놀음이 아닌 겁니다.

모이어스 그런 식의 관념이 음유시인의 시대에 생긴 것인지는 모르겠지만, 그런 거라면 1950년대의 텍사스에도 있었고 지금의 텍사스에도 있습니다.

캠벨 그게 바로 이러한 사랑에 엄청난 힘이 있다는 증겁니다. 12세기 프로방스에서 시작되어 20세기 텍사스에 이르기까지 계속되고 있다는 게 뭘 뜻하겠어요?

모이어스 이제는 구닥다리가 되어버렸어요. 그런 시험이라는 게 예전만큼 있는 것 같지도 않고…… . 시험이라는 거 저도 한번 당해봤으면 좋겠습니다만 어쩐지 자신이…… .

캠벨 그 시험이라는 게 이래요. 한 귀부인이 젊은이를 하나 골라 점을 찍으면, 먼저 이 청년을 다리 경비 같은 일에 내보냅니다. 이렇게 나와 교각을 지키는 청년들이 어떻게 많았던지 중세의 교통은 마비될 지경이었다고 농담을 한 사람도 있지요. 귀부인은 청년을 전쟁터에 내보내기도 합니다. 자기의 일부를 허락하기 전에 애인을 죽음터로 내보내는 무자비한 여자를 프랑스 말로는 '소바주(sauvage)'라고 한답니다. '야만적'이라는 뜻이지요. 시험도 해보지 않고 자신을 허락하는 여자도 역시 '소바주'라고 불립니다. 어쨌든 여기에는 굉장히 정교한 심리 평가라고 할 수 있는 시험 과정이 있었던 것은 분명해요.

모이어스 음유시인들의 의도는 남의 가정을 부수거나 세상을 부수는 데 있는 것은 아닙니다. 그들은 육체적인 사랑이나 욕망을 과녁으로 삼은 것도 아닙니다. 하느님의 영혼을 침묵시키려고 한 것도 아닙니다. 선생님께서는 이렇게 쓰셨지요.

"오히려 그들은 사랑의 경험 안에서 우리의 삶을, 인간을 정제(精製)하는 힘으로, 인간을 더 높은 존재로 승화시키는 힘이라고 대놓고 찬양했다. 그들은 그 힘이, 사랑을 통하여, 개인의 고뇌와 기쁨을 통하여 마음을 인간 존재의 슬프고도 아름다운 가락으로 여는 것이라고 믿었다."

그러니까 결국 그들은 무얼 허물어뜨리려고 그랬던 것이 아니군요.

캠벨 아니고 말고요. 음유시인들의 가슴속에는 없는 것이 하나 있는데 그게 바로 권력에의 의지예요. 그들의 가슴에 있었던 의지는 개인적인 경험에의 의지와 이 경험을 통한 자기 존재의 승화에의 의지예요. 이 양자는 판이한 겁니다. 그들은 교회에 직접적인 공격을 가하지도 않았어요. 그들을 관류하는 사상이 있었다면, 그것은 삶을 경험의 영적인 차원으로 승화시키자고 하는 것이었어요.

모이어스 사랑은 내 앞에 있는 것이군요. 아모르는 내 앞에 있는 길이기 때문에 눈과 눈이…….

캠벨 그거지요. 바로 눈과 눈의 만남인 거지요. 그래서 눈과 눈의 만남을 통하여 사랑은 가슴을 얻는 거지요. 눈과 눈의 만남을 통하여 사랑이 가슴을 얻는 것은, 눈이 늘 가슴을 염탐하기 때문인 거지요.

모이어스 음유시인들이 '마음(psyche)'에 대해 어느 정도로 알고 있었는지 궁금합니다. 우리는 '에로스(Eros)와 프쉬케(Psyche)'(사랑과 마음 ─ 옮긴이)를 통하여 마음을 알고 있습니다. 그리고 우리는 우리의 마음을 잘 알아야 한다는 말을 더러 듣고는 하지요. 음유시인들이 인간의 마음에서 읽어낸 것이 무엇일까요?

캠벨 순수하게 일반적인 용어로는 설명될 수 없는 마음의 개인적인 측면이겠지요. 개인적인 경험, 개인적인 경험과의 관계, 개인적인 경험을 통한 개인적인 믿음 그리고 이것을 삶으로 누리는 것, 중요한 것은 이것이겠지요.

모이어스 그러니까 '일반적인' 사랑이 아닌, '특정한' 이성에 대한 사랑이었던 것이군요?

캠벨 바로 그 사람이 아니면 안 되었던 겁니다.

모이어스 왜 우리는 이 사람에게든 저 사람에게든 사랑에 빠진다고 생각하십니까?

캠벨 그걸 설명하기에 나는 적당한 사람이 아닌 것 같군요. 눈과 눈이 만나는 순간의 짜릿함, 그 후에 찾아오는 고통의 순간……. 참으로 신비스러운 것이지요. 그러나 음유시인들은 사랑의 고통, 의사가 낫게 할 수 없는 고뇌 그리고 그렇게 해서 받은 상처를 찬양했지요. 그 상처는, 거기에 그 상처를 낸 바로 그 무기를 통해서만 나을 수 있는 상처였지요.

모이어스 무슨 뜻일는지요?

캠벨 상처란 다른 것이 아닙니다. 어떤 사람을 사랑하는 데서 생긴 고통과 고뇌입니다. 이 세상에서 그 상처를 낫게 할 수 있는 사람은 고통과 고뇌를 안긴 사람뿐이라는 뜻입니다. 중세의, 창의 상징적인 이미지와 관련된 이야기에 자주 등장하는 모티프이지요. 어떤 사람이 다른 사람의 창에 상처를 입지요? 이 세상에 그 상처를 고칠 수 있는 방법은 그 창을 상처에 문지르는 것뿐이다……. 이런 유의 이야기가 있지 않아요?

모이어스 성배 전설에도 이와 비슷한 이야기가 있지 않습니까?

캠벨 수도원판(修道院版) 성배 전설에서는 성배가 그리스도의 고난으로 해석됩니다. 성배는, 최후의 만찬 자리에 있던 술잔, 십자가에 달린 그리스도의 피를 받은 그 술잔을 말합니다.

모이어스 수도원적 해석이 그렇다면 일반적인 해석은 어떻습니까?

캠벨 성배의 기원에 대해서는 아주 재미있는 이야기가 있어요. 옛날의 어떤 작가는 이 성배를, 중립적인 천사들이 하늘에서 가져온 것이라고 쓴 적이 있지요. 아시겠지만, 하늘에서 하느님과 악마 사이에, 선과 악 사이에 전쟁이 터졌을 때 어떤 천사 무리는 하느님을 편들고 어떤 천사 무리는 악마를 편들었다고 하지 않아요? 그런데 성배는 바로 이때 중립을 지킨 천사들이 가져온 것이라는 이야기예요. 이럴 때의 이 성배는 한 쌍의 대극(對極)의 사이, 곧 욕망과 공포의 사이, 선과 악의 사이로 난 영적인 길을 상징하는 것이지요.

성배 이야기의 테마는 인간의 내적 관심이 떠나버린 땅이나 나라를 그 무대로 합니다. 인간의 내적 관심이 떠나버린 땅, 곧 황무지 아닙니까? 황무지의 기본적인 성격이 무엇입니까? 사람들이 살기는 살되, 죽은 삶을 살고 있는 땅, 자기 삶에 대해 아무 용기도 없이 사는 땅, 남이 하는 대로, 남이 시키는 대로 하면서 사

〈성배를 나르는 천사들〉, 영국, 15세기
하늘에서 하느님과 악마 사이에, 선과 악 사이에 전쟁이 터졌을 때 어떤 천사 무리는 하느님을 편들고 어떤 천사 무리는 악마를 편들었다고 하지 않아요? 그런데 성배는 바로 이때 중립을 지킨 천사들이 가져온 것이라는 이야기예요. 이럴 때의 이 성배는 한 쌍의 대극(對極)의 사이, 곧 욕망과 공포의 사이, 선과 악의 사이로 난 영적인 길을 상징하는 것이지요.

는 땅이 바로 황무지입니다. 〈황무지〉를 통하여 엘리엇이 표현하려고 한 것도 바로 이겁니다.

황무지의 거죽은 실제성을 표상하지 못합니다. 황무지 사람들은 죽은 삶을 살기 때문에, "나는 평생을, 하고 싶은 일은 한 번도 해보지 못하고 살았다, 나는 시키는 대로만 하고 살았다", 이런 말을 합니다. 들어봤을 겁니다.

모이어스 그렇다면 성배는 어떤 의미를 지닙니까?

캠벨 성배는, 뭐라고 할까⋯⋯. 참 삶을 산 사람들이 획득한 것, 혹은 깨달은 것을 표상합니다. 성배는 결국, 인간 의식의 가장 고귀한 영적 잠재성의 성취를 상징하는 것이지요. 성배왕(聖杯王)만 해도 그렇지요. 원래 성배왕은 잘생긴 청년입니다. 잘생긴 청년왕으로서는 성배왕이 될 자격이 없지요. 물론 젊으니까, "오로지 사랑이다!" 하고 외치면서 말을 타고 성을 뛰쳐나가기는 했지요. 그러나 성배왕이 되기에는 이 정도로는 턱없이 부족합니다. 말을 타고 나간 이 청년왕은 숲에서 회교도, 즉 이교도 기사를 만납니다. 이 둘은 서로 창끝을 한번 대어보고는 각각 반대편에서 상대방을 향하여 돌진합니다. 청년왕의 창은 이교도 기사를 죽입니다만 청년왕 역시 이교도 기사의 창에 상처를 입습니다.

이것은 기독교에 의한 이분법(二分法), 즉 물질과 정신의 이분법, 생의 역동성과 생의 정신성의 이분법, 자연적인 아름다움과 초자연적인 아름다움의 이분법이 인간의 본성에 상처를 내고 말았음을 의미합니다. 유럽의 마음, 유럽의 삶은 바로 이 이분법에 의해 거세를 당하고 맙니다. 말하자면 물질과 정신의 화합에서 비롯되는 진정한 정신성은 죽음을 당하고 만 겁니다. 그렇다면 이교도는 무엇을 상징할까요? 에덴 동산 언저리에서 온 인간을 상징합니다. 이 이교도 기사는 자연인을 상징합니다. 왜? 이 기사의 창끝에는 '성배'라는 글자가 새겨져 있으니까요. 무슨 뜻일까요? 자연이 성배를 요구하고 있는 겁니다. 영적인 삶이라는 것은 인생의 꽃이자 향기인 동시에, 개화(開花)이자 성취이지, 초자연적인 존재에 의해 주어진 미덕이 아니라는 겁니다.

따라서 삶을 삶답게 하는 것은 자연의 충동이지 초자연적인 권위에서 내려오는 율법이 아닌 것입니다. 이게 바로 성배 전설의 상징적인 의미인 것이지요.

모이어스 토마스 만은, "인간이 이 세상에서 가장 고상한 존재인 것은 바로 인간에서 물질과 정신이 만나기 때문이다", 이런 말을 한 적이 있습니다만, 이 말은 성배의 상징과 일맥상통하는 것입니까?

캠벨 그렇지요.

모이어스 물질과 정신은 바로 이 경험에서 만나기를 열망합니다. 그렇다면 이 낭만적인 전설에서 성배 찾기는, 이렇게 헤어진 물질과 정신의 재결합, 이 재결합을 통한 평화 찾기이겠군요.

캠벨 성배는, 자기의 의지력으로 사는 삶, 자기 충동의 체계로 사는 참 삶을 상징합니다. 선과 악, 빛과 어둠 등의 대극 사이로 난 길로 우리를 이끄는 것은 바로 이 참 삶인 겁니다. 어떤 작가는 다음같이 짤막한 시 한 줄로 기나긴 성배 전설에 대한 서사시의 서문을 삼습니다.

"모든 행동은 좋게도 결과하고 나쁘게도 결과하느니……."

우리 삶의 모든 행동은 그 결과에서는 한 쌍의 대극을 낳는다는 겁니다. 가장 바람직한 삶은 빛을 향하여, 남을 이해함으로써 남의 고통에 동참하는 자비를 통해서 가능해지는 화합의 관계를 향하여 나아가는 삶입니다. 이것이 바로 성배가 의미하는 것, 이것이 바로 중세의 로맨스가 우리에게 전하는 메시지인 겁니다.

성배 전설에서 청년 파르지발(퍼시벌)은 시골에서 어머니 손에 자라납니다. 어머니가 이렇게 아들을 시골에서 키운 까닭은 자기가 궁정을 싫어하는데다 아들이 궁전 풍습에 물드는 것도 싫어하기 때문입니다. 그러니까 파르지발은 청년이 될 때까지 자기의 능동적인 행위 체계에 따라 아주 역동적인 삶을 살 수 있었던 거지요. 그런데 파르지발을 기사로 교육시키는 스승이 자기의 아름다운 딸을 줄 터이니 결혼을 하라고 합니다. 스승의 제안에 파르지발은 이렇게 응수하지요.

"싫습니다. 저는 아내를 벌겠습니다. 주어지는 아내는 싫습니다."

이게 바로 유럽의 시작입니다.

모이어스 유럽의 시작이라니요?

캠벨 개인주의가 꽃 피는 유럽, 성배 전설이 있는 유럽의 시작이라는 겁니다. 이윽고 파르지발은 성배 성에 이르러 성배왕을 만납니다. 성배왕은 이교도 기사와의 싸움에서 큰 부상을 입고 만신창이가 되어 있습니다. 이제 그의 삶을 충동질하는 것은 오로지 성배뿐입니다. 파르지발은 그에게 느낀 연민은 그가 이렇게 묻게 합니다.

"어떻게 하면 당신이 나을 수 있습니까?"

그러나 파르지발은 질문을 하지 않지요. 왜냐? 그는 스승으로부터 기사는 쓸데없는 질문은 하지 않는다고 배웠거든요. 그는 그 가르침에 복종하고, 성배 찾기 모험을 떠납니다만 실패하지요.

이때부터 5년 동안이나 온갖 시련과 어려움을 극복하고 난 뒤에야 그는 다시 성으로 돌아와 왕을 치료하려면, 병든 사회를 치료하려면 어떻게 하면 되느냐는 질문을 할 수 있게 됩니다. 질문은 자기가 속한 사회 규범의 표현이 아니라 자비, 혹은 연민의 표현입니다. 다른 인간을 향한, 자연스러운 가슴의 열림입니다. 이게 바로 성배인 겁니다.

모이어스 그것도 일종의 사랑이라고 할 수 있겠는데요?

캠벨 끝없는 자비, 끝없이 함께 고통스러워하기라고 할 수 있겠지요.

모이어스 융 박사는 "영혼은, 그 짝을 찾지 않고는 평화를 얻을 수 없다. 그런데 그 짝은 바로 우리 안에 있다"고 한 적이 있습니다. 중세의 낭만적인 전설이 말하는 것이 바로 이것입니까?

캠벨 바로 그겁니다. 신화가 말하는 것도 바로 그겁니다.

모이어스 물론 감상적인 낭만은 여기에서 제외되겠지요?

캠벨 감상(感傷)은 폭력의 메아리랍니다. 그건 살아 있는 표현이 아니지요.

모이어스 낭만적인 사랑 이야기가 나타내고자 하는 것이 뭐라고 생각하시는지요? 모두 개인주의 이야기는 아닐 테고요.

캠벨 낭만적인 이야기는 우리에게, 우리가 두 세계에 걸쳐 살고 있다고 말하고 있어요. 그런데 우리는 우리 세계에 살고 있는가 하면, 밖에서 강요하는 또 하나의 세계에 살고 있기도 하지요. 문제는 우리가 이 두 세계를 조화 있게 상호 관계시킬 수 있느냐 하는 겁니다. '나'는 이 모듬살이로 태어났으니까, 모듬살이라고 하는 울타리 안에서 살아야 합니다. 모듬살이의 울타리에 살지 않겠다는 것도 우스운 일이지요. 왜냐, 살지 않으면 살아 있을 수 없기 때문이죠.

그러나 이 모듬살이가 나에게, 이래라, 저래라, 이렇게 살아야 한다, 이렇게 간섭하고 나서는 것은 용납해서는 안 됩니다. 결국 우리는, 모듬살이의 기대에 어긋나는 것일지도 모르지만, 모듬살이가 용납하지 않을지도 모르지만, 우리 나름의 삶의 모양을 빚어가면서 살아야 합니다. 삶의 어려움 중 하나는 모듬살이가 베풀어주는 마당 안에서 살아야 한다는 것입니다. 내 삶을 실제로 버티어주는 것이 모듬살이가 될 때 이 삶은 그만큼 더 어려워집니다.

전쟁이 터지고, 젊은이가 징집병으로 응소(應召)해야 할 경우에 생기는 문제가 첨예한 예입니다. 전쟁에 참여하자면 엄청나게 많은 결정을 스스로 해야 합니다. 자, 모듬살이의 요구에 어느 선까지 동의할 것인가, 알지도 못하는 적을 모듬살이가 죽이라고 한다고 죽여야 할 것인가, 무엇 때문에, 누구를 위해서⋯⋯.

모이어스 제가 조금 전에 드린 말씀도 바로 그겁니다. 선생님께서는 자기의 개인적인 천복을 좇는다고 하셨지만 만일에 세상의 눈이라는 눈이 모두 개인적인 천복을 좇는다면 사회는 어떻게 되겠습니까?

캠벨 그건 그렇지요. 그러나 사회 중에는 있어서는 안 되는 사회도 있습니다.

모이어스 그런 사회가 있다면 조만간⋯⋯.

캠벨 와해되겠지요.

모이어스 그러면 음유시인들이 중세를 와해시킨 거군요.

캠벨 나는 그렇게는 생각하지 않아요. 중세를 와해시킨 건 음유시인들이 아니에요.

모이어스 사랑이었나요?

캠벨 글쎄요. 마틴 루터는 어떤 의미에서는 기독교의 음유시인입니다. 그에게는 '사제'라는 것이 무엇이며 무엇이어야 하느냐에 대해 자기 나름의 생각이 있었어요. 그래서 중세의 교회를 허물어버린 겁니다. 루터가 허물어버린 교회는 아직까지도 복구되지 못하고 있지요.

기독교 역사를 보면 참 흥미로운 데가 있어요. 처음 5세기 동안에는 기독교의 종류도 많았고 기독교도가 되는 데도 여러 방법이 있었어요. 그게 4세기의 테오도시우스 시대부터는, 로마 제국이 인정하는 유일한 종교는 기독교, 로마 제국이 인정하는 유일한 기독교의 형태는 비잔티움에 있던 제국의 수도가 인정한 기독교 형태, 이런 식으로 그 의미가 한정되어버렸어요.

고대 이교도들의 신전을 파괴한 것과 관련된 야만적인 폭력 사태는, 세계 역사상 그 유례를 찾아보기 힘들 정도로 악랄하지요.

모이어스 조직화된 기독교에 의해 파괴된 것인가요?

캠벨 조직화된 교회에 의해 파괴된 것이지요. 왜 기독교는 다른 종교와 공존할 수 없을까요? 다른 종교가 뭘 그렇게 잘못하고 있길래요?

모이어스 무엇을 염두에 두고 하시는 말씀인지요?

캠벨 권력! 권력이에요. 유럽 역사의 근본적인 충동은 권력 충동이에요. 그런데 그게 우리의 종교 전통으로 흘러들어 왔어요.

성배 전설은, 기독교가 유럽으로 들어오고 약 5백 년 뒤에 성립되었다는 점에서 재미있지요. 말하자면 성배 전설은 두 전통이 만나는 데서 비롯됩니다.

12세기 말 플로리스의 요아힘 주교는 영혼의 세 시대에 관한 재미있는 글을 쓰고 있어요. 이 글에 따르면, 에덴 동산에서 인류가 타락하고 인류의 이 타락한 조상이 낙원에서 쫓겨나온 뒤 하느님은 이 재난을 봉창하기 위해 인류의 역사에다 영적인 원리를 도입합니다. 그는 그러기 위해 자기의 대변인이 될 만한 민족을 선택하는데, 이렇게 해서 바로 하느님과 이스라엘의 시대가 된다는 겁니다. 그런데 하느님의 사제로 선택된 이 민족이 쓸데없는 말썽을 일으키고 성령을 육화시킴으로써 '하느님의 아들'을 이 땅에다 태어나게 합니다. 이것이 바로 두 번째의, 하느님의 아들과 교회의 시댑니다. 이때에 이르면 특정 민족뿐이 아니고 인간이면 누구나 하느님의 영적인 의지에서 메시지를 받을 수 있게 됩니다.

1260년경에 이 철학자는, 세 번째 시대가 바야흐로 시작되려 한다고 쓰고 있어요. 세 번째 시대는 성령이 개인에게 직접 말을 거는 시대라는 겁니다. 이 시대에는 말씀으로 된 메시지를 육화시키거나, 그 삶으로 살아내는 사람은 그리스도와다 동등한 존재가 된다, 이게 바로 이 세 번째 시대의 핵심입니다. 그러니까 기독교 교회가 생기면서 이스라엘이 고물이 되어버린 것처럼, 개인적인 경험이 생기면서 이번에는 교회가 고물이 되는 것입니다.

바로 여기에서, 사람들이 자기 나름의 체험을 획득하기 위해 숲 같은 데로 은둔하는 경향이 생깁니다. 이런 경향을 대표하는 최초의 성인이 바로 아시시의 성 프란체스코입니다. 이분은 그리스도와 동등한 자리를 차지하는 분이자 육신의 세계에 현현한 성령입니다.

성배 찾기 전설의 배경이 바로 이것입니다. 성배 찾기에 나서는 갈라하드는 그리스도에 해당합니다. 갈라하드는 성령이 불의 형상으로 사도들에게 강림한 날인 오순절에 불꽃같이 붉은 갑옷을 입고 아더왕의 궁전에 나타납니다. 우리는 누구나 갈라하드가 될 수 있어요. 불꽃같이 붉은 갑옷은 기독교의 메시지를 암시하는 그노시스적 해석입니다. 테오도시우스 시대에 사막에 묻혀 있던 그노시스파의 문서가 이러한 사실을 뒷받침하지요.

토마에 의한 그노시스 복음서에는 그리스도가, "내 입으로 마시는 자는 나와 같이 될 것이요, 나 또한 그가 될 것이라", 이렇게 말한 것으로 되어 있어요. 성배 전설은 바로 이러한 관념에서 출발합니다.

모이어스 선생님께서는 12세기와 13세기는 인간적인 느낌과 영적인 의식이 가장 중요한 변화를 겪은 시기이고, 그래서 사랑의 경험이 새로운 관점에서 표현되기에 이르렀다고 쓰셨습니다.

캠벨 그랬지요.

모이어스 사람들에게, 특히 처녀들에게 교회나 부모가 정해주는 사람과 결혼하기를 강요한 것은 바로 교회 조직의 전횡입니다. 이것은 사람들에게 어떤 아픔을 안겼습니까?

캠벨 강요에 의해 부부가 된 사람들의 일상적인 삶에서도 사랑이 자랄 수는 있습니다. 다른 말로 하자면 이런 종류의 관계도 상당히 깊은 사랑의 관계가 될 수 있다는 겁니다. 가족에 대한 그 수준의 사랑, 삶에 대한 그 수준의 사랑도 가능하니까요. 그러나 다른 사람에게서 자기 영혼의 나머지 한쪽을 발견했을 때, 여기에서 생기는 사랑과는 견줄 수 없지요. 음유시인이 찬양한 사랑, 오늘날 우리의 이상이 되어 있는 사랑은 바로 이 사랑입니다.

그러나 결혼은 결혼입니다. 결혼은 사랑 놀음이 아니에요. 사랑 놀음에서는 문제가 전혀 다릅니다. 결혼은 우리가 참가하는 엄연한 약속입니다. 우리의 결혼 상대는 글자 그대로 우리의 잃어버렸던 반쪽입니다. 이렇게 두 개의 반쪽이 모임으

〈원탁의 기사단에 가담하는 갈라하드〉, 중세의 필사본에서
갈라하드는 성령이 불의 형상으로 사도들에게 강림한 날인 오순절에 불꽃같이 붉은 갑옷을 입고 아더왕의 궁전에 나타납니다.

로써 하나가 되는 것, 이게 결혼입니다. 그러나 사랑 놀음은 그게 아니지요. 사랑 놀음은 쾌락을 겨냥한 관계입니다. 쾌락이 끝나면 사랑 놀음도 끝납니다. 그러나 결혼은 평생의 약속입니다. 평생의 약속이니까 우리 삶의 가장 큰 관심사일 수밖에 없지요. 만일에 결혼을 하고도 그 결혼을 가장 큰 관심사로 치지 않는 사람은 결혼한 사람이 아니지요.

모이어스 결혼에서 연애 감정은 끝납니까?

캠벨 어떤 결혼에서는 그렇고 어떤 결혼에서는 안 그렇죠. 그러나 음유시인 전통에서도 가장 중요한 것은 '성실'이었어요.

모이어스 성실이라면요?

캠벨 어떤 시련이나 고통이 따르더라도 진심을 다하는 것. 이러한 마음가짐에서 비롯되는 속이지 않는 태도, 약점을 따지지 않는 태도……. 이런 걸 성실이라고 할 수 있겠지요.

모이어스 청교도들은 결혼을 '교회 안의 작은 교회'라고 불렀습니다. 결혼을 하면 날마다 사랑해야 하고 날마다 용서해야 하니까요. 말하자면 사랑과 용서의, 현재 진행형 성사(聖事)라고 할 수 있는 거지요.

캠벨 더 정확하게는 '시련'의 성사라고 할 수 있을 것 같군요. 결혼함으로써 사람은 자기 개인을, 그 개인보다 더 귀한 것에다 복속시킵니다. 진짜 결혼 생활, 진짜 연애는 바로 이러한 관계 안에 있어요. 우리도 바로 이런 관계 안에 있어야 하는 겁니다. 내 말뜻을 알겠지요?

모이어스 글쎄요, 조금 더 설명해주셨으면 합니다.

캠벨 음양의 상징인 태극(太極)과 같습니다. 여기에는 '내'가 있고, 여기에는 '그'가 있고, 그래서 여기에는 '우리'가 있는 겁니다. 가령 '내'가 아내에게 헌신한다면 그것은 아내라고 하는 여성에게 헌신하는 게 아닙니다. '나'와 아내가 이루고 있는 관계에 헌신하는 거죠. 상대에 대한 미운 감정의 노출? 이건 번지수가 틀린 거예요. 인생은 관계 속에 들어 있어요. 우리의 인생 역시 마찬가지입니다. 그래서 우리 역시 이런 관계 안에 있어야 하는 겁니다. 그 관계가 바로 결혼입니다. 바로 여기에서 결혼과 연애의 차이점이 분명해집니다. 연애는 바람직한 관계 속에서, 두 사람의 동의 아래 한동안 계속되는 두 사람의 삶을 말합니다.

모이어스 결혼이 교회에서 이루어질 경우 결혼의 주례는, 하느님이 맺은 관계는 사람이 풀지 못한다고 하지요?

캠벨 그건 초보에 불과하지요. 진짜 결혼은 그 선언이 구체화시킨 하나됨을 상징적으로 재천명합니다.

모이어스 초보라고 하셨습니까?

캠벨 결혼은 우리의 동일성, 즉 한 사물에 두 측면이 있음을 상징적으로 인식하게 하는 장치입니다. 그것을 인식하지 못한 상태에서의 결혼은 진짜 결혼의 초보 같은 상태에 지나지 않는 것이지요.

모이어스 선생님께서도 장님 예언자 테이레시아스의 전설을 알고 계시겠지요?

캠벨 그럼요. 굉장히 재미있는 이야기이지요. 테이레시아스가 어느 날 숲길을 걷다가 서로의 몸을 칭칭 감고 있는, 말하자면 사랑에 빠져 있는 한 쌍의 뱀을 봅니다. 물론 장님이 되기 전의 일입니다. 그런데 테이레시아스는 이걸 보고는 그냥 지나가지 않고 지팡이로 둘을 떼어놓았지요. 그 순간 테이레시아스는 여성이 되어버립니다. 그는 여성인 채로 몇 년을 살지요. 그런데 어느 날 숲길을 걷다가 서로의 몸을 칭칭 감고 있는 한 쌍의 뱀을 또 봅니다. 여성인 테이레시아스는 그냥 지나가지 않고 또 지팡이로 둘을 갈라놓습니다. 그러자 테이레시아스는 남성으로 되돌아오지요.

어느 맑은 날 제우스의 신전에서는……

모이어스 올림포스 산이겠지요?

캠벨 그래요. 올림포스 산에서 제우스는, 사랑에 빠지면 남자가 더 좋아한다느니 여자가 더 좋아한다느니 하는 문제를 놓고 아내 헤라와 가벼운 입씨름을 벌입니다. 그러니까 제우스는, 사랑에 빠지면 여자가 더 좋아한다고 우기고, 헤라는 여자가 더 좋아하는 게 아니고 남자가 더 좋아한다고 우기는 겁니다. 답이 나올 리 없지요. 제우스는 여자가 되어본 적이 없고, 헤라는 남자가 되어본 적이 없으니 당연하지요. 듣고 있던 누군가가, "그럼 테이레시아스에게 물어보지요", 하고 말합니다.

그래서 제우스는 누군가를 보내어 테이레시아스를 불러오게 하고는, 사랑에 빠지면 남자가 더 좋으냐, 여자가 더 좋으냐, 하고 물어봅니다. 테이레시아스는 이렇게 대답합니다.

"사랑에 빠지면 여자가 아홉 배쯤 더 좋아하지요."

글쎄, 왜 그랬는지는 모르겠지만 제우스의 아내 헤라는 이 대답을 괘씸하게 여기고 들고 있던 지팡이로 테이레시아스를 가볍게 칩니다. 그러자 테이레시아스는 장님이 되어버립니다. 무슨 죄를 지은 것도 아닌데 테이레시아스가 장님이 되어버렸으니 제우스가 책임을 느끼지 않았을 리 없지요. 그래서 제우스는 기왕에 장님이 되어버린 테이레시아스에게 미래를 예언하는 재능을 줍니다. 재미있지 않아요? 이것은 말이지요, 눈을 감음으로써, 즉 현상을 보고 있지 않아야 직관이 생긴다는 뜻입니다. 그러니까 눈은 보이지 않아도 직관만 있으면 모르폴로지, 즉 사물의 근본 모습을 볼 수 있다는 겁니다.

모이어스 이 이야기가 전하고자 하는 뜻은 그게 아니고 남성과 여성의 문제 아닙니까? 테이레시아스는 뱀에 의해 여자도 되어보았고 남자도 되어보았기 때문에 남자로서의 경험과 여자로서의 경험을 두루 알게 되었고, 그래서 남자와 여자에 관한 한, 남신(男神)이나 여신 이상으로 많은 것을 알 수 있었다……. 이런 뜻이 아니던가요?

캠벨 그래요. 실제로 테이레시아스 자체가 남성과 여성의 합일을 상징하고 있어요. 키르케의 섬에서 저승으로 갔을 때 오디세우스는 테이레시아스를 만난 뒤에야 남성과 여성의 합일에 대한 깨달음을 얻었지요. 말하자면 테이레시아스를 통해서 그 이치를 깨달았던 겁니다.

모이어스 남성인 우리가 우리 자신의 여성적인 측면을 알 수 있다면, 여성들은 자신의 남성적 측면을 알 수 있다면, 우리 자신에 관한 한, 신들이 아는 수준, 혹은 신들이 아는 수준 이상의 수준으로 알기까지 이를 수 있을지도 모른다, 이런 생각을 가끔씩 합니다만.

캠벨 결혼을 통해서만 사람들은 그런 정보에 접근할 수 있지요. 결혼이라는 것은 자신이 지니고 있던 이성(異性)의 측면과의 만남이랍니다.

모이어스 어떤 사람을 만났을 때 문득, "나는 이 사람을 전부터 알고 있다", 혹은, "이 사람을 좀더 알고 싶다", 이런 생각이 드는 경우가 있습니다. 사랑에 관한 자기 발견이라고도 할 수 있겠지요?

캠벨 참 신기한 일도 다 있지요. 이건 흡사, 그 사람과 함께 할 미래가 기정사실이 되어 우리에게, "이 사람이 바로 너와 함께 살 사람이다", 이런 메시지를 전하고 있는 것 같아요.

모이어스 이런 메시지는 우리가 전혀 이해하지도 못하고 인식하지도 못하고 있는 기억의 창고에서 나오는 것일까요? 그 사람을 보는 순간 기억이 자극을 받으면서…….

캠벨 미래에 대한 반응인 것 같아요. 미래는 우리에게, 미래의 모습은 이럴 것이다, 이런 메시지를 준다는 거지요. 시간의 신비, 시간의 초월성과 어떤 관계가 있을 겁니다. 어쨌든 여기에 이르면 우리는 굉장히 심오한 신비와 만나게 되지요.

모이어스 그걸 신비라고만 여기시는 것은 아니겠지요? 어떻습니까? 결혼의 관계와, 결혼이 아닌 관계를 아주 잘 조화시키는 것도 가능하다고 보십니까?

캠벨 사람들은, 물론 가능하다고 하겠지요.

모이어스 제가 보기에는 개개인이 연애 관계에 아무리 높은 가치를 부여해도, 이 관계 자체는 결국 결혼 관계를 손상시키고, 결혼 관계에 바쳐져야 할 성실한 마음의 자세를 흐트러놓을 것 같은데요.

캠벨 그거야 할 나름이지요. 결혼을 하고도 다른 이성에게 연애 감정을 느끼는 일도 있을 수 있습니다. 여기에 반응하지 못한다면 결혼 관계에서 사랑의 생명력을 체험하는 것을 둔화시키는 일도 있을 수 있겠지요.

모이어스 문제는 그겁니다. 눈이 상대의 가슴을 염탐하고, 상대의 가슴이 열정적으로 바라는 것이 무엇인지 간취(看取)한다……. 이것이 의로우려면 가슴이 바라는 것이 의로워야 하는 것 아닙니까?

캠벨 사랑에는 면역성이 없어요. 다시 말해서 어떤 사람을 어떤 관계에 면역되게 할 수는 없다는 겁니다. 그러나 어떤 사람이 훌륭한 연애 관계, 내가 말하는 건 진짜 근사한 연애 관계를 말합니다만, 그런 걸 가지면서도 동시에 결혼 관계에 성실할 수 있느냐 하면, 나는 그런 일은 일어날 수 없다고 봐요.

모이어스 왜요?

캠벨 성실한 태도가 분산되니까요. 그러나 결혼 관계에 성실하게 임한다고 해서 이 성실 자체가 다른 데 대한 애정, 이성 사이에서 이루어지는 사랑의 관계를 금지시키지는 않지요. 중세의 연애 이야기를 보면 어떤 여성과 사랑에 빠져 있으면서도 다른 여성과의 관계, 자기에게 성실한 여성을 찬양하는 이야기가 많은데, 이런 건 그런 의미에서 아름답다고 할 수 있지요.

모이어스 음유시인들은 사랑이 성취될 가망이 없는 여성을 두고도 그 아름다움을 찬양하고는 하지요?

캠벨 그래요.

모이어스 신화도 사랑 이야기를 다루는지요?

캠벨 일반적으로 신화는 개인의 사랑 문제는 다루지 않아요. 결혼을 허락받았기 때문에 결혼한다, 특정 족속에 속할 경우, 이 족속과는 결혼할 수 있지만 저 족속과는 안 된다, 뭐 이런 걸 다루는 정도에 그치지요.

모이어스 사랑과 도덕성은 어떤 관계가 있습니까?

캠벨 사랑은 도덕성에 도전하지요.

모이어스 도전하다니요?

캠벨 사랑이 모습을 드러낼 때, 그 사랑이 반드시 사회가 인정하는 삶의 양태를 지향하는 것은 아니거든요. 사랑이 은밀한 게 다 이 때문이랍니다. 사랑은 사회의 규범에 대들어요. 사랑은, 사회가 조직하는 결혼 이상의 정신적 체험이지요.

모이어스 사람들은 "하느님은 사랑이시다", 이런 말을 곧잘 합니다만, 이게 낭만적인 사랑과도 무슨 관계가 있는 겁니까? 신화는, 신과 낭만적인 사랑 사이에 얽힌 이야기도 전하고 있습니까?

캠벨 그런 거야 전하고 있지요. 사랑은 곧 신의 임재(臨在)입니다. 사랑이 결혼보다 상위 개념인 까닭이 여기에 있어요. 이게 곧 음유시인들의 생각이기도 했고요. 신이 사랑이라면 사랑은 곧 신이 아닙니까? 마이스터 에크하르트는, "사랑은 고통을 모른다"고 했어요. 이 말은 트리스탄의 "사랑 때문이라면 지옥의 고통도 기꺼이 받겠다"는 말과 다르지 않아요.

모이어스 하지만 선생님께서는, 사랑에 빠지면 고통이 저절로 뒤따른다고 하시지 않았습니까?

캠벨 그건 다른 이야기예요. 트리스탄은 사랑을 경험하지만 마이스터 에크하르트는 사랑을 말하고 있잖아요? 사랑의 고통이란 다른 고통이 아니라 곧 삶의 고통입니다. 고통이 있는 곳에 삶이 있는 거죠.

모이어스 〈고린도전서〉에서 바울은 "사랑은 모든 것을 참고 모든 것을 견딘다"고 말하고 있습니다.

캠벨 같은 이야기이지요.

모이어스 페르시아 신화에, 악마는 하느님을 너무 사랑했기 때문에 지옥으로 떨어졌다는 이야기가 있지요? 제가 참 좋아하는 신화 중 하납니다.

캠벨 그래요. 악마를 신의 애인으로 간주하는 회교적 관념이지요. 악마를 해석하는 방법에는 여러 가지가 있지만 이런 관념은, '악마는 어쩌다가 지옥에 떨어졌는가' 하는 질문에서 출발합니다. 이야기인즉 이렇습니다. 신은 천사들을 창조하고 나서, 신인 자기 외에는 어떤 것에도 절을 하면 안 된다고 합니다. 그러고 나서 신은 인간을 창조하되, 천사보다 한 등급 높게 창조하고는 천사들에게 인간을 섬기라고 합니다. 그런데 천사 동아리의 하나인 사탄만은 인간에게 절을 하지 않습니다.

　어린 시절에 들은 이야깁니다만, 기독교에서는 이걸 사탄의 이기심 탓이라고 해석합니다. 사탄이 이기심 때문에 인간에게 절을 하지 않는다는 겁니다. 그러나 페르시아 신화에 따르면, 사탄은 신을 너무나 사랑하기 때문에, 신에게만 절을 할 뿐 인간에게는 절을 하지 않는 겁니다. 그런데 신이 규칙을 바꾸어버립니다. 즉 인간에게는 절을 해도 좋다는 거지요. 그러나 사탄은 첫번째 규칙에 열중했던 나머지 도저히 이것을 어길 수 없게 됩니다. 글쎄요, 사탄에게 가슴, 혹은 마음이 있었는지 없었는지는 모르겠지만 하여튼 사탄은 온 마음으로 사랑하던 신에게만 절을 하지, 인간에게는 끝내 절을 하지 않습니다. 그래서 신이, "내 앞에서 꺼져라!", 한 겁니다.

　지옥에 관한 이야기를 믿어보면, 지옥의 고통 중에서 가장 견디기 어려운 고통은 '사랑하던 것'과 함께 할 수 없는 데서 오는 고통입니다. 사탄에게 이 '사랑하던 것'은 신이었어요. 그러니 사탄에게 지옥은 참으로 견디기 어려운 곳이었을 테지요. 그의 귓전에는 "지옥으로나 가거라!"라고 하던 신의 음성이 쟁쟁합니다. 그에게는 사랑의 상징 같은 것이었겠지요.

모이어스 이 세상에도 지옥은 있습니다. 가장 견디기 어려운 지옥이 사랑하는 사람과 헤어진 채 살아야 하는 상황이라는 것은 참 일리 있는 말입니다. 그래서 저는 사탄이 신의 애인이었다는 이 페르시아 신화를 좋아하는 겁니다.

캠벨 신과 떨어져서 사는 것, 이게 사탄에게는 가장 고통스러운 일이었을 테지요.

모이어스 페르시아 신화에는 최초의 부모 이야기도 있지요, 아마?

캠벨 그것도 재미있지요. 이 부모가 태초에는 하나였어요. 하나가 일종의 나무처럼 자라고 있다가 분리되고 나서 다시 화합하여 자식을 낳았지요. 그런데 자식들이 너무 사랑스러웠던 나머지 이들은 그만 자식을 삼켜버리지요? 그러자 신은 "이런 일이 계속되어서는 안 되겠구나" 싶은 생각에서 자식에 대한 부모의 사랑을 99퍼센트, 혹은 10분의 9쯤으로 줄여버렸지요. 부모가 자식을 삼켜버리지 못하게 말이지요.

모이어스 이 신화는 뭘 의미하는 겁니까?

캠벨 사람들이 더러 그러잖아요? "어찌나 귀여운지 먹으라고 해도 먹겠다"고요.

〈인도〉,
마그리스 버크화이트(1906~1971)
사랑은 인생의 발화점(發火點)이지요. 인생이라는 게 슬픈 것이기 때문에 사랑도 종국은 슬픈 겁니다. 사랑이 깊으면 괴로움도 깊은 법이지요.

모이어스 사랑의 힘인가요?

캠벨 사랑의 힘이지요.

모이어스 그게 너무 강렬해서 신이 좀 줄였던 거군요.

캠벨 나는 언젠가, 있는 대로 다 벌리고 아무거나 다 삼키는 입 속에 심장이 하나 들어 있는 그림을 본 적이 있어요. 그것은 우리를 집어삼키게 될 사랑을 그린 것이지요. 부모가 조금 줄여서 베풀어야 하는 것도 바로 그런 사랑이고요.

모이어스 "주여, 언제 보내야 할지 보낼 때를 일러주소서", 결국 이런 것이군요.

캠벨 그렇지요. 인도에는 어머니가 자식을, 특히 아들을 마음 편하게 보낼 수 있게 하는 의례가 있어요. 한 집안의 영적인 삶을 조언하는 스승이 어머니에게 와서는, 세상에서 가장 아끼는 걸 자기에게 달라고 합니다. 값진 보석 같은 게 되겠지요. 왜 이런 의례적인 행사가 있는가 하면 어머니에게 이 세상에서 가장 아끼는 것을 떠나보내는 훈련을 시키기 위함이지요. 어머니는, 그 영적인 스승의 말에 따라 자기가 이 세상에서 가장 아끼는 것을 주다보면 결국 자기 아들도 포기할 수 있게 되는 겁니다.

모이어스 사랑에는 기쁨만 있는 게 아니라 슬픔도 깃들여 있다는 것이군요.

캠벨 사랑은 인생의 발화점(發火點)이지요. 인생이라는 게 슬픈 것이기 때문에 사랑도 종국은 슬픈 겁니다. 사랑이 깊으면 괴로움도 깊은 법이지요.

모이어스 하지만 사랑은 모든 것을 참습니다.

캠벨 사랑 자체가 고통, 혹은 진정하게 살아 있음의 고통이라고 할 수 있지요.

〈아수라의 대장 라크타 비자를 죽이는 칼리〉, 인도, 18세기

밖으로 드러나는 에너지의 힘과 질에 따라 신의 성격과 기능이 결정됩니다.
그래서 폭력의 신이 있고, 자비의 신, 보이는 세계와 보이지 않는 세계를 이어주는 신,
전쟁 때 왕이나 나라를 보호해주는 신이 있을 수 있어요.
그러니까 이런 신들은 모두 에너지의 화신인 것이죠. 이들의 종교에서 에너지의 종국적인 본원은 신비인 채로 남습니다.

8. 영원의 가면

신화의 이미지는 우리 모두의 영적 잠재력을 반영하고 있어요.
바로 이 신화 이미지를 명상함은 우리 내부에 있는 이 잠재력을 촉발하는 겁니다.

모이어스 선생님께서는 다양한 세계관을 섭렵하시고 수많은 문화권, 문명권 그리고 종교를 넘나드시는데, 어떻습니까, 각 문화권에 공통되는, 신의 필요성과 관련된 어떤 관념을 만나신 적이 있는지요?

캠벨 신비를 체험해본 사람이면 누구나 자기 오감(五感)으로는 파악할 수 없는 우주의 어떤 차원이 있다는 걸 압니다. 여러 《우파니샤드》 중 하나에서 적절한 구절을 읽은 적이 있어요.

"해 지는 광경의 아름다움이나 산의 아름다움 앞에서 문득 걸음을 멈추고, '아!' 하고 감탄하는 사람은 벌써 신의 일에 참여하고 있는 사람이다."

이렇게 참여하고 있는 순간에 이 사람은 이미 존재의 경이와 아름다움을 깨닫고 있는 겁니다. 자연계에서 사는 사람들은 날마다 이런 경험을 하지요. 즉 인간의 차원보다는 훨씬 위대한 무엇을 인식하면서 살아간다는 겁니다. 그런데 인간에게는 그런 체험을, 자연의 힘을 신인동형동성론적(神人同形同性論的)으로 인격화하는 경향이 있어요.

서구인의 사고방식은 하느님을 우주의 에너지와 경이의 종국적인 근원, 혹은 본원으로 봅니다. 그러나 동양의 사고방식은—원시적인 사고방식도 마찬가지입니다만—신들을 결국 비인격적인 에너지의, 그 자체로서의 드러남(顯現)이자 에너지의 공급자로 파악하지요. 따라서 이들에게 신들은 에너지의 본원이 아닌 겁니다. 신은 그러니까 에너지를 나르는 수레인 것이지요.

이로써 밖으로 드러나는 에너지의 힘과 질에 따라 신의 성격과 기능이 결정됩니다. 그래서 폭력의 신이 있고, 자비의 신, 보이는 세계와 보이지 않는 세계를 이어주는 신, 전쟁 때 왕이나 나라를 보호해주는 신이 있을 수 있어요. 그러니까 이런 신들은 모두 에너지의 화신인 것이죠. 이들의 종교에서 에너지의 종국적인 본원은 신비인 채로 남습니다.

모이어스 바로 이러한 신관(神觀)이 이들의 역사를 무정부 상태로 만들어버린 것은 아닙니까? 열국(列國)이 나름의 수호신을 믿고 끊임없이 싸움박질을 했을 테니까요.

캠벨 그렇기는 하지만 삶이라는 게 그렇잖아요? 우리 마음을 예로 들어봅시다. 어떤 결정을 내려야 할 때면 우리 마음속에서도 전쟁이 터집니다. 우리가 내릴 가능성이 있는 결정은 네댓 가지나 됩니다. 물론 내 마음속에 있는 가장 힘센 신의 영향력이 바로 나의 결정을 주도하게 되겠지요. 그 힘센 신이 잔인하다면 나의 결정은 물론 잔인할 테지요.

모이어스 그게 우리의 신앙과 무슨 관계가 있습니까? 선생님은 믿음도 있고, 경이도 느끼시는 분 아닙니까?

캠벨 아니에요, 내게 믿음은 있을 필요가 없어요. 내겐 경험이 있으니까요.

모이어스 어떤 종류의 경험을 말씀하시는 겁니까?

캠벨 내게는 삶의 경이에 대한 경험이 있어요. 내게는 사랑에 대한 경험이 있어요. 나에게는 증오의 경험도 있고, 남의 턱주가리를 부셔놓고 싶다는 악의의 경험도 있어요. 상징의 이미지화(化)와 관련된 관점에서 볼 때, 이 모든 것은 내 마음속에서 기능하는 서로 다른 힘들입니다. 동양인들이라면 이것을, 즉 경이와 사랑과 증오를, 각기 다른 신들이 야기한 감정 상태라고 볼 수도 있는 것이지요.

어린 시절에 나는 카톨릭 가정에서 자라나고 카톨릭 학교에서 배웠는데, 그때 어른들은 나에게 내 오른쪽에는 나를 수호하는 수호 천사가 있고 내 왼쪽에는 나를 타락하게 하는 마귀가 있다고 했어요. 그러니까 내가 살면서 내리는 결정이 좋으냐 나쁘냐는 수호 천사가 내린 결정인지, 마귀가 내린 결정인지에 달려 있는 것이지요. 소년 시절에 나는 이런 관념을 구체화시켜서 지니고 있었어요. 나를 가르친 선생님도 아마 그랬을 거예요. 다시 말해서 우리는 천사라는 존재가 정말 있는 줄 알았어요. 말하자면 천사와 마귀의 실재를 기정사실화한 것이지요. 물론 지금은 천사나 마귀의 존재를 기정사실로 받아들이지 않죠. 천사나 마귀란, 나를 이끌고 인도하는 충동을 의인화한 것임을 알게 되었기 때문입니다.

모이어스 이런 에너지는 어디에서 옵니까?

캠벨 우리의 삶에서, 우리 몸이 지니는 에너지에서 나오지요. 우리 몸의 각 기관은 우리 몸 안에서 서로 맹렬하게 갈등한답니다.

모이어스 그렇다면 우리의 인생은 어디에서 옵니까?

캠벨 우주의 생명인 궁극적인 에너지에서 오지요. 내가 이렇게 대답하면, "그런 에너지를 생성시키는 어떤 존재가 있기는 있구나", 이렇게 응수할지 모르겠군요. 하지만 그럴 필요는 없어요. 그러면 나는, "왜 궁극적인 신비가 비인격적인 자연이면 안 되느냐"고 반문하게 될 테지요.

모이어스 우리 인간은 비인격적인 자연과 살 수 있습니까?

캠벨 그럼요. 많은 사람이 그렇게 살고 있어요. 수에즈 운하 동쪽으로 가보세요. 많습니다. 잘 아시다시피 우리 서구 사람들에게는 신을 인격화시키고 신에게 인간성을 보려 하는 경향이 있어요. 〈잠언〉을 보면, 야훼만 해도 분노하는 신, 정의와 징벌의 신, 우리 삶을 버티어주는 인정 많은 신 등으로 인격화하지요. 그러나 동양의 신들은 더욱 본질적이고 덜 인간적이에요. 동양의 신들은 서양의 신들보다 훨씬 자연력에 가깝지요.

모이어스 하느님을 한번 그려보라고 할 경우, 우리 서구 문화권의 아이들은 수염을 기른, 흰 옷 차림의 할아버지를 그릴 테지요.

캠벨 우리 문화권에서야 그렇겠지요. 우리 식으로는 하느님을 남성으로 상상합니다만 신을 여성으로 상상하는 문화권도 많이 있어요.

모이어스 결국 우리 문화권은 우리가 인격화할 수 없는 것은 상상할 수도 없다는 결론이군요. 선생님께서는 우리가, 마음을 플라톤의 이른바 '불멸하는 생각, 신적(神的)인 생각'에 집중시키는 것도 가능하다고 보십니까?

캠벨 물론이지요. 그게 바로 명상입니다. 명상이란 특정한 주제를 집중적으로 생각한다는 뜻입니다. 어떤 수준의 생각이든 명상에서는 가능합니다. 나는 영적인 것과 물질적인 것을 별로 다르게 보지 않는 사람입니다. 따라서 돈에 관해서 명상하는 것도 좋은 명상으로 칩니다.

　가족을 어떻게 부양할 것인가를 명상하는 것도 중요한 명상이지요. 그러나 명상 자체를 위한 명상도 있습니다. 가령 성당에 들어갈 때마다 우리는 이런 명상에 잠기고는 하지요.

모이어스 기도도 실제로는 명상이겠지요?

캠벨 기도는 신비에게 말을 걸고 명상하는 행위이지요.

모이어스 자신의 내부로부터 힘을 불러내는 행위라는 뜻일는지요?

캠벨 카톨릭 교회에서 가르치는 명상에, 묵주를 굴리면서 같은 기도문을 몇 번이고 되풀이해서 외는 명상법이 있어요. 이렇게 하면 마음이 한곳에 모이지요. 이런 식의 기도법을 산스크리트어로는 '자파(japa)'라고 합니다. '거룩한 이름을 되풀이해서 부름'이라는 뜻이지요. 이러한 기도는 잡념을 몰아내고 한 가지에만 정신을 집중할 수 있게 합니다. 한 가지에만 정신을 집중시키면 상상력에 따라 갖가지 차원의 신비 체험이 가능해지는 것이지요.

모이어스 어떻게 하면 심오한 체험이 가능해집니까?

캠벨 신비를 심오한 것으로 받아들이면 가능해지지요.

모이어스 그러나 하느님이 우리가 상상해냈을 뿐인 그 하느님이라면, 우리는 어떻게 우리가 창조한 것에서 나온 경이를 버텨낼 수 있습니까?

캠벨 그렇다면 우리는 왜 꿈 때문에 놀라고는 하지요? 언어 밖에 있는 깨달음에 이르려면 하느님의 이미지부터 넘어서야 합니다. 분석 심리학자 융 박사는 "종교는 하느님의 체험에서 인간을 방어하는 수단"이라는 아주 의미심장한 말을 남기고 있어요.

신비가 일련의 개념이나 관념으로 환원되어버린 지금, 이 개념이나 관념을 강조하다 보면 언어 밖에 있는 초월적인 체험에는 단락(短絡)이 생깁니다. 우리는 강렬한 신비의 체험을 궁극적인 종교적 체험으로 간주할 수 있어야 합니다.

모이어스 예수가 누구인지를 알자면 기독교의 신앙, 기독교의 교리, 기독교의 교회를 뛰어넘어야 한다고 믿는 기독교인도 많습니다.

캠벨 우리가 뛰어넘어야 하는 것은 우리의 상상력이 만들어낸 예수의 이미지입니다. 그렇게 만들어진 어떤 신의 이미지는 결정적인 장애, 궁극적인 장벽이 되는 수가 많아요. 자기의 이데올로기에 사로잡혀 있는 사람은, 자기 나름의 소아병적 생각에 집착해 있는 사람은, 하느님에 대한 어마어마하게 큰 체험, 받아들일 준비가 되어 있는 것보다 큰 체험이 접근해오는 순간에는 자기 마음속에 있는 이미지에 매달림으로써 거기에서 도망쳐버리려고 합니다. 이걸 사람들은 신앙으로 오해하고는 하지요.

아시다시피 우리의 영혼은 서로 다른 중심, 혹은 서로 다른 원형적인 경험의 단계를 지나 상승합니다. 그래서 처음에는 기아와 탐욕 같은 기본적인 동물적 경험

단계에서 시작하여 성욕의 단계를 지나 물질적인 것을 초월하는 단계로 이행합니다. 이런 단계가 바로 경험이 우리에게 에너지를 부여하는 단계인 겁니다.

그러나 이런 단계를 거치고, 우리 마음의 중심이 의식되기 시작하고, 다른 사람, 혹은 다른 피조물에 대한 자비에 눈뜨게 되면 문득 '나'와 '타자'가 사실은 둘이 아니라 한 생명을 나누고 있다는 걸 깨닫게 됩니다. 이렇게 되면 완벽하게 새로운 영적인 삶의 단계가 열립니다. 세계를 향한 마음의 열림, 이것이 바로 상징적·신화적 의미의 처녀 수태입니다. 이 처녀 수태는, 건강, 자손, 권력, 향락 같은 물리적인 것만을 겨냥하던 인간적·동물적 삶이 영적인 삶을 잉태하게 되는 것을 의미합니다.

여기에 몇 가지 더 다루어둘 것이 있어요. 이러한 의미에서의 자비, 화합, 타자와의 동일성, 혹은 우리 마음에 들어와 자리잡게 된 바람직한 자아 초월적인 원리와의 동일성 체험은, 종교적인 삶과 체험의 시작이 된다는 것입니다. 이 체험을 한 사람이라야 평생을 바쳐 궁극적인 존재에 대한 완벽한 경험의 길을 찾아나서게 됩니다. 이 궁극적인 존재를 경험하는 단계가 되면 이 세상의 모든 형상이 허깨비로 보이게 되는 겁니다.

모든 존재의 이 궁극적 바탕은 두 가지로, 즉 한 가지는 형상을 통하여, 또 한 가지는 형상이 없는 존재, 혹은 형상을 초월한 존재로 체험될 수 있습니다. 형상을 통하여 신을 경험할 경우 거기에는 우리의 형상을 짓는 마음이 개입합니다. 따라서 형상을 짓는 우리의 마음이 신에 반영되게 마련입니다. 여기에는 주체가 있고 객체가 있지요. 그러나 우리의 궁극적인 목표는 자기가 믿는 신과 하나 되기여야 합니다. 신과 하나가 된다면 이원성은 초극되고 형상은 사라집니다.

이렇게 하나 된 곳에는 아무것도 없습니다. 신도 없고 '나'도 없어요. 모든 개념을 완전히 초극해버린 '나'의 마음은 사라져 존재의 바탕과 하나가 되어버립니다. 신의 은유적인 이미지가 의미하는 것이 곧 '나'라는 존재의 궁극적 신비이기 때문입니다. 결국 '나'라고 하는 존재의 궁극적 신비는 세계라는 존재의 신비이기도 한 것이지요.

모이어스 하느님은 그리스도 안에 있다는 것, 그리고 선생님께서 말씀하시는 이 본질적인 힘이, 하느님과의 화해를 성취한 인간 안에 있다는 것이야말로 기독교 신앙의 핵심 아닙니까?

캠벨 초대 기독교의 그노시스파와 불교의 관념에 따르면 우리 둘의 의견이 다 옳지요. 그리스도는, 자기와, 자기가 '아버지'라고 부르는 이가 사실은 하나임을 깨달은 역사적인 인물입니다. 그는 자기가 그리스도임을 아는 삶을 살았어요.

언젠가 강연에서, 그리스도가 우리 안에 있다는 것을 아는 삶에 대한 이야기를 했는데, 나중에 안 일입니다만, 내 강연을 듣고 있던 한 목사가 옆에 있는 여성에게, "저렇게 하느님을 모독할 수 있나" 하고 속삭이더랍니다.

모이어스 어떤 뜻에서 '그리스도가 우리 안에 있다는 것을 아는 삶'이라고 하나요?

캠벨 나는 그때, 우리는 자아나 욕망에 의지하면서 살아서는 안 된다, 우리 안의 인류(그리스도)라고 할 수 있는 것을 자각하는 문맥에서 살아야 한다, 이런 뜻으로 한 말이었어요. 힌두교 경전에 보면, "오로지 신만이 신을 섬길 수 있다"는 말이 나와요. 신을 경배하고 신의 말씀에 따라 살자면 '나' 자신과 그 신이 표상하는 영적인 원리를 동일시하지 않으면 안 되는 겁니다.

모이어스 우리 안에 있는 신, 우리 안에 있는 그리스도, 우리 안에서 나오는 깨달음, 혹은 자각…….이런 이야기는 좋은데, 여기에 자기 환상의 위험, 자기 강박의 위험이 있는 것은 아닐는지요. 잘못되면 자기 자신과 세계를 아주 어처구니없이 왜곡시킬 수 있으니까요.

캠벨 물론 그런 일도 일어날 수 있지요. 말하자면 흐름에서 생기는 단락(短絡)이라고 할 수 있어요. 그러나 우리의 목표는 '자기'를 넘어서는 것, '자기'에 대한 모든 관념을 넘어서는 것, 이로써 자기라는 것은 불완전한 존재의 드러남에 지나지 않음을 깨닫는 것이어야 합니다. 가령 어떤 사람이 오랜 명상을 경험하고 나오면 말이지요, 자기의 모든 것을 세상에, 살아 있는 모든 것에게 주어버립니다. 아무것도 지니지 않는 것이지요.

'내가 곧 하느님'이라고 생각하는 방법에는 두 가지가 있어요. 만일에, "여기 있는 나, 물리적 위치를 점유하고 있는 나, 세속적 성격을 지닌 나는 바로 하느님이다", 이렇게 생각하는 사람이 있다면, 이건 미친 사람이지요. 말하자면 경험에 단락이 생긴 사람입니다. 우리는 하느님이기는 하느님이되, 자아에 집착한 상태로의 하느님인 것이 아니라, 우리 자신이 비이원적(非二元的) 초월자와 하나가 되는 깊디깊은 존재의 차원에서만 하느님인 겁니다.

모이어스 선생님께서는, 우리는 우리 동아리(자식들, 아내, 애인, 이웃) 속에서는 구세주 이미지 노릇을 할 수 있지만, 그리스도 같은 '구세주'가 될 수는 없다, 이런 말씀을 하신 적이 있습니다. 아버지와 어머니가 될 수는 있지만, 신성한 의미에서의 '아버지'와 '어머니'는 될 수 없다는 말씀도 하신 것으로 압니다. 선생님께서는 우리의 한계를 인정하신 셈이 되니까?

캠벨 그래요.

모이어스 구세주 예수를 어떻게 생각하시는지요?

캠벨 우리는 예수에 대해 별로 많이는 알고 있지 못해요. 우리는 그의 말과 행적을 전할 목적으로 씌어진 서로 모순된 네 복음서 자료를 통해서만 그를 알고 있지요.

모이어스 그것도 예수가 세상을 떠나고 세월이 상당히 흐른 뒤에 씌어진 자료이지요?

캠벨 그래요. 그러나 그럼에도, 우리는 예수가 한 말을 실제와 가깝게 알고 있어요. 복음서가 전하는 말은 예수가 실제로 한 말에 아주 가까울 것이라는 게 내 생각입니다. 그래서 우리는, 가령 예수의 중심 사상이라고 할 수 있는 원수를 사랑하라는 가르침도 알고 있는 겁니다.

모이어스 원수의 도발을 받아보지 않고, 원수가 하는 일을 용서하지 않고, 어떻게 원수를 사랑할 수 있습니까?

캠벨 가르쳐드리지요. 원수의 눈에 들어 있는 티끌을 뽑아내려 하지 말고, 내 눈에 들어 있는 들보를 뽑아내는 겁니다. 그럴 수 있으면 원수가 사는 삶의 방법을 비난할 수 없을 겁니다.

모이어스 예수가 지금 이 세상에 있다면 기독교인일 것 같습니까?

캠벨 우리가 아는 종류의 기독교인은 아닐 겁니다. 명상을 통해서 고도로 영적인 신비와 만나는 은수사(隱修士)나 수녀들이 있는데, 예수도 아마 그런 기독교인이 될 겁니다.

모이어스 그렇다면 예수는 기독교 군병(軍兵)에 속해 있지 않을 것이라는 말씀이군요?

캠벨 예수에게 기독교의 군병 같은 데는 없어요. 복음서에서도 그런 구절을 읽었던 기억은 없어요. 베드로가 칼을 뽑아 하인의 귀를 자르자, 예수는 "베드로, 칼을 칼집에 다시 꽂아라"라고 말했지요. 그러나 베드로는 그 뒤에도 여러 차례 칼을 뽑았어요.

　나는 이 20세기를 줄기차게 살고 있습니다만, 어릴 때부터 우리의 원수라는 것은 있지도 않고, 있었던 적도 없다는 걸 알고 있었어요. 특정한 대상을 잠재적인 적으로 만들고, 그들에 대한 우리의 공격을 정당화시키자면, 증오와 오해와 멸시의 공작이 있어야 합니다. 이런 공작의 메아리가 지금 이 시간에도 도처에서 들리고 있군요.

모이어스 우리는 많은 사람에게서 "하느님은 사랑이시다"라는 말을 자주 듣습니다. 선생님께서는, 예수의 "나는 너희에게 이르노니 너희 원수를 사랑하며 너희를 핍박하는 자를 위하여 기도하라. 이같이 한즉 하늘에 계신 너희 아버지의 아들이 되리니, 이는 하느님이 그 해를 악인과 선인에게 비추이게 하시며 비를 의로운 자와 불의한 자에게 내리심이니라"라는 말을 인용하시면서, 그리스도의 가르침 중에서

가장 고귀하고, 고상하고, 대담한 가르침이라고 하신 적이 있습니다. 지금의 생각
도 그때와 같습니까?

캠벨 나는 자비를 근본적인 종교 체험이라고 믿는 사람입니다. 자비가 없으면 아무
것도 없는 거지요.

모이어스 제가 보기에 《신약성서》에서 가장 흥미로운 대목은, "믿사오니, 저의 믿음
없음을 깨우치소서", 바로 이겁니다. 저는 이 궁극적인 실재를 믿습니다. 저는 그
궁극적 실체를 체험할 수도 있고 실제로 체험하기도 합니다. 그런데도 제 의문에
대한 해답은 아직 발견하지 못하고 있습니다. "하느님은 있는가", 이게 제가 믿음
으로 간직하고 있는 의문입니다.

캠벨 한 2년 전에 재미있는 경험을 했어요. 뉴욕의 실내 체육관 수영장에서 어느 카

**〈배반당한 그리스도〉,
프라 안젤리코(1387~1445)**
예수에게 기독교의 군병 같은 데는 없어요. 복음
서에서도 그런 구절을 읽었던 기억은 없어요. 베
드로가 칼을 뽑아 하인의 귀를 자르자, 예수는
"베드로, 칼을 칼집에 다시 꽂아라"라고 말했지
요. 그러나 베드로는 그 뒤에도 여러 차례 칼을
뽑았어요.

톨릭 대학교의 교수라는 신부님을 한 분 소개받았어요. 그런데 내가 풀에서 나와 물가에 놓인 벤치에 눕듯이 앉아 있는데, 그 신부가 와서 묻는 거예요.

"캠벨 씨, 목사님이신가요?"

"아닙니다, 신부님."

"그러면 카톨릭 신자이신가요?"

"전에는 그랬지만 지금은 아닙니다, 신부님."

나는 이때부터 신부의 말투에 약간 재미가 느껴지더군요. 신부가 아예 단계를 밟아가면서 또 묻는 겁니다.

"인격신(人格神)을 믿습니까?"

"안 믿습니다, 신부님."

"그런데 말이지요, 인격신이 존재한다는 사실을 논리적으로 증명할 방법이 없어요."

"신부님, 증명이 되어버린다면 믿음의 가치는 어떻게 되는 겁니까?"

"그렇군요, 캠벨 씨, 만나 뵙게 되어 반가웠어요."

신부님은 이 말만 남기고 총총 그 자리를 떠나버리더군요. 흡사 유도 기술로 신부를 메다꽂은 기분입니다.

하지만 신부와의 대화는 내게 뭔가를 깨우치게 하는 대화였어요. 카톨릭 신부가 나에게 "인격신을 믿습니까?"라고 한 것은, 그 신부 역시 비인격신의 존재, 초월적인 바탕자리, 혹은 에너지 자체로서의 비인격신의 존재 가능성을 인정한다는 뜻이에요. 부처의 의식은 만물, 만상에게 미치는 내재적·이지적 의식입니다. 우리는 의식의 파편, 에너지의 파편으로만 살고 있지요. 그러나 종교적인 삶이라는 것은 이 특정 시간에 존재하는 이 특정 육신의 의도에 따르는 삶이 아니라 대국적인 의식의 통찰 안에서 사는 겁니다.

최근에 발견된 성 토마의 그노시스적 복음서에는 흥미로운 구절이 나옵니다.

제자 중 하나가, 그 왕국이 언제 오느냐고 묻는 대목이 있는 거지요. 그런데, 〈마가복음〉 13장이라고 기억합니다만, 거기에서는 그 '왕국'이라는 것을 세계의 종말로 이해하고 있어요. 말하자면 미래의 실제적·물리적·역사적 사실을 예언하면서 '세계의 종말'이라고 하는 신화적인 이미지가 이용되고 있는 겁니다. 그런데 토마의 복음서에는 예수가 이렇게 말한 것으로 기록됩니다.

"아버지의 왕국은 너희가 생각하는 것처럼 어느 때 오는 것이 아니다. 하느님의 왕국은 이 세상 도처에 널려 있으나 사람이 그것을 보지 못하는 것뿐이니라."

그래서 나는 이렇게 모이어스 씨를 보면서, 모이어스 씨를 통해서 신의 임재(臨在)를 상징하는 광휘를 본답니다.

모이어스 저를 통해서요?

캠벨 그럼요. 예수는, "내 입으로 마시는 자는 나와 같이 될 것이고 나 또한 그와 같이 될 것"이라고 했지요? 이때 예수는 그 자리에 있는 자기가 아닌 다른 존재가 실재한다는 관점에서 말한 겁니다. 그 다른 존재는 그리스도일 수도 있고, 우리 모두의 존재일 수도 있어요. 누구든 그 존재와의 관계 안에서 살면 그리스도 같을 수 있다는 겁니다. 누구든 말씀의 메시지를 삶 속으로 동화시킬 수 있으면 곧 그리스도와 동등해질 수 있다, 이게 바로 이 구절의 의미인 겁니다.

모이어스 선생님께 저라는 사람이 신의 광휘일 수도 있다고 하신 게 바로 그 때문입니까?

캠벨 그럼요.

모이어스 선생님도 저에게 광휘일 수 있습니까?

캠벨 나는 농담을 한 게 아닙니다.

모이어스 저도 지금 농담을 하는 게 아닙니다. 저도 다른 사람에게서 신성(神性)을 느낀다는 걸 납득합니다.

캠벨 그뿐이 아닙니다. 이 대화에서 모이어스 씨가 드러내고 있는 것, 드러내고자 하는 것이 바로 이 영적인 원리의 깨달음입니다. 그러니까 모이어스 씨가 곧 그 깨달음의 수레인 것이지요. 모이어스 씨가 곧 정신의 광휘인 것입니다.

모이어스 모든 사람에게 다 그렇습니까?

캠벨 자기 삶을 가슴으로 사는 삶의 단계에 올려놓은 사람에게는 다 그렇습니다.

모이어스 정말 정신에 그런 지오그라피(위치에 따른 배열)가 가능하다고 믿습니까?

캠벨 은유적인 언어예요. 그러니 반드시 그렇지만도 않은 것이, 우리는 어떤 사람을 보고 그 사람이 성적인 기관의 수준을 살고 있다, 그 사람 삶의 목적이 그것이다, 이런 말을 할 수 있지요? 그게 바로 그 사람에게는 삶의 의미랍니다. 이것은 프로이트의 철학 아니겠어요? 다음에 대두되는 것이 권력에의 의지라고 할 수 있는 애들러의 철학입니다. 애들러에 따르면 인생은 장애물과 싸우는 것, 이로써 장애물을 극복하는 것입니다. 이런 인생도 완벽한 인생일 수 있어요. 신들 중에도 이런 삶을 표상하는 신이 있으니까요. 그러나 이건 동물의 수준이에요. 그런데 여기에 다른 종류의 인생이 있어요. 이러저러한 방법으로 자기 삶을 타인에게 주어버리는 인생이 있어요. 가슴의 열림으로 상징되고 있는 삶이 바로 이런 삶인 겁니다.

모이어스 그런 삶의 본원은 무엇입니까?

캠벨 남의 삶에서 '나'의 삶을 인식하는 것, '나'와 남은 둘이지만 살고 있는 삶은 하나임을 인식하는 데서 출발하겠지요. 신은 그 하나의 삶을 표상하는 이미지입니다. 우리는 자신에게, 이 하나의 삶이 어디에서 오는 것이냐는 질문을 자주 던지지요. 사람의 현상을 놓고 자꾸만 그러한 현상이 누구에 의해 만들어졌다고 생각하는 사람들은 "그래, 하느님이 만드신 거야", 이러고 말겠지요. 이런 사람에게는 하느님이 삶의 본원인 겁니다.

모이어스 그러면 종교는 무엇입니까?

캠벨 '종교(religion)'라는 말은 '렐리기오(religio)', 즉 '뒤로 연결됨'을 뜻합니다. 우리는 조금 전에, 둘이서 나누어 사는 하나의 삶에 관한 이야기를 했습니다. 그런

파우스투스와 메피스토펠리스
마술사는 마술을 시작하기 전에 자기 주위에다 원을 하나 그립니다. 그의 마술은 바로 이 원, 신비스럽게 성화(聖化)된 영역 안에서만 가능합니다. 이 원 밖으로 나가면 마력이 없어지는 것이지요.

삶이 있다면 내가 사는 조각난 삶은 한 삶과 연결되어 있다, 다시 말해서 '렐리기오'되어 있는 겁니다. 이것은 종교의 이미지에 상징으로 나타나 있어요. 상호 연결되는 상태를 드러내는 것, 이것이 곧 종교인 겁니다.

모이어스 유명한 분석 심리학자인 융 박사는 종교의 상징 중에서 가장 강력한 상징은 원이라고 했습니다. 그의 말에 따르면, 원은 인류의 가장 원초적인 이미지이기 때문에 원의 상징을 정밀하게 검토하는 일이 곧 우리의 '자아'를 분석하는 일이라고 합니다만, 선생님께서는 이 말을 어떻게 이해하시는지요?

캠벨 온 세상이 원입니다. 세계에 있는 원꼴의 둥근 이미지는 모두 인간의 정신을 상징합니다. 그러니까 원형의 건축 구조와 우리 정신 기능의 구조와는 어떤 관계가 있을 겁니다.

마술사는 마술을 시작하기 전에 자기 주위에다 원을 하나 그립니다. 그의 마술은 바로 이 원, 신비스럽게 성화(聖化)된 영역 안에서만 가능합니다. 이 원 밖으로 나가면 마력이 없어지는 것이지요.

모이어스 어느 인디언 추장이 했다는 다음과 같은 말이 생각납니다.

"우리는 천막을 칠 때 원형으로 둘러친다. 독수리도 둥우리를 지을 때는 원 모양으로 짓는다. 우리가 지평선을 보면, 지평선도 원이다."

몇몇 인디언 부족에게 원은 대단히 중요한 상징이었지요?

캠벨 그렇지요. 그러나 우리가 수메르 신화에서 물려받은 원의 상징과 그들의 원은 무관한 것이 아닙니다. 우리는 수메르로부터 기본 사방(四方)과 360도의 방위각이 들어 있는 원을 물려받았습니다. 수메르의 공식적인 1년은 360일입니다. 물론 5일간의 성일(聖日)이 더 있습니다만, 수메르인은 이것을 1년에 가산하지 않습니다. 이 닷새는 시간의 장에 속하지 않는 것이기 때문에, 이 닷새는 그들의 삶에 천상적 의미를 부여하는 온갖 의례에 쓰여집니다.

그런데 우리는 시간을 원의 상징과 관련시켜 생각하는 감각을 잃어버렸어요. 우리에게는 디지털 시간이 있을 뿐입니다. 그래서 우리의 시간은 째깍거리면서 그저 그렇게 지나가버리는 것입니다. 이 디지털 시간을 벗어나야 우리는 진정으로 시간의 흐름을 느낄 수 있습니다. 뉴욕의 펜 스테이션에는 시, 분, 초, 10분의 1초, 100분의 1초까지 잴 수 있는 시계가 있어요. 이런 시계에서 100분의 1초가 지나가는 것을 보아야 우리는 비로소 시간이 우리 속을 뚫고 지나가고 있다는 걸 실감할 수 있게 됩니다.

원은, 한편으로는 전체성을 상징하기도 합니다. 원 안에 들어 있는 것은 모두 원으로 둘러싸여 있습니다. 원이라는 프레임 속에 들어 있는 것이지요. 이건 아마 원의 공간적인 측면일 것입니다. 그러나 원에는 시간적인 측면도 있습니다. 우리는 끊임없이 어딘가로 갔다가는 떠났던 곳으로 돌아오고는 합니다. 그렇듯 원도 항상 떠났던 자리로 돌아옵니다. 신은 알파요 오메가요, 본원이자 종국입니다. 따라서 원은 바로 시간의 장과 공간의 장에서 완결된 완전성을 상징하는 겁니다.

모이어스 원에는 시작도 없고 끝도 없지요.

캠벨 돌고, 돌고, 또 돌 뿐이지요. 가령 한 해를 예로 들어봅시다. 세월이 흘러 11월이 되면 추수감사절이 다시 시작됩니다. 그러다가 12월이 되면 크리스마스가 다시 시작됩니다. 11월, 12월 같은 '월'만 도는 것이 아닙니다. 달도 이울었다가는 다시 차고, 해도 저물었다가는 다시 떠오릅니다. 시계에서 시간이 도는 것을 볼 때도 우리는 이런 느낌을 경험합니다. 어제와 같은 시각이기는 한데, 날은 다른 것입니다.

모이어스 중국은 자기 나라를 '중심의 왕국(中原)'이라고 불렀지요. 아즈텍도 자기네 문화에 대해 비슷한 표현을 한 것으로 압니다. 제 생각에 모든 문화권은 나름의 우주론적 질서의 중심을 표방하는 것 같은데요. 어떻게 해서 원이 보편적인 상징이 되었다고 생각하십니까?

캠벨 늘 경험하는 것이니까요. 하루에서도 경험하고 일년에서도 경험하고, 사냥도 좋고 모험도 좋고, 하여튼 집을 떠났다가 돌아오는 데서도 경험하기 때문이지요. 그런데 여기에는 더 깊은 의미의 경험도 있어요. 자궁(womb)과 무덤(tomb)의 신비가 그겁니다. 시신을 매장하는 것은 재생을 위한 준비 작업입니다. 매장속(埋葬俗)은 바로 재생이라는 관념에서 출발합니다. 고대의 여신 이미지를 보면, 여신이, 사자(死者)의 영혼을 다시 받아들이는 어머니로 그려져 있답니다.

모이어스 선생님의 저서, 《신의 가면》《금수의 권능을 찾아서》《신화 이미지》를 읽다 보면 원의 이미지를 자주 만나게 됩니다. 이 원의 이미지는 마법의 주문(呪紋)에도 나타나고, 고대와 현대를 막론하고 건축에서도 나타나는가 하면, 인도의 돔꼴 사원 지붕, 로데시아의 구석기 시대 암각(岩刻), 아즈텍의 역석(曆石), 고대 중국의 청동 방패, 심지어는 《구약성서》의 선지자 에스겔이 하늘에서 본 바퀴의 환상에도 나타납니다. 어쨌든 책장을 넘길 때마다 우리는 원 이미지를 만납니다. 보세요, 제가 끼고 있는 이 결혼 반지도 원입니다. 이게 대체 무엇을 상징하고 있는 겁니까?

캠벨 결혼 반지가 무엇을 상징하고 있는가는 결혼을 어떻게 이해하고 있느냐에 따라 다릅니다. '상징(sym-bol)'이라는 말은 '둘을 서로 엮는다'는 뜻입니다. 하나의 반쪽과 또 하나의 반쪽이 서로 엮이어 하나가 된다는 뜻입니다. 반지를 보세요, 완벽한 원형이지요? 이 반지를 보고 있으면 원이라는 게 두 반원이 엮이어 하나가 되었다는 인식이 가능해집니다. 이것이 바로 내가 보는 결혼입니다. 둘로 이루어진 더 큰 하나, 여기에서 나의 개인적인 삶이 생겨납니다. 결혼 반지는, 우리는 원 안에서 하나라는 것을 상징합니다.

모이어스 새 교황이 취임하면 어부(漁夫)의 반지를 낍니다. 여기에도 원의 상징이 등장합니다.

캠벨 그 반지는 제자를 부르는 예수를 상징합니다. 여기에서 말하는 제자는 어부 출신의 제자들을 가리킵니다. 예수는 어부들에게 "내가 너희로 하여금 사람을 낚는 어부가 되게 하리라" 하고 말하지요. 사실 이것은 기독교 이전에 있던 모티프입니다. 오르페우스 역시 사람을 낚는 '어부'라고 불렸지요. 그의 삶은, 물 속에서는 물고기 같았고, 솟아오르면 빛 같았지요. 물고기가 환형(換形)하여 사람이 되었다는 것은 아득한 옛날부터 있던 관념 체계입니다. 물고기와 같은 본성은, 인간의 본성 중에서도 가장 조악한 수성(獸性)에 속하지요. 종교라는 낚싯줄은 바로 그런 수성에서 인간을 건져올리는 겁니다.

모이어스 영국의 왕이나 여왕은 즉위할 때 대관 반지(戴冠班指)를 끼는 것으로 압니다만.

캠벨 그래요. 여기에 반지가 지니는 또 하나의 상징적 측면이 있군요. 이 반지는 굴레를 상징합니다. 왕이 되었으니 원칙이라는 굴레 속으로 들어가라는 것이지요. "당신은 이제 나름의 삶은 살 수 없다, 우리가 당신을 지키고 있다", 이런 의미를 지니지요. 입문 의례에서 원시인들은 입문자의 몸에다 상처를 내거나 문신을 새기거나 하지요? 이게 다 그 사회의 굴레 속으로 맞아들인다는 뜻이랍니다.

모이어스 융 박사는 원을 '만달라'라고 부르고 있지요?

캠벨 '만달라(mandala)'라는 산스크리트어의 의미가 곧 '원'입니다. 그러나 만달라의 원은 그냥 원이 아니고 다른 원과 상호 관계하거나 상징적인 문양을 이룸으로써 하나의 우주 질서를 상징합니다. 만달라를 그리는 사람은 자신의 개인적인 원을 우주적인 원과 상호 작용하게 합니다. 가령 아주 정교한 불교 만달라를 보면 중심에 힘의 근원이자 깨달음의 근원인 신이 있습니다. 주변 이미지는 그 신의 드러남〔顯現〕, 혹은 그 신이 지니는 빛의 측면이지요.

　우리는 이 만달라를 만들어 우리에게 적용시켜볼 수도 있어요. 우선 원을 그리고, 우리 삶 안에 있는 서로 다른 충동 체계와 가치 체계를 명상하는 겁니다. 그런 다음에 이 두 체계의 자리를 정하고 다음에는 자기의 중심이 어디에 있는가를 검토해봅니다. 만달라를 그려본다는 것은 우리 삶의 흐트러진 여러 측면을 한 자리에 모으는 훈련 방법이 될 수 있어요. 이렇게 하면 중심을 찾아 여러 측면에 질서를 부여할 수 있을 테니까요. 결국 우리 자신의 원을 우주적인 원과 상호 관계를 맺게 하는 작업입니다.

모이어스 중심을 찾아 자기 마음을 거기에다 두자는 것이겠지요.

캠벨 그렇습니다. 중심에 두자는 것이지요. 나바호 인디언은 병자에 대해 모래 그림을 이용하여 병 낫게 하기 의례를 베풉니다. 그런데 모래 그림이라는 것은 바로 모래 위에 그려지는 만달라예요. 병자는 만달라 안으로 들어가 앉아 자기 자신을 상징적인 힘의 중심과 동일시함으로써 신화적 문맥 속으로 돌입합니다. 만달라 상징을 이용한 이 모래 그림 자체와, 명상 상태를 겨냥하는 그 쓰임새는 티베트에서도 볼 수 있습니다. 티베트의 승려들 역시 모래 그림을 그리는데, 이 모래 그림이 바로 우리 삶에 작용하는 영적인 힘을 나타내는 우주적 이미지인 것이지요.

모이어스 그렇다면 중요한 것은 자기 삶의 중심을 우주의 중심과 일치시키려는 노력이군요.

캠벨 신화적인 이미지를 통해서 말이지요. 이미지는 우리를 도와 우리 자신과 상징적인 힘의 동일시를 가능하게 합니다. 자기 자신과 범용해 보이는 어떤 대상의 동일시는 쉬운 것 같아도 사실은 쉬운 일이 아닙니다. 그러나 범용해 보이는 것에 깨달음의 촉매(觸媒)라는 가치를 부여하면 이때부터는 이 범용해 보이는 것이 상당한 의미를 지니게 됩니다.

모이어스 성배가 완전한 조화의 중심, 완전성 탐색의 중심, 전체성과 통일성의 중심을 상징한다는 이론도 있는데요?

캠벨 성배 전설에는 많은 이본(異本)이 있어요. 어떤 전설을 보면 바다의 신들 집에 가마솥이 많다는 대목이 있습니다. 바다의 신들의 집은, 우리의 심층 무의식을 말합니다. 우리 삶의 에너지는 바로 이 무의식의 심층에서 솟아오릅니다. 그러므로 가마솥은 무궁무진한 근원, 중심, 부글부글 끓고 있는 샘인 것입니다.

모이어스 선생님께서는 그걸 무의식이라고 생각하시는군요?

캠벨 무의식일 뿐 아니라 이 세상의 깊은 골짜기이기도 하지요. 우리 삶은 어디에선가 쉴새없이 솟아오르는 것으로 이루어집니다. 이 세상으로 끊임없이 생명을 내어보내는 곳, 이곳이 바로 무궁무진한 에너지의 근원인 겁니다.

모이어스 신화를 읽다보면 문화권도 다르고 시간과 공간도 다른데, 늘 똑같은 이미저리가 떠오릅니다. 이걸 어떻게 보시는지요?

캠벨 우리의 정신 안에는 인류의 공통되는 어떤 힘이 있다는 뜻이지요. 그렇지 않고는 그렇게 자세한 데까지 같을 수가 없어요.

모이어스 서로 다른 수많은 문화권이 같은 창조 이야기, 같은 처녀 수태 이야기, 죽었다가 부활하는 구세주 이야기를 똑같이 하고 있는 것을 보면서 선생님께서는 어떤 생각을 하십니까? 이런 이야기가 우리의 내부에 들어 있는 것, 우리가 이해하려 하는 것을 반영한다고 생각하십니까?

캠벨 바로 그겁니다. 신화의 이미지는 우리 모두의 영적 잠재력을 반영하고 있어요.

바로 이 신화 이미지를 명상하면 우리 내부에 있는 이 잠재력을 촉발할 수 있는 겁니다.

모이어스 어떤 경전이 사람은 신의 형상에 따라 만들어졌다고 할 경우, 이 경전은 사람이 지닌 특정 수준의 자질을 이야기하고 있는 것이겠지요? 그 사람의 종교적·문화적·지리적·전통적 위치가 달라지는 것과는 상관없는 이야기이겠지요?

캠벨 신은, 인류의 종국적이고 본질적인 관념일 것입니다.

모이어스 원초적인 필요에 의한?

캠벨 우리는 신의 이미지에 따라 만들어졌어요. 이것이 바로 인간의 궁극적인 원형이에요.

모이어스 엘리엇은 변전하는 세계의 고요한 중심 이야기를 하고 있습니다. 이 고요한 중심에서는 움직임과 움직이지 않음이 함께 있다는 것이지요. 결국 이 고요한 중심은, 시간의 흐름과 영원의 흐르지 않음이 공존하는 바퀴의 굴대에 해당하겠지요?

캠벨 그것이 바로 성배가 상징하고 있는 무궁무진한 중심인 겁니다. 우리 삶이 존재하게 되는 순간을 생각해보세요. 삶의 시작에는 두려움도 없고 욕망도 없어요. 그냥 시작되는 것일 뿐이에요. 그러다 존재하게 되니까 여기에서 두려움과 욕망이 시작되는 겁니다. 두려움과 욕망을 버리고, 우리가 시작되었던 바로 그 한 점으로 돌아가보세요. 이 한 점이 바로 요체랍니다. 괴테는, 신성(神性)은 산 자에게 유효하지 죽은 자에게는 유효하지 않다, 신성은 존재하기 시작하고 변화하는 데 유효하지, 존재가 확정되고 변화가 끝난 데서는 유효하지 않다고 했습니다. 그의 말에 따르면, 따라서 인간의 이성은 존재하기와 변화하기를 통하여 신에게 이르는 데 필요한 것이고, 지성은 존재가 확정된 것, 변화가 끝난 것, 말하자면 우리가 알 수 있는 것, 알게 된 것을 이용하여 삶의 모습을 다듬는 데 필요한 것입니다. 그러나 우리 자신에 대한 우리의 지적 탐색은 우리 내부의 발화점에서 이루어져야 합니다. 이 발화점은 존재의 모습이 확정되기 전의 상태이기 때문에 세상의 선악과는 무관하고, 공포도 없고 욕망도 없는 순수무구한 한 점입니다. 죽음의 두려움을 모르는 채 용감하게 전장으로 달려나가는 병사의 마음이 바로 이 한 점의 상태와 같지요. 이것이 바로 끊임없이 생성되는 삶의 모습입니다. 이것이 바로 식물 생장의 신비이자 전쟁의 신비이기도 한 것이지요.

식물 이야기가 나왔으니 말인데, 우리 학교 마당을 내려다보고 있으면, 젊은 친구들이 두어 주일에 한 번씩 잔디 깎는 기계를 몰고 나와 잔디를 깎습니다. 풀은 아마, "이런 젠장, 무슨 소용이 있다고 이렇게 깎아내는 건가?", 이렇게 생각할지도 모르지요. 당연하지요, 아무리 깎아봐야 풀은 줄기차게 자라니까요. 중심의 에너지가 이 풀과 같습니다. 성배 이미지, 무궁무진한 샘, 무궁무진한 근원의 의미가 바로 이겁니다. 근원은 어떤 일이 생기든 전혀 관심 두지 않고 존재할 것들을 생성시킵니다. 중요한 것은 이 근원이 베푸는, 생명을 부여하는 기능과 이로써 이루어지는 존재입니다. 이 근원이 바로 우리 안에 있는, 삶이 샘솟는 한 점인데, 모든 신화가 우리에게 가르쳐주려는 것이 바로 이것입니다.

비교신화학(比較神話學) 시간이 되면 우리는 한 문화권의 이미지와 다른 문화권 이미지를 비교하곤 하는데, 이렇게 하다 보면 이미지의 의미가 확연해지고는 합니다. 왜냐, 한 문화권의 이미지가 한 측면을 명백하게 표현하면, 다른 문화권의 이미지는 다른 측면을 명백하게 표현하기 때문입니다. 결국 이 두 이미지는 서로를 보완하면서 설명하는 겁니다.

비교신화학 강의를 시작하면서 사실 나는 약간 두려워했어요. 학생들의 종교적인 신앙을 허물어뜨리는 것이나 아닐까, 이런 생각을 했던 거지요. 그러나 곧 정반대가 된다는 걸 알게 되었지요. 학생들에게 종교 전통이라는 것은 부모님에게서 물려받은 것으로 그렇게 중요한 것이 못 되었어요. 그런데 학생들은 서로 다른 문화권의 이미지를 비교하다가 종종 자기네 종교의 이미지가 지닌 전혀 새로운 측면을 발견하고는 합니다. 다른 문화권 이미지에서, 자기네 이미지 이상의 내적·영적 의미를 해석해낼 수 있을 때 특히 그렇지요.

내 제자들 중에는 기독교권 학생들도 있고, 유태교권, 불교권 학생들도 있었으며 두어 명이긴 하지만 조로아스터교권의 학생들도 있었는데, 이 모두가 그런 체험을 했다고 고백합니다. 종교 체계의 상징을 해석하는 비교신화학과 신앙은 별개의 것이라는 점, 비교종교학은 신앙 체계에 위험한 존재가 아니라는 게 분명해진 겁니다. 왜, 우리는 신화 이미지를 메타포라고 부르지, 사실이라고 부르지는 않거든요. 신화 이미지는 우리의 내적 체험과 삶을 위한 메시지가 됩니다. 이 메시지를 받아들이면 신화 체계는 문득 우리의 개인적인 체험이 되는 것이지요.

모이어스 그러니까, 다른 사람들도 똑같은 앎에의 갈망을 체험하고, 인류의 언어를 초월해 있는 체험을 표현하기 위해 비슷한 이미지를 사용했다는 것을 아는 일은 신앙을 돈독하게 할망정 신앙에 위험한 것은 아니라는 것이군요.

캠벨 광대 및 광대의 종교가 우리에게 도움이 되는 까닭이 여기에 있지요. 게르만 신화와 켈트 신화에는 광대 이미지가 굉장히 많아요. 일종의 그로테스크한 신들인 거지요. 광대 이미지가 우리에게 전하는 메시지는, "봐라, 나는 궁극적인 이미지가 아니다. 나는 투명해서 속이 들여다보인다. 나를 통해서 보라, 나의 이 우스꽝스러운 형상을 통해서 보라!", 이겁니다.

모이어스 아프리카 전승에서 재미있는 이야기를 읽었습니다. 어느 신이 한쪽에는 빨간색, 다른 한쪽에는 파란색을 칠한 모자를 쓰고 마을을 돌아다녔다지요? 그날, 들에서 일을 하던 사람이 저녁에 집으로 돌아가, "파란 모자를 쓰고 다니는 신을 보았는가" 하고 묻자, 듣고 있던 사람이 "아니야, 신은 파란 모자를 쓴 게 아니고 빨간 모자를 쓰고 있었어" 하고 대답했답니다. 이 둘은 이렇게 입씨름을 하다 대판거리로 싸웠다던가요?

캠벨 나이지리아의 장난꾸러기 신 에드슈 이야깁니다. 그 신은 한 번만 오고 간 것이 아닙니다. 여러 차례 같은 길을 오가면서 모자를 자꾸 돌려쓰는 바람에 본 사람의 견해는 들쭉날쭉입니다. 이 두 사람이 싸우다가 그 고을 왕에게 재판을 부탁하러 가지요? 그 자리에 장난꾸러기 신이 나타나 이렇게 말합니다.

"내 탓이다. 내가 그렇게 했다. 내가 생각이 있어서 그렇게 했느니, 싸움질을 붙이는 게 내 취미이니라."

모이어스 상징적인 의미가 있었군요.

캠벨 물론이지요. 헤라클레이토스는, 투쟁은 위대한 창조자라고 했어요. 이런 생각이 아마 이 상징적인 장난꾸러기 신 관념에 스며들어가 있을 겁니다. 우리 서구 문화권에서는, 에덴 동산의 뱀이 이 일을 했어요. 모든 것이 깔끔하게 정리되어 있는 이 한 폭의 그림에, 뱀이 저 말썽 많은 과실인 사과를 던졌던 것이지요.

어떤 사고 체계를 지닌 사람에게든 사고 체계 자체가 무한한 삶의 의미일 수는 없어요. 어떤 사고 체계에 만족하고, 이만하면 정리가 된 셈이다, 이렇게 생각하고 있는데 장난꾸러기 신이 끼여들면 모든 것은 난장판이 됩니다. 이렇게 되면 우리 자체가 바뀌면서 거듭 태어나게 되는 것이지요.

모이어스 선생님은 이런 이야기를 하시되 우스갯소리처럼 하시지요. 선생님은 이걸 즐기시는 것 같던데요? 때로는 상당히 복잡한 이야기가 있고, 잔인한 이야기가 있어도 말이지요.

캠벨 신화와 우리 유태-기독교의 차이는, 전자의 이미저리는 약간 유머러스하다면 후자의 이미저리는 지나치게 삼엄한 데가 있다는 것이지요. 신화의 이미지는 상징적인 겁니다. 우리는 이런 이미지와 상당한 거리를 유지해도 좋아요. 그러나 우리 종교를 보세요. 모든 것이 살풍경하고 심각해요. 가령 야훼를 두고 농담을 할 수 있던가요?

모이어스 심리학자 마슬로프의 이른바 '절정 경험'과 제임스 조이스의 이른바 '에피파니(단순 평이한 사건이나 경험을 통한 직관적인 진실의 드러남 - 옮긴이)'는 어떻게 설명

**푸에블로의 광대들,
오티스 폴렐로마**
어떤 사고 체계를 지닌 사람에게든
사고 체계 자체가 무한한 삶의 의미
일 수는 없어요. 게르만 신화와 켈트
신화에는 광대 이미지가 굉장히 많아
요. 일종의 그로테스크한 신들인 거
지요. 광대 이미지가 우리에게 전하
는 메시지는, "봐라, 나는 궁극적인
이미지가 아니다, 나는 투명해서 속
이 들여다보인다, 나를 통해서 보라,
나의 이 우스꽝스러운 형상을 통해서
보라", 이겁니다.

하시겠습니까?

캠벨 그건 같은 것이 아닙니다. 절정 경험이라는 것은 우리 삶에 실재하는 어느 한
순간에 하는 경험입니다. 존재의 조화와 나 자신의 관계를 경험하는 순간이 바로
이 순간입니다. 나는 절정 경험을 해보고 나서야 이게 어떤 경험인지 알았습니다
만. 내 경우는 운동 경기에서 이런 경험을 한 적이 있어요.

모이어스 그 경험의 에베레스트(頂點)가 어떤 것입니까?

캠벨 학창 시절 컬럼비아 대학에서 달리기 경기를 두 번 뛰게 되어 있었어요. 정말
멋지다고도 할 수 있고 아름답다고도 할 수 있는 경기였어요. 두 번째 경기 때인
데, 이유는 모르겠지만 "나는 이기게 되어 있다"는 확신을 가졌어요. 왜? 계주(繼
走)인데, 내 앞을 뛰던 선수가 나에게 바통을 넘겨 주었을 때, 상대편 선수는 나보
다 30야드쯤 앞서 있었어요. 그런데도 나는 이긴다고 확신했어요. 이유는 모르겠
지만 나는 이길 걸 미리 알고 있었어요. 이게 나의 절정 경험입니다. 그날은 어떤
선수도 나를 이길 수 없었어요. 나와 나의 존재가 완벽하게 만나는 순간이었을 겁
니다. 나는 그걸 느낄 수 있었어요. 내 평생 그날의 두 경기만큼 내가 완벽하게 해

낸 것은 없습니다. 온 몸으로 온전하게, 그리고 완벽하게 경주를 끝낸 그 경험을
나는 잊을 수가 없어요.

모이어스 절정 경험이 육체적인 경험인 것만은 아니지요?

캠벨 아니지요. 종류가 다른 절정 경험도 있어요. 그러나 내가 절정 경험이라고 생
각하는 순간, 그것이 내 마음에서 나오는 것이라는 점은 어떤 절정 경험에서든 마
찬가지이지요.

모이어스 제임스 조이스의 에피파니는 어떻습니까?

캠벨 조금 다른 겁니다. 미학적 체험에 대한 조이스의 정의는, 그 대상을 소유하고
싶다는 욕망이 일지 않아야 한다는 것입니다. 어떤 예술 작품이 우리에게, 그 작
품이 그린 대상을 소유하고 싶다는 느낌을 일게 할 경우, 조이스는 그것을 예술
작품이라고 하지 않고 포르노그라피(淫畵)라고 부르지요. 진정한 미학적 체험은
그것을 체험하는 사람으로 하여금 그 대상을 비평하지도, 거부하지도 않게 해야
합니다. 우리로 하여금 대상을 비평하고 싶게 하고 거부하고 싶게 하는 예술 작품
을, 그는 도학적(道學的)인 작품, 혹은 예술 자체가 지닌 사회 비평 기능이라고 부
르지요.

　미학적 체험은 그저 그렇게 대상을 바라보는 경험이어야 합니다. 조이스의 말
에 따르면, 예술 작품이란 액자에 넣어 두게 하고, 처음에는 그저 바라보게 하고,
다음에는 그것이 작품임을 느끼게 하고, 다음에는 부분과 부분의 관계, 다음에는
부분과 전체, 그 다음에는 전체와 각 부분의 관계를 깨닫게 하는 것이어야 합니
다. 바로 이것이 작품이 지녀야 하는 필수적인 미학적 요인(관계의 조화 정연한 리듬)
입니다. 예술가가 복선으로 깔아놓은 우연한 리듬에 감동을 받을 때 우리는 여기
에서 빛을 경험합니다. 이때 우리는 미학에 사로잡힙니다. 이것이 바로 에피파니
입니다. 이 순간을 종교 술어로 설명하자면, '새롭게 하시는 그리스도'의 원리를
체험하는 것과 같은 순간이 되지요.

모이어스 하느님을 올려다보는 성인의 얼굴 같은 것입니까? 그런 빛이 느껴진다는 것입니까?

캠벨 성인이든 누구든 그건 문제될 것 없어요. 우리가 괴물로 치부하는 사람도 상관없어요. 미학적 체험은 윤리나 도학을 초월해 있는 것이니까요.

모이어스 제가 동의할 수 없는 게 바로 그 점입니다. 제가 보기에는 이렇습니다. 에피파니 경험의 대상이 되자면, 대상을 보게 하되 그저 보게 하기만 할 뿐, 소유하

〈사모트라케 섬의 승리의 여신 뉘케(나이키)〉, 그리스, 약 기원전 200년
예술가가 복선으로 깔아놓은 우연한 리듬에 감동을 받을 때 우리는 여기에서 빛을 경험합니다. 이때 우리는 미학에 사로잡힙니다. 이것이 바로 에피파니입니다. 이 순간을 종교 술어로 설명하자면, '새롭게 하시는 그리스도'의 원리를 체험하는 것과 같은 순간이 되지요.

고 싶다는 마음이 일게 해서는 안 됩니다. 그런데 미학적 전제로서, 그러자면 대상은 아름다워야 합니다. 조금 전에 달리기 경기와 관련된 절정 체험을 이야기하시면서 선생님께서는 그 경기가 아름다웠다고 하셨습니다. '아름다움'은 미학적인 용어입니다. 아름다움은 조화이니까요.

캠벨 그렇지요.

모이어스 그런데 조이스의 에피파니에도 아름다움이 있다고 하셨습니다. 말하자면 아름다움이 예술과 미학의 관심사라고 하신 거지요.

캠벨 그랬어요.

모이어스 그러니까 제가 보기에는, 양자가 다 아름답기만 하면 같을 수가 있다는 겁니다. 우리가 괴물을 바라보면서 어떻게 에피파니를 느낄 수가 있겠습니까?

캠벨 예술 작품에는 다른 측면의 정서가 있어요. 즉 아름다움의 측면이 아닌 장엄함의 측면입니다. 우리가 괴물이라고 부르는 것에서도 장엄함은 경험할 수 있습니다. 왜 장엄한가 하면 이들은 정상적인 생명의 형상은 감당할 수 없는 어마어마하게 큰 힘을 표상하고 있기 때문입니다. 광대무변한 우주는 장엄합니다.

불교도들은 절을 지으면서 이 장엄함의 효과를 극대화시키는 방법을 알고 지은 듯합니다. 절이 높은 산꼭대기에 있는 것은 이런 효과를 노렸기 때문인지도 모릅니다. 가령 일본의 절에 딸린 뜰을 보면, 처음에는 약간 협소해 보이고, 모든 것이 질서 정연하게 정돈되어 있다는 느낌을 줍니다. 그러나 조금 더 들어가면, 혹은 올라가면 문득 시계가 트이면서 넓은 지평선 하나가 송두리째 드러나는 듯한 느낌을 받게 됩니다. 이것은 어쩌면 우리 자신의 자아의 기를 죽인 다음에 우리의 의식이 장엄을 경험하는 쪽으로 확장되는 효과를 노린 것인지도 모릅니다.

또 하나의 장엄의 양식은 무량한 에너지, 힘, 권능에서 느껴질 수도 있습니다. 2차 세계대전 당시 영·미 연합군이 중부 유럽의 도시에 비행기로 폭탄을 실어다부을 때가 있었지요. 나에게는, 그런 극한 상황의 중부 유럽에서 그걸 고스란히 경험한 친구들이 꽤 있어요. 이들은 비인간적인 그 경험을 술회하다가 말이 막히면 그 상황은 지독하기도 했지만 어찌 보면 장엄하기도 했다는 말을 합니다.

모이어스 저도 얼마전에, 2차 세계대전을 경험한 퇴역 장군을 인터뷰한 적이 있습니다. 저는 그에게, 벌쥐 전투의 경험이 어떠했느냐고 물었습니다. 그 혹독한 겨울 벌쥐에서는 독일군의 공격이 연합군에게 상당한 위협이 되지 않았습니까? 제가, "그때를 회고하면 어떻습니까?" 하고 물었더니 그분이 이렇게 대답하더군요.

"장엄했지요."

캠벨 따라서 괴물도 신으로 경험될 수 있는 겁니다.

모이어스 괴물이라는 말을 어떤 의미로 쓰고 계시는지요?

캠벨 내가 여기에서 괴물이라고 하는 것은, 조화와 질서와 윤리적인 행동에 대한 우리의 기준을 송두리째 무너뜨려버리는 무서운 존재, 혹은 무서운 도깨비를 말합니다. 가령 이 세상에 종말의 때가 오면 비쉬누는 괴물로 나타납니다. 이때 그는 우주를 부숴버리는데, 처음에는 불로 부수고 다음에는 물로 쓸어버립니다. 이 물은 불을 쓸어버리는 동시에 이 세상 만물을 쓸어버립니다. 남는 것은 재밖에 없습니다. 이게 바로 파괴자 역할을 맡는 신의 모습입니다. 이런 경험은 윤리적·미학적 판단을 초월합니다. 윤리는 흔적도 없이 사라지는 것이지요.

그런데 우리 종교를 보면, 인간에게 상당한 공간을 할애한 다음에는 윤리에도 그런 공간을 할애합니다. 그러다가는 신을 상당히 선한 존재로 그립니다. 천만에! 천만부당하지요! 신이 왜 선해요? 신은 무서운 존재입니다. 지옥을 발명한 신이 얼마나 무서운 존재인지 아십니까? 구세군(救世軍)에서도 이런 신은 안 받아줄 겁니다. 세상의 종말을 생각해보세요. 회교도들이 하고 있는 죽음의 천사 이야기를 들어보세요. 회교도들은, "죽음의 천사가 다가오면 그는 두려워한다, 그러나 이윽고 손으로 쓰다듬으면 그는 천복을 느낀다"고 합니다.

불교, 특히 티베트 불교를 보면, 명상하는 부처는 두 측면을 보이면서 나타납니

〈마군 대장을 죽이는 바라하 (우주적인 곰)로서의 비쉬누〉, 인도, 18세기

세상에 종말의 때가 오면 비쉬누는 괴물로 나타납니다. 이때 그는 우주를 부숴버리는데, 처음에는 불로 부수고 다음에는 물로 쓸어버립니다. 이 물은 불을 쓸어버리는 동시에 이 세상 만물을 쓸어버립니다. 남는 것은 재밖에 없습니다. 이게 바로 파괴자 역할을 맡는 신의 모습입니다. 이런 경험은 윤리적, 미학적 판단을 초월합니다. 윤리는 흔적도 없이 사라지는 것이지요.

다. 즉 평화로운 측면과 분노로 치를 떠는 측면이 그것입니다. 수도하는 자가 자기의 자아와, 고통과 기쁨이 함께 하는 속세의 일, 그 달콤하던 삶에 연연할 경우 신이 나타나되 분노로 치를 떠는 측면을 보이면서 나타납니다. 그러나 자아를 잊고 자신을 포기하면 다 같은 부처라도 이번에는 천복을 주는 부처로 나타납니다.

모이어스 예수는, 자기는 이 세상에 칼을 가지고 왔노라고 합니다만 저는 그가 우리를 치기 위해 칼을 가져온 것은 아니라고 생각합니다. 저는 그의 칼을, 자아를 절개하는 칼로 이해하는데요. 그러니까 예수는, "너 자신에게 묶여 있는 자아를 잘라 자유롭게 하려고 칼을 가지고 왔다", 이런 뜻으로 말한 것 같은데요?

캠벨 산스크리트어로는 이것을 '비베카(viveka)'라고 합니다. '분별'이라는 뜻이지요. 머리 위로 불칼을 높이 치켜든 부처 이미지는 그런 의미에서 대단히 중요한 이미지입니다. 자, 이게 어디에 쓰이는 칼일까요? 이게 바로 분별의 칼입니다. 현

▶ 〈수가바티(극락)〉, 티베트, 15세기
▶▶ 〈마하칼라(大黑天)〉, 티베트, 18세기
티베트 불교를 보면, 명상하는 부처는 두 측면을 보이면서 나타납니다. 즉 평화로운 측면과 분노로 치를 떠는 측면이 그것입니다. 수도하는 자가 자기의 자아와, 고통과 기쁨이 함께 하는 속세의 일, 그 달콤하던 삶에 연연할 경우 신이 나타나되 분노로 치를 떠는 측면을 보이면서 나타납니다. 그러나 자아를 잊고 자신을 포기하면 다 같은 부처라도 이번에는 천복을 주는 부처로 나타납니다.

세적인 것과 영원한 것을 분별하게 하는 칼입니다. 이것이 바로 영원한 것과 덧없이 지나가는 것을 분별하게 하는 칼입니다. 째깍, 째깍, 째깍 흐르는 시간이 영원을 가로막습니다. 우리는 그런 시간의 장에 삽니다. 그러나 바로 이 시간의 장에 비치는 것은, 스스로 드러나는 영원의 원리입니다.

모이어스 영원의 경험이라는 말씀인가요?

캠벨 우리의 본질에 대한 경험이지요.

모이어스 영원이 지금 여기에 있다는 것입니까?

캠벨 다른 곳에 있는 것이 아니고 지금 여기에 있지요. 아니, 없는 데가 없다고 해도 마찬가지이지요. 지금, 바로 이 자리에서 경험하지 못하면 천국에 가서도 경험하

지 못합니다. 천국은 영원한 곳이 아니에요. 천국은 영속하는 곳일 뿐입니다.

모이어스 무슨 뜻인지 따라잡을 수가 없는데요?

캠벨 흔히들 천국과 지옥을 영원하다고 하지요. 천국은 끝나지 않는 시간입니다. 끝나지 않는 시간과 영원은 달라요. 영원은 시간 너머에 있어요. 시간이라는 개념은 이미 영원을 나타낼 수 없어요. 이 현세적인 고통과 말썽이 오고가고 하는 곳은 영원이라고 하는 심오한 경험 저 너머에 있어요. 불교에는, 기꺼이 그리고 즐거이 이 세상의 슬픔에 동참하는 것과 관련된 중요한 개념이 있어요. 이 개념은, 시간이 있는 데엔 슬픔이 있다는 전제에서 출발합니다. 이 슬픔은 우리의 온 존재를 뒤덮고 있습니다. 이것이 바로 우리 삶의 참 모습입니다.

모이어스 불꽃의 고리에 둘러싸인 시바 신의 이미지가 있는데, 무엇을 상징하는 것입니까?

캠벨 그건 이 신이 추는 춤의 광휘를 상징합니다. 시바 신의 춤, 이것이 곧 우주입니다. 시바 신의 머리에는 해골과 초승달이 있습니다. 해골과 초승달은 죽음과 부활을 상징하지요. 그는 한 손에는 째깍거리는 조그만 북을 들고 있어요. 이게 바로 시간의 북입니다. 이 시간의 째깍거림이 영원에 대한 앎을 가로막지요. 우리는 시간에 갇힌 존재랍니다. 그러나 시바 신의 다른 한 손에는 시간의 너울을 태우고 우리 마음을 영원으로 열어주는 불꽃이 있습니다.

시바 신은 굉장히 오래된 신입니다. 아마 오늘날에도, 섬김의 대상이 되고 있는

〈만주스리〉, 티베트, 14~15세기
머리 위로 불칼을 높이 치켜 든 부처 이미지는 그런 의미에서 대단히 중요한 이미지입니다. 자, 이게 어디에 쓰이는 칼일까요? 이게 바로 분별의 칼입니다. 현세적인 것과 영원한 것을 분별하게 하는 칼입니다.

신 가운데 가장 오래된 신일 겁니다. 기원전 2천 년, 혹은 2천 5백 년의 것으로 보이는 조그만 인장(印章)에 이미 시바 신임이 분명한 이미지가 새겨져 있습니다.

시바 신은 여러 모습으로 현현합니다만, 대개의 경우는 존재의 무서운 측면을 상징하는 굉장히 무서운 신으로 현현합니다. 그는 삶의 환상에 대한 미련은 진작에 버린 원형적인 요가 행자입니다. 그러나 그는 삶의 창조주, 삶을 생성시킨 신인 동시에 피조물을 상대로 삶을 가르친 신이기도 합니다.

모이어스 신화는 형이상학을 다룹니다. 그러나 종교는 윤리, 선악은 물론이고, 신 안에서 우리가 타인과 어떤 관계에 있는지, 타인을, 아내를, 친구를 어떻게 대해야 하는가 하는 문제도 다룹니다. 신화에서 윤리는 어떤 위치를 차지하며 어떤 역할을 합니까?

캠벨 우리는 우리와 타인이 하나됨을 깨닫는 형이상학적인 경험에 관해 이야기를 나눈 바 있지요. 윤리라는 것은 어떻게 살아야 할 것인가를 가르칩니다. 그러니까 윤리는 우리와 타인이 하나인 듯 살아야 한다고 가르치지요. 그러나 종교에서는 우리가 이런 경험을 할 필요가 없습니다. 왜? 종교는 우리에게, 타인과의 자비를 나누는 관계를 비롯하여 우리의 행동 양식을 아주 교리로 찍어내어 가르치고 있기 때문입니다. 종교는, 자기에게 유익한 방향으로만 행동하는 것은 죄악이라고 가르침으로써 그렇게 하지 말고 이렇게 하라는 식의 삶의 양식을 제공합니다. 말하자면 우리와 타인을 동일시하는 겁니다.

모이어스 이웃이 곧 우리이니까 이웃을 사랑하라는 것이군요?

캠벨 이웃을 사랑해보면 곧 이웃이 우리와 다르지 않다는 걸 알게 되지요.

모이어스 왜 많은 사람이 영원히 살고 싶어한다고 생각하십니까?

캠벨 그건 나도 잘 모르는 일이군요.

모이어스 지옥이 두렵기 때문에 생긴 생각이 아닐까요? 지옥이 두려우니까 영생을 선택하는?

캠벨 세상의 종말이 되면 재판이 시작되고, 살아서 좋은 일을 많이 한 사람은 천국으로 가고, 그렇지 못한 사람은 지옥으로 간다……. 이건 기독교의 교리에 나오는 훌륭한 기준이지요.

이 테마의 기원은 이집트까지 거슬러 올라갑니다. 오시리스는 죽었다가 부활한 신입니다. 그에게는 사자(死者)들을 재판하는 신, 즉 영원한 신이라는 측면도 있습니다. 이집트인들이 죽은 사람을 미라로 만드는 것은 사자로 하여금 신을 만날 수 있게 하기 위해서입니다. 그런데 이집트의 내세관에서 재미있는 것은, 사자가 신을 만날 경우 자신과 신을 동일시한다는 것입니다. 기독교 전통에서는 어림도 없는 일이지요. 그래서 우리에게 천국과 지옥을 양자택일할 수밖에 없을 바에는 어

**〈춤의 신 시바 나타라자〉,
남부 인도, 11세기**
시바 신의 머리에는 해골과 초승달이 있습니다. 해골과 초승달은 죽음과 부활을 상징하지요. 그는 한 손에는 째깍거리는 조그만 북을 들고 있어요. 이게 바로 시간의 북입니다. 이 시간의 째깍거림이 영원에 대한 앎을 가로막지요. 우리는 시간에 갇힌 존재랍니다. 그러나 시바 신의 다른 한 손에는 시간의 너울을 태우고 우리 마음을 영원으로 열어주는 불꽃이 있습니다.

찌하든지 영원히 천국에 있고 싶어하는 겁니다. 그러나 천국이라는 것은 광휘에 휩싸인 하느님을 바라보는 어떤 상태입니다. 그런데 여기에서는 시간이 없어져버립니다. 왜냐? 시간이 사라져버린 상태이니까요.

여기에서 다시 한번 우리는, 영원은 영속하는 시간이 아니라는 걸 알게 됩니다. 영원이라는 것은, 우리가 지금 여기에서도 체험할 수 있습니다. 지상적(地上的) 관계의 체험 속에서도 그 영원을 체험할 수 있는 겁니다.

나는 부모님도 잃었고 많은 친구도 잃었습니다. 그러나 어느 날 문득, 나는 그들을 잃은 것이 아니라는 걸 깨달았습니다. 내가 그들과 함께 하던 시간은 영원의 체험에 견주어질 만큼 소중했지요. 그렇다면 그들은, 영원의 체험을 통하여 아직도 나와 함께 하고 있는 셈입니다. 이때의 깨달음을 나는 아직도 소중하게 간직합니다. 이 깨달음은, 이 세상에서의 영생불사 체험과 관계가 있습니다.

부처가 어느 날, 아들을 잃고 슬픔에 잠긴 어느 여인을 만났습니다. 부처는 절망으로 몸부림치는 여인에게 말했습니다.

"마을을 다니면서 아들을, 혹은 지아비를, 혹은 친척이나 친구를 잃어보지 않은 사람이 있는지 물어보세요."

필멸(必滅)의 팔자와, 우리 안에 있는 초월적 영생불사의 관계를 이해한다는 것은 어려운 일이기는 합니다만 불가능한 일은 아니지요.

모이어스 신화에는 영생불사하고 싶어하는 인물이 많이 나오지요?

캠벨 그래요. 하지만 영생불사라는 말이, 육신으로 영생하는 것으로 오해되고 있지요. 육신으로 영생불사하려는 자는 종종 어릿광대 노릇을 합니다. 그러나 영생불사라는 것이, 지금 우리가 사는 삶의 영원성과 동일한 것으로 이해될 수 있다면 이것이야말로 굉장한 것이지요.

모이어스 선생님께서는 삶의 모든 문제는 '존재하기'와 '되기'를 맴돈다고 말씀하셨습니다.

캠벨 그럼요. '되기'라는 것은 단편적입니다만 '존재하기'는 전체적인 겁니다.

모이어스 무슨 뜻입니까?

캠벨 어떤 사람이 완전한 인간이 되어간다고 가정하지요. 처음 몇 년 동안 이 사람은 어린아이입니다. 이 동안은 인간의 한 단편일 수밖에 없어요. 몇 년 뒤에는 사춘기가 됩니다. 사춘기 역시 인간의 한 단편에서 더도 덜도 아니지요. 성인이 되어도 단편이기는 마찬가지입니다. 어린아이인 것은 아니지만 아직은 늙은이도 아니거든요. 《우파니샤드》에는 원초적인, 응집된 에너지의 이미지가 나옵니다. 이 세상을 빚은 창조의 대폭발로 인해서 생긴 이 에너지는 만물에 시간의 단편을 나누어줍니다. 그러나 시간의 단편을 통하여 원초적인 존재의 광대무변한 힘을 체험하는 것, 이게 바로 예술의 기능입니다.

모이어스 아름다움은, '살아 있음'의 환희의 드러남이라고 할 수 있겠지요.

캠벨 순간 순간의 삶이 그런 체험의 연속이어야 합니다.

모이어스 이러한 체험에 견주면, 내일은 어떻게 될까, 이렇게 생각하는 건 별로 중요한 게 아닐 테지요.

캠벨 '이 순간'이 바로 우리에게는 아주 중요한 순간입니다. 모이어스 씨, 우리가 지금 이렇게 이야기를 나누고 있는 것은 우리의 주제인 존재를, 우리 나름의 표현법을 통해서 그려내려고 하는 일에 지나지 못합니다. 우리의 이야기가 우리가 안고 있는 이 주제는 아닌 것입니다.

모이어스 우리가 신의 모습을 그려낼 수 없다면, 신을 그려내는 데 우리의 언어가 적합한 것이 아니라면, 그럼 어떻게 해야 이 장엄을 그려낼 수 있다는 것입니까? 신에 대한 예술가의 생각이 반영된 예술 작품은 그럼 어떻게 나올 수 있다는 것입니까? 대체 이 문제는 어떻게 해야 하는 겁니까?

캠벨 그래요. 예술이 '비추어내는 것'이 바로 그것이지요. 신에 대한 예술가의 생각, 신에 대한 사람들의 체험……. 그러나 궁극적인 신비, 무량의 신비는 역시 인간의 체험 너머에 있어요.

모이어스 그러니까 우리의 체험을 언어로 드러내기는 해야겠지만 우리 언어는 그 체험에 훨씬 못 미친다는 것이군요.

캠벨 그래서 시(詩)가 있는 거지요. 시의 언어는 꿰뚫는 언어입니다. 시에서, 정확하게 선택된 언어는 언어 자체를 훨씬 뛰어넘는 암시 효과와 함의(含意)의 효과를 지닙니다. 이런 효과를 지니는 시를 통해서야 우리는 저 광휘, 저 에피파니를 체험할 수 있습니다. 에피파니는 정수(精髓)를 통해야 드러납니다.

모이어스 신의 체험은 언어 밖에 있다……. 그런데도 우리는 한사코 그것을 언어로 드러내려고 합니다.

캠벨 그래요. 쇼펜하우어는 그의 명문《개인의 운명에서의 명백한 의지에 대하여》에서 재미있는 현상을 분석하고 있어요. 그의 생각은 이래요. 어떤 사람이, 나이를 먹고 지나온 세월을 돌이켜보면, 자기 인생이 누군가의 명령과 계획에 의해 끊임없이 수정되어온 것 같다는 느낌을 받게 되는 경우가 있어요. 말하자면 어떤 소설가에 의해 쓰여진 소설 같다는 느낌을 받는 거지요. 이렇게 놓고 보면, 인생을 살면서 당한 중요한 사건은 외견상으로는 우연히 일어난 것 같지만 사실은 일관된 구성에서 빠질 수 없는 중요한 요인으로 작용한 듯 보입니다.

자, 그렇다면 이 일관된 구성은 누구 손에서 이루어지느냐? 쇼펜하우어의 생각은 이렇습니다. 꿈이라는 것은, 우리 의식은 알지 못하는 우리의 어떤 측면이 만들어낸 것이지요? 그렇다면 우리의 인생도 우리 안에 있되 우리는 잘 알지 못하는 어떤 의지에 의해 구성되고 계획되는 것이 아니냐는 겁니다. 우리가 살면서 우연히 만나는 특정인은 때로 우리 삶에서 아주 중요한 위치를 차지하는 수가 있습니다. 그렇다면 우리의 의지는 우리 모르게 그 특정인을 중요한 인물로 인식하고 상당한 의미를 부여하는 게 아니냐는 겁니다.

이렇게 해서, 우리가 모르는 중에 만사가 만사의 구조를 결정함으로써 우리 인생의 만사는 하나의 교향악단처럼 아귀가 척척 맞아들어 갑니다. 쇼펜하우어는, 우리 인생은 한 사람이 꾸는 큰 꿈, 꿈속에 나오는 인물이 또 꿈을 꾸는, 말하자면 규모가 방대한 꿈이 아니겠느냐는 결론을 내립니다. 그렇게 해서 그 본질상 우주의 의지라고 할 수 있는 한 개인 의지의 동기 부여에 따라, 만사가 만사와 빈틈없이 연결되지 않느냐는 겁니다.

　놀라운 생각이라고 할 수 있지요? 인도 신화의, 인드라의 그물에서도 이와 비슷한 관념을 대할 수 있어요. 인드라의 그물은 실과 보석으로 짜여진 그물입니다. 즉 실과 실이 만나는 곳마다 보석이 달려 있는데, 각 보석에는 다른 보석이 비칩니다. 이것은, 어떤 사건이라고 하는 것은 다른 많은 사건과의 상호 관계 속에서 일어난다는 뜻입니다. 그러니까 어떤 일의 책임이 어느 한 사람에게 있는 것 같아 보여도 그 사람을 비방할 일은 아니라는 거지요. 어떻게 보면 우리 뒤에 어떤 의지가 있고, 그 의지가 우리를 조종하는 것 같을 수도 있습니다. 물론 우리는 그 의지의 정체를 아직 알지 못하지요. 우리가 그 의지의 조종대로 움직이느냐 여부도 모르는 일이고요.

모이어스　우리는 모두 목적이 있는 인생을 삽니다. 선생님께서는 인생에 목적이 있다는 걸 믿습니까?

캠벨　나는 인생에 목적이 있다고는 생각하지 않아요. 인생은, 확대 재생산하고 존재를 계속하려는 충동을 지닌 원형질로 이루어져 있다는 게 내 생각입니다.

모이어스　그건 아닌데요, 그건 아닐 겁니다.

캠벨　내 말 조금만 더 들어보세요. 적어도 목적이 있는 인생은 완전한 인생이 아니라고 할 수 있어요. 왜? 서로 다른 목적이 복잡하게 얽힌다고 생각해보세요. 그러나 우리가 체현하고 있는 어떤 존재에는 잠재력이 있는데, 우리 인생은 바로 그 잠재력을 사는 것이다, 이렇게는 말할 수 있겠지요. 그러면 누가 나에게, "그럼 당신은 그 잠재력을 어떻게 사오?"라고 묻겠지요. 내 대답은, '천복을 따르는 것'입니다.

　우리의 안에는, 우리가 중심에 이르렀을 때를 아는 어떤 것이 있어요. 우리가 바른 궤도에 들어섰는지, 혹은 궤도에서 이탈했는지를 아는 어떤 것이 있어요. 만일에 돈을 벌기 위해 그 궤도를 이탈한다면 그 사람은 인생을 잃는 겁니다. 중심에 머물기 위해 돈 버는 일을 포기한다면 그 사람은 천복을 얻는 겁니다.

모이어스 중요한 것은 목적지가 아니다, 여행 그 자체이다……. 제 믿음도 이쪽으로 기웁니다.

캠벨 카를프리트 그라프 뒤르크하임은, "여행을 하고 있는데, 그 목적지가 자꾸만 멀어지고 있는 것처럼 보일 때가 있다. 이때, 여행의 목적지가 바로 여행임을 깨닫는 수가 있다"는 말을 남기고 있어요.

　나바호 인디언에게는 소위 '화분(花粉)의 길'이라고 하는 놀라운 이미지가 있어요. 그들에게 화분은 곧 생명의 근원입니다. 화분의 길은 곧 중심으로 향하는 길이지요. 그래서 이들은, "내 앞도 아름답고, 내 뒤도 아름답고, 내 오른편도 아름답고, 내 왼편도 아름답고, 내 위도 아름답고, 내 아래도 아름답다. 나는 화분의 길에 들었노라", 이렇게 노래한답니다.

모이어스 에덴은 '있었던' 게 아니고 '있게 되는' 것이군요.

캠벨 '있는' 것이지요. "아버지의 왕국은 도처에 있으나 사람들이 그것을 보지 못한다"는 것이지요.

모이어스 고통과 슬픔, 죽음과 폭력이 있는 이 세상이 에덴이라고요?

캠벨 그렇게 보일 뿐이지요. 그러나 이게 바로 그겁니다, 이게 바로 에덴입니다. 이 세상 도처에 왕국이 있다는 사실을 깨닫는 순간, 우리는 그때까지 이 세상을 살던 방식을 버립니다. 이 버리는 순간, 이 순간이 바로 세상의 종말입니다. 이 세상의 종말은 미래의 어떤 순간이 아닙니다. 심리적인 변화가 오는 순간, 세계를 보는 방법이 바뀌는 순간이 바로 그 순간입니다. 이런 순간을 경험하면 이 세상은 물질의 세상이 아닌, 빛의 세상이 될 겁니다.

모이어스 저는, "말씀은 육으로 되어 있다"는 강력하고도 신비스러운 선언을, 우리의 인간적인 여행에서, 우리의 체험에서 찾게 될 수 있는 영원한 원리로 해석합니다.

캠벨 우리 안에서도 그 말씀을 찾을 수 있어요.

모이어스 우리 안에서 찾을 수 없다면 어디에서 찾을 수 있겠습니까?

캠벨 시는, 언외(言外)의 언어로 이루어진다는 말이 있어요. 괴테는, '만물은 메타포'라고 말했습니다. 무상(無常)한 것은 모두 은유적인 해석의 대상입니다. 우리가 바로 그렇고요.

모이어스 어떻게 하면 메타포를 섬기고, 메타포를 사랑하고, 메타포를 위해 죽을 수 있습니까?

캠벨 메타포를 위해 죽는 것, 이것은 사람이 늘 하고 있는 짓입니다. 이 세상 도처에 있는 언어의 신비를 드러내는 소리에 '옴(AUM)'이라는 게 있습니다. 이 소리의 의미를 깨달으면 밖으로 나가 다른 것을 위해 죽을 필요가 없습니다. 이것이 바로 그것이니까요. 가만히 앉아서 이 소리를 정관하고, 경험하고, 알면 되는 겁니다. 이것이 바로 절정 경험일 테니까요.

모이어스 '옴'이라는 걸 좀 설명해주십시오.

캠벨 '옴'은, 우리 귀가 들을 수 있는, 만상이 체현하는 우주 에너지의 소리입니다. 먼저 목구멍으로 '아!' 소리를 내고, '오'라는 소리를 입안에 가득 채웠다가, '음', 하면서 입을 다물어버립니다. 이 소리를 제대로 내면 모든 모음이 이 소리의 발음 안으로 들어옵니다. 한번 해보세요. "옴!" 자음은, 모음의 소리를 끊는 일밖에는 못합니다. 모든 형상이, 궁극적인 '형상'의 단편에 지나지 못하듯 모든 말 또한 이 '옴'의 단편에 지나지 못합니다. '옴'은 소리나는 것, 곧 우주와의 만남을 가능하게 하는 상징적인 소리입니다. 티베트 승려의 '옴' 송(頌)을 한번 들어보면 이 말이 무슨 뜻인지 알게 될 겁니다. 우주는 존재의 '옴' 송입니다. '옴' 송을 통하여 우주와 접촉하고 우주를 느끼는 것, 이것이야말로 절정 체험입니다.

옴……. 태어남, 존재하게 되기, 사멸하여 온 곳으로 되돌아감. '옴'은 '사대(四大)의 음절'이라고 불립니다. A, U, M……. 셋밖에 없는데 또 한 음절은 어디에 있을까요? 한 '옴'이 끝나고, 또 한 '옴'이 시작되기까지 그 밑에 깔리는 침묵입니다. 내 인생은 '옴'입니다. 그러나 내 인생에는 침묵도 있어요. 그 침묵을 우리가 여기에서 영생하는 것으로 보아도 됩니다. 이것은 필멸의 팔자를 지닌 것, 저것은 영생하는 것, 영생하는 것이 없으면 필멸하는 것 또한 없습니다.

우리는 우리의 존재에서 필멸하는 측면과 영생하는 측면을 분별할 수 있어야 합니다. 나를 낳아주신 부모님에 관한 체험에서 나는, 그 체험에는 현세적인 관계의 체험 이상의 어떤 것이 있다는 걸 알았어요. 물론, 관계의 본질에 대한, 다분히 감정이 이입된 상태에서 했던 사고가 내 깨달음을 가능케 한 순간들이 있었지요. 나는 그런 순간들을 또렷하게 기억합니다. 내게는 그런 순간들이 곧 에피파니의 순간이요, 계시의 순간이요, 광명의 순간입니다.

모이어스 의미는 결국 언외에 있군요.

캠벨 그렇습니다. 말이라는 것에는 조건이 있고 제한이 있어요.

모이어스 그런데도 우리 이 하잘것없는 인간은 이 하찮은 언어에 머무는군요. 아름답기는 하나 모자라서, 그리려고 해도 그리려고 해도…….

캠벨 그래서 절정의 순간은 이 언어 밖에 있는 것, 이 한마디, "아…….", 이 한마디 밖에는 할 수 없는 데 있는 것이지요.

Philos 004

신화의 힘

1판 1쇄 발행 2002년 7월 20일
3판 1쇄 발행 2020년 4월 14일
3판 7쇄 발행 2025년 3월 26일

지은이 조셉 캠벨·빌 모이어스
옮긴이 이윤기
펴낸이 김영곤
펴낸곳 (주)북이십일 아르테

기획편집 장미희 김지영 최윤지
마케팅 남정한 나은경 최명열 한경화 권채영
영업 변유경 한충희 장철용 강경남 황성진 김도연
해외기획 최연순 소은선 홍희정
제작 이영민 권경민

출판등록 2000년 5월 6일 제406-2003-061호
주소 (10881) 경기도 파주시 회동길 201(문발동)
대표전화 031-955-2100 **팩스** 031-955-2151 **이메일** book21@book21.co.kr

(주)북이십일 경계를 허무는 콘텐츠 리더

아르테 채널에서 도서 정보와 다양한 영상자료, 이벤트를 만나세요!

인스타그램 instagram.com/21_arte
instagram.com/jiinpill21
페이스북 facebook.com/21arte
facebook.com/jiinpill21

유튜브 www.youtube.com/@sgmk
www.youtube.com/@book21pub
포스트 post.naver.com/staubin
post.naver.com/21c_editors

 **홈페이지**
arte.book21.com
book21.com

©Joseph Campbell, Bill Moyers, 1991
ISBN 978-89-509-8722-0 03210